生态语言学探索

Explorations in Ecolinguistics

何 伟 等 著

人 民 出 版 社

作 者 简 介
ABOUT THE AUTHOR

何伟 北京外国语大学中国外语与教育研究中心 / 国家语言能力发展研究中心副主任、教授、博士生导师，许国璋语言高等研究院院长助理；*Journal of World Languages* 主编；中国英汉语比较研究会生态语言学专业委员会会长，英汉语篇分析专业委员会副会长，国际生态语言学研究会系统功能语言学学界代表（常务理事），中国英汉语比较研究会一级学会理事，功能语言学专业委员会常务理事；北京市优秀教师（2009），教育部新世纪优秀人才（2009），宝钢优秀教师（2015），中国冶金教育系统 2015 年度杰出教师，国家级重大人才工程特聘教授（2021）。主持（含完成）包括国家社科基金重大项目在内的多项国家级及省部级课题。研究领域：功能语言学、汉外对比、生态语言学、话语分析、翻译研究。

内 容 提 要
EXECUTIVE SUMMARY

　　《生态语言学探索》描述了生态语言学两种研究路径即豪根模式和韩礼德模式的割裂现状，明晰了生态语言学学科既具有应用语言学性质又具有超学科特点的学科属性，融合发展了生态语言学学科体系，打通了两种研究路径的连接；提出和诠释了"多元和谐，交互共生"生态哲学观；界定了具有独立范式地位的生态话语分析模式，指出了该模式与其他话语分析模式的差异，强调了其鲜明特征，即具有生态哲学观的指导，明确了其三个研究步骤——确定生态哲学观、运用语言学理论手段兼或一定的研究方法对话语的生态取向进行分析、提出生态语言行为建议或实践生态语言行为；基于生态学原理，借鉴系统功能语言学框架内的元功能理论，建构了生态语言学视角下的及物性系统、评价系统、主位系统、衔接与连贯系统、逻辑关系系统，这些构成了生态话语分析模式的语言学理论基础，也就是话语分析的语言学理论手段；实践了生态话语分析模式，证明了该模式不仅适用于有关自然生态系统的话语分析，也适用于有关社会生态系统的话语分析。

出版说明

2021 年是中国共产党成立 100 周年,也是北京外国语大学建校 80 周年。作为中国共产党创办的第一所外国语高等学校,北外紧密结合国家战略发展需要,秉承"外、特、精、通"的办学理念和"兼容并蓄、博学笃行"的校训精神,培养了一大批外交、翻译、教育、经贸、新闻、法律、金融等涉外高素质人才,也涌现了一批学术名家与精品力作。王佐良、许国璋、纳忠等学术大师,为学人所熟知,奠定了北外的学术传统。他们的经典作品被收录到 2011 年北外 70 年校庆期间出版的《北外学者选集》,代表了北外自建校以来在外国语言文学研究领域的杰出成果。

进入 21 世纪尤其是新时代以来,北外主动响应国家号召,加大非通用语建设力度,现获批开设 101 种外国语言,致力于复合型人才培养,优化学科布局,逐步形成了以外国语言文学学科为主体,多学科协调发展的格局。植根在外国语言文学的肥沃土地上,徜徉在开放多元的学术氛围里,一大批北外学者追随先辈脚步,着眼中外比较,潜心学术研究,在国家语言政策、经济社会发展、中华文化传播、国别区域研究等领域颇有建树。这些思想观点往往以论文散见于期刊,而汇编为文集,整理成文库,更能相得益彰,蔚为大观,既便于研读查考,又利于学术传承。"新时代北外文库"之编纂,其意正在于此,冀切磋琢磨,交锋碰撞,助力培育北外学派,形成新时代北外发展的新气象。

"新时代北外文库"共收录 32 本,每本选编一位北外教授的论文,均系进入 21 世纪以来在重要刊物上发表的高质量学术论文。既展现北外学者在外国文学、外国语言学及应用语言学、翻译学、比较文学与跨文化研究、国别与区域研究等外国语言文学研究最新进展,也涵盖北外学者在政治学、经济学、教育学、新闻传播学、法学、哲学等领域发挥外语优势,开展比较研究的创新成果。希望能为校内外、国内外的同行和师生提供学术借鉴。

北京外国语大学将以此次文库出版为新的起点,进一步贯彻落实习近平新时代中国特色社会主义思想和党中央关于教育的重要部署,秉承传统,追求卓越,精益求精,促进学校平稳较快发展,致力于培养国家急需,富有社会责任感、创新精神和实践能力,具有中国情怀、国际视野、思辨能力和跨文化能力的复合型、复语型、高层次国际化人才,加快中国特色、世界一流外国语大学的建设步伐。

谨以此书,
献给中国共产党成立100周年。
献给北京外国语大学建校80周年。

文库编委会
庚子年秋于北外

目　录

自　序

　　人类社会逐渐由工业文明向生态文明转变,在这一过程中人文社科领域也相应地发生了生态转向,随之诞生了一些新的学科。生态语言学就是其中之一,该学科聚焦语言与环境之间的相互关系及作用机制,包括环境对语言的影响,即豪根模式下的语言生态研究,以及语言对环境的影响,即韩礼德模式下的语言生态性研究。有关韩礼德模式下的语言生态性研究,学界目前主要借鉴不同的话语分析模式开展话语的生态取向分析,比如批评话语分析、积极话语分析、多模态话语分析等,尚未建立起一个新的分析模式。然而,这些话语分析模式虽有借鉴价值,也可以解决部分问题,但是它们兴起的时代背景与当今不同,要解决的问题也与当今社会发展所遇到的问题不同,因此适用性存在一定的欠缺。为系统地揭示话语对自然和社会的影响,或有益性的,或破坏性的,或模糊性/中性的,从而通过话语的生态取向研究,从语言使用的角度提升人们的生态意识,最终服务于生态文明建设,本书作者及其团队近年来积极探索,逐步建立了一个新的话语分析范式,即生态话语分析模式。

　　生态话语分析模式是在生态哲学观指导下的,运用一定的研究方法兼或功能取向的语言学理论,对话语的生态性,即生态有益性、生态破坏性、生态模糊性/中性,进行分析的一种模式,目的是通过揭示语言对自然及社会环境的影响,提高人们的生态意识,改善人们的生态行为,促进生态系统的良性发展,也就是达到人与自然、人与社会及人与自身的和谐共生。

　　为建构这一新的具有独立范式地位的话语分析模式,本书作者及其团队回顾了生态语言学研究历程、探讨了生态语言学学科属性、融合发展了生态语言学学科体系,这些内容构成了本书的第一编;融合发展了"多元和谐,交互共生"生态哲学观——这是生态语言学学科区别于其他语言学学科的一项重要内容,并在语言暴力问题的探讨上,实践了该生态哲学观,这些内容构成了本书的第二编;提出和建立了生态话语分析模式,明确了其背景缘起、研究目的、哲学基础、研究步骤、研究对象、理论基础,这些内容构成了本书的第三编;在生态哲学观的指导下,拓展和延伸了系统功能语言学框架中的元功能理论,建构了生态语言学视角下的语言学理论基础,包括生态语言学视角下的及物性系统、评价系统、主位系统、衔接与连贯系统、逻辑关系系统等,这些内容构成了本书的第四编;通过对有关自然生态系统和社会生态系统话语的分析,证明了生态话语分析模式的适用性和价值,这些内容构成了本书的第五编。有关各编各章的较为详细的内容,如下所述。

第一编共七章内容。第一章"生态语言学研究综观",梳理了生态语言学的缘起、发展历程、研究现状及现存问题,从而为其发展指明了方向。研究发现,早期语言学家对语言多样性及语言与环境之间关系的思考为生态语言学的兴起奠定了基础。自20世纪70年代以来,生态语言学研究领域的"豪根模式"和"韩礼德模式"逐渐形成。目前,生态语言学研究呈现出地域不断扩大、范式趋于融合、理论基础与研究方法趋于多元化以及生态哲学观趋于统一的发展趋势。然而,生态语言学作为一门新兴学科,仍存在研究对象不尽明确、研究方法尚不系统、研究范围边界不清等问题,有待学界的共同关注。第二章"关于生态语言学作为一门学科的几个重要问题",通过对生态语言学学科术语不统一、学科内涵模糊、边界不清、学科属性存有争议、指导思想多样化等问题的探讨,指出生态语言学与其他学科有所不同:它不是一门边界清晰的学科,而具有明显的开放性及边际性,主要借鉴生态学原理探讨语言的生态环境问题、语言的生态性问题等,即探究语言与环境之间的相互关系及作用机制。第三章"生态语言学:整体化与多样化的发展趋势——《语言科学》主编苏内·沃克·斯特芬森博士访谈录"和第四章"生态语言学的超学科发展——阿伦·斯提布教授访谈录",分别是对《语言科学》主编苏内·沃克·斯特芬森和国际生态语言学学会主席阿伦·斯提布的访谈内容,记录了他们对生态语言学学科属性、发展趋势和特点的看法。第五章"生态语言学:发展历程与学科属性",回顾了生态语言学的早期发展历程,以及21世纪以来的新发展,论证了生态语言学的超学科本质属性，阐释了其应用性，分析了现存问题，展望了发展前景。第六章"生态语言学的学科属性及其分支生态文体学——安德鲁·格特力教授访谈录"，是对国际生态语言学专家安德鲁·格特力的访谈内容，记录了他对生态语言学学科属性的看法，及其对自身提出的"绿色语法"及"生态文体学"两个概念的阐释。第七章"生态语言学学科体系的融合与发展"，回顾了生态语言学目前的主流研究范式"豪根模式"和"韩礼德模式"，呈现了二者在研究目的、研究对象、研究范围、研究内容、研究方法、研究路径等方面的差异，指出这些差异造成了生态语言学学科体系的不统一。文中同时也指出，尽管有学者已试图将二者进行融合，以创新研究范式，然而尚未提出切实可行的研究思路。通过文献梳理及探讨，文章尝试融合与发展了一个统一的、具有可操作性的生态语言学学科体系。

第二编共三章内容。第一章"多元和谐，交互共生——国际生态话语分析之生态哲学观建构"，指出国际生态话语是国际关系的语言表征，其分析需要生态哲学观的指导；生态哲学观与生态哲学息息相关，但二者是不同的概念，生态哲学观作为一套系统性的观点，具有自身的特点。文章通过阐释生态哲学观的特点，融合中国传统哲学及外交理念，尝试建构了"多元和谐，交互共生"之国际生态哲学观，并讨论了该生态哲学观对国际社会系统之生态性发展的指导意义及其在国际生态话语分析中的应用。第二章"多元和谐，交互共生——生态哲学观的建构与发展"，指出生态哲学观是生态语言学研究中的一项重要议题，是判断语言系统和话语生态性的指导思想。有关目前学界所持的多种生态哲学观，文章从生态系统的结构组成和运作机制出发，论证了"多元和谐，交互共生"是一种普遍而又适用的生态哲学观，指出该哲学观是其他观点的融合体现。第三章"生态哲学观下语言暴力的界定、成因及防治"，指出语言暴力对社会发展造成了负面的影响，其防治应为当务之急。文章从生态语言学角度，根据"多元和谐，交互共生"生态哲学观对语言暴力进行了界定，分析了其成因，提出了防治措施和建议：语言暴力指因生态系统失衡而导致发话人发出令受话人心理上产生羞辱感、恐惧感等负面情绪的话语；其根本成因在于各类生态系统内部要素之间以及相互之间的不和谐、不共生，具体表现为语言生态系统、人际关系生态系统、思想道德生态系统、文化生态系统和法律生态系统内部要素之间以及相互之间关系的失衡;防治语言暴力的根本措施在于促进生态系统的自我更新,以及不同生态系统之间的和谐共生,即要求我们紧跟时代步伐,推陈出新,注重多元协调发展,推进和谐社会的构建。

第三编共两章内容。第一章"生态话语分析模式构建",通过考察人与场所生态因素的互动关系,结合系统功能语言学理论,建构了一个具有可操作性的生态话语分析模式,以期为生态语言学研究提供一定的理论依据。该模式对系统功能语言学框架中的及物性、语气、情态、评价、主位和信息等系统进行了生态视角的细化和拓展。文章以此为基础,将具有不同语言特征和模式的语篇分为生态保护型、生态破坏型和生态模糊型三种类型,并提倡语言研究者积极推广生态保护型语篇,有效抵制生态破坏型语篇,改善生态模糊型语篇。第二章"话语分析模式与生态话语分析的理论基础",在人类文明及人文社科"生态转向"的背景下,通过回顾批评话语分析、积极话语分析和多模态话语分析等话语分析模式,得出生态话语分析在研究缘起、研究目的、研究范围、研究步骤、理论基础等方面较之其他模式均有不同。对于生态话语分析,文章进一步阐明了其理论基础的两个重要维度:生态哲学观以及功能取向的语言学理论。

第四编共五章内容。第一章"国际生态话语之及物性分析模式构建",首先从生态学视角出发,提出了国际生态话语概念,明确了国际生态系统的组成;然后基于中国传统文化和外交理念,重构了促进国际生态系统良好发展的生态哲学观;在此基础上,结合系统功能语言学及物性理论,建构了一个体现国际生态话语特点的及物性分析模式,具体涉及对参与者角色的生态化延伸和细化,以及对过程类型之生态有益性、中性和破坏性的界定和阐释。第二章"生态语言学视角下的评价系统",指出评价系统关注语言系统内评价资源的本体意义,应用于生态话语分析时,需要在生态视角下进行拓展和延伸。鉴于此,文章首先明确了比较适合各种生态话语分析的生态哲学观,即"多元和谐,交互共生",接着就评价系统内的态度系统增加了情感缘起、判断标准和鉴赏对象三个特征,就介入系统增加了介入取向、介入来源和介入内容三个特征,就级差系统增加了级差参考特征。文章指出,得以拓展和延伸后的态度系统、介入系统和级差系统与生态哲学观形成合取关系,共同构成了生态语言学视角下的评价系统,该系统应适用于各种生态话语分析。第三章"生态语言学视角下的主位系统",基于"多元和谐,交互共生"生态哲学观,明确了主位的定义和特点,重新界定了话题主位的内涵,细化了不同类型参与者角色充当话题主位以及不同主位标记情况的生态与非生态性特征,提出在自然生态话语中,非人类生命体或物理性要素参与者比人类或社会性要素参与者充当主位的生态性强;在社会生态话语中,不同类型参与者交替充当主位的程度越高,生态性越强;同时,指出无论哪种生态话语,选择生态性越强的参与者充当标记性主位,越能凸显话语的生态特征。该主位系统为生态话语分析提供了语篇功能维度的理论依据。第四章"生态语言学视角下的衔接与连贯",对系统功能语言学框架内的衔接与连贯理论进行了生态化的审视和拓展。文章指出,生态语言学视角下的衔接与连贯系统包括三个处于合取关系的子系统:一是作为话语生态取向判断依据的"多元和谐,交互共生"生态哲学观;二是作为话语生态取向判断内容的外部衔接手段,即对话语的生态取向有着必然影响的语域三要素——语场、语旨、语式;三是作为话语生态取向判断内容的内部衔接手段,即在语篇的推进中起组织作用的及物性、语气、时态、语态、指称、替代和省略、连接、重复和搭配、修辞以及语音语调,它们的使用和变换特点传递一定的生态取向,或使生态取向产生或强或弱程度上的变化。第五章"生态语言学视角下的逻辑关系系统",指出系统功能语言学框架内的逻辑关系系统关注语言系统中逻辑资源的本体意义,应用于生态话语分析时,需在生态视角下进行拓展。文章以"多元和谐,交互共生"生态哲学观为指导,为逻辑关系系统中的逻辑配列关系系统增加逻辑配列顺序与表征方式两个特征,为扩展逻辑语义关系系统增加扩展取向与缘起两个特征,为投射逻辑语义关系系统增加投射者角色、投射动词范畴和投射取向三个特征。如此,经生态拓展后的逻辑配列关系系统、扩展逻辑语义关系系统和投射逻辑语义关系系统与生态哲学观形成合取关系,共同构成生态语言学视角下的逻辑关系系统。经语料分析,文章认为此逻辑关系系统应适用于各种生态话语分析。

　　第五编共四章内容。第一章"从名词的数量范畴看汉英语言的生态性",从生态语言学视角对汉语和英语名词数量范畴的表征形式进行审视,目的是探究两种语言的内在生态性。文章发现:汉语不强调名词本身的"数"而普遍借用量词表征数量意义,凸显了一切事物皆可被量化的特点,是善于度量和计量的语言。英语名词具有可数与不可数特征,其使用区分为单数和复数,表明英语将某些事物可数而某些事物数之不尽的概念根植于使用者的思维。这些差异反映了汉语对事物数量的表征形式较具生态性。第二章"国际生态话语的内涵及研究路向",探讨了国际生态话语概念出现的背景、内涵、分类以及研究路向。国际生态话语属于交叉性研究领域,可以理解为一种以生态话语分析为途径的国际关系研究,即用生态话语分析方法研究话语中的国际关系,目的在于揭示话语发出者的话语影响力,分析其话语传递的生态意义——保护或破坏国际生态系统,抑或处于模棱两可的态度。第三章"生态语言学视角下的澳大利亚主流媒体之十九大报道",基于"多元和谐,交互共生"生态哲学观以及系统功能语言学人际功能评价理论,以《澳大利亚人报》和《悉尼先驱晨报》为例,对澳大利亚主流媒体有关中国共产党第十九次全国代表大会的报道进行宏观层面的分析,对习近平总书记在大会上所做报告进行宏观和微观两个层面的分析,目的是揭示澳媒对十九大及十九大报告的评价特点。研究发现:宏观层面,澳媒对大会的重要客体十九大报告本身关注不够,在有限的报道中,对其各属性的报道表现出明显的侧重或忽视——对新时代中国特色社会主义思想、经济和党建三个属性的关注度尤其高,对生态和外交属性关注甚少;微观层面,所有评价资源中破坏性资源占比过半,且多数有益性资源受到破坏性资源的反驳或否定,多数模糊性或中性资源服务于破坏性资源,报道总体呈现破坏性生态特征。第四章"英汉环境保护公益广告话语之生态性对比分析",以和谐生态场所观为指导,以及物性系统理论为基础,对英汉环境保护类公益广告话语进行对比分析,目的是探讨两者对生态意义表征方式上的异同,从而为广告创作提供建议。研究发现:英文广告话语主要通过心理过程凸显生态意义,注重人与自然的情感联结;中文广告话语主要通过动作过程表达生态意义,侧重人对自然的趋向意动。虽然两种方式都有益于环境保护,但鉴于目前我国环境问题比较突出,该研究建议中文环境保护公益广告创作应多诉诸于心理过程,并注重参与者的生命属性,以唤起和激发人们对自然的积极情感联结,这样才能促使人们更加自觉自发地采取具体环保行动,否则,宣传将在一定程度上流于口号。

　　上文对本书主要内容进行了概述,此处有几点需要说明:一、本书系国家社科基金重大项目"'一带一路'沿线国家语言资源数据库建设及汉外对比研究(19ZDA319)"的部分成果;二、本书所辑用的文章基本上采纳的是期刊发表版本,但是参考文献的格式按照出版社的要求做了调整,由文后编排改为脚下注;三、尽管文章均已发表,限于作者水平,疏误在所难免,敬请广大读者、专家学者批评指正。

生态语言学：
研究综观、学科性质、学科体系

生态语言学研究综观

一、引言

生态语言学发展至今已有近 50 年的历史,背景各异的学者秉持对语言和生态环境问题的共同关注,将不同的语言学理论框架、研究方法与生态学原理和方法结合起来,尝试通过语言之间关系的研究以及语言系统及语言使用方面的研究,来解决语言象征环境、自然环境、社会文化环境、认知心理环境中的生态问题。这种多学科间的融合使生态语言学具备交叉性和开放性的特点,但也为其学科内涵的定义、研究范畴的界定造成一定困难。与其他语言学派相比,生态语言学还存在一些新兴学科所共同面临的问题,例如,研究对象不尽明确,研究方法尚不系统,研究范围边界不清等。因此,本文通过梳理生态语言学的缘起、发展历程和研究现状,明晰其现存问题,从而为其发展指明方向。

二、生态语言学缘起

随着经济社会的不断进步和科学技术的不断发展,人类生活得到较大改善、生活水平逐渐提升,但与此同时,人口压力、气候变暖、环境恶化、资源短缺等全球性问题也日益凸显。在此背景下,研究生物与其有机及无机环境之间相互作用关系的科学——生态学(Ecology)①——应运而生。随着研究的不

---

① Haeckel E., *Generelle Morphologie der Organismen*, Berlin: Hansebooks, 1866.

断深入以及人们生态意识的不断提高,生态学观点及视角开始广泛应用于自然科学及人文社会科学,"生态"这一概念也已从最初的生物生态、环境生态延展到语言生态、人口生态、社会生态、政治生态、经济生态等。可以说,任何与环境(包括生物环境及非生物环境)发生相互作用的活动都与"生态"二字密切相关。而语言作为人类社会生活中最重要的活动之一,同样也在生态系统中扮演着举足轻重的角色。

早在19世纪初期,普通语言学奠基人、德国哲学家和语言学家 Wilhelm von Humboldt 在进行"总体语言研究"时,从哲学角度关注语言本质、语言内在形式及语言类型等问题,将"探究人类语言结构的差异"作为普通语言学所承担的重要任务之一①。他②认为,人类语言的多样性是人类精神的内在需要,语言的特性差异实际上反映民族思维方式和活动感知方式的不同③;语言像人一样会经历产生和死亡的自然进程,但消亡的语言并非失去"生命",而是通过混合产生新的语言④。由于 Humboldt 更多关注语言差异对人类认知层面及精神发展造成的影响,将语言的消亡看作是一种必然过程,因此并未产生对濒危语言的保护意识。一个多世纪后,受 Humboldt 语言和文化具有多样性观点的影响,美国语言学家和人类学家 Edward Sapir⑤ 对多种语言和文化进行进一步研究,超越语言在结构、语音系统以及词义等层级的描述,对语言与环境之间关系的建立进行了初步尝试。值得注意的是,Sapir 所提及的环境(environment)没有停留于其生态意义(ecological meaning),而是更强调物理和社会环境(physical and social surroundings)。他认为,词汇是最能反映说话者环境特征的语言因素,它不仅能反映说话者所处环境的地形特征、文化背景的复

---

① [德]威廉·冯·洪堡特:《论人类语言结构的差异及其对人类精神发展的影响》,姚小平译,商务印书馆1999年版。

② [德]威廉·冯·洪堡特:《普通语言学论纲》,姚小平译,载《洪堡特语言哲学文集》,湖南教育出版社2001年版,第4—10页。

③ [德]威廉·冯·洪堡特:《论人类语言结构的差异》,姚小平译,载《洪堡特语言哲学文集》,湖南教育出版社2001年版,第226—422页。

④ [德]威廉·冯·洪堡特:《论人类语言结构的差异及其对人类精神发展的影响》,姚小平译,商务印书馆1999年版。

⑤ Sapir E., "Language and Environment", *American Anthropologist*, 1912, Vol. 14, No. 2, pp. 226-242.

杂性,还能反映由地形和文化所影响的人们的兴趣倾向。无论是 Humboldt 关于人类语言的哲学思想,还是 Sapir 对于建立语言与环境关系的初步尝试,一百多年来,人们都在思考语言多样性以及语言与环境之间关系的问题,这些努力为语言学家进行语言生态研究以及积极探索语言在解决环境问题中所发挥的作用奠定了思想基础。

1970 年,Einar Haugen 在奥地利(Burg Wartenstein,Austria)举办的一次学术会议上作了题为"On the Ecology of Languages"的学术报告,用动物、植物与其生存环境的关系来类比语言与其周围环境之间发生的相互作用,并用"ecology of language"一词——也称"language ecology"——来表示语言生态,即对语言与多语社团(multilingual community)间的相互作用关系进行的一种新型生态学研究。1972 年,Haugen 将这一术语收录进其论文集 *The E-cology of Language:Essays by Einar Haugen*,并进一步将"language ecology"定义为"任意一种语言与其环境之间相互作用的研究"①,这里的"语言环境"指语言实际被使用、被解码的社会环境。Haugen② 认为,语言生态的一部分是心理的,表现在双语者和多语者思想中语言之间的相互作用关系;一部分是社会的,指语言与社会的相互作用关系。然而,Haugen 并不是第一位将生态概念与语言现象联系在一起的学者③。在此之前,美国语言学家和人类学家 Carl Voegelin 等人④曾使用"linguistic ecology"一词表达"语言生态"概念,认为语言生态是"从独立存在的单一语言转向相互联系的多种

---

① Haugen E.,The Ecology of Language//Dil A.S.,*The Ecology of Language:Essays by Einar Haugen*,Stanford:Stanford University Press,1972,p.325.

② Haugen E.,The Ecology of Language//Dil A.S.,*The Ecology of Language:Essays by Einar Haugen*,Stanford:Stanford University Press,1972,pp.325–339.

③ Fill A.,*Ökolinguistik Eine Einführung*,Tübingen:Gunter Narr,1993;Steffensen S. V.,Language,Ecology and Society:An Introduction to Dialectical Linguistics//Bang J.C.,Døør J.,*Journal of Pragmatics*,2007,pp.3–31;Eliasson S.,"The Birth of Language Ecology:Interdisciplinary Influences in Einar Haugen's 'The Ecology of Language'",*Language Sciences*,2015,Vol.50,pp.78–92.

④ Voegelin C.F.,Voegelin F.M.,"Languages of the World:Native America Fascicle One",*Anthropological Linguistics*,1964,Vol.6,No.6,pp.2–45;Voegelin C.F.,Voegelin F.M.,Schutz Jr.,Noel W.,The Language Situation in Arizona as Part of the Southwest Culture Area//Hymes D.H.,Bittle W. F.,*Studies in Southwestern Ethnolinguistics:Meaning and History in the Languages of the American Southwest*,The Hague & Paris:Mouton,1967,pp.403–451.

语言的研究"①,强调对一个特定地区中所有语言的全面关注,如 Voegelin et al.②对美国西南部多种语言之间的复杂关系进行研究,以及 Peter Mühlhäusler③对殖民化、西化与现代化影响下的澳大利亚和太平洋地区的语言与生物的多样性进行考察等。

1985 年,法国语言学家 Claude Hagège 从达尔文生物进化论的角度研究语言的多样性、语言的演变与进化以及语言的退化与消亡等问题,并发现 19 世纪的许多语言学者被生命科学激发的强劲思潮所吸引,开始将生物学研究的模型和术语运用到人文科学中④。Hagège 在《语言人:论语言学对人文科学的贡献》一书中提出"écolinguistique"(ecolinguistic)一词,认为其"专门研究经过文化加工的'天然'参照物怎样进入语言,例如方向、地理特点、人类的栖居方式或宇宙因素等",即探索自然现象与语言、文化之间的关系,之后被翻译为"环境语言学"⑤。这也是学界最早使用"ecolinguistic"这一术语来表述与语言和自然相关的研究。

值得注意的是,Hagège 认为,人们在用语言谈论世界的同时,也对世界加以再造。这一观点与系统功能语言学家 M.A.K.Halliday⑥ 所提出的"语言建构世界"的观点不谋而合。在 1990 年的国际应用语言学会议上,Halliday 针对语言系统与生态因素发表了以"意义表达的新方式:对应用语言学的挑战"(New Ways of Meaning:The Challenge to Applied Linguistics)为题的主旨报告,

---

① Voegelin C.F.,Voegelin F.M.,"Languages of the World:Native America Fascicle One",*Anthropological Linguistics*,1964,Vol.6,No.6,p.2.

② Voegelin C.F.,Voegelin F.M.,Schutz Jr.,Noel W.,The Language Situation in Arizona as Part of the Southwest Culture Area//Hymes D.H.,Bittle W.E.,*Studies in Southwestern Ethnolinguistics:Meaning and History in the Languages of the American Southwest*,The Hague & Paris:Mouton,1967,pp.403-451.

③ Mühlhäusler P.,*Linguistic Ecology:Language Change and Linguistic Imperialism in the Pacific Region*,London:Routledge,1995.

④ [法]克洛德·海然热:《语言人:论语言学对人文科学的贡献》,张祖建译,北京大学出版社 2012 年版。

⑤ [法]克洛德·海然热:《语言人:论语言学对人文科学的贡献》,张祖建译,北京大学出版社 2012 年版,第 261 页。

⑥ Halliday M.A.K.,"New Ways of Meaning:The Challenge to Applied Linguistics",*Journal of Applied Linguistics*,1990,No.6,pp.7-36.

对语言系统之于某些生态现象的不合理表述进行了批评,表达了对语言学研究在解决生态问题中所发挥的重要作用的关注。他将语言对世界的影响描述为"系统与事件之间的辩证法"①,认为语言并不是被动地反映现实,"语言主动建构现实"②,强调增长主义(growthism)、等级主义(classism)、物种歧视(speciesism)、环境污染等不仅是生物学家和物理学家应该关注的问题,同样也是语言学家应该关注的问题。同时期在国内,李国正③将语言置于自然生态系统中进行考察研究,开始运用生态学原理研究汉语问题,在了解多层次、多功能的语言基础上,引入生态系统的基本原则,继而提出"生态语言系统"概念④。他将语言系统的生态环境分为外生态环境系统和内生态环境系统,将汉语分为五种不同的生态类型,并提出了生态汉语学的研究方法,如系统分析法、实验法等。这一时期还出现了一些以"语言生态学"(language ecology 或 ecology of language)或"生态语言学"(ecolinguistics 或 ecological linguistics)为主题的著述,如此一来,生态语言学的学科理论框架逐渐丰富起来⑤。

此外,一些德国学者⑥将此类生物生态学与语言学的概念、原理相结合的

---

① Halliday M. A. K., New Ways of Meaning:The Challenge to Applied Linguistics//Fill A., Mühlhäusler P., *The Ecolinguistics Reader:Language,Ecology,and Environment*,London and New York:Continuum,2001,p.186.

② Halliday M. A. K., New Ways of Meaning:The Challenge to Applied Linguistics//Fill A., Mühlhäusler P., *The Ecolinguistics Reader:Language,Ecology,and Environment*,London and New York:Continuum,2001,p.196.

③ 李国正:《生态语言系统说略》,《语文导报》1987 年第 10 期,第 54—58 页;李国正:《生态汉语学》,吉林教育出版社 1991 年版,第 35 页。

④ 李国正:《生态汉语学》,吉林教育出版社 1991 年版,第 35 页。

⑤ 范俊军:《生态语言学研究述评》,《外语教学与研究》2005 年第 2 期,第 110—115 页。

⑥ Mackey W.F., The Ecology of Language Shift//Nelde P.H., *Sprachkontakt und Sprachkonflikt*, Wiesbaden:Franz Steiner,1980,pp.35-41;Finke P.,Politizität zum Verhältnis von Theoretischer Härte und Praktischer Relevanz in der Sprachwissenschaft//Finke P., *Sprache im Politischen Kontext*, Tübingen:Niemeyer, 1983, pp. 15 - 75; Fill A., *Wörter zu Pflugscharen:Versuch einer Ökologie der Sprache*,Wien/Köln:Böhlau, 1987;Trampe W., *Ökologische Linguistik,Grundlagen einer Ökologischen Sprach-und Wissenschaftstheorie*, Wiesbaden:Westdeutscher Verlag, 1990;Mühlhäusler P., "Preserving Languages or Language Ecologies? A Top-down Approach to Language Survival", *Oceanic Linguistics*, 1992,Vol.31,No.2,pp.163-180;Mühlhäusler P., *Linguistic Ecology:Language Change and Linguistic Imperialism in the Pacific Region*,London and New York:Routledge,1995.

研究称为"ecological linguistics"。国内许多学者①将"生态语言学"与"语言生态学"这两个概念等同起来，认为它们指代同一学科②。"在第九届国际应用语言学大会上，有学者提出使用'eco-linguistics'作为语言与生态关系问题研究的统称。"③这表明，无论是"语言生态学"还是"生态语言学"，尽管在不同研究范式中各有侧重，但"生态语言学"（ecolinguistics）一词更能体现该类研究是一个具有超学科属性的、统一的学科。

三、生态语言学发展历程及研究现状

生态语言学兴起至今的发展历程主要分为两个阶段：第一个阶段是1970—2001 年，以 Haugen 首次提出"语言生态"为起始点，至 Alwin Fill 和 Mühlhäusler 为推动学界进行更深层次的研究，系统回顾30 年来不同领域的生态语言学的思想，主编《生态语言学读本：语言、生态与环境》（*The Ecolinguistics Reader：Language，Ecology and Environment*）④；第二个阶段是 21 世纪以来至今，随着经济社会的飞速发展，科学技术发展日新月异，许多新兴科学的出现为生态语言学的发展注入了新的生命力，加之生态语言学在各个领域的探索有了一定的进展，不少语言学家也开始思考更深层次的问题，比如哲学思想在生态语言学研究中所起的作用，因此这一时期的生态语言学研究呈现出继往开来的特点。

① 范俊军：《生态语言学研究述评》，《外语教学与研究》2005 年第 2 期，第 110—115 页；韩军：《中国生态语言学研究综述》，《语言教学与研究》2013 年第 4 期，第 107—112 页。

② 黄国文：《生态语言学的兴起与发展》，《中国外语》2016 年第 1 期，第 1，9—12 页。

③ 何伟：《关于生态语言学作为一门学科的几个重要问题》，《中国外语》2018 年第 4 期，第 11 页。

④ Fill A., Mühlhäusler P., *The Ecolinguistics Reader：Language，Ecology and Environment*, London and New York：Continuum，2001.

（一） 生态语言学发展历程

"生态语言学始于一个隐喻"[①]。Haugen[②] 提出的"语言生态"概念开创了语言学与生态学研究相结合的新模式。20 世纪 80 年代,基于 Haugen 的语言生态隐喻思想,许多学者开始将生物生态学的概念和原理以不同的方式用于心理语言学和社会语言学现象研究[③],少数民族濒危语言逐渐成为语言学家关注的热点问题,尤其表现在有关太平洋地区少数民族语言以及语言帝国主义问题的研究中。例如,William Mackey[④] 将 Haugen"语言的生态学"发展为"语言转用(language shift)[⑤] 的生态学",并提出语言学家区分语言形式和语言行为的做法是值得商榷的,因为语言和语言使用都与社会活动有着不可分割的关系。Norman Dension[⑥] 通过研究欧洲语言多样性及近年来它们的生态变化进一步证实了生态隐喻思想的适用性,明确提出语言生态离不开语言经济(language economy)[⑦],以及"语言种类的保护是否应与濒危自然物种的保护并驾齐驱"的问题[⑧]。此外,Dension 还指出语言生态隐喻思想具有一定局限性:自然生态是有生物居住的,因此它们显然是有界的(bounded)自然种类,但语言的边界并不明确,且互通性很强,这就给语言的生态研究带来了不确定性。

---

① 王晋军:《生态语言学:语言学研究的新视域》,《天津外国语学院学报》2007 年第 1 期,第 54 页。

② Haugen E.,The Ecology of Language//Dil A.S.,*The Ecology of Language:Essays by Einar Haugen*,Stanford:Stanford University Press,1972,pp.325-339.

③ Fill A.,"Ecolinguistics:States of the Art",*Arbeiten aus Anglistik und Amerikanistik*,1998,Vol.23,No.1,pp.3-16.

④ Mackey W.F.,The Ecology of Language Shift//Nelde P.H.,*Sprachkontakt und Sprachkonflikt*,Wiesbaden:Franz Steiner,1980,pp.35-41.

⑤ 指在一定社会条件下,一个民族或一个民族中的一部分人放弃了本族的母语而转用另一种语言的现象,是不同语言之间功能竞争的结果。

⑥ Dension N.A.,Linguistic Ecology for Europe? //Fill A.,Mühlhäusler P.,*The Ecolinguistics Reader:Language,Ecology and Environment*,London and New York:Continuum,2001,pp.75-82.

⑦ Weinrich H.,Economy and Ecology in Language//Fill A.,Mühlhäusler P.,*The Ecolinguistics Reader:Language,Ecology and Environment*,London and New York:Continuum,2001,pp.91-100.

⑧ Dension N.A.,Linguistic Ecology for Europe? //Fill A.,Mühlhäusler P.,*The Ecolinguistics Reader:Language,Ecology and Environment*,London and New York:Continuum,2001,p.77.

    Haugen 的语言生态隐喻思想奠定了生态语言学的第一种主流研究范式，主要涉及生态学、社会学、心理学、语言学以及哲学等学科领域，被称为"豪根模式""隐喻模式"或"语言的生态学"①。在此研究范式之下，许多语言学家从语言与环境的关系入手进行了更深层次的研究：1）对语言生态现象的原因剖析，如通过研究少数民族语言，阐述为何有些语言的生存受到威胁，而另一些语言却得以幸存②，Bastardas‒Boada③ 还通过关注"语言可持续性"（linguistic sustainability），强调生物多样性与语言多样性之间的联系。2）对语言环境、语言生态系统的理论建构，如 Harald Haarmann④ 建立了生态语言学变量，其中包括种族人口统计、种族社会、种族文化以及其他方面的因子，它们共同构成了一种语言的"环境"；Peter Finke⑤ 用生态系统（ecosystem）的概念转指语言世界系统（language world system）和文化系统，将生物生态和语言进行比较，指出我们使用语言的方式就如同我们对待自然的方式，即人类对自然环境的破坏造成了对生命创造力的威胁，对语言的不合理使用造成了语言的濒危和消亡；Wilhelm Trampe⑥ 继承了这一观点，指出语言的生态系统由语言、语言使用以及与之相互作用的环境构成。近年来，还有生态语言学家将语言与政治联系起来，认为政治活动也是一种象征性的语言生态环境（sym-

①   Fill A., Ecolinguistics: States of the Art 1998//Fill A., Mühlhäusler P., *The Ecolinguistics Reader: Language, Ecology and Environment*, London and New York: Continuum, 2001, pp.43‒53；范俊军：《生态语言学研究述评》，《外语教学与研究》2005 年第 2 期，第 110—115 页；韩军：《中国生态语言学研究综述》，《语言教学与研究》2013 年第 4 期，第 107—112 页。

②   Krier F., Esquisse Écolinguistique du Galicien//Aubé‒Bourligueux J., Barre J. P., Martinez‒Vasseur P., *Le Fait Culturel Régional*, Nantes: CRINI, 1996, pp.53‒61.

③   Bastardas‒Boada A., The Ecology of Language Contact: Minority and Majority Languages//Fill A., Penz H., *The Routledge Handbook of Ecolinguistics*, New York and London: Routledge, 2018, pp. 26‒39.

④   Haarmann H., *Multilingualismus 2*, Tübingen: Narr, 1980; Haarmann H., *Language in Ethnicity: A View of Basic Ecological Relations*, Berlin: Mouton de Gruyter, 1986.

⑤   Finke P., Politizität Zum Verhältnis von Theoretischer Härte und Praktischer Relevanz in der Sprachwissenschaft//Finke P., *Sprache im Politischen Kontext*, Tübingen: Niemeyer, 1983, pp.15‒75; Finke P., Sprache als Missing Link Zwischen Natürlichen und Kulturellen Ökosystemen//Fill A., *Sprachökologie und Ökolinguistik*, Tübingen: Stauffenburg, 1996, pp.27‒48.

⑥   Trampe W., *Ökologische Linguistik, Grundlagen einer ökologischen Sprach‒ und Wissenschaftstheorie*, Wiesbaden: Westdeutscher Verlag, 1990.

bolic ecology of language)①。Skutnabb‒Kangas & Phillipson② 关注语言人权 (linguistic human rights)和语言权利(language rights),认为个人和团体有权利使用他们自己的语言说话和接受教育,语言像个人或团体一样具有"法律人格"(legal personality),同样也享有相应的权利。

20世纪90年代,生态环境的恶化进一步推动了语言与生态的研究,语言学家开始探索语言在生态环境问题中所起的作用,尝试将语言作为环境问题解决方式中的一种。Halliday③ 首先关注到语言以及语言学在环境问题中所发挥的作用,强调语言与增长主义、等级主义和物种歧视之间的关系,劝告语言学家不要忽视自己的研究对象(语言)在日益恶化的环境问题中所担当的角色。Halliday 认为,语言不仅能反映世界,还能够建构世界,同时也能帮助人们认识世界。因此,人们对世界的许多不合理认知都来自语言系统(或语法),主要表现在以下四个方面:

1)欧洲通用语种(Standard Average European,简称 SAE)将"物"分为两个类别,可数与不可数。在表达与自然资源相关的物时,所选择的词都是无界的(unbounded)、不可数的,如 air、water、soil、coal、iron、oil 等,语言使用者只有通过"量化"的方式才能将其表达为有界的,如 a barrel of oil、a seam of coal 等。当全球资源短缺的问题逐渐显现,人们开始意识到地球上的资源大多都是不可再生的、有限的,并非像语言系统所描述的那样。

2)在选择表达事物性质的等级词时,人们大多选择高程度词(positive pole)。例如,在提问时使用"How long/tall/far is it?"(它有多长/高/远?),而不使用"How short/near is it?"(它有多短/矮/近?)。并且,数量的等级表达通常与性质的等级表达相一致,如"bigger and better"。这表明,从某种意义上

---

① Steffensen S.V., Fill A., "Ecolinguistics: The State of the Art and Future Horizons", *Language Sciences*, 2014, Vol.41, pp.6‒25.

② Skutnabb‒Kangas T., Phillipson R., *Linguistic Human Rights: Overcoming Linguistic Discrimination*, Berlin: Mouton de Gruyter.

③ Halliday M.A.K., "New Ways of Meaning: The Challenge to Applied Linguistics", *Journal of Applied Linguistics*, 1990, No.6, pp.7‒36; Halliday M.A.K., New Ways of Meaning: The Challenge to Applied Linguistics//Fill A., Mühlhäusler P., *The Ecolinguistics Reader: Language, Ecology, and Environment*, London and New York: Continuum, 2001, pp.175‒202.

说,"越'多'越'好'"的增长主义已经内化为人们的认知,因此在社会发展过程中无节制地追求经济增长,忽视了由此带来的环境问题。

3)在及物性系统中,过程参与者的类别可根据其是否有发起该过程的潜质来判断,即他们有多大可能性去发起这个动作或造成这个事件的发生。例如,"人"通常是主动的施事,而非生命体通常是被动的受事。只有在"灾难语境"中,非生命体才可能作为施事隐喻出现,如"The earthquake destroyed the city"。由此可见,语言系统使我们很难意识到非生命体(自然)能够作为事件的主动参与者,继而忽视了潜在的环境破坏因素。

4)在代词系统中,有意识的用 he/she 表示,无意识的用 it 表示。而且,无意识的事物可以作为信息的来源,但不能反映思想(idea),不能与 think、believe、know 等表达认知心理过程的动词连用。这种人类特权地位造成了"我们"(ourselves)与其他创造物之间的割裂,使我们很难接受地球是一个与我们有着共同命运的生命体。

由此可见,人类不仅将语言作为中介来反映和表达对世界的认知,同时也通过语言来构建世界。这种"人类头脑中对世界的认知"被 Stibbe① 称为"故事"(story):不同生存背景下的人类对于世界的认知不同,由此而形成的生态理念和对待生态环境的方式也就不同。自然资源的无限性和人类享有特权地位的思想意识已经内化在语言系统中,这对人类形成良好的生态理念以及环境问题的解决产生了阻碍作用。

Halliday 对于语言在环境问题中作用的思考为生态语言学提供了新的研究路径,被称为"韩礼德模式""非隐喻模式""环境的语言学"(environmental linguistics)②。"韩礼德模式"主要涉及生态学、语言学、经济学、环境科学、宗教研究、心理学、哲学以及其他多种领域,重点关注语言对生态所产生的作用,这种作用可能是积极的、和谐的,也可能是消极的、破坏性的。对待能产生积

---

① Stibbe A., *Ecolinguistics: Language, Ecology and the Stories We Live By*, London and New York: Routledge, 2015.

② Fill A., Ecolinguistics: States of the Art 1998//Fill A., Mühlhäusler P., *The Ecolinguistics Reader: Language, Ecology and Environment*, London and New York: Continuum, 2001, pp.43-53; 范俊军:《生态语言学研究述评》,《外语教学与研究》2005 年第 2 期,第 110—115 页;韩军:《中国生态语言学研究综述》,《语言教学与研究》2013 年第 4 期,第 107—112 页。

极、有益作用的语言需要鼓励和提倡,而对待能产生破坏性作用的语言则需要抵制和改进。

基于"韩礼德模式",语言学家开始对语言和语言实践(语言系统和语篇)的生态特征和非生态特征进行批评性分析。这些研究主要包括以下三种路径:

一是运用批评话语分析的理论框架,对有关环境的文本进行分析。例如,通过对文本中主动、被动、作格结构的分析①或对施事、受事的分析②,可以看出不同利益群体在描述环境问题时的侧重点和规避点。Andrew Goatly③ 还指出,删除施事或受事可以通过名词化(nominalization)的方式来实现,以此来弱化人们对受影响对象的关注④。

二是从生态角度对语言系统进行批评性分析。除 Halliday⑤ 对语言系统的批判之外,Trampe⑥ 通过对比工业化农业和传统农耕农业中的语言现象,对工业化农业语言中表现的"人类中心主义"(anthropocentrism)和"重商主义"(commercialism)进行批判,认为语言反映世界不能只从人类视角出发,还要关注自然对人类及其商业活动的作用。Goatly⑦ 认为欧洲通用语种中分化的语言系统不符合现今世界整体化的生态思想,主要表现在:及物性分析将现实世界划分为施事、受事和环境成分,不适于表现当代科学理论或盖亚理论(Gaia

---

① Gerbig A., "The Representation of Agency and Control in Texts on the Environment", *AILA*, 1993, No.93, pp.61-73.

② Alexander R.J., Investigating Texts about Environmental Degradation Using Critical Discourse Analysis and Corpus Linguistic Techniques//Fill A., Penz H., *The Routledge Handbook of Ecolinguistics*, New York and London: Routledge, 2018, pp.196-210.

③ Goatly A., "Green Grammar and Grammatical Metaphor, or Language and the Myth of Power, or Metaphors We Die By", *Journal of Pragmatics*, 1996, Vol.25, No.4, p.555.

④ Fill A., "Ecolinguistics: States of the Art", *Arbeiten aus Anglistik und Amerikanistik*, 1998, Vol. 23, No.1, pp.3-16.

⑤ Halliday M.A.K., "New Way of Meaning: The Challenge to Applied Linguistics", *Journal of Applied Linguistics*, 1990, No.6, pp.7-36.

⑥ Trampe W., Language and Ecological Crisis//Fill A., Mühlhäusler P., *The Ecolinguistics Reader: Language, Ecology and Environment*, London and New York: Continuum, 2001, pp.232-240.

⑦ Goatly A., "Green Grammar and Grammatical Metaphor, or Language and the Myth of Power, or Metaphors We Die By", *Journal of Pragmatics*, 1996, Vol.25, No.4, pp.537-560.

hypothesis)①;参与者角色中对施事和受事的划分表现了一种错误的单向因果关系,不符合当代科学理论"多向""互为因果"的特点;将施事、受事参与者角色与环境成分分化,由状语表达的环境成分通常被边缘化,暗示"环境"既没有能动性,也不会受到影响。因此,Goatly② 提出"协和语法"(consonant grammar),也称"绿色语法"(green grammar),即用作格分析法激活在及物性分析中被边缘化的自然环境,使其成为动作过程的参与者,从而加强人们对于自然环境的重视。

三是从生态角度对社会热点话题文章或环保类话题广告中的非生态特征进行批评性分析。例如,Fill③ 通过分析 Times 和 Newsweek 中有关环境问题的广告发现,广告中使用越多"绿色"语言,实际大众对生态环境问题的关注度越低,从而揭示了部分广告语篇背后虚伪的环保意识;Mary Kahn④ 在描写动物实验的科学语篇中发现,全文仅在致谢部分使用代词"I""We"以及主动语态,正文均使用被动语态,这种语言使用习惯表明人们在潜意识中并没有将动物作为与人平等的生物对待。

在以上三种研究路径中,第一种和第三种属于生态批评话语分析,第二种属于批评生态语言学(critical ecolinguistics)研究内容。生态批评话语分析与批评生态语言学的不同之处在于,生态批评话语分析侧重于具体语言的使用,通过批判话语或文本中的词法、句法和语用,揭示话语背后所隐含的意识形态,这种意识形态表现在生态语言学中就是生态意识;而批评生态语言学侧重于对语言系统中非生态特征的批判⑤,如名词的可数与不可数之分、代词的用

---

① 指整个世界或盖亚宇宙(如生命、温度、氧气、岩石、大气和水等)组成一个完整的巨大机体,它们可以实现内部的自我平衡;Lovelock J., *The Ages of Gaia*, Oxford:Oxford University Press,1988.

② Goatly A., *Washing the Brain:Metaphor and Hidden Ideology*, Amsterdam:Benjamins,2007.

③ Fill A., Language and Ecology:Ecolinguistics Perspectives for 2000 Beyond//AILA Organizing Committee, *Selected Papers from AILA 1999 Tokyo*, Tokyo:Waesda University Press,2000.

④ Kahn M., The Passive Voice of Science:Language Abuse in the Wildlife Profession//Fill A., Mühlhäusler P., *The Ecolinguistics Reader:Language, Ecology and Environment*, London and New York:Continuum,2001,pp.241-244.

⑤ Fill A., "Ecolinguistics:States of the Art", *Arbeiten aus Anglistik und Amerikanistik*,1998,Vol. 23,No.1,pp.3-16;Fill A., Mühlhäusler P., *The Ecolinguistics Reader:Language, Ecology and Environment*, London and New York:Continuum,2001;范俊军:《生态语言学研究述评》,《外语教学与研究》2005 年第 2 期,第 110—115 页;王晋军:《生态语言学:语言学研究的新视域》,《天津外国语学院学报》2007 年第 1 期,第 53—57 页。

法以及语法系统的描写等。Stibbe① 提出的批评生态语言学这一概念,从批评性角度研究人类"赖以生存的话语",通过改变语言系统的模式和语言使用方法,使其更加适合生态系统的和谐发展。

相比而言,"豪根模式"关注的是语言生态本身,"语言"与"生物"具有相似的发展历程,在生态系统中起到等同的作用;而"韩礼德模式"则注重语言对生态环境造成的影响,对话语和行为的生态特征和非生态特征进行分析。虽然侧重点各有不同,但二者并不排斥,而是关系互补②,在促进不同生态系统的良性发展中做出了各自的贡献。

(二) 生态语言学研究现状

自生态语言学兴起以来,经过国内外学界的共同努力,以生态语言学命名的学会组织、学术网站、学术期刊以及论文集大量涌现,全国性与国际性学术会议定期召开,国内外高校也开始逐步推进生态语言学专业的本科、硕士研究生、博士研究生等多层次人才的培养。

以生态语言学命名的学会组织逐渐遍及全球。就国外而言,1990 年,丹麦学者 Jørgen Døør 和 Jørgen Christian Bang 在丹麦创立了一个生态、语言和意识形态研究小组,自 2012 年起,该小组更名为"人类互动中心"(Centre for Human Interactivity),从认知科学和人文科学的视角研究人们的认知如何塑造事件以及人类行为的结果对生态产生的影响,其组织者也在积极思考如何将"生态语言学"作为组织名称的一部分;1996 年,国际应用语言学协会成立生态语言学分会;21 世纪以来,生态语言学的倡导者专门成立了国际应用语言学会语言与生态科学委员会;2004 年,Stibbe 初步构建国际生态语言学学会组织框架,该组织于 2017 年 1 月正式成立,目前拥有 1000 多名成员;此外,目前较为活跃的巴西"生态语言学团队"拥有 220 名成员,已出版 12 本生态语言学书籍,并发表多篇期刊文章。在国内,中国生态语言学研究会于 2017 年 4

---

① Stibbe A., *Ecolinguistics: Language, Ecology and the Stories We Live By*, London and New York: Routledge, 2015.

② Fill A., "Ecolinguistics: States of the Art", *Arbeiten aus Anglistik und Amerikanistik*, 1998, Vol. 23, No. 1, pp. 3–16.

月成立,定期召开生态语言学战略发展研讨会及全国生态语言学研讨会,并组织生态语言学研修班。经过学界共同努力,该学会已于 2019 年 11 月加入我国一级学会"中国英汉语比较研究会",并正式更名为"中国英汉语比较研究会生态语言学专业委员会"。

与此同时,有关生态语言学研究的网站也相继建立并完善,例如语言与生态研究中心网站(http://www-gewi.uni-graz.at/ecoling/)、中国英汉语比较研究会生态语言学专业委员会网站(http://ecoling.bfsu.edu.cn)和国际生态语言学学会网站(ecolinguistics-association.org),国内外学者可以在网站中查找有关生态语言学的参考书单、生态语言学发展最新动态,还可以进行生态语言学的在线课程学习。目前,国内外以生态语言学为主要研究内容的期刊相对较少,主要有在线网络期刊 *Language & Ecology*(《语言与生态》),致力于探索与生态相和谐的语篇,以及葡萄牙文期刊 *Ecolinguística*: *Revista Brasileira de Ecologia e Lingnagem*(*ECO-REBEL*)(《生态语言学:巴西生态语言学学刊》)。与此同时,国内外不少期刊都致力于通过专刊或专栏的方式进一步推广生态语言学的研究成果,如 *Language Science*、*Journal of World Languages*,以及《中国外语》《外语与外语教学》等。此外,有两本论文集收录了自 20 世纪 70 年代以来有关生态语言学研究的文章,内容齐全,涉及生态语言学的多种研究方法:一是《生态语言学读本:语言、生态与环境》(*The Ecolinguistics Reader*: *Language*, *Ecology and Environment*)①,二是《劳特利奇生态语言学手册》(*The Routledge Handbook of Ecolinguistics*)②。

进入 21 世纪以来,生态语言学研究主要呈现出以下三个特点:1)研究地域逐渐扩大。生态语言学研究始于欧美国家,现已扩展到澳大利亚、巴西、中国、尼日利亚等多个国家和地区,逐渐演变为一种全球性质的意识形态和活动③。2)研究范式趋于融合。生态语言学目前拥有两个主要研究范式——Haugen

---

① Fill A., Mühlhäusler P., *The Ecolinguistics Reader*: *Language*, *Ecology and Environment*, London and New York: Continuum, 2001.

② Fill A., Penz H., *The Routledge Handbook of Ecolinguistics*, New York and London: Routledge, 2018.

③ Fill A., Penz H., Ecolinguistics in the 21st Century: New Orientations and Future Directions//Fill A., Penz H., *The Routledge Handbook of Ecolinguistics*, New York and London: Routledge, 2018, pp.437-443.

隐喻范式和 Halliday 非隐喻范式,而 Steffensen 和 Fill① 提出,生态语言学研究没有必要区分隐喻和非隐喻范式,两个范式可以通过自然化的生态语言观融合在一起,以解决人类生态问题。3)理论基础及研究方法趋于多元化。生态语言学自兴起以来借鉴了多种理论,不同学科背景的语言学家为其提供了不同的研究路径。由于生态语言学以解决生态问题为出发点和落脚点,因此其借鉴的语言学理论是功能取向的,例如系统功能语言学、认知语言学、社会语言学等。研究方法的多元化表现在研究的实际手段从定性研究发展到定性与定量研究相结合,以及利用现代科学技术进行语言搜集和记录。

21 世纪的生态语言学具有更大的包容性和开放性,通过积极融合多种学科及研究领域,进一步发展了两大研究范式:"隐喻模式"下发展了官场生态话语分析等,"非隐喻模式"下发展了"哲学模式"(philosophical model)②、"文化外交模式"③以及生态话语分析④等,研究方法逐渐从定性研究转向定性与定量研究相结合⑤。此外,Steffensen 和 Fill⑥ 还关注到,由于语言生态环境的界限十分模糊,根据不同学者对语言生态环境的不同解释,目前学界研究可分

---

① Steffensen S.V., Fill A., "Ecolinguistics: The State of the Art and Future Horizons", *Language Sciences*, 2014, Vol.41, pp.6-25.

② Fill A., Penz H., Ecolinguistics in the 21st Century: New Orientations and Future Directions//Fill A., Penz H., *The Routledge Handbook of Ecolinguistics*, New York and London: Routledge, 2018, pp.437-443.

③ 何伟、魏榕:《国际生态话语之及物性分析模式构建》,《现代外语》2017 年第 5 期,第597—607 页;何伟、魏榕:《国际生态话语的内涵及研究路向》,《外语研究》2017 年第 5 期,第18—24 页;何伟、魏榕:《话语分析范式与生态话语分析的理论基础》,《当代修辞学》2018 年第 5期,第 63—73 页。

④ 辛志英、黄国文:《系统功能语言学与生态话语分析》,《外语教学》2013 年第 3 期,第7—10 页;黄国文、赵蕊华:《生态话语分析的缘起、目标、原则与方法》,《现代外语》2017 年第 5期,第 1—11 页;何伟、张瑞杰:《生态话语分析模式构建》,《中国外语》2017 年第 5 期,第 56—64页;何伟、魏榕:《多元和谐,交互共生——国际生态话语分析之生态哲学观建构》,《外语学刊》2018 年第 6 期,第 28—35 页。

⑤ Chen S., "Language and Ecology: A Content Analysis of Ecolinguistics as an Emerging Research Field", *Ampersand*, 2016, Vol.3, pp.108-116;连佳欣:《我国生态语言学研究回顾与展望——基于 2007—2016 年期刊文献的分析》,《内蒙古师范大学学报(教育科学版)》2018 年第 4期,第 79—81、92 页。

⑥ Steffensen S.V., Fill A., "Ecolinguistics: The State of the Art and Future Horizons", *Language Sciences*, 2014, Vol.41, pp.6-25.

为四类:1)语言存在于象征性环境(symbolic ecology)中,即研究多种语言或符号系统在同一地理区域中或同一社会制度下的共存关系;2)语言存在于自然环境(natural ecology)中,即研究语言与生物或生态系统(如气候、地形、动物等)的关系;3)语言存在于社会文化环境(sociocultural ecology)中,即研究语言与塑造言语社团或说话者环境的社会和文化因素的关系;4)语言存在于认知环境(cognitive ecology)中,即研究语言是如何通过生物有机体和环境之间的动态关系来实现的。Steffensen 和 Fill① 认为,语言的生态环境应涵盖以上四种类型,并提倡在此基础上建构一个"统一的生态语言科学"(unified ecological language science),即不区分"隐喻模式"和"非隐喻模式"的研究范式,将语言与自然看作统一融合的整体,并通过将价值观与意义融入生态结构来延展人类生态环境,因此也称为"延展性生态假设"(Extended Ecology Hypothesis)。

基于"隐喻模式"的研究大多关注语言的生存发展状态,语言多样性及其与生物多样性的关系②,语言世界系统,语言的生存、发展及消亡,濒危语言的保护③,以及语言进化等热点问题。还有学者④采用"隐喻模式"对官场话语进行生态分析,从生态语言学视角分析官场话语的内涵、特征及特殊运作机制,并从生物环境、社会环境及精神环境三个方面勾勒出官场话语的生态位体系,为人们较为准确地理解官场话语提供了有效策略,同时也为生态语言学与话语分析

---

① Steffensen S. V., Fill A., "Ecolinguistics:The State of the Art and Future Horizons", *Language Sciences*, 2014, Vol.41, pp.6–25.

② 范俊军:《语言多样性问题与大众传媒》,《现代传播》2007 年第 2 期,第 71—73 页;张东辉:《生态语言学认识观与语言多样性》,《前沿》2009 年第 13 期,第 103—104 页;文兰芳:《语言多样性的生态学意义》,《外语学刊》2016 年第 1 期,第 28—31 页。

③ 徐世璇:《语言濒危原因探析——兼论语言转用的多种因素》,《民族研究》2002 年第 4 期,第 56—64、108 页;徐世璇、廖乔婧:《濒危语言问题研究综述》,《当代语言学》2003 年第 2 期,第 133—148 页;范俊军:《语言活力与语言濒危的评估——联合国教科文组织文件〈语言活力与语言濒危〉述评》,《现代外语》2006 年第 2 期,第 210—213 页;范俊军、宫齐、胡鸿雁:《语言活力与语言濒危》,《民族语文》2006 年第 3 期,第 51—61 页。

④ 祝克懿:《当下官场话语与生态文明建设》,《湖南师范大学社会科学学报》2013 年第 6 期,第 17—20 页;祝克懿、殷祯岑:《生态语言学视野下的官场话语分析》,《南昌大学学报(人文社会科学版)》2014 年第 4 期,第 137—143 页;殷祯岑、祝克懿:《官场话语生态的形成过程考察》,《湖南师范大学社会科学学报》2015 年第 5 期,第 12—19 页。

的结合提供了有益参考。

　　基于"非隐喻模式"的研究大多关注对语言中生态性的分析。基于Stibbe① 的研究,话语可分为三类:有益性话语(beneficial discourse)、模糊性话语(ambivalent discourse)和破坏性话语(destructive discourse),话语分析的目的是推广有益性话语、改善模糊性话语和抵制破坏性话语,从而构建有益的、和谐的生态系统。在此基础上,生态语言学界主要发展了两种生态话语分析模式,即生态批评话语分析与生态积极话语分析(和谐话语分析)。Goatly②将生态批评话语分析分为传统的批评话语分析与替代性批评话语分析(alternative critical discourse analysis),后者更聚焦生态与环境,关注言语社团中的所有人,比前者具有更积极的态度。他③ 进一步提出了侧重文学批评研究的"生态文体学"(ecostylistics),运用语言学理论分析文学话语中对自然或人与自然关系的表征,对其中的不合理表征进行批判,进而建构人与自然和谐平等的关系表征体系。Richard Alexander④ 还将批评话语分析与语料库语言学相结合,通过分析大型跨国商业机构关于环境问题的语篇,揭示他们话语中的非生态因素以及对环境产生的消极影响。Stibbe 对批评话语分析和积极话语分析的生态语言学模式都进行了探索。他⑤ 认为,生态语言学家在用传统批评话语分析框架进行话语分析时对话语的语境进行了扩展:不仅考虑到人与人之间的关系,还关注到人与所有生物赖以生存的更大的生态系统之间的关系;不仅考虑到社会层面的不合理现象,还考虑到生态层面的不和谐之音。此时

① Stibbe A., *Ecolinguistics: Language, Ecology and the Stories We Live By*, London and New York: Routledge, 2015.

② Goatly A., *Washing the Brain: Metaphor and Hidden Ideology*, Amsterdam: Benjamins, 2007.

③ Goatly A., Lexico-grammar and Ecoliguistics//Fill A., Penz H., *The Routledge Handbook of Ecolinguistics*, New York and London: Routledge, 2018, pp.227-248.

④ Alexander R.J., Investigating Texts about Environmental Degradation Using Critical Discourse Analysis and Corpus Linguistic Techniques//Fill A., Penz H., *The Routledge Handbook of Ecolinguistics*, New York and London: Routledge, 2018, pp.196-210.

⑤ Stibbe A., "An Ecolinguistic Approach to Critical Discourse Studies", *Critical Discourse Studies*, 2014, Vol.11, No.1, pp.117-128; Stibbe A., Critical Discourse Analysis and Ecology//Flowerdew J., Richardson J.E., *The Routledge Handbook of Critical Discourse Studies*, London and New York: Routledge, 2018, pp.497-509.

人与自然环境之间的关系就如同压迫者(oppressor)和受压迫者(oppressed)之间的关系。Stibbe① 进一步提出,生态语言学界不应只对语言进行消极的批评,还应关注对生态持积极态度的话语,提倡盲目增长不如稳定发展、征服自然不如尊重自然等积极有益的生态理念,将 James Martin② 积极话语分析(Positive Discourse Analysis)的理论运用到生态语言学研究中,同时为传统话语和地方话语(如自然写作话语和诗歌)分析奠定了理论基础。从生态语言学视角来看,批评话语分析与积极话语分析的动机不同,前者旨在揭露隐藏在语言背后不公平、不可持续的破坏性现象,这种现象不仅存在于生态环境保护中,还存在于政治、经济、社会、人际交往等各种生态系统中,从而引导人们抵制破坏性话语;后者旨在倡导并鼓励对生态系统有益的话语和行为,从而引导人们推广有益性话语。在此之前还有许多学者进行过生态积极话语分析,如Goatly③ 对比诗歌和新闻报道两种文体关于自然的语言表征,Alexander④ 对环保运动者的演讲进行积极话语分析,以判断其中生态特征的表征。

生态语言学视角下的话语分析经历了从对生态话语的分析(analysis of ecological discourse)到对任何话语的生态分析(ecological analysis of discourse)的发展过程⑤。何伟、魏榕⑥以及何伟⑦指出,尽管批评话语分析、积极话语分析和多模态话语分析模式可以应用于话语的生态分析,但是生态话语分析应

---

① Stibbe A., Positive Discourse Analysis: Rethinking Human Ecological Relationships//Fill A., Penz H., *The Routledge Handbook of Ecolinguistics*, New York and London: Routledge, 2018, pp.165-178.

② Martin J., "Positive Discourse Analysis: Solidarity and Change", *Revista Cnaria de Estudios Ingleses*, 2004, Vol.49, pp.179-202.

③ Goatly A., *Critical Reading and Writing: An Introductory Coursebook*, London and New York: Routledge, 2000.

④ Alexander R.J., "Resisting Imposed Metaphors of Value: Vandana Shiva's Role in Supporting Third World Agriculture", *The Online Journal Metaphorik.de*, 2003, No.4, pp.6-29.

⑤ Alexander R., Stibbe A., "From the Analysis of Ecological Discourse to the Ecological Analysis of Discourse", *Language Sciences*, 2014, Vol.41, pp.104-110.

⑥ 何伟、魏榕:《话语分析范式与生态话语分析的理论基础》,《当代修辞学》2018 年第 5 期,第 63—73 页。

⑦ 何伟:《关于生态语言学作为一门学科的几个重要问题》,《中国外语》2018 年第 4 期,第 1、11—17 页。

自成体系,且应被界定为一种新的话语分析范式。与其他话语分析范式相比,生态话语分析有着宏大的目标与明确的价值观导向①,其研究对象既可以是与环境相关的话语②,也可以是对其他任何话语生态取向的分析,如诗歌话语③、小说话语④、广告话语⑤、政治话语⑥以及媒体话语⑦等。换言之,生态话语分析的范围既包括"人与自然"类型的话题,使语言学家逐渐意识到自身所承担的社会责任,为环境保护提供了新的研究视角;还涵盖"人与社会"类型的话题,尤其为国际关系研究提供了新的研究范式⑧,以促进国际社会生态系统的良性发展。

在"非隐喻模式"内部,许多学者还尝试将自己研究的学科领域与生态语言学结合起来,进而进行理论框架的建构。例如,辛志英、黄国文⑨以及黄国文⑩将具有普适性的系统功能语言学与生态语言学联系起来,尝试在系统功

① 何伟、魏榕:《多元和谐,交互共生——国际生态话语分析之生态哲学观建构》,《外语学刊》2018 年第 6 期,第 28—35 页。

② 赵蕊华:《系统功能视角下生态话语分析的多层面模式——以生态报告中银无须鳕身份构建为例》,《中国外语》2016 年第 5 期,第 84—91 页;郑红莲、王馥芳:《环境话语研究进展与成果综述》,《北京科技大学学报(社会科学版)》2018 年第 4 期,第 9—16 页。

③ 黄国文:《自然诗歌中的元功能和语法隐喻分析——以狄金森的一首自然诗歌为例》,《外语教学》2018 年第 2 期,第 61—66 页。

④ 尹静媛:《从生态语言学的视角解读〈动物之神〉》,《外国语文》2016 年第 6 期,第 69—74 页。

⑤ 戴桂玉、仇娟:《语言、环境、社会——生态酒店英文简介之生态批评性话语分析》,《外语与外语教学》2012 年第 1 期,第 48—52 页;何伟、耿芳:《英汉环境保护公益广告话语之生态性对比分析》,《外语电化教学》2018 年第 4 期,第 57—63 页。

⑥ 常军芳、丛迎旭:《功能语言学视角下的生态话语分析模式建构——以中国环保部长报告为例》,《北京科技大学学报(社会科学版)》2018 年第 4 期,第 27—32 页。

⑦ 杨阳:《系统功能视角下新闻报道的生态话语分析》,《北京第二外国语学院学报》2018 年第 1 期,第 33—45 期;袁颖:《媒体报道的生态取向:BBC 中国雾霾新闻标题的生态话语分析》,《北京科技大学学报(社会科学版)》2018 年第 4 期,第 33—41 页。

⑧ 何伟、魏榕:《国际生态话语之及物性分析模式构建》,《现代外语》2017 年第 5 期,第597—607 页;何伟、魏榕:《国际生态话语的内涵及研究路向》,《外语研究》2017 年第 5 期,第18—24 页;何伟、魏榕:《话语分析范式与生态话语分析的理论基础》,《当代修辞学》2018 年第 5期,第 63—73 页。

⑨ 辛志英、黄国文:《系统功能语言学与生态话语分析》,《外语教学》2013 年第 3 期,第7—10 页。

⑩ 黄国文:《从系统功能语言学到生态语言学》,《外语教学》2017 年第 5 期,第 1—7 页。

能语言学视域下建构生态话语分析模式。此后,生态话语分析模式①、国际生态话语及物性分析模式②、生态语言学视角下的人际意义系统③等相继构建起来,为生态语言学的应用研究提供了坚实的理论基础。

值得注意的是,生态哲学观对人们的生态理念、生态话语与行为有着指导作用,是语言影响思维和行动的内在机制(deeper mechanism)。因此,无论是"隐喻模式"还是"非隐喻模式"的生态语言学研究,都需要在生态哲学观的指导下进行。针对各种生态系统,学界有不同的生态哲学观表述。比如针对国际社会生态系统的"和平观"④,针对农业生态的"天人合一"生态观⑤,针对自然—社会生态的"可持续发展观"⑥,针对语言象征生态系统的"语言生态伦理观"⑦,针对人与自然关系的"生活"(Living)哲学观⑧,针对中国语境下政治、经济、文化等活动系统的"和谐"生态观⑨,针对人与自然关系的"和谐生态场所观"⑩等。这些观点的提出都是为了特定生态系统的良性发展,而生态系统的良性发展应有基本的共性。因此,本文认为生态哲学观的表述应会逐渐统一。何伟、魏榕⑪针对国际生态系统提出的"多元和谐,交互共生"具有高度概括性,可以作为一个具有普遍指导意义的生态哲学观。

---

① 何伟、张瑞杰:《生态话语分析模式构建》,《中国外语》2017 年第 5 期,第 56—64 页。

② 何伟、魏榕:《国际生态话语之及物性分析模式构建》,《现代外语》2017 年第 5 期,第 597—607 页。

③ 张瑞杰、何伟:《生态语言学视角下的人际意义系统》,《外语与外语教学》2018 年第 2 期,第 99—108、150 页。

④ Mowat R.B., *Diplomacy and Peace*, London:Williams & Norgate,1935.

⑤ 张壬午、张彤、计文瑛:《中国传统农业中的生态观及其在技术上的应用》,《生态学报》1996 年第 1 期,第 100—106 页。

⑥ Baker S., *Sustainable Development*, New York and London:Routledge,2006.

⑦ 潘世松:《语言生态伦理的性质及原则》,《南昌大学学报(人文社会科学版)》2014 年第 3 期,第 151—156 页。

⑧ Stibbe A., *Ecolinguistics:Language, Ecology and the Stories We Live By*, London and New York:Routledge,2015.

⑨ 黄国文:《从系统功能语言学到生态语言学》,《外语教学》2017 年第 5 期,第 1—7 页。

⑩ 何伟、张瑞杰:《生态话语分析模式构建》,《中国外语》2017 年第 5 期,第 56—64 页。

⑪ 何伟、魏榕:《多元和谐,交互共生——国际生态话语分析之生态哲学观建构》,《外语学刊》2018 年第 6 期,第 28—35 页。

此外,从 Stibbe① 用"我们赖以生存的故事"来表示人类对于世界的认知来看,生态语言学与认知语言学之间也存在可相互借鉴之处②:认知语言学能够为生态语言学提供理论分析工具,从而夯实生态语言学的理论基础;而生态语言学也在一定程度上丰富了认知语言学的意义构建研究。

四、生态语言学研究现存问题

通过以上对生态语言学缘起、发展历程的回顾以及研究现状的综述发现,生态语言学已成为一门学科,不过,仍然存在以下三个问题:

1)研究对象不尽明确。传统的两大主流研究范式都有各自明确的研究对象:"隐喻模式"的研究对象主要集中于社会热点问题,如语言多样性,语言世界系统,语言的生存、发展、消亡,濒危语言保护,语言进化,语言活力,语言规划,语言与现实世界的互变互动关系,语言多样性与生物多样性的关系,生态系统与文化系统等③。"非隐喻模式"主要通过研究语言或语言系统探寻其在生态环境问题中所发挥的作用,尤其是 21 世纪之后的研究突破了环境问题的局限,转而关注语言在人类与其他生物及环境之间生命可持续关系中的作用,因此涵盖了影响生命可持续关系的所有问题④。然而,这两种研究范式之间存在割裂现象,即二者研究对象之间的关联性还没有得到学界的关注。另外,Steffensen 和 Fill⑤ 提出的"延展性生态假说"以及 Cowley⑥ 提出的"根性

---

① Stibbe A., *Ecolinguistics: Language, Ecology and the Stories We Live By*, London and New York: Routledge, 2015.

② 王馥芳:《生态语言学和认知语言学的相互借鉴》,《中国外语》2017 年第 5 期,第 47—55 页。

③ 黄国文:《生态语言学的兴起与发展》,《中国外语》2016 年第 1 期,第 1、9—12 页。

④ 何伟:《关于生态语言学作为一门学科的几个重要问题》,《中国外语》2018 年第 4 期,第 1、11—17 页。

⑤ Steffensen S.V., Fill A., "Ecolinguistics: The State of the Art and Future Horizons", *Language Sciences*, 2014, Vol.41, pp.6-25.

⑥ Cowley S., *Ecolingusitics, The Bio-ecology and the Fragility of Knowing*, Presented at the 2nd International Symposium on Ecolinguistics & the 19th Symposium on Functional Linguistics and Discourse Analysis, August 26-27, Beijing: Beijing Foreign Studies University, 2017.

生态语言学"（Radical Ecolinguistics）并没有明确的研究对象，难以展开具体研究。

2）研究方法不系统。"隐喻模式"通常使用录音、录像等方式来记录和研究语言，然后对所获数据进行转写、建档、评估和分析，近年来科技的飞速发展为语言生态的研究提供了许多现代仪器，如超声仪、核磁共振仪、电子声门仪等。"非隐喻模式"通过描写和分析语言，主要对语言进行定性研究，也有一些学者通过定量分析对生态语言学研究进行综述。Steffensen 和 Fill[1] 将语言和自然当作统一的整体，将符号生态学、自然生态学、社会文化生态学以及认知生态学这四种研究路径进行融合，倡导语言生态研究整体化。Cowley[2] 主张通过语言研究提高人们的生物生态意识，将语言世界和非语言世界通过"语言使用"（languaging）连接起来。由此可见，目前生态语言学缺乏系统的研究方法，探究不同研究方法之间的内在逻辑关系以及如何利用这种关系将其进行融合，是生态语言学学科发展的重要任务。

3）研究范围边界不清。由于"生态"概念的泛化，任何能够发生相互作用关系的要素都能构成一种"生态系统"，由此推动了许多学科的生态学化，例如生态翻译学、生态教育学（或教育生态学）、生态美学、生态诗学、生态心理学等。然而，不同学界对于"生态化"学科术语的理解不同：生态翻译学被界定为一种具有跨学科性质的翻译理论形态，是一种生态途径的翻译研究或生态学视角的翻译研究，而并不是一门独立的学科[3]；生态美学被看作是生态学和美学相结合而成的新型学科，但由于其尚在形成过程中，还不具备独立学科的特点，只是一种发展中的"生态存在论美学观"[4]；教育生态学被看作是教育学的边缘学科，运用生态学方法关注教育生态系统的整体性、可持续性[5]。由

---

[1]　Steffensen S.V., Fill A., "Ecolinguistics: The State of the Art and Future Horizons", *Language Sciences*, 2014, Vol.41, pp.6-25.

[2]　Cowley S., *Ecolingusitics*, *The Bio-ecology and the Fragility of Knowing*, Presented at the 2nd International Symposium on Ecolinguistics & the 19th Symposium on Functional Linguistics and Discourse Analysis, August 26-27, Beijing: Beijing Foreign Studies University, 2017.

[3]　胡庚申：《生态翻译学解读》，《中国翻译》2008 年第 6 期，第 11—15、92 页。

[4]　曾繁仁：《生态美学：后现代语境下崭新的生态存在论美学观》，《陕西师范大学学报（哲学社会科学版）》2002 年第 3 期，第 5—16 页。

[5]　范国睿：《教育生态学》，人民教育出版社 2000 年版。

此可见,学界对于生态化学科属于一门独立学科、下位学科还是研究理论或方向看法不一。我们认为,生态语言学是一门独立的学科,虽然其具有超学科属性①,但是研究范围应该是有界的,目前能够确定的研究范围涉及"从生态的视角探讨环境对语言的影响以及从生态的视角揭示语言对环境的影响"②。"生态"作为一个概念可以被泛化,但"生态语言学"作为一门学科是不能被泛化的。

鉴于上述问题,本文认为,生态语言学目前仍然是一门年轻的学科,需要学界共同关注和努力:在统一的生态哲学观的指导下,通过对研究范式、研究方法以及研究范围的进一步探讨,逐步确立适合生态语言学研究的统一框架、系统的研究方法以及清晰的研究范围,并致力于各种生态问题的解决,促进生态系统的良性发展。

(本文原载《浙江外国语学院学报》2019 年第 1 期,作者为何伟、高然。)

---

① 何伟、魏榕:《生态语言学:发展历程与学科属性》,《国外社会科学》2018 年第 4 期,第 113—123 页。

② 何伟:《关于生态语言学作为一门学科的几个重要问题》,《中国外语》2018 年第 4 期,第 1、11—17 页。

关于生态语言学作为一门
学科的几个重要问题

一、引言

生态语言学已有近50年的发展历程①,说其是一门新兴的学科,原因主要有以下几点:(1)术语存在交叉使用现象;(2)学科内涵模糊,边界不清;(3)学科属性存有争议;(4)研究范式之一,即生态话语分析的框架不确定;(5)指导思想多样化。自国际生态语言学学会于2017年1月正式成立、中国生态语言学研究会②于2017年4月成立以来,国内外生态语言学的研究发展迅速,尤其是Halliday范式下的生态话语分析在学界开展得如火如荼。在此语境下,学界对生态语言学有了更深入的认识。鉴于此,本文尝试系统地回答上述几个问题,为生态语言学的学科地位提供必要的阐释。

二、语言生态学与生态语言学

尽管"语言生态学"(linguistic ecology,或 language ecology,或 ecology of

---

① 范俊军:《生态语言学研究述评》,《外语教学与研究》2005年第2期,第110—115页;黄国文:《生态语言学的兴起与发展》,《中国外语》2016年第1期,第1、9—12页。

② 2019年11月加入我国一级学会"中国英汉语比较研究会",自此更名为"中国英汉语比较研究会生态语言学专业委员会"。

language)一词不是 Haugen 首提①,但是,自 Haugen 于 1970 年在奥地利(Burg Wartenstein,Austria)举办的一个学术会议上做了题为"On the Ecology of Languages"的发言,并将该发言辑入其于 1972 年出版的论文集《语言生态学》后,有关语言与生态关系的研究逐渐得到了学界的关注。Haugen 将生态学原理引入到语言学研究,把语言与社会环境的关系类比成生物与生态环境的关系,认为语言的生存、发展和消失与生物种类的存在、发展和消失一样,都与其生存环境息息相关。为避免语言的濒危和消失,维持语言种类的多样性等,Haugen 提倡学界对语言与社会环境之间的关系进行研究。

受 Haugen 的影响,20 世纪 80 年代,德国一些学者也将生态学原理和方法应用于语言研究,探讨语言与环境的关系,比如 Finke②。法国也有学者论及语言与环境的关系,比如 Hagège③,只不过他使用的术语是 ecolinguistics(écolinguistique),并且侧重环境因素对语言的演变与进化的影响,这应是学界对"生态语言学"一词的最早提及。值得注意的是,无论是"语言生态学",还是"生态语言学",当时两者的内涵主要涉及语言濒危、语言的消失、语言的多样性、语言的保护、语言的复兴、语言的演变与进化等主题。这一范式被学界称为生态语言学的隐喻模式,是当时的主流研究范式④。

20 世纪 90 年代,随着全球生态危机的加剧,语言学界业已认识到自身在解决环境问题上应承担的社会责任。1990 年,Michael A.K.Halliday 在希腊(Thessaloniki,Greece)举行的第九届国际应用语言学会议(AILA)上做了题为"意义表达的新方式:对应用语言学的挑战"(New Ways of Meaning:The

---

① Steffensen S. V., Language, Ecology and Society: An Introduction to Dialectical Linguistics//Bang J.C., Døør J., *Journal of Pragmatics-J Pragmatics*, 2007, pp.3-31; Eliasson S., "The Birth of Language Ecology: Interdisciplinary Influences in Einar Haugen's 'The Ecology of Language'", *Language Sciences*, 2015, Vol.50, pp.78-92.

② Finke P., Politizität zum Verhältnis von Theoretischer Härte und Praktischer Relevanz in der Sprachwissenschaft//Finke P., *Sprache im Politischen Kontext*, Tübingen: Niemeyer, 1983, pp.15-75.

③ Hagège C., *L'Homme de Paroles: Contribution Linguistique aux Sciences Hummaines*, Paris: Fayard, 1985.

④ Fill A., Ecolinguistics: States of the Art 1998//Fill A., Mühlhäusler P., *The Ecolinguistics Reader: Language, Ecology and Environment*, London and New York: Continuum, 2001, pp.43-53; 范俊军:《生态语言学研究述评》,《外语教学与研究》2005 年第 2 期,第 110—115 页。

Challenge to Applied Linguistics)的发言,该发言于同年发表。其中,Halliday指出语言学研究者须重视语言系统、语言的使用对环境生态所产生的影响,敦促语言学界对语言和环境问题的关系做出深刻的思考。Halliday的该发言和论文开启了生态语言学的另一主要研究范式,也就是生态语言学的非隐喻模式,该模式把语言系统和语言使用研究纳入生态问题的考察范围①。

在第九届国际应用语言学会议上,有学者提出使用"eco-linguistics"一词,作为语言与生态问题的统称。这意味着,Haugen范式的语言生态学、生态语言学以及Halliday范式的生态语言学,尽管最初提时各有所侧重,或凸显语言的生存状态,或凸显语言对环境生态的作用,此次会议后,学界倾向使用"生态语言学"(ecolinguistics)一词作为两个研究范式的统称。另外,也有学者②认为生态语言学等同于语言生态学,两个术语可互换使用③。

三、生态语言学的学科内涵

从术语的使用看,生态语言学主要研究"语言的生态环境"和"语言的生态性"(即语言的生态取向)两大主题。对于语言的生态环境,学界主要聚焦语言的生存和发展与其环境之间的关系。关于语言的生态环境,Haugen④ 最初关注的只是把语言当作一种语码的语言社团。随着学科的发展,学界拓展

---

① Fill A., Ecolinguistics: States of the Art 1998//Fill A., Mühlhäusler P., *The Ecolinguistics Reader*: *Language*, *Ecology and Environment*, London and New York: Continuum, 2001, pp.43-53;范俊军:《生态语言学研究述评》,《外语教学与研究》2005年第2期,第110—115页。

② 范俊军:《生态语言学研究述评》,《外语教学与研究》2005年第2期,第110—115页;肖自辉、范俊军:《生态语言学的发展、创新及问题:2006—2016》,《南华大学学报(社会科学版)》2017年第3期,第94—99页。

③ 黄国文:《生态语言学的兴起与发展》,《中国外语》2016年第1期,第1、9—12页。

④ Haugen E., The Ecology of Language//Dil A.S., *The Ecology of Language*: *Essays by Einar Haugen*, Stanford: Stanford University Press, 1972, pp.325-339.

了语言生态环境的外延,Steffensen 和 Fill① 在总结学界的研究时,指出不同的学者对语言的生态环境有着不同的看法——有的认为语言生态环境指象征性的生态环境,即语言之间形成的关系生态;有的认为语言生态环境指语言的自然环境;有的认为语言生态环境指语言的社会文化环境;有的认为语言生态环境指语言的认知(心理)环境。Couto② 认为,语言生态环境包括语言的自然环境、语言的社会环境和语言的心理环境。

在 Steffensen 和 Fill③ 看来,语言的生态环境系一个整体的生态环境,应包括学界所提及的四个方面,因此,他们认为没有必要区分隐喻和非隐喻的生态,而提倡建构一个"统一的生态语言科学"(a unified ecological language science)。这种观点把语言与语言、自然、社会和认知(心理)看成一个统一融合的整体,语言不是表达思想或用来交流的工具,而是一种实时的协调能力,这种协调能力能让我们达到单个人类个体无法实现的效果④。也就是说,这种观点将价值观与意义融入生态结构,延展了人类的生态环境,从而也称为"延展性生态假设"(extended ecology hypothesis)。

关于生态性的语言,自 Halliday⑤ 敦促语言研究者关注语言系统及语言使用中的非生态因素以来,随着环境保护运动的开展以及生态文明思想的广泛与深入传播,学界越来越多的学者加入到语言对环境影响的主题研究中。Alexander 和 Stibbe⑥、Stibbe⑦ 等进一步发展了 Halliday 的生态思想,提出生态

① Steffensen S.V., Fill A., "Ecolinguistics: The State of the Art and Future Horizons", *Language Sciences*, 2014, Vol.41, pp.6-25.

② Couto H.H., "Ecological Approaches in Linguistics: A Historical Overview", *Language Sciences*, 2014, Vol.41, pp.122-128.

③ Steffensen S.V., Fill A., "Ecolinguistics: The State of the Art and Future Horizons", *Language Sciences*, 2014, Vol.41, pp.6-25.

④ Steffensen S.V., Fill A., "Ecolinguistics: The State of the Art and Future Horizons", *Language Sciences*, 2014, Vol.41, p.18.

⑤ Halliday M.A.K., "New Ways of Meaning: The Challenge to Applied Linguistics", *Journal of Applied Linguistics*, 1990, No.6, pp.7-36.

⑥ Alexander R., Stibbe A., "From the Analysis of Ecological Discourse to the Ecological Analysis of Discourse", *Language Sciences*, 2014, Vol.41, pp.104-110.

⑦ Stibbe A., *Ecolinguistics: Language, Ecology and the Stories We Live By*, London and New York: Routledge, 2015.

语言学应研究语言与人类、其他生物及自然环境之间的关系,目的是维持生命的可持续性,即通过话语分析揭示语言系统及语言的使用对环境产生的影响,以提倡生态保护型话语的使用,抵制生态破坏型话语的使用,改善生态模糊性或中性话语。Alexander 和 Stibbe① 以及 Stibbe② 关注的主要是语言对由生物和自然环境组成的自然生态系统的影响,没有涉及语言对由社会群体组成的社会生态系统的影响。在此基础上,黄国文③,黄国文、陈旸④,黄国文、赵蕊华⑤还提及中国语境下语言对社会文化的作用,何伟、魏榕⑥探讨了语言对国际社会生态系统的影响。

肖自辉、范俊军⑦将 Steffensen 和 Fill⑧ 的语言生态观称为“统一的生态观”,将 Alexander 和 Stibbe⑨ 以及 Stibbe⑩ 的生态语言观称为“自然主义的生态观”。从表象上看,“统一的生态观”似乎涵盖了“自然主义的生态观”。然

① Alexander R., Stibbe A., “From the Analysis of Ecological Discourse to the Ecological Analysis of Discourse”, *Language Sciences*, 2014, Vol.41, pp.104-110.

② Stibbe A., *Ecolinguistics: Language, Ecology and the Stories We Live By*, London and New York: Routledge, 2015.

③ 黄国文:《生态语言学的兴起与发展》,《中国外语》2016 年第 1 期,第 1、9—12 页;黄国文:《生态语言学研究与语言研究者的社会责任》,《暨南学报》2016 年第 6 期,第 10—14 页;黄国文:《论生态话语和行为分析的假定和原则》,《外语教学与研究》2017 年第 6 期,第 880—889 页。

④ 黄国文、陈旸:《生态哲学与话语的生态分析》,《外国语文》2016 年第 6 期,第 55—61 页;黄国文、陈旸:《作为新兴学科的生态语言学》,《中国外语》2017 年第 5 期,第 38—46 页。

⑤ 黄国文、赵蕊华:《生态话语分析的缘起、目标、原则与方法》,《现代外语》2017 年第 5 期,第 1—11 页。

⑥ 何伟、魏榕:《国际生态话语的内涵及研究路向》,《外语研究》2017 年第 5 期,第 18—24 页;何伟、魏榕:《国际生态话语之及物性分析模式构建》,《现代外语》2017 年第 5 期,第 597—607 页;何伟、魏榕:《生态语言学:发展历程与学科属性》,《国外社会科学》2018 年第 4 期,第 113—123 页。何伟、魏榕:《话语分析范式与生态话语分析的理论基础》,《当代修辞学》2018 年第 5 期,第 63—73 页;何伟、魏榕:《多元和谐,交互共生——国际生态话语分析之生态哲学观建构》,《外语学刊》2018 年第 6 期,第 28—35 页。

⑦ 肖自辉、范俊军:《生态语言学的发展、创新及问题:2006—2016》,《南华大学学报(社会科学版)》2017 年第 3 期,第 94—99 页。

⑧ Steffensen S.V., Fill A., “Ecolinguistics: The State of the Art and Future Horizons”, *Language Sciences*, 2014, Vol.41, pp.6-25.

⑨ Alexander R., Stibbe A., “From the Analysis of Ecological Discourse to the Ecological Analysis of Discourse”, *Language Sciences*, 2014, Vol.41, pp.104-110.

⑩ Stibbe A., *Ecolinguistics: Language, Ecology and the Stories We Live By*, London and New York: Routledge, 2015.

而,事实并非如此。如上所述,Steffensen 和 Fill① 认为他们提出的"延展性生态假设"避免了结构主义与后结构主义有关语言本质的悖论(该悖论指,语言是关于自然的语言,不是自然的语言),解决了语言形式主义忽视语言的语境,而功能主义只关注语言的静态语境的问题,把语言看作一种协调象征关系、自然因素、社会文化因素以及认知心理因素的一种能力。这一点在他们对生态语言学的定义中可以得到见证:

Ecolinguistics is(1) the study of the processes and activities through which human beings−at individual,group,population and species levels−exploit their environment in order to create an extended,sense−saturated ecology that supports their existential trajectories,as well as(2) the study of the organismic,societal and ecosystemic limits of such processes and activities,i.e. the carrying capacities for upholding a sound and healthy existence for both human and non−human life on all levels.②

从上述定义,我们可以看出,Steffensen 和 Fill③ 尽管承继的是语言的生态环境研究,事实上他们探讨的是人类的所有活动。这一界定过于宏大,使得生态语言学的具体研究难以展开。换言之,他们的主张似有些虚无。不过,如果将他们的主张看成一种目标,则此目标可以通过 Haugen 及 Halliday 的研究范式达成,即可通过由 Haugen 的研究思路发展而来的语言之间的影响研究,以及自然环境、社会文化语境、认知心理因素对语言的生存、演化、消失等的影响研究,从一个方向对语言的生态环境进行探讨;同时通过由 Halliday 的研究思路发展而来的语言系统及语言的使用对语言的种类、自然环境、社会文化语境、认知心理因素的影响研究,从另一个方向对语言的生态性进行研究。这两个方向的研究实际上就构成了一个整体,这也就

———————————

① Steffensen S.V.,Fill A.,"Ecolinguistics:The State of the Art and Future Horizons",*Language Sciences*,2014,Vol.41,pp.6−25.

② Steffensen S.V.,Fill A.,"Ecolinguistics:The State of the Art and Future Horizons",*Language Sciences*,2014,Vol.41,p.21.

③ Steffensen S.V.,Fill A.,"Ecolinguistics:The State of the Art and Future Horizons",*Language Sciences*,2014,Vol.41,pp.6−25.

是 Fill[1] 的看法：Haugen 的隐喻模式与 Halliday 的非隐喻模式形成互补，两者并不矛盾。

如上所述，生态语言学的整体观应包括 Haugen 的研究范式以及 Halliday 的研究范式，其学科内涵涉及从生态的视角探讨环境对语言的影响，以及从生态的视角揭示语言对环境的影响。此处的"环境"包括语言本身、自然环境、社会文化语境、认知心理因素等。由此，语言多样性、濒危语言、语言活力、语言保护、语言规划与政策、语言复兴、语言进化、语言习得、语言霸权主义批评、生态语法、生态话语分析等都是生态语言学的研究主题。《中国外语》本期生态语言学研究专栏中王瑾、金娜娜的文章从生态语言学的视角，梳理了英语全球传播文献，其中涉及语言霸权主义批评。

同时，鉴于生态学研究均蕴含一定的伦理观或哲学观，生态语言学的研究主题还包括生态哲学观。

四、生态语言学的学科属性

有关生态语言学的学科属性，学界目前主要存在三种观点：交叉学科，即生态学与语言学两大学科的交叉[2]；应用学科，即用来解决生态问题的应用语言学[3]；超学科，即基于并超越生态学、语言学、哲学、生物学、认知科学、社会学、外交学、政治学、文化学等多学科的超学科性学科[4]。

第一种观点源于生态学与语言学的结合，认为生态语言学是生态学与语言学相结合的研究领域，也就是说，只要是有关生态学理论与语言生存状况的

---

[1]　Fill A., Ecolinguistics：States of the Art 1998//Fill A., Mühlhäusler P., *The Ecolinguistics Reader：Language，Ecology and Environment*，London and New York：Continuum，2001，p.43.

[2]　范俊军：《生态语言学研究述评》，《外语教学与研究》2005 年第 2 期，第 110—115 页。

[3]　范俊军：《生态语言学研究述评》，《外语教学与研究》2005 年第 2 期，第 110—115 页；黄国文：《生态语言学的兴起与发展》，《中国外语》2016 年第 1 期，第 1、9—12 页。

[4]　何伟、魏榕：《生态语言学：发展历程与学科属性》，《国外社会科学》2018 年第 4 期，第 113—123 页；何伟、魏榕、Arran Stibbe：《生态语言学的超学科发展——阿伦·斯提布教授访谈录》，《外语研究》2018 年第 2 期，第 22—26 页。

研究,或是有关语言学理论与生态问题的研究,均属于生态语言学的研究范围。然而,正如 Cowley[①] 所说,这种观点让学界感到困惑,生态语言学究竟是"生态"语言学,还是生态"语言学"[②]。

第二种观点源于生态语言学内在的强大的应用性。无论是 Haugen 范式的生态语言学研究,还是 Halliday 范式的生态语言学研究,均聚焦生态问题的解决,或是对语言生态问题的解决,或是对其他生态系统问题的解决。何伟、魏榕[③]概述了生态语言学在教育、翻译、文学批评、环境保护以及国际关系等五个领域的应用情况。从其应用性讲,把生态语言学归为应用语言学学科,没有任何问题。不过,从学理角度看,此观点没有彰显该学科的科学特点。换言之,生态语言学从缘起上是为解决生态问题而诞生和发展的,其学理体现了多学科知识以及研究范式的融合,并且其研究可以最终揭示语言的源起和本质。正如 Garner[④] 指出的那样,语言的本质和语言在人类社团中的角色取决于生态因素。

第三种观点源于生态语言学诞生之初就具有的多学科融合特点。Haugen 提出的语言生态学受到了生态学、社会学以及语言学的影响。Halliday 提倡的语言的生态性研究受到了语言学、生态学、哲学、经济学、社会学等学科的影响。目前,生态语言学的发展更是体现了多学科融合的特点,尤其是 Halliday 范式的研究,比如 Stibbe[⑤] 以其个人的研究涵盖了生态学、语言学、经济学、环境科学、宗教学、心理学、哲学以及其他多种领域为例,指出生态语言学不应是一门狭隘的学科,而应是超学科性的。黄国文[⑥],黄国

---

① 2017 年 8 月底,国际生态语言学家史蒂芬・考利(Stephen Cowley)教授应邀来北京外国语大学参加"第二届国际生态语言学研讨会",与作者讨论生态语言学的发展现状时,提及学界存在这样的困惑:生态语言学究竟是"生态"语言学还是生态"语言学"。

② 何伟、魏榕:《生态语言学:发展历程与学科属性》,《国外社会科学》2018 年第 4 期,第 113—123 页。

③ 何伟、魏榕:《生态语言学:发展历程与学科属性》,《国外社会科学》2018 年第 4 期,第 113—123 页。

④ Garner M., *Language: An Ecological View*, Bern: Peter Lang, 2004, pp.33-34.

⑤ 何伟、魏榕、Arran Stibbe:《生态语言学的超学科发展——阿伦・斯提布教授访谈录》,《外语研究》2018 年第 2 期,第 22—26 页。

⑥ 黄国文:《生态语言学的兴起与发展》,《中国外语》2016 年第 1 期,第 1,9—12 页;黄国文:《生态语言学研究与语言研究者的社会责任》,《暨南学报》2016 年第 6 期,第 10—14 页;黄国文:《论生态话语和行为分析的假定和原则》,《外语教学与研究》2017 年第 6 期,第 880—889 页。

文、陈旸①以及黄国文、赵蕊华②以及《中国外语》本期生态语言学研究专栏中黄国文的文章,提倡的和谐话语分析融合了生态学、语言学、中国传统哲学(包括儒家和道家哲学理念)、中国传统文化等方面的知识,目的是在"和谐生态哲学观"的指导下,对中国语境下的话语进行分析,以此提高国人的生态意识,进而解决国内的生态问题。何伟、魏榕③论述的生态话语分析范式,融合了生态学、语言学、中国传统哲学、中国传统文化、中国外交理念、政治学、经济学、社会学等方面的知识,目的是在"多元和谐,交互共生"生态哲学观的指导下,将系统功能语言学的语法系统生态化,并基于此对表征国际关系的话语进行生态性分析,以提倡生态保护型话语使用,抵制生态破坏型话语使用,完善模糊性或中性话语,最终促进国际社会生态系统的良性发展。

　　生态语言学的超学科属性与生态语言学的多样化与整体化的发展趋势有着内在的联系④,而生态语言学的这种发展特点与当今科学的发展趋势呈现出高度的一致性。李颖、冯志伟⑤指出,近半个世纪里,学科融合的趋势越来越明显,其最高层次就是超学科。Häberli et al.⑥认为,超学科是一种学界协同合作的学习方式和问题解决方式,其发展源于学界对各种复杂问题的积极应对。Halliday⑦认为,当今时代的知识结构是主题性而非学科性的,主题是一种视角,是一种看待事情和提出问题的方式,而学科是按照内容定义的,他

①　黄国文、陈旸:《生态哲学与话语的生态分析》,《外国语文》2016 年第 6 期,第 55—61 页;黄国文、陈旸:《作为新兴学科的生态语言学》,《中国外语》2017 年第 5 期,第 38—46 页。

②　黄国文、赵蕊华:《生态话语分析的缘起、目标、原则与方法》,《现代外语》2017 年第 5 期,第 1—11 页。

③　何伟、魏榕:《话语分析范式与生态话语分析的理论基础》,《当代修辞学》2018 年第 5 期,第 63—73 页;何伟、魏榕:《多元和谐,交互共生——国际生态话语分析之生态哲学观建构》,《外语学刊》2018 年第 6 期,第 28—35 页。

④　何伟、魏榕:《生态语言学:整体化与多样化的发展趋势——〈语言科学〉主编苏内·沃克·斯特芬森博士访谈录》,《国外社会科学》2017 年第 4 期,第 145—151 页。

⑤　李颖、冯志伟:《计算语言学的超学科研究》,《现代外语》2015 年第 3 期,第 407—415 页。

⑥　Häberli R., et al., Summary and Synthesis//Klein J.T., et al., *Transdisciplinary: Joint Problem Solving Among Science, Technology, and Society*, Basel: Birkhauser, 2001, p.7.

⑦　Halliday M.A.K., "New Ways of Meaning: The Challenge to Applied Linguistics", *Journal of Applied Linguistics*, 1990, No.6, pp.7-36; Halliday M.A.K., New Ways of Meaning: The Challenge to Applied Linguistics//Fill A., Mühlhäusler P., *The Ecolinguistics Reader: Language, Ecology, and Environment*, London and New York: Continuum, 2001, pp.175-202.

强调超学科研究聚焦主题,而非学科。蒋逸民①同样指出,超学科研究以问题或主题为导向,对其进行多视角探究,具有科学研究上的"革命性",能够为复杂的社会问题提供强大的解释力和普遍性的指导。黄国文、陈旸②指出生态语言学主题突出,即"从生态的角度去看语言或者从语言的角度去看与语言有关的生态问题"。综上所述,生态语言学具有超学科性质。

《中国外语》本期生态语言学研究专栏中赵蕊华的文章认为,生态语言学是一门跨学科研究。此观点与本文主张的生态语言学的超学科性一脉相承。跨学科性可作狭义与广义两种解读:狭义上,指从一个学科视角阐释另外一个学科;广义上,涵盖了学科间的互补交叉以及多学科知识与范式的融合③。由此,超学科性即是一种广义的跨学科性。为准确概括生态语言学的学理特点,本文建议使用"超学科"来指征其学科属性。

五、Halliday 范式的生态语言学研究——生态话语分析

自 Halliday④ 敦促语言学研究者重视语言系统及语言使用中的非生态因素以来,越来越多的学者开启了生态话语分析(Ecological Discourse Analysis,简称 EDA)实践,以揭示语言使用中的非生态因素。目前,学界主要有批评生态话语分析(Critical Discourse Analysis,简称 CDA)⑤、积极生态话语分析

---

① 蒋逸民:《作为一种新的研究形式的超学科研究》,《浙江社会科学》2009 年第 1 期,第 14 页。

② 黄国文、陈旸:《作为新兴学科的生态语言学》,《中国外语》2017 年第 5 期,第 45 页。

③ 何伟、魏榕:《生态语言学:发展历程与学科属性》,《国外社会科学》2018 年第 4 期,第 113—123 页。

④ Halliday M.A.K.,"New Ways of Meaning:The Challenge to Applied Linguistics",*Journal of Applied Linguistics*,1990,No.6,pp.7–36.

⑤ Carvalho A.,"Representing the Politics of the Greenhouse Effect:Discursive Strategies in the British Media",*Critical Discourse Studies*,2005,Vol.2,No.1,pp.1–29;Stamou A.G.,Paraskevopoulos S.,"Representing Protection Action in an Ecotourism Setting:A Critical Discourse Analysis of Visitors' books at a Greek Reserve",*Critical Discourse Studies*,2008,No.1,pp.35–54;Stibbe A.,*Ecolinguistics:Language,Ecology,and the Stories We Live By*,London and New York:Routledge,2015;Alexander R.J.,Investigating Texts about Environmental Degradation Using Critical Discourse Analysis and Corpus Linguistic Techniques//Fill A.,Penz H.,*The Routledge Handbook of Ecolinguistics*,New York and London:Routledge,2018,pp.196–210.

(Positive Discourse Analysis,简称 PDA)①、多模态生态话语分析(Multimodal Discourse Analysis,简称 MDA)②。这些话语分析实践均借鉴学界已有的话语分析范式,揭示话语中的生态取向,为生态话语分析范式的最终确立积累了大量的实践经验,然而批评话语分析、积极话语分析以及多模态话语分析均不能看作 EDA 的最终范式。

何伟、魏榕③在界定 EDA 时,以 CDA、PDA 和 MDA 为参照,指出 EDA 在研究缘起、思想指导、研究对象、研究目的、话语分类、研究步骤等方面,均与它们有所不同。EDA 源自人文社科的"生态转向"④,学科的这种转向又是社会文明从工业文明转向生态文明而促动的,因此,与其他话语分析范式相比较,EDA 的目标更加宏大——EDA 旨在通过话语分析,以增强人类的生态责任感,从而解决现今全球愈发严重的生态危机。鉴于此宏大的目标,EDA 有着明确的价值观导向,即 EDA 实践必须基于能够促进生态系统良性发展的生态哲学观;EDA 的研究对象不仅是环境话语,还应包括有关各种生态系统的种种话语;EDA 对话语的分类不是二元对立的,即与 CDA 主要关注的权势话语不同,也与 PDA 主要关注的积极话语不同,EDA 将话语区分为生态保护型、破坏型以及模糊性或中性话语;EDA 采纳明确的"理论—分析—行动"三个步骤,这说明 EDA 没有停留在话语特点的揭示层面,而最终着眼于社会实践,在生态问题解决方面具有深刻的实践指导意义和现实指导意义。

---

① Goatly A., *Critical Reading and Writing: An Introductory Coursebook*, London and New York: Routledge, 2000; Alexander R.J., "Resisting Imposed Metaphors of Value: Vandana Shiva's Role in Supporting Third World Agriculture", *The Online Journal Metaphorik. de*, 2003, No.4, pp.6-29; Stibbe A., *Ecolinguistics: Language, Ecology, and the Stories We Live By*, London and New York: Routledge, 2015.

② Maier C.D., "Communicating Business Greening and Greenwashing in Global Media: A Multimodal Discourse Analysis of CNN's Greenwashing Video", *The International Communication Gazette*, 2011, Vol.73, No.1-2, pp.165-177; Chen S.B., "Selling the Environment: Green Marketing Discourse in China's Automobile Advertising", *Discourse, Context and Media*, 2016, No.12, pp.11-19.

③ 何伟、魏榕:《话语分析范式与生态话语分析的理论基础》,《当代修辞学》2018 年第 5 期,第 63—73 页。

④ Stibbe A., Ecolinguistics and Gloabalization//Coupland N., *The Handbook of Language and Globalization*, West Sussex: Blackwell, 2010, p.407.

有关 EDA 术语的来历,我们可追踪至 Alexander 和 Stibbe[1] 对"生态话语分析"(Ecological Discourse Analysis)与"话语的生态性分析"(Ecological Analysis of Discourse)两个术语的区分。他们指出"生态话语分析"主要关注环境话语,"话语的生态性分析"不仅涉及环境话语,还包括任何对生态系统产生影响的话语。因此,他们认为"生态话语分析"应该指的是话语的生态性分析。何伟、魏榕[2]以及本文赞同该术语的使用,并将之界定为一种新的话语分析范式,以区别于 CDA、PDA 与 MDA 等话语分析范式。这个术语中的 Ecological 指的是生态视角,也指生态保护目的。从这一点上,Ecological 与 CDA 和 PDA 中的 Critical 与 Positive 类似,而与 MDA 中的 Multimodal 不同,Multimodal 仅指研究对象。如此一来,批评生态话语分析、积极生态话语分析、多模态生态话语分析、和谐生态话语分析均属于生态话语分析。

在 EDA 的语言学理论基础方面,Stibbe[3] 借鉴了系统功能语言学、认知语言学、社会语言学等理论框架,王馥芳[4]也指出认知语言学可为生态语言学提供理论支撑。何伟、魏榕[5]强调,生态语言学借鉴的语言学理论应是功能取向的,而不是形式取向的。这是因为生态语言学是为解决复杂的生态问题而诞生的,不过问题的解决反过来促进了其对语言源起及本质的揭示。

六、生态哲学观

鉴于其应对生态问题的宏大目标,生态语言学具有超学科属性。该学科

---

① Alexander R., Stibbe A., "From the Analysis of Ecological Discourse to the Ecological Analysis of Discourse", *Language Sciences*, 2014, Vol.41, pp.104-110.

② 何伟、魏榕:《话语分析范式与生态话语分析的理论基础》,《当代修辞学》2018 年第 5 期,第 63—73 页。

③ Stibbe A., *Ecolinguistics: Language, Ecology, and the Stories We Live By*, London and New York: Routledge, 2015.

④ 王馥芳:《生态语言学和认知语言学的相互借鉴》,《中国外语》2017 年第 5 期,第 47—55 页。

⑤ 何伟、魏榕:《话语分析范式与生态话语分析的理论基础》,《当代修辞学》2018 年第 5 期,第 63—73 页。

"与传统语言学将语言视为自足的结构系统截然不同"①,也与当今持语法自治观点的形式主义语言学理论不同,它从生态的视角研究语言与语言生态系统以及语言与其他生态系统的相互依存与作用关系。从这一点讲,该学科与功能主义语言学理论也不同,包括系统功能语言学、语用学、认知语言学等在内的功能语言学理论主要关注语言系统对语境的体现或建构,或人的体验与认知对语言结构的影响等。然而,生态语言学中的"生态"是一种视角,即一种看待生态系统的价值观,也就是一种看待世界万物发生、发展及存亡的哲学观。因此,无论是 Haugen 范式的生态语言学研究,还是 Halliday 范式的生态语言学研究,均是在一定的哲学观指导下进行的,换言之,均需要生态哲学观的指导。

在 Haugen 范式下,潘世松②提出了"语言生态伦理"概念,强调各种语言的和谐共生,指出语言种类的和谐共生才能促使生物多样性可持续存在。在 Halliday 范式下,Stibbe③,Steffensen④,黄国文⑤,何伟、魏榕⑥等均指出生态话语分析需要生态哲学观的指导。Stibbe⑦针对西方国家经济活动与人类生活的话语提出了"生活"(Living)生态哲学观,旨在促进人们保护赖以生存的生

---

① 范俊军:《生态语言学研究述评》,《外语教学与研究》2005 年第 2 期,第 112 页。

② 潘世松:《异语文字符号夹杂现象的学科理据》,《山西师大学报(社会科学版)》2012 年第 4 期,第 136—140 页;潘世松:《语言生态伦理的性质及原则》,《南昌大学学报(人文社会科学版)》2014 年第 3 期,第 151—156 页;潘世松:《语言生态伦理的自律价值》,《湖南师范大学社会科学学报》2017 年第 6 期,第 30—37 页。

③ Stibbe A., *Ecolinguistics*: *Language*, *Ecology and the Stories We Live By*, London and New York: Routledge, 2015.

④ Steffensen S.V., The Microecological Grounding of Language: How Linguistic Symbolicity Extends and Transforms the Human Ecology//Fill A., Penz H., *The Routledge Handbook of Ecolinguistics*, New York and London: Routledge, 2018, pp.393-405.

⑤ 黄国文:《论生态话语和行为分析的假定和原则》,《外语教学与研究》2017 年第 6 期,第 880—889 页。

⑥ 何伟、魏榕:《国际生态话语的内涵及研究路向》,《外语研究》2017 年第 5 期,第 18—24 页;何伟、魏榕:《国际生态话语之及物性分析模式构建》,《现代外语》2017 年第 5 期,第 597—607 页;何伟、魏榕:《话语分析范式与生态话语分析的理论基础》,《当代修辞学》2018 年第 5 期,第 63—73 页;何伟、魏榕:《多元和谐,交互共生——国际生态话语分析之生态哲学观建构》,《外语学刊》2018 年第 6 期,第 28—35 页。

⑦ Stibbe A., *Ecolinguistics*: *Language*, *Ecology and the Stories We Live By*, London and New York: Routledge, 2015.

态系统;黄国文[①]针对中国语境下的政治、经济、文化等话语提出了"和谐"生态哲学观,目的是促进中国语境下人与人、人与自然之间的和谐与发展;何伟、张瑞杰[②]就自然生态话语提出了"和谐生态场所观",旨在促进环境保护;何伟、魏榕[③]针对表征国际社会生态系统即国际关系的国际生态话语提出了"多元和谐,交互共生"生态哲学观,旨在维护国际社会生态系统的良性发展。

Stibbe[④]认为,生态哲学观或因个人、群体等的不同而不同。本文认为,无论是哪种生态哲学观,均是人们为了促进所关注的生态系统的良性发展而提出的,鉴于此,我们可以通过揭示生态系统良性发展的共性,概括出一种具有普遍指导意义的生态哲学观。从生态学角度,无论是自然生态系统,还是社会生态系统,各生态系统的稳定及可持续发展均具有一个共同的特点,也就是生态因子的多样性;这种多样性反过来又依赖于生态因子的相互作用、互为因果的关系[⑤]。各生态系统之间又组成一个大的生态系统,在这个大的生态系统内,子系统作为生态因子相互之间又存在相互作用、互为因果的关系,其良性发展也要求生态因子的多样性。换言之,无论是从各生态系统自身,还是横向的相互之间,或是从纵向的时间维度看,谈及任何一个层次的任何一个生态系统,其良性发展均需要处于相互作用、互为因果的生态因子的存在。因此,本文认为,"多元和谐,交互共生"这种表述应该是生态系统良性运作的共性概括,可以看作一种普遍而适用的生态哲学观;以此指导生态语言学研究,包括Haugen 和 Halliday 两种范式的研究,其研究结果应该有助于人们生态意识的提高,从而有助于相关生态问题的解决;此生态哲学观既应该是个人化的,又应该是社会化的,同时也应该是国际化或全球化的,能够促进各种生态系统以

---

① 黄国文:《论生态话语和行为分析的假定和原则》,《外语教学与研究》2017 年第 6 期,第880—889 页。

② 何伟、张瑞杰:《生态话语分析模式构建》,《中国外语》2017 年第 5 期,第 56—64 页。

③ 何伟、魏榕:《多元和谐,交互共生——国际生态话语分析之生态哲学观建构》,《外语学刊》2018 年第 6 期,第 28—35 页。

④ Stibbe A., *Ecolinguistics*: *Language*, *Ecology*, *and the Stories We Live By*, London and New York: Routledge, 2015.

⑤ 邹冬生、高志强主编:《当代生态学概论》,中国农业出版社 2013 年版;叶峻、李梁美:《社会生态学与生态文明论》,上海三联书店 2016 年版。

及整个生态系统网络的良性发展。不过,针对特定的生态系统,其表述可以具象化。也就是说,上文提及的"生活""和谐"等生态哲学观均可以看作"多元和谐,交互共生"的具象化表述。

另外,生态哲学观作为一种抽象的思想,指导话语分析时,在一定的语境下,可通过其衍生的原则来操作。比如黄国文[①]探讨了和谐话语分析中的"以人为本"的假定以及"良知""亲近"与"制约"原则。《中国外语》本期生态语言学研究专栏中黄国文的文章,也进一步明晰了生态话语之国内语境下的和谐话语分析的哲学根源和分析原则等;谭晓春的文章进一步阐述了"和谐"生态哲学观的假定以及原则。

七、结语

2016 年 10 月 9 日至 10 日,黄国文在华南农业大学组织召开了"第 17 届功能语言学与语篇分析高层论坛",其主题是"生态语言与生态翻译研究";2016 年 11 月 25 日至 26 日,黄国文接着在华南农业大学组织召开了"第一届国际生态语言学研讨会"。这两个学术活动的举办将 Halliday 模式的生态语言学研究正式带入国内学者的视野。

2017 年 4 月 28 日,何伟在北京外国语大学组织召开了"第一届中国生态语言学战略发展研讨会",会上成立了"中国生态语言学研究会"(挂靠"国际生态语言学学会")[②];2017 年 8 月 26 日至 27 日,中国生态语言学研究会在北京外国语大学举办了"第二届国际生态语言学研讨会"。在这两次学术会议上,学者们对生态语言学的学科地位进行了热烈的讨论。

如本文所述,在一年多的时间里,通过对一些重要问题的探讨,大家逐渐达成共识,一致认为生态语言学是一门学科,从缘起及发展的必要性看,它具

---

① 黄国文:《论生态话语和行为分析的假定和原则》,《外语教学与研究》2017 年第 6 期,第 880—889 页。

② 2019 年 11 月加入我国一级学会"中国英汉语比较研究会",自此更名为"中国英汉语比较研究会生态语言学专业委员会"。

有应用语言学的学科属性。不过,该学科与其他语言学学科有所不同:它不是一门边界清晰的学科,而是具有明显的开放性以及边际性,可融合多种学科知识和研究范式来揭示并致力于自然和社会生态问题的解决,即从生态的视角探究语言与环境之间的关系,以及语言在人与人、人与其他生物、人与环境之间的生命可持续性关系中的作用和发展,并且其研究可揭示语言的源起和本质。因而,从建构目的看,生态语言学的应用学科性质比较凸显;从学理看,其超学科性质比较凸显。换言之,生态语言学既是一门应用语言学学科,也是一门超学科。

(本文原载《中国外语》2018 年第 4 期,作者何伟。)

生态语言学:整体化与多样化的发展趋势

——《语言科学》主编苏内·沃克·斯特芬森博士访谈录

问:斯特芬森(Sune Vork Steffensen)博士①,您好!感谢您接受我们的采访。据我们所知,您从事生态语言学很多年了,那么您具体什么时候开始研究生态语言学?什么原因促使您研究生态语言学?是否有人激发了您对生态语言学的研究兴趣?

答:谢谢,很好的问题。二十多年以前,也就是1995年,我进入欧登塞大学(Odense University)开始硕士研究生学习,出于对语言学的爱好,我加入由乔尔格·克里斯蒂安·邦(Jørgen Christian Bang)教授和乔尔格·多尔(Jørgen Døør)教授组织的生态语言学小组。因为小组学习以及硕士导师的引导,我开始对生态语言学感兴趣。在一次小组讨论中,我很幸运地得知,1996年将于芬兰举行一次应用语言学国际会议。更幸运的是,1996年我恰好在芬兰首都赫尔辛基从事一份短期工作,于是我便与邦教授和多尔教授一起去芬兰韦斯屈莱大学(Jyväskylä University)参加了这次应用语言学国际会议。会议过程中,我参与了第二场和第三场生态语言学研讨会,自此两位教授把我带入生态语言学圈子,并向我介绍了当时与会的著名生态语言学专家如阿尔温·菲尔(Alwin Fill)、理查德·亚历山大(Richard Alexander)、威廉·特兰珀(Wilhelm Trampe)和彼得·芬克(Peter Finke)。

---

① 苏内·沃克·斯特芬森博士是南丹麦大学副教授、人类互动研究中心主任,并担任国际核心期刊《语言科学》(Language Sciences)主编。他主要用生态方法、对话方法及分布式方法研究语言与互动,主要研究兴趣包括复杂的社会生态系统、对话生态系统及认知生态系统的运作、认知事件分析、人类生态系统中行为和意识生成过程的定性研究。

问：在《语法生态：生态语言学中的辩证原则、整体原则和再生原则》一文中，您把菲尔称为"生态语言学之父"（godfather of ecolinguistics）①。这是否等同于我们把韩礼德（M.A.K.Halliday）称作"系统功能语言学之父"（godfather of systemic functional linguistics）？

答：《语法生态：生态语言学中的辩证原则、整体原则和再生原则》一文被收录于论文集《语言、符号和自然：环境话语的生态语言学维度》②，该论文集的所有文章都是献给菲尔的。

把菲尔称为"生态语言学之父"和把韩礼德称作"系统功能语言学之父"有共同点和不同点。相同点在于菲尔和韩礼德分别是生态语言学和系统功能语言学的先驱。不同点在于菲尔和韩礼德在生态语言学与系统功能语言学领域中的关键度各异。在系统功能语言学领域，韩礼德是主要创始人，其他的系统功能语言学分支，如加的夫语法都不能脱离韩礼德系统功能语言学理论而单独存在，也就是说，没有韩礼德，就没有系统功能语言学理论。生态语言学较之系统功能语言学具有更多样化的发展趋势、更多理论发展方向、更多研究方法，这些理论与研究方法可能与菲尔的研究并没有多大关系。总之，菲尔为生态语言学创造了一个发展的起点，而韩礼德为系统功能语言学创建了一套发展的理论。

问：自您1996年参加第一次关于生态语言学的重要国际会议，距今已经20多年，在过去20多年间，生态语言学发生了什么变化？

答：在过去20多年，我观察到生态语言学主要发生了两个改变。第一，生态语言学研究队伍扩大，这不仅体现在研究队伍规模从1996年的少数群体变成现在的较大群体，而且体现在研究队伍分布范围从欧洲各国扩展到其他更多国家，如生态语言学研究在中国取得了突破性进展。第二，诞生了更多的生态语言学理论分支与研究方法，生态语言学的理论基础更加坚固，从而产出了

① Steffensen S.V., The Ecology of Grammar：Dialectical, Holistic and Autopoietic Principles in Ecolinguistics//Martin D., Penz H., Trampe W., *Language, Signs and Nature：Ecolinguistic Dimensions of Environmental Discourse, Essays in Honour of Alwin Fill*, Tübingen：Stauffenburg Verlag, 2008, pp. 89-105.

② Martin D., Penz H., Trampe W., *Language, Signs and Nature：Ecolinguistic Dimensions of Environmental Discourse, Essays in Honour of Alwin Fill*, Tübingen：Stauffenburg Verlag, 2008.

更多的生态语言学专著、论文集和文章,如2014年《语言科学》出版了一辑生态语言学特刊。

然而,有趣的是,不管是20多年以前,还是现在,生态语言学有一点没有变,即其发展一直存在两个路向。一是生态语言学的主要研究方向,即重视语言现象与生态危机的互动,关注语言如何影响环境,这种方向使得生态语言学研究方法多样化,如系统功能语言学理论、语篇分析、批评话语分析、生态话语分析和社会建构方法论等在生态语言学领域的应用。二是用生态原则进行语言分析,对语言的研究对象不再局限于社会现实,而是涉及人类的生态系统。在这种方向的引导下,对语言的研究等于对自然生态的研究。就如我目前从事的辩证性生态语言学(dialectical ecolinguistics)研究(欧登塞大学所用术语),源自德国芬克引导的比勒菲尔德学派(Bielefeld School)。当然,中国学者如李国正也属于该学派。目前,第二种研究方向依然为生态语言学的少数分支,但是如果有更多学者尝试这方面研究,这个方向会给生态语言学的发展带来更多的生机,因为它重视的是语言如何影响人类的生命生态系统,对人类发展特别重要。

问:阿伦·斯提布(Arran Stibbe)认为各个学科出现了"生态转向"(ecological turn)①,您如何看这个"生态转向"?

答:"生态转向"最初出现于德国比勒菲尔德学派芬克的著作中。确实,目前各个学科出现了"生态转向",从而出现了生态语言学、生态经济学和生态社会学等,这是生态学与其他学科共同发展的结果,也是芬克和斯提布观察到的现象。而且,中国学者周文娟在其2017年发表于《语言科学》的文章——《生态语言学:形成一种新的和谐》②中,也提及了这一点。

问:在开始从事生态语言学研究之前,您曾学习生成语法、认知语法和系统功能语法,这些主流流派对您的生态语言学研究有影响吗? 哪个流派对您的研究影响最大?

---

① Stibbe A., Ecolinguistics and Gloabalization//Coupland N., *The Handbook of Language and Globalization*, West Sussex:Wiley Blackwell,2010,pp.406-425.

② Zhou W.J., "Ecolinguistics:Towards a New Harmony", *Language Sciences*,2017,Vol.62,pp.124-138.

答:事实上,我认为生成语法、认知语法和系统功能语法并没有对我目前的研究造成直接影响。当然,这些流派与我的研究还是有些联系,如认知语法和生成语法都探索语言与人类的认知动态如何互动的问题,这与我的生态观点相契合,即人类的认知不只与人类观点及其生态系统相关,而且与心理和体验认知等方面息息相关。在我看来,单纯把语言当作语言学的描述对象是不对的,因为语言系统并不是内部系统创造出来的,也不存在内部语言带出外部语言的现象。我们需要做的,不只是像其他流派一样重视语言本身的分析,也要研究人类的行为模式,如人类的声音、面部表情和行为方式,研究语言如何影响我们的日常生活、如何构成我们的生态认知。总之,"如果想真正了解语言,应该先忘记语言"①。目前,我们对语言知之甚少,可以说对语言的了解只是冰山一角,我们需要继续研究语言与行为之间的关系。

问:目前,生态语言学研究聚合了多种理论和研究方法,如斯提布于2015年出版的《生态语言学:语言、生态与我们赖以生存的故事》②一书中提及了意识形态、框架、隐喻、评价、身份识别、真实性判断、抹除和突显八种主要理论方法。您认为是否可以借鉴其他理论为生态语言学建构一个系统性的理论框架?

答:问得好。建构系统性的理论框架是可行的。要建构一个系统性的理论框架,首先需要找到现有理论和概念的不足,改善现有理论。例如,我认为安迪·克拉克就语言提出的"延展性思维假设"(extended mind hypothesis)③并不完善,主要原因有五点:(1)语言不能参照如"用以交流的符号系统"(a semiotic system for communication)之单个"语言系统"进行解释;(2)语言不可避免地与如声音动态和眼神等实时变化活动息息相关;(3)语言的认知能力来自社会塑造方式,而不是个别认知者的处理方式;(4)语言可以比作分布式认知系统中的机载突触;(5)语言为从事语言活动的人类认知者提供了一个

① Steffensen S. V. , Beyond Mind: An Extended Ecology of Languaging//Cowley S. , *Distributed Language*, Amsterdam: John Benjamins, 2011, pp.185-210.

② Stibbe A. , *Ecolinguistics: Language, Ecology and the Stories We Live By*, London and New York: Routledge, 2015.

③ Clark A. , *Supersizing the Mind. Embodiment, Action and Cognitive Extension*, Oxford: Oxford University Press, 2008.

延展性生态环境（extended ecology）。因此，我提出了"语言的延展性生态"（extended ecology of language），也就是"延展性生态假设"（extended ecology hypothesis）①，以解决"延展性思维假设"的不足。

你们刚刚提及，斯提布把各种概念和理论融入生态语言学研究中，尝试建立一个生态语言学的超级框架，这对于建立一个适用于分析生态与自然语篇的理论框架是非常有用的。在这种融合方法的指导之下，分析者需要重构一套属于自己的生态哲学观（ecosophy），然后将这套哲学观与语言学理论相融合，建构出一个适合语篇分析的模式。不过，鉴于生态语言学研究的多样化发展趋势，我注重用不同的方法进行生态语言学研究，就如我刚刚所说，我强调的不是语言本身的研究，而是看重语言与人类行为互动的研究。虽然我和斯提布的研究方法不同，但我认为我们的研究方法可以成为生态语言学研究的互补方法，而不是对立方法。

问：是的，多样化是生态语言学的特性。您认为是否可以把生态语言学与主流语法结合，进而建立一个生态语法理论体系？例如，是否有可能创造一套生态化的系统功能语法？

答：我认为创造一套生态化的功能语法是可能的。然而，建立一套生态语法理论体系也是有危险的。因为"关于自然的语言"（language about nature）和"自然语言"（language of nature）是两个不同的概念，所谓的生态化语法可能倾向于强调"关于自然的语言"而不是"自然语言"本身，例如安德鲁·格特力②在他的文章中介绍了一些谈论自然、改造自然的语言表达方式，强调我们的语言应该反映正确的生态观，建议建构出一套反映正确生态观的语法。我并不太赞同这种观点，因为在建构语法之前，我们首先需要弄清楚一系列问题：什么是语法？建构语法的目的是什么？在我看来，语法应该反映语言的本质，即语言本身就是自然、生态的一部分，语言会与人类生态产生互动，甚至改变人类生态。总之，建立一套既反映语言本质又体现语言的自然保护功能的

---

① Steffensen S.V., "Language, Languaging, and the Extended Mind Hypothesis", *Pragmatics and Cognition*, 2009, Vol.17, pp.677-697.

② Goatly A., "Green Grammar and Grammatical Metaphor, or Language and the Myth of Power, or Metaphors We Die By", *Journal of Pragmatics*, 1996, Vol.25, No.4, pp.537-560.

语法体系不容易,目前我们尚处于初步阶段,未来的研究还需要更多的努力。

问:用认知科学建立生态语言学模式可以称之为认知生态语言学,那么用系统功能语言学来从事生态研究,称之为"功能生态语言学"是否合适?

答:当然可以。如何命名概念,主要取决于概念的界定。以系统功能语言学理论为基础,研究者可以将"功能生态语言学"当作系统功能语言学的一个新的发展方向。

问:在题为"互动生态趋势:行为中的认知生态"(Towards an Ecology of Interactivity:The Cognitive Ecology in Action)的讲座中,您提及了"认知事件分析"(cognitive event analysis),请问这个概念与认知语言学有何不同?

答:二者的主要区别在于认知语言学基于"语言的符号观点"(a code view of language)和"认知的表征观点"(representational view of cognition),强调意识展现语言的意义和形式如何配对。"认知事件分析"基于"分布式语言视角"(distributed language perspective),并不分析语言符号的表征意义,而是用生态观点分析意识原则,展示语言如何改变我们的即时行为以及语言如何发挥其生态作用。

问:"认知事件分析"中是否存在多种固定的分析模式?

答:"认知事件分析"并不是语言学分析方法,而是用于分析认知和即时处理的方法。它有自己的一般分析模式①,比较符合生态语言学的发展模式,即关注人类的行为,如语言行为、非语言行为和认知行为等现象。"认知事件分析"提供的分析框架,并不能帮助我们理解语言的意义,而是帮助我们解读语言如何让我们变得不同,观察语言如何影响人类的意识行为。

问:您在很多文章中都提到生态语言学与心理学、认识论以及传播学的关系,这是否意味着它们都影响着您的生态语言学研究?

答:是的,我的生态语言学研究确实受到了心理学、认识论以及传播学的影响,特别是认知科学的第三波,其理论可以追溯到詹姆斯·吉布森(James Gibson)的生态心理学(ecological psychology)、胡姆贝尔托·马图拉那

---

① Steffensen S.V.,Tourangeau F.V.,Tourangeau G.V.,"Cognitive Events in a Problem-solving Task:A Qualitative Method for Investigating Interactivity in the 17 Animals Problem",*Journal of Cognitive Psychology*,2016,Vol.28,pp.79-105.

（Humberto Maturana）和弗兰西斯科·瓦里拉（Francesco Varela）的生成论（en-activism）以及艾德·赫钦斯（Ed.Hutchins）的分布式认知（distributed cognition）。

问：学界一般把生态系统区分为自然生态系统和社会生态系统①。然而，目前大部分研究都局限于自然生态系统的研究，忽视社会生态系统的研究，您如何看待这个现象？

答：首先，我并不赞同生态可以分为自然生态和社会生态这种观点，因为从根本上说，生态应该是整体化的概念，社会生态也是自然生态的一部分，不需要单独分开讨论。例如，我曾经谈论过"跨文化交流生态"，其实文化是我们自然生态的一部分（our way of being nature），也就是文化和自然是整体化的，就如"生存"（living）和"存在"（being）都是人类自然世界的状态。社会文化结构和语言结构等会影响我们的思维、行为、生活方式以及体验认知，即便如此，也不意味着生态需要分成自然生态和社会生态两部分。

当然，我们可以根据自己的研究需要重新界定"自然生态"和"社会生态"，进而确定研究"微畴"（micro-domain）。例如，斯提布曾在他的著作中关注人类对待动物、谈论动物的方式，这就是将研究"微畴"聚焦在动物身上②。然而，这并不意味着他忽视了社会生态系统的研究，因为著作的出版首先需要找到话题的聚焦点，而后逐渐进行深入研究。

问：在《生态语言学：现状与前景》③一文中，您提及了四种生态：符号生态（symbolic ecology）、自然生态（natural ecology）、社会文化生态（sociocultural e-cology）和认知生态（cognitive ecology）。请问，这四种生态有什么区别？

答：首先，需要说明一点，我们并不是将语言生态分成四种类型，只是提供语言生态概念化的四种途径：符号生态、自然生态、社会文化生态和认知生态。例如，符号生态研究认为语言存在于符号生态环境之中，探索各种语言或者各

①　曲仲湘、王焕校、吴玉树：《生态平衡概述》，《生态学杂志》1982年第4期，第41—44页。

②　Stibbe A.,*Animals Erased*:*Discourse*,*Ecology and Reconnection with the Natural World*,Middletown CT:Wesleyan University Press,2012.

③　Steffensen S.V.,Fill A.,"Ecolinguistics:The State of the Art and Future Horizons",*Language Sciences*,2014,Vol.41,pp.6-25.

种"符号系统"(symbol systems)在特定领域的共存现象;自然生态强调语言存在于自然生态环境之中,研究语言如何与生物学环境以及生态系统环境(如气候、地势、植物和动物等)相互联系;社会文化生态研究坚持语言存在于社会文化生态环境之中,关注语言如何与塑造说话者和言语社区环境的社会文化力量存在联系;认知生态认为语言存在于认知生态环境之中,讨论语言如何被生物有机体和环境之间的动态激活,重点研究导致有机体灵活适应行为的认知能力。语言生态研究具有整体化特征,因而以上四种研究途径不是完全独立的,而是相互渗透、相互融合的。

问:现今,生态话语分析(ecological discourse analysis)是生态语言学的主要研究方法①,您如何看待此研究方法?

答:生态话语分析关注语篇的意义潜势(meaning potential),强调生态观在语篇分析中的作用,这种方法对于生态语言学的发展是十分重要的。然而,从另外一个角度,我个人认为,如果真正想了解语言现象和语言作用,还应该考虑语言如何影响我们的认知动态和行为,而不只是停留在分析语言意义的表面层次。总之,不同的研究方法为生态语言学的发展提供了一个多样化的平台。

问:多样性概念在语言生态中十分重要,但语言的统一性又是很多领域的业内人士能够相互沟通的必要条件,您认为如何建立有利于语言发展的动态平衡?

答:我们没必要人为地建立语言的多样性和统一性之间的动态平衡,因为语言生态本身自带一种自然的、天生的平衡,这种平衡在我们的行为和认知动态中发挥着重要作用。就像地球围绕太阳旋转,地球的能量是向太空发射的,但是地球的引力是向着太阳的,最终能实现旋转的平衡。因此,鉴于语言具有多样化特征,而且一直处于被创造状态及不受控制状态,政策制定者没办法实现语言的完全统一,即使他们想尝试实现语言的统一性,肯定也会导致失败。

问:作为国际期刊《语言科学》主编,您对于投稿文章有什么要求? 假如

---

① Alexander R.J.,Stibbe A.,"From the Analysis of Ecological Discourse to the Ecological Analysis of Discourse",*Language Sciences*,2014,Vol.41,pp.104-110.

将生态语言学理论建构与话语分析相结合,得出适合话语分析的理论分析模式成果,是否能够被《语言科学》接受?

答:《语言科学》致力于语言学及其相关学科的创新与发展,欢迎各种有关语言研究、语言沟通(languaging)和语言互动(linguistic interaction)方面的文章,尤其欢迎跨学科的研究成果,例如将语言研究与人类学、生物学、认知科学、心理学以及哲学融合的文章。另外,我们鼓励语言科学的认识论(epistemology)话题文章。总之,《语言科学》比较青睐理论建构以及语言的本体研究,而不太接受案例研究的文章。假如文章符合理论建构要求,即使融合了话语分析或者案例研究也都是受《语言科学》欢迎的。

问:据说生态语言学著作《劳特利奇生态语言学手册》①即将出版发行,这本书的主要内容是什么?

答:《劳特利奇生态语言学手册》将于 2017 年 8 月份②出版发行,它是由菲尔和赫米内·彭茨共同编辑的一本论文集,将是第一本最为全面的生态语言学指南。

《劳特利奇生态语言学手册》主要包含四部分内容:第一部分为"在社会环境和个别环境中的语言"(Languages in Their Social and Individual Environment);第二部分为"与环境(生物环境和生态环境)相关的语言作用"[The Role of Language Concerning the Environment(Biological and Ecological)];第三部分为"哲学性的跨学科生态语言学"(Philosophical and Transdisciplinary Ecolinguistics);最后一部分为"生态语言学的新定位与发展方向"(New Orientations and Future Directions in Ecolinguistics)。该书为对语言与环境、语言接触等话题感兴趣的学者提供了非常丰富的参考资源。

问:在全球化的背景下,生态语言学的发展态势如何?

答:这是一个很重要的问题。全球化对于生态语言学的发展有两个方面的作用。一方面,在全球化的推动下,各种西方语言思想和理论传播到东方,例如生态语言学由于全球化得到了发展,从而促进了生态语言学在中国的兴

---

① Fill A.,Penz H.,*The Routledge Handbook of Ecolinguistics*,New York and London:Routledge,2018.

② 答者所述为该书当时的计划出版时间,实际出版时间为 2018 年。

起与发展;另一方面,一些非西方传统因为全球化传播到西方,从而影响到西方生态语言学的发展,例如中国道家的"天人合一"思想对西方生态语言学的发展发挥着重要作用,同样,亚洲其他国家以及非洲国家的文化传统对于生态语言学的发展也会起到类似的作用。

问:为什么至今为止没有出现生态语言学的系统框架?未来是否可能出现一个系统化的生态语言学研究框架?

答:目前,生态语言学没有系统化的理论框架,我个人认为,其主要原因在于:第一,生态语言学的优点在于为语言学的发展提供了一个大本营,囊括多个理论基础和研究方法,这是由生态语言学本身具备的多样化发展特征决定的。第二,也由于这种多样化特点,生态语言学领域的学者们竞相发展各自的生态理论,而不是努力创造一个系统的理论框架,或者严格界定生态语言学的基本理论范围。虽然我个人建议"语言的延展性生态"研究框架,但我认为单个的研究理论并不能满足生态语言学的发展,因为生态语言学的演变应该是多面性、多样化的。作为生态语言学研究者,我们不需要共创一套统一的系统框架,而是应该各自发展自己的独特理论和研究方法,从而促进生态语言学的进一步发展。

问:最后一个问题。生态语言学目前在中国处于兴起阶段,您如何看待生态语言学在中国甚至在全球的发展?

答:生态语言学在中国的发展前景一片光明。自 2016 年在中国广东召开"首届生态语言学研讨会"以来,越来越多的中国学者投入到生态语言学研究中。2017 年 8 月底将于中国北京召开"第二届国际生态语言学研讨会",相信这次会议将对生态语言学在中国的发展起到进一步的推动作用。

生态语言学是一门国际化的学科,因此没必要界定其发展国界,得出中国生态语言学或者其他国家的生态语言学概念。这次来到中国,我认识到,中国传统文化中有很多值得大家学习的知识,这些知识能够很大程度上促进生态语言学的发展。鉴于不同的文化传统和不同的生态系统界定会建构出不同的生态语言学理论框架,不同国家的研究者需要进行更多的对话,相互交流、相互学习、相互合作,共同促进生态语言学的发展,确保生态语言学处于"整体化"和"多样化"的发展态势之中。

结语:斯特芬森博士,十分感谢您接受我们的采访,也欢迎您2017年8月底再次来中国,参加由国际生态语言学学会以及中国生态语言学研究会①主办、北京外国语大学承办的"第二届国际生态语言学研讨会"。

答:很高兴接受你们的采访,感谢你们对我的研究领域感兴趣,也真诚地希望在中国学者的共同努力之下,生态语言学能够在中国取得更多实质性的进步。

（本文原载《国外社会科学》2017年第4期,作者为何伟、魏榕。）

----

① 2019年11月加入我国一级学会"中国英汉语比较研究会",自此更名为"中国英汉语比较研究会生态语言学专业委员会"。

生态语言学的超学科发展

——阿伦·斯提布教授访谈录

阿伦·斯提布博士系英国格鲁斯特大学生态语言学教授,国际生态语言学学会会长,国际生态语言学学会网站的创建者。他的主要研究兴趣涉及生态语言学、生态批评学、语言与伦理学、领导能力传播学、语篇分析、语言与身份识别。近年来,斯提布教授积极推进生态语言学的发展,其代表作《生态语言学:语言、生态与我们藉以生活的故事》(*Ecolinguistics*: *Language*, *Ecology and the Stories We Live By*)[①]配有免费在线网络课程、辅助资料,已经成为国际学界了解和学习生态语言学的重要参考资料。[②]

2017 年 8 月 26—27 日,我们在国内召开了"第二届国际生态语言学研讨会",此次会议由中国生态语言学研究会[③]主办,北京外国语大学举办。在此前后,我们多次与斯提布教授交流,就生态语言学以及生态话语分析的相关问题进行了采访,旨在为生态语言学以及其他语言学流派的研究提供参考,最终促进生态语言学的进一步发展。下面是具体访谈内容。

问:阿伦·斯提布教授,感谢您接受我们的采访。

---

① Stibbe A., *Ecolinguistics*: *Language*, *Ecology and the Stories We Live By*, London and New York: Routledge, 2015.

② 本文把 *Ecolinguistics*: *Language*, *Ecology and the Stories We Live By* 一书中的 live by 译成"藉以生活",替代以前论文中的"赖以生存"(比如张瑞杰、何伟,2016),感谢北京外国语大学陈国华教授的译文建议;张瑞杰、何伟:《〈生态语言学:语言、生态与我们赖以生存的故事〉评介》,《现代外语》2016 年第 6 期,第 863—866 页。

③ 2019 年 11 月加入我国一级学会"中国英汉语比较研究会",自此更名为"中国英汉语比较研究会生态语言学专业委员会"。

答:很高兴接受你们的采访,也感谢你们为推进生态语言学所作的努力,特别是成立了中国生态语言学研究会①,组织了第二届国际生态语言学会议。

问:这是我们应该做的,也感谢您在生态语言学领域发挥的引领作用。在全球化背景下,生态语言学备受关注,请问您认为其备受关注的原因有哪些?

答:在我看来,传统学术界将人与自然界相分离,把环境与生态当作科学领域,把人文社会科学当作关注人类社会的领域,因此人文学科主要聚焦那些被看作是人类与其他动物相分离的话题,例如语言、艺术、哲学、宗教、文学、历史等。随着科技的发展与进步,消费主义通过全球化弥漫至全世界,人类从此进入"人类世"(Anthropocene),即以人类为主的新纪元。在"人类世"时代,人类对世界影响之严重程度与广泛程度使得生命藉以持续的人类与生态系统之间的关系变得不可忽视。生态语言学现在变得广为流行的原因,在于该学科把人类和人类社会当作更大生态系统的重要组成部分而不是独立部分,这为语言研究提供了一个新的视角。这个视角赋予语言研究重大的现实意义,能够帮助人类解决"人类世"时代所面临的许多问题。

问:生态语言学在全球化背景下广为流行有何意义?

答:全球化已经将"工业文化"创造的主流故事扩散到全世界,例如拥有是快乐的途径,自然是人类的资源,经济增长是社会的主要目标,人类是自私而又贪婪的物种等等。生态语言学提供了揭露并挑战这些故事的途径,进而推广地方性的传统话语,这些话语不仅能够帮助人们世世代代生活下去,而且能为我们创造藉以生活的新故事奠定基础。

问:生态语言学发展如此迅速,以至于有些学者认为其已经成为一门学科②,您如何看待这一观点?

答:生态语言学不是一门独立的学科,我也希望它不要变成一门独立的"学科",因为一门独立的学科意味着各种严格的条条框框以及狭隘的研究方法。我认为,生态语言学应该是超学科性的,因为它聚焦语言以及其他与语言

---

① 2019年11月加入我国一级学会"中国英汉语比较研究会",自此更名为"中国英汉语比较研究会生态语言学专业委员会"。

② Couto H.H.,"Ecological Approaches in Linguistics:A Historical Overview",*Language Sciences*,2014,Vol.41,pp.122-128.

相关的或者受到语言影响的万事万物。例如,我个人的研究囊括了经济学、环境科学、宗教研究、心理学、哲学以及其他多种领域。因此,我希望生态语言学不要成为一门独立的学科,而是变成一种致力于达成重要目标的生态运动:基于人与人、人与其他生物、人与环境、其他生物与环境等多种生命可持续性的互动,研究人类活动。

问:如果生态语言学的属性是超学科的,那么它与其他语言学流派有何关系?

答:任何语言学流派,其研究只要涉及与我们藉以生存的生态系统之间的关系,都可以为生态语言学做出贡献。例如,当我们考虑如何在一个使用方言的地方维持生活,传统的社会语言学研究话题,包括语言多样性、语言规划、语言帝国主义等话题,都会是生态语言学的研究重点。同样,当我们分析作为外语的英语教学材料中的消费意识,抑或研究语言学习者如何从当地文化中发掘生态观点,并用英语将这些观点分享给工业国家(那些急需生态观点的国家),那么英语作为外语教学也是生态语言学的相关领域。再者,当批评话语分析基于生态哲学观(ecosophy),即一套不仅考虑被压迫人们的利益,而且考虑人类子孙后代、其他生物以及生命藉以持续的生态系统的价值观系统,那么批评话语分析也能为生态语言学提供理论基础。总之,生态语言学需要发展理论,因为我们需要理论去探索语言、心智、社会、行为与人类所在的生态系统之间的关系。

问:您的生态语言学研究方法与其他研究方法有何区别?

答:我用认知框架从事生态语言学研究,通过语言分析来揭示我们藉以生活的故事;从生态角度分析这些故事,从而寻找新的故事。显而易见,这只是众多有用而且有效的生态语言学研究方法中的一种。

问:您能谈谈生态语言学的研究目标和范围吗?生态语言学与其他语言学流派,例如社会语言学、批评话语分析、认知语言学、系统功能语言学等等,有何区别?

答:生态语言学的研究目标是揭示语言在人类与其他生物及环境之间生命可持续性互动中的作用。鉴于这些互动关系支撑着地球上的生命,因此我们有必要就其研究设定伦理准则,就如学界通过分析有关种族话题的语篇来反对种族主义,或者医学界通过研究药物来治愈疾病,都需要伦理准则。

我们可以从其他语言学流派,例如社会语言学、批评话语分析、认知语言学以及系统功能语言学中提取理论、研究方法以及分析工具来为生态语言学服务。需要注意的是,单纯地从其他领域中提取理论或分析框架是不够的,因为这些理论与框架需要一定的调整,这样才能适合语言分析的生态化语境,从而确保调整后的框架能够体现生态意义。

问:您认为哪种方法或者说哪些方法最适合用作生态语言学的研究方法?

答:我个人认为,批评话语分析、认知语言学、评价理论、身份识别理论、判断与真实性理论、系统功能语言学、多模态话语分析、抹除理论以及修辞学都是有用的生态语言学研究理论。再者,从其他学者的文献中,我们还可以看到有关生态语言学的其他理论与研究方法,例如社会语言学、观众反应研究(audience response studies)、语料库语言学、现象学、人种学等。总体而言,很多方法都可以被调整后运用到生态语言学研究中。

问:目前,生态语言学的国际研究团队情况如何?

答:目前最活跃的生态语言学研究中心当属巴西"生态语言学团队"(Ecolinguística;Linguística Ecossitêmica)(http://www.ecoling.unb.br),该团队目前拥有220名成员,已经出版了12本生态语言学书籍、很多期刊文章、硕士学位论文以及博士学位论文。不过大部分作品都是葡萄牙语。

另外,我本人于2004年初步搭建了国际生态语言学学会框架(International Ecolinguistics Association)(http://ecolinguistics-association.org),该框架从原来的5名会员(包括Alwin Fill和George Jacobs)发展到600多名会员。我们于2017年1月份正式成立国际生态语言学学会组织,现今会员达1000多人,中国的黄国文教授和何伟教授都是我们学会的重要代表。

最初,国际生态语言学学会接收任何"标榜"为"生态语言学"的成果。然而,大约两年前,我做了一些调查,发现大家一致同意学会应该聚焦"生态",其字面意思为人类与其他生物以及环境之间的生命可持续性关系。自此,会员数量快速增加,大家对生态语言学的兴趣与热情也随之增强。究其主要原因,把生态作为隐喻进行语言学研究局限于部分学者,而探索语言在我们藉以生存的生态系统中的作用则关系到每个人。

国际生态语言学学会最近开设了一套免费在线课程——"我们藉以生活的故事"(http://storiesweliveby.org.uk)。该课程目前备受大家关注,吸引了1000多名听课人员,以及许多热情的评论(http://storiesweliveby.org.uk)。另外,22位学者作为自愿者主动为该课程提供11种语言教学,为学员答疑解惑。整个课程都是免费的,无需学费,而且颁发证书。

问:生态语言学主要期刊及代表性文献有哪些?

答:关于生态语言学期刊,目前最具影响力的是葡萄牙语期刊《生态语言学:巴西生态语言学学刊》(*Ecolinguística:Revista Brasileira de Ecologia e Linguagem*)(http://periodicos.unb.br/index.php/erbel/index)。

国际生态语言学学会也有自己的电子期刊《语言与生态》(*Language & Ecology*),主编是艾米·弗利(Amy Free)。该期刊刊登使用任何语言撰写的生态语言学文章,不过目前大部分文章为英语文章。鉴于生态语言学的超学科属性,其相关论文发表在各种期刊上。

关于生态语言学书籍,我在这里主要介绍两本英文论文集,《生态语言学读本:语言、生态与环境》(*The Ecolinguistics Reader:Language,Ecology and Environment*)①和《劳特利奇生态语言学手册》(*The Routledge Handbook of Ecolinguistics*)②。这两本论文集涉及生态语言学的多种研究方法,虽然其社会学方法多于生态学方法,但是很多章节都是论述非隐喻生态的文章。

另外还有一些其他的生态语言学书籍,如《感官的符咒:人外世界的知觉与语言》(*The Spell of the Sensuous:Perception and Language in a More-than-human World*)③、《语言、符号与自然》(*Language,Signs and Nature*)④、《环境话语框架:批评话语路径》(*Framing Discourse on the Environment:A Critical Discourse*

---

① Fill A., Mühlhäusler P., *The Ecolinguistics Reader:Language,Ecology and Environment*, London and New York:Continuum,2001.

② Fill A.,Penz H.,*The Routledge Handbook of Ecolinguistics*,New York and London:Routledge, 2018.

③ Abram D.,*The Spell of the Sensuous:Perception and Language in a More-than-human World*, New York:Pantheon,1996.

④ Döring M.,Penz H.,Trampe W.,*Language,Signs and Nature*,Tübingen:Stauffenburg,2008.

Approach)①、《环境可持续性之隐喻：人类与自然关系之重建》(*Metaphors for Environmental Sustainability：Redefining Our Relationship with Nature*)②、《自然之共同目标：保护的价值观与框架》(*Common Cause for Nature：Values and Frames in Conservation*)③等。除此以外，我最近出版了《生态语言学：语言，生态与我们藉以生活的故事》(*Ecolinguistics：Language，Ecology and the Stories We Live By*)④。

问：自从人文社会科学出现生态转向⑤，很多学科开始用"eco"词缀，因此出现了如生态批评学、生态心理学、生态社会学等，请问这些学科是否拥有共同特征？

答：当然，"生态"学科把其研究对象（不管是文学、人类心理或者社会）融入生命藉以持续的生态系统中，因此这些学科的研究既有学术目标——在社会与生态的共同背景下考察研究主体，又有伦理目标——保护允许人类以及其他物种在地球上得以生存并繁荣的各种生态系统。

问：生态语言学有其理论部分（theory side）、分析部分（analysis side）与行动部分（action side），这三部分之间是什么关系？

答：用事例来解答这个问题吧，我最近用认知语言学的生态框架作为理论（theory），对描述肉类与奶制品的话语进行分析（analysis），揭示了话语中使得产品变得有吸引力但却掩盖其环境危害性的语言学手段与视觉手段，而后采取行动（action），即建议绿色和平组织能够致力于抵制肉类过度推销的话语，鼓励人们食用更健康的、有助于环境保护的食品。当然，用语言学理论来提倡行动只是一个小课题，更大的课题则不限于使用现存的理论来分析语料和促

---

① Alexander R.J., *Framing Discourse on the Environment：A Critical Discourse Approach*, New York：Routledge，2009.

② Larson B., *Metaphors for Environmental Sustainability：Redefining Our Relationship with Nature*, New Haven，CN：Yale University Press，2011.

③ Blackmore E., Holmes T., *Common Cause for Nature：Values and Frames in Conservation*, Machynlleth，Wales：Public Interest Research Centre，2013.

④ Stibbe A., *Ecolinguistics：Language，Ecology and the Stories We Live By*, London and New York：Routledge，2015.

⑤ Stibbe A., Ecolinguistics and Gloabalization//Nikolas C., *The Handbook of Language and Globalization*, West Sussex：Wiley Blackwell，2010，pp.406−425.

进行动,而是通过经验来完善现存的理论以及分析工具。我认为,在真实变革(人们希望看到的社会变革)的前提下观察语料,将十分有助于理论的发展,而在此之前我们只能运用尚未被验证的理论。

问:在"批评话语研究的生态语言学路径"(An Ecolinguistic Approach to Critical Discourse Studies)①一文中,您提及了批评话语分析和积极话语分析,请问二者有何区别?

答:批评话语分析与积极话语分析的区别不在于使用的理论或研究方法上的不同,而在于分析动机上的不同。就生态语言学而言,我们运用批评话语分析来揭露那些造成不公平、非持续工业文明的故事,运用积极话语分析来寻找藉以生活的新故事。不管是批评话语分析还是积极话语分析,二者都是用批判性的眼光分析话语,不过二者动机不同。具体而言,批评话语分析关注那些导致人们破坏生态系统的话语及行为,其动机在于引导人们抵制破坏性话语,相反,积极话语分析重在带领我们接近那些鼓励人们保护生态系统的话语与行动,其动机在于推广有益性话语(例如那些激励人们积极改变其生态行为的语言方式)。

问:生态语言学有两种传统研究模式——豪根模式和韩礼德模式,请问这两种模式有何利弊?

答:豪根隐喻地运用"生态"来意指语言与其社会环境的互动,为传统的社会语言学话题提供了新的视角,关注语言多样性与语言规划等话题。而后这种隐喻用法被拓展到其他领域,例如语言生态、学习生态、语义生态等。其中学习生态是指能够影响到语言学习者的课外因素,语义生态是指语言环境中的语义单元之间的互动。

然而,除非我们将生态语言学的关注点简化为"环境中的互动"(interaction within a context),否则很难将语言学习者与课外因素的互动或者语义单元之间的互动,比喻成植物、动物、森林、海洋、泥土或者雨水之间的互动关系——让人类以及其他生命得以生存的可持续性关系。于我而言,生态语言学应该

---

① Stibbe A.,"An Ecolinguistic Approach to Critical Discourse Studies", *Critical Discourse Studies*, 2014, Vol.11, No.1, pp.117-128.

关注维持生命的各种生态,而不是将生态仅仅局限于"互动"(interaction)。

另外,韩礼德探索英语的潜势语法系统如何塑造话语者的世界观,话语者的世界观又如何导致其环境破坏行为。韩礼德批评"增长"(growth)等看似积极的语言现象,因为经济过快增长实则给地球带来破坏。事实上,我的生态语言学研究模式与韩礼德模式比较接近,虽然他沿袭了沃尔夫的观点,把人类看作是语言系统的俘虏(prisoners of our language system),而且其研究范围局限于环境问题,不是语言在人类与其他生物之间的生命可持续关系中的作用。

在我看来,我们有必要考证"生态语言学主要有豪根和韩礼德两种模式"这一主流观点。因为我更愿意承认生态语言学存在多种研究路径,这些研究路径都拥有共同的目标,即实现语言在社会中的作用、语言在生命藉以生存的生态系统中的作用。语言多样性和语言规划依然是生态语言学的重要议题,其原因在于生态知识存在于各种语言之中,而不仅仅是我们可以隐喻性地运用生态来描述语言。假如我们把将"生态"比作互动的所有语言现象都纳入生态语言学范畴,那么我们很可能会面临失去生态语言学的困境了。

问:生态话语分析是生态语言学的主要研究方法①。您将话语分成三类:有益性话语(beneficial discourse)、模糊性话语(ambivalent discourse)和破坏性话语(destructive discourse),请问话语分类的依据是什么?

答:话语的分类对于话语的应对十分重要:推广有益性话语,改善模糊性话语,抵制破坏性话语。话语的范畴化依据是分析者的生态哲学观(或是价值观框架)。例如,如果分析者把减少不必要消费作为目标,那么消费话语便被归为破坏性话语,促进人们减少消费的话语为有益性话语。这种话语的分类基于话语传播故事的假设,这些话语在主流话语中广为流行,能够影响听众的思考方式、讲话方式以及行为方式。换言之,假如大部分经济学教科书把人类表征为自私的物种,那么这种表征可能影响学生的思维以及行为方式(已经有很多研究证实此种假设)②,当然该表征可能不会影响所有学生,因为人

---

① Alexander R.J., Stibbe A., "From the Analysis of Ecological Discourse to the Ecological Analysis of Discourse", *Language Sciences*, 2014, Vol.41, pp.104−110.

② Blackmore E., Holmes T., *Common Cause for Nature: Values and Frames in Conservation*, Machynlleth, Wales: Public Interest Research Centre, 2013, p.13.

们都有自己的批判性思维,而生态语言学的目标就是为了鼓励人们能够拥有生态思维。

问:生态哲学观与生态话语分析息息相关,那么建构生态哲学观是否有什么基本的原则?

答:首先,针对重要议题的所有分析都是基于价值观框架。例如,种族话语的分析者一般持有隐性的或者显性的反对种族主义观点,如果分析者不持反种族主义观点,那其价值观则是认同种族主义社会。忽视分析者的价值观与分析目标是不科学的,因此在严谨的研究中,研究者的价值观都被融入了研究问题中。

生态语言学也基于一定的价值观系统,这种价值观系统不仅考虑了人类,而且考虑了人与人之间、人与其他生物之间、人与环境之间的生命持续性关系,这种将人类纳入生态背景下考虑的价值观系统就是"生态哲学观"(ecosophy)。

生态哲学观是一套个人化的哲学观点,随着分析者在社会与自然界中的阅历不断增多而不断变化。生态哲学观具有多样性,有如资源富饶主义(Cornucopianism)、生态女性主义(Eco-feminism)、道家学说(Taoism)、儒家学说(Confucianism)、暗山主义(Dark Mountain)、深层绿色抵制主义(Deep Green Resistance)、深层生态运动(Deep Ecology)等。生态哲学观还需要考虑世界发展的状态,因此其建构需要对环境与生态科学进行探索。最后,生态哲学观需要考虑分析者的个人经历,包括其与群体的直接合作(个人生活与群体生活)情况。

问:您的《生态语言学:语言、生态与我们藉以生活的故事》(*Ecolinguistics: Language, Ecology and the Stories We Live By*)①一书基于"生活!"(Living!)生态哲学观,其理据是什么?

答:"生活"是我建构的个人化生态哲学观,它源于多种理论的影响,例如社会生态学、生态女性主义、深层生态学、暗山主义、转型运动(Transition

---

① Stibbe A., *Ecolinguistics: Language, Ecology and the Stories We Live By*, London and New York: Routledge, 2015.

Movement)、道家学说与禅宗学说。同时,该生态哲学观还源自我的个人经历——我曾赤足奔跑在日本的深山和竹林中,我曾与愿意分享其生活见识的长者沟通交流,我曾目睹我所喜爱的地方被污染与破坏,我曾打造社区花园来拯救乡村土地免受混凝土的破坏,等等。

问:《劳特利奇生态语言学手册》(The Routledge Handbook of Ecolinguistics)①应该是生态语言学领域的重要书籍,您如何评价此书?

答:《劳特利奇生态语言学手册》是一本巨著,祝贺菲尔和赫米内·彭茨(Hermine Penz)整理出如此多的文章,这些文章非常重要,引人深思。然而,该论文集依然重复生态语言学的主流故事,即主要涉及语言多样性、语言濒危现象(生态作为隐喻)与环境问题,这点可以从该书的前两部分得到证实:"社会与个体环境中的语言"(Languages in their social and individual environment)和"语言在环境中的作用"(The role of language concerning the environment)(生物与生态角度)。该论文集的编排与《生态语言学读本:语言,生态与环境》②的编排类似。从我个人角度,生态语言学不应该按照传统模式被分成"社会环境"与"生物环境"两个部分,因为生态语言学涉及一个新的整体故事。即便如此,该论文集中的许多文章都非常精彩,值得阅读和学习。

问:《劳特利奇生态语言学手册》③论文集收纳了您的文章——"积极话语分析:对人类生态关系的重新思考"(Positive Discourse Analysis:Rethinking Human Ecological Relationships)④,请您介绍一下这篇文章。

答:我早期的许多生态语言学文章都是批评破坏性话语,例如消费话语、经济增长话语、自然作为资源的话语等。分析这些话语很重要,因为可以揭示导致社会出现生态危机的故事。不过,我们也需要积极故事,来激励人们保护

① Fill A.,Penz H.,*The Routledge Handbook of Ecolinguistics*,New York and London:Routledge,2018.

② Fill A., Mühlhäusler P., *The Ecolinguistics Reader:Language, Ecology and Environment*, London and New York:Continuum,2001.

③ Fill A.,Penz H.,*The Routledge Handbook of Ecolinguistics*,New York and London:Routledge,2018.

④ Stibbe A.,Positive Discourse Analysis:Rethinking Human Ecological Relationships//Fill A.,Penz H.,*The Routledge Handbook of Ecolinguistics*,New York and London:Routledge,2018,pp.165−178.

其藉以生存的生态系统。"积极话语分析:对人类生态关系的重新思考"这篇文章建构了一些积极故事,为传统话语和地方话语(如自然写作话语与诗歌)分析奠定了理论基础。

问:作为国际生态语言学学会会长,您能为那些对生态语言学感兴趣,但尚未入门的研究者提供一些什么建议?

答:我建议大家先把"我们藉以生活的故事"(http://storiesweliveby.org.uk)课程作为入门学习课程。需要注意的是,该课程只强调众多生态语言学研究路径中的一种研究,学习者还需要去探索其他路径。再者,《劳特利奇生态语言学手册》也是一本很好的入门读物。另外,学习课程与相关理论只是一部分功课,学习者还需要通过认真考虑人类与其藉以生存的生态系统之间的关系来建构自己的生态哲学观。最后,我建议学习者采取实际行动,例如与群体沟通或者直接探索生态系统。

问:您如何看待生态语言学的发展前景?

答:一者,我希望生态语言学的研究范围得以扩大,突破"环境问题"的局限,更全面地探索人类与人类以外世界的关系,以及语言在这层关系中所发挥的作用,从而能够涵盖任何有关语言在人类与其他生物以及环境之间的生命可持续性关系中的作用研究。另外,生态语言学研究应该包含理论、分析与行动三个维度,并对三者进行融合。

二者,我希望生态语言学的研究能够集中化,那些仅仅聚焦"语言的社会环境"或者"语言学习者的学习环境"的研究可以归入"语言生态"领域,这样生态语言学以及生态人文学科/社会科学的研究重点会更加凸显,即主要关注在所有生命藉以持续的生态系统中的人类以及人类活动。

(本文原载《外语研究》2018年第2期,作者为何伟、魏榕、Arran Stibbe。)

生态语言学:发展历程与学科属性

20世纪70年代以来,生态语言学在国际上已经取得了较快的发展:拥有专门的学术期刊、学术组织、研究团队、高度专业化的国际学术会议、系统的教材与课程;开展学士、硕士、博士研究生教育等;已初步形成核心的学科研究内容和常用的研究范式。近几年来,生态语言学在国内也越来越得到学界的关注:外语类核心期刊上发表的相关学术论文数量大幅增长;"中国生态语言学研究会"①成立;以"生态语言学"为主题的学术会议定期召开;硕士和博士研究生教育已开启等。不过,目前国内外学界对生态语言学的学科属性尚未形成一致认识。而对生态语言学学科本质属性的界定必然涉及该学科的研究范围、内容、范式与方法,因此如果对生态语言学学科内涵和属性理解得不够全面和系统,势必会阻碍其发展。有鉴于此,本文试图通过回顾生态语言学的发展历程,以探讨和明确其学科属性,并阐述其应用性,同时指出其现存问题及研究方向。学科属性的界定、应用性的厘清、现存问题及研究方向的明确将为生态语言学学科的进一步建设和发展提供总体框架性的指导。

一、生态语言学的发展历程

(一)早期的生态语言学研究

生态语言学依然是一个相对年轻的研究领域。该领域的学者普遍认为它

---

① 2019年11月加入我国一级学会"中国英汉语比较研究会",自此更名为"中国英汉语比较研究会生态语言学专业委员会"。

起源于 20 世纪 70 年代①,80—90 年代得到进一步发展,至 21 世纪逐渐发展为一个稳定的学科②。

20 世纪 60 年代,在《寂静的春天》(*Silent Spring*)③一书的推动下,"生态"一词被赋予"环境友好"含义④,70 年代,艾纳·豪根(Eniar Haugen)注意到这一趋势并将"生态"当作"环境保护运动的旗号"⑤。同时,豪根意识到语言的生存状态类似于物种的生存状态⑥,因而将生态引入语言系统,把语言比作生态系统中的生物体,把语言的濒临消失比作生物物种的濒临灭亡,并首次提出"语言生态"(language ecology 或 ecology of language),即生态语言学的"隐喻模式"(metaphorical model)⑦。

20 世纪 80 年代,基于豪根的语言生态隐喻思想,一些学者进一步将生态原理和方法应用于语言研究,例如芬克(Finke)提出"语言世界系统"(language-world-systems)概念,强调语言的创新性受到我们使用方式的威胁,就如生命的创新性受到我们对待自然方式的威胁⑧。国内学者李国正⑨也开始尝试用生态学原理研究汉语问题。随之,这一时期国内出现了以"语言生

① Fill A., Mühlhäusler P., *The Ecolinguistics Reader*: *Language*, *Ecology and Environment*, London and New York: Continuum, 2001; Steffensen S.V., Fill A., "Ecolinguistics: The State of the Art and Future Horizons", *Language Sciences*, 2014, Vol.41, pp.6-25; 黄国文:《生态语言学的兴起与发展》,《中国外语》2016 年第 1 期,第 1,9—12 页。

② Couto H.H., "Ecological Approaches in Linguistics: A Historical Overview", *Language Sciences*, 2014, Vol.41, pp.122-128.

③ Carson R., *Silent Spring*, Greenwich: Fawcett Publications, 1962.

④ Fill A., Introduction//Fill A., Penz H., *The Routledge Handbook of Ecolinguistics*, New York and London: Routledge, 2018, pp.1-7.

⑤ Haugen E., The Ecology of Language//Dil A.S., *The Ecology of Language*: *Essays by Einar Haugen*, Stanford: Stanford University Press, 1972, p.329.

⑥ Haugen E., The Ecology of Language//Dil A.S., *The Ecology of Language*: *Essays by Einar Haugen*, Stanford: Stanford University Press, 1972, pp.325-399.

⑦ Fill A., Ecolinguistics: States of the Art 1998//Fill A., Mühlhäusler P., *The Ecolinguistics Reader*: *Language*, *Ecology and Environment*, London and New York: Continuum, 2001, pp.43-53; Fill A., Language and Ecology: Ecolinguistic Perspectives for 2000 and Beyond//AILA Organizing Committee, *Selected Papers from AILA 1999 Tokyo*, Tokyo: Waseda University Press, 2001, pp.162-176.

⑧ Finke P., Politizität Zum Verhältnis von Theoretischer Härte und Praktischer Relevanz in der Sprachwissenschaft//Finke P., *Sprache im Politischen Kontext*, Tübingen: Niemeyer, 1983, pp.15-75.

⑨ 李国正:《生态语言系统说略》,《语文导报》1987 年第 10 期,第 54—58 页。

态学"或"生态语言学"为题的著述,生态语言学的学科框架逐渐得以确立①。

20世纪90年代,以韩礼德(M.A.K.Halliday)发表"意义表达的新方式:对应用语言学的挑战"②一文为标志,生态语言学出现另外一种研究范式,即"非隐喻模式"(non-metaphorical model)。不同于关注语言的存亡、语言的多样性、语言规划等议题之"隐喻模式",生态语言学的"非隐喻模式"强调语言以及语言学在环境问题中所发挥的作用,突出语言学家的社会责任。自此,学者们对生态语言学的兴趣日益高涨,纷纷开始致力于用语言以及语言学解决生态问题。此外,生态语言学界出版了两本有名的著作③,聚焦语言的多样性和语言对生态环境的影响。

(二) 21世纪的生态语言学发展

21世纪以来,生态语言学在三个方面取得了显著的发展。第一,生态语言学的研究范围变得更加广泛,此处的范围不仅指其研究内容,而且包括研究团队的地域范围。就研究内容而言,其"隐喻模式"运用"生态"意指语言与社会环境的互动,关注语言多样性与语言规划等话题,强调维持生命的各种生态,为传统的社会语言学话题提供了新的视角;生态语言学的"非隐喻模式"着重用语言解决环境问题,并且21世纪的生态语言学研究不再局限于表面的环境问题,而是关注语言在人类与其他生物之间生命可持续关系中的作用,从而涵盖了影响生命可持续关系的所有问题④。另外,生态语言学的"隐喻模式"与"非隐喻模式"主要源自倡导者豪根和韩礼德有关语言维护及使用的新想法⑤,例如豪根首次展现了语言的动态维度,韩礼德最先号召语言学家通过

① 范俊军:《生态语言学研究述评》,《外语教学与研究》2005年第2期,第110—115页。

② Halliday M.A.K., "New Ways of Meaning:The Challenge to Applied Linguistics", *Journal of Applied Linguistics*,1990,No.6,pp.7-36.

③ Fill A., *Ökolinguistik Eine Einführung*, Tübingen:Gunter Narr, 1993; Makkai A., *Ecolinguistics:Towards a New Paradigm for the Science of Language*,London:Pinter,1993.

④ Stibbe A.2017//何伟、魏榕、Arran Stibbe:《生态语言学的超学科发展——阿伦·斯提布教授访谈录》,《外语研究》2018年第2期,第22—26页。

⑤ Steffensen S. V., Language, Ecology and Society:An Introduction to Dialectical Linguistics//Bang J.C., Døør J., *Language, Ecology and Society-A Dialectical Approach*, London and New York:Continuum,2007,pp.3-31.

研究语言对生态的影响来履行社会责任,这样一来,21 世纪的生态语言学不仅沿袭了生态语言学传统模式的思想,而且体现了"理论、分析与行动"三者一体化的趋势,即三者在生态语言学研究中缺一不可的趋势①。就研究团队的地域范围而言,生态语言学已经从原来的美国与欧洲两个主要阵地拓展到全球各地。例如,最近几年,生态语言学在亚洲的中国与非洲的尼日利亚得到了快速的发展,主要原因是这两个国家有着富饶的语言资源,气候变化也比较明显②。

第二,生态语言学的研究范式与理论建构呈现出多样化的发展趋势。21世纪的生态语言学不仅就其传统研究模式——"隐喻模式"与"非隐喻模式"进行了更深化、更系统、更具体的理论建构研究,而且出现了新的研究范式与理论建构。例如,在"隐喻模式"的理论建构中,乔尔格·克里斯蒂安·邦(Jørgen Christian Bang)与威廉·特兰珀(Wilhelm Trampe)尝试结合"辩证语言学"(dialectical linguistics)和"语言世界系统"理论③,建构一个"语言生态理论"(an ecological theory)。该理论基于托马斯·库恩(Thomas Kuhn)的"学科模型"(disciplinary matrix)④,涉及四个核心内容——模型概念(model concepts)、符号统一化(symbolic generalisations)、共同价值观(shared values)、问题解决范例(exemplars for problem solving)。例如,我们可以根据维特根斯坦(Wittgenstein)提出的"语言就是一种生命形式"的生态模型概念,将语言统一界定为话语,以解决生态危机为价值观导向,进而通过案例分析等方式解决生

① Stibbe A.2017//何伟、魏榕、Arran Stibbe:《生态语言学的超学科发展——阿伦·斯提布教授访谈录》,《外语研究》2018 年第 2 期,第 22—26 页。

② Fill A., Penz H., Ecolinguistics in the 21st Century: New Orientations and Future Directions//Fill A., Penz H., *The Routledge Handbook of Ecolinguistics*, New York and London: Routledge, 2018, pp.437–443.

③ Bang J.C., Døør J., Language, Theory and Conditions for Production//Mey J., *Pragmalinguistics Theory and Practice*, The Hague: Mouton, 1973; Bang J.C., Døør J., *A Dialectical Theory of Child Languages*, Semantics. Proceedings of the Ninth Scandinavian Conference of Linguistics, Stockholm, 1986; Bang J.C., Trampe W., "Aspects of an Ecological Theory of Language", *Language Sciences*, 2014, Vol. 62, pp.83–92.

④ Kuhn T., *The Structure of Scientific Revolutions*, 2nd ed. Chicago: University of Chicago Press, 1970.

态问题①。同样,"非隐喻模式"存在多种理论范式建构,如积极话语分析②、认知语言学③、批评话语分析④、系统功能语言学⑤等。

除了传统模式及相关理论范式以外,近年来,生态语言学领域出现了新的研究范式与相关理论建构,其中已引起学界关注的有"认知模式"(cognitive model)、"生物认知模式"(bio-cognitive model)、"哲学模式"(philosophical model)⑥和"文化外交模式"⑦。其中"认知模式"基于认知科学,提倡将生态语言学发展为"自然化语言科学"(naturalized language science),来建构"统一的生态语言科学"(unified ecological language science)。自然化的语言科学基于"自然化的语言观"(naturalized language view),这种观点既不把语言当作独立于自然的本体现象,也不把语言当作自然形成的附带现象,旨在避免将语言与自然塑造成对立抑或互补的现象,而是把语言与自然当作统一融合的整体。这种自然化的语言观是一种自然化的语言处理方式,它是介于"把语言描述

---

① Bang J.C.,Trampe W.,"Aspects of an Ecological Theory of Language",*Language Sciences*,2014,Vol.62,pp.83-92.

② Stibbe A.,Positive Discourse Analysis:Rethinking Human Ecological Relationships//Fill A.,Penz H.,*The Routledge Handbook of Ecolinguistics*,New York and London:Routledge,2018,pp.165-178.

③ Stibbe A.,*Ecolinguistics:Language,Ecology,and the Stories We Live By*,London and New York:Routledge,2015;Domínguez M.,"The Metaphorical New Synthesis:Toward an Eco-evolutionary Theory of Metaphors",*Metaphor and Symbol*,2016,Vol.31,pp.148-162;王馥芳:《生态语言学和认知语言学的相互借鉴》,《中国外语》2017年第5期,第47—55页。

④ Carvalho A.,"Representing the Politics of the Greenhouse Effect:Discursive Strategies in the British Media",*Critical Discourse Studies*,2005,Vol.2,No.1,pp.1-29;Alexander R.J.,*Framing Discourse on the Environment:A Critical Discourse Approach*,New York and London:Routledge,2009;Stibbe A.,"An Ecolinguistic Approach to Critical Discourse Studies",*Critical Discourse Studies*,2014,Vol.11,No.1,pp.117-128.

⑤ 何伟、张瑞杰:《生态话语分析模式构建》,《中国外语》2017年第5期,第56—64页。

⑥ Fill A.,Penz H.,Ecolinguistics in the 21st Century:New Orientations and Future Directions//Fill A.,Penz H.,*The Routledge Handbook of Ecolinguistics*,New York and London:Routledge,2018,pp.437-443.

⑦ 何伟、魏榕:《国际生态话语之及物性分析模式构建》,《现代外语》2017年第5期,第597—607页;何伟、魏榕:《国际生态话语的内涵及研究路向》,《外语研究》2017年第5期,第18—24页;何伟、魏榕:《多元和谐,交互共生——国际生态话语分析之生态哲学观建构》,《外语学刊》2018年第6期,第28—35页。

为纯粹的生物学现象与完全忽视生物学来描述语言现象之间的中间方式"①。主张"自然化语言科学"的理论模式之一为"延展性生态假设"(Extended E-cology Hypothesis)②,即通过将价值观与意义融入生态结构来延展人类生态环境。换言之,人类生态环境是充满意识的(sense-saturated),即在特定的社会生态环境中,人类生态状态与符号过程相吻合。因此,人类生态受到了虚拟情况和历史事件的限制,符号过程也不再是单独的领域,换言之,语言不再是表达思想或者交流的工具,而是一种实时的中介性协调,这种协调能让我们达到单个个体无法实现的效果。总之,"延展性生态假设"突破了结构主义和后结构主义语言学聚焦语言与话语的局限,攻克了语言的"相关性悖论"(paradox of aboutness),即语言是关于自然的语言,而不是自然语言(language is about nature,but not of nature)③。"生物认知模式"基于并拓展了"生物生态"(bio-ecology)④,将之从"植物—动物组成"(plant-animal formations)扩展到"植物—动物—人类—文化组成"(plant-animal-human-culture formations),坚持语言塑造现代生物世界的观点,旨在建构"激进生态语言学"(radical ecolin-guistics)理论。"激进生态语言学"反对二分法(dichotomy),支持"激进一元系统论"(radical one-system view),关注生活中的言语产生过程,该过程促进包括人类在内的生存系统发展的主要动力,意在提高人们的生物生态意识⑤,这种意识不再局限于动植物的自然生态,而是扩展到人类所有活动,包括无以言表的内容甚至是想象的内容的生物生态。"哲学模式"——比如"和谐生态语

---

① Steffensen S.V., Fill A., "Ecolinguistics:The State of the Art and Future Horizons", *Language Sciences*, 2014, Vol.41, pp.6-25.

② Steffensen S.V., "Language, Languaging, and the Extended Mind Hypothesis", *Pragmatics and Cognition*, 2009, Vol.17, No.3, pp.677-697; Steffensen S.V., Beyond Mind: An Extended Ecology of Languaging//Cowley S., *Distributed Language*, Amsterdam: John Benjamins, 2011, pp.185-210; Steffensen S.V., Fill A., "Ecolinguistics:The State of the Art and Future Horizons", *Language Sciences*, 2014, Vol.41, pp.6-25.

③ Steffensen S.V., Fill A., "Ecolinguistics:The State of the Art and Future Horizons", *Language Sciences*, 2014, Vol.41, p.20.

④ Clements F., Shelford V., *Bio-Ecology*, New York: Wiley, 1939.

⑤ Cowley S., *Ecolingusitics, The Bio-ecology and the Fragility of Knowing*, Presented at the 2nd International Symposium on Ecolinguistics & the 19th Symposium on Functional Linguistics and Discourse Analysis, Beijing: August 26-27, Beijing Foreign Studies University, 2017.

言学"(harmonious ecolinguistics)①与"生态语言学和谐模式"②通过阐释中国儒学和道教哲学理念中的"和谐"生态哲学观,来提高人们的生态意识,进而通过指导话语分析等方式来解决自然生态问题。"文化外交模式"基于中国传统文化、哲学思想以及外交理念,即从中国传统文化、哲学思想与外交理念中融创"多元和谐,交互共生"③生态哲学观,结合系统功能语言学理论,建构国际生态话语分析框架,指导国际生态话语分析,建立能够促进国际社会生态系统良性发展的国际生态话语体系。

第三,生态语言学的研究方法呈现多元化发展趋势。近年来,生态语言学之主要研究方法由定性分析转为定性与定量相结合的方式。例如,理查德·亚历山大(Richard Alexander)④结合语料库从事环境话语研究,系统地探讨了环境话语的语言特征;陈思博(Sibo Chen)⑤采用定量分析方法,对 1991 年至 2015 年间发表在不同国际期刊上的 76 篇生态语言学文章进行了解读,阐述了生态语言学的发展现状与局限性,展望了生态语言学的发展前景。此外,生态语言学"隐喻模式"不仅增加了录音、录像等方式来记录、传承和研究语言,而且采用语音多模态数字化方法⑥,比如电子声门仪、电子腭位仪、超声仪、电磁发音仪、核磁共振仪等现代仪器,来记录和保存语音等相关信息,服务于语

---

① Huang G. W., *Harmonious Discourse Analysis in the Chinese Context*:*From Critical Ecolinguistics to Harmonious Ecolinguistics*,Presented at the 2nd International Symposium on Ecolinguistics & the 19th Symposium on Functional Linguistics and Discourse Analysis,August 26–27,Beijing:Beijing Foreign Studies University,2017.

② Zhou W.J., "Ecolinguistics:Towards a New Harmony", *Language Sciences*,2017,Vol.62,pp.124–138.

③ 何伟、魏榕:《多元和谐,交互共生——国际生态话语分析之生态哲学观建构》,《外语学刊》2018 年第 6 期,第 28—35 页。

④ Alexander R.J.,Investigating Texts about Environmental Degradation Using Critical Discourse Analysis and Corpus Linguistic Techniques//Fill A., Penz H., *The Routledge Handbook of Ecolinguistics*,New York and London:Routledge,2018,pp.196–210.

⑤ Chen S.B., "Language and Ecology:A Content Analysis of Ecolinguistics as an Emerging Research Field", *Ampersand*,2016,Vol.3,pp.108–116.

⑥ 孔江平:《语言文化数字化传承的理论与方法》,《北京大学学报(哲学社会科学版)》2013 年第 3 期,第 89—97 页。

音研究、语音工程、语言服务与语言产品开发等①。

二、生态语言学的学科属性

（一）生态语言学的超学科性

超学科研究是科学研究领域的新路子，所研究的问题不受特定学科的制约，也不需要学科的界限②。为了更清楚地说明超学科性（transdisciplinarity），我们首先看几个相关但不相同的概念：单学科性（monodisciplinarity）、学科内性（intradisciplinarity）、多学科性（multidisciplinarity）、学科间性（interdisciplinarity）、跨学科性（crossdisciplinarity）。其中，单学科性聚焦于一个学科；学科内性关注一个学科的内部关系；多学科性重视多个学科或专业中的知识，其研究团队成员也来自不同学科和专业；学科间性将不同学科间的概念和方法融入不同的、互补的学科中；跨学科性有广义与狭义之分，其中广义的跨学科性涵盖了多学科性、学科间性以及超学科性，而狭义的跨学科性主要是指通过对一个学科的研究来阐释另外一个学科。因此，超学科性可以说是一种广义的跨学科性，为了更加清楚地区分跨学科性与超学科性，本文提及的跨学科性采用其狭义含义。超学科性关注的不仅是"学科之间的，跨不同学科的"知识和问题，而且是"超越于所有学科之外的"知识，是学科之间融合的最高层次③。

生态语言学不是"单一学科"（a discipline），而是一种"超学科性学科"（trans-discipline），其本质属性为超学科性④，其超学科性可以从以下四点得到说明。

---

① 杨锋：《语言生态研究与语音多模态方法》，《暨南学报（哲学社会科学版）》2016年第6期，第20—24页。

② 胡壮麟：《超学科研究与学科发展》，《中国外语》2012年第6期，第1、16—22页。

③ 李颖、冯志伟：《计算机语言学的超学科研究》，《现代外语》2015年第5期，第119—127、151页

④ Stibbe A.，2017//何伟、魏榕、Arran Stibbe：《生态语言学的超学科发展——阿伦·斯提布教授访谈录》，《外语研究》2018年第2期，第22—26页。

　　首先,生态语言学的超学科性可以从其历史背景与缘起中体现。其一,生态语言学与"超学科性"概念①几乎是同年诞生,这证实了生态语言学具有超学科特性的历史渊源。其二,生态语言学不是生态学和语言学的简单机械结合,也不可能是在语言学前面加上一个"生态"的标签,而是"生态"含义与语言学在超学科性层面上的融合②。其三,生态语言学的缘起是豪根的"语言生态",而"语言生态"的诞生受到多个学科的影响。根据豪根首次提出"语言生态"概念的文章,即"语言生态"(The Ecology of Language)一文,我们可以看到生态语言学明显受到生态学、社会学以及语言学的影响③。另外,根据当时历史发展背景,豪根的"语言生态"还受到了哲学的影响④。由此可见,生态语言学不管从名称或缘起都展现了超学科的本质属性。其四,生态语言学的"非隐喻模式"发起者韩礼德强调,超学科研究应该聚焦主题,而不是学科⑤。生态语言学主题突出,即"从生态的角度去看语言或者从语言的角度去看与语言有关的生态问题"⑥。

　　其次,生态语言学的超学科性可以从研究范式所涉及的多领域得到说明。目前,生态语言学主要涉及六大研究范式,包含传统的"隐喻模式"与"非隐喻模式",新兴的"认知模式""生物认知模式""哲学模式""文化外交模式"。"隐喻模式"即为生态语言学的缘起,主要涉及生态学、社会学、语言学以及哲学。"非隐喻模式"的关注点为语言与生态之间的关系,涉及生态学、语言学、经济学、环境科学、宗教研究、心理学、哲学以及其他多个领域,可以从批评话

---

① Piaget J., Epistemologie des Relations Interdisciplinaires//Ceri. L' Interdisciplinarité, Problemes d'enseignement et de Recherche dans les Universités, Paris:UNESCO/OECD,1972,p.144.

② Fill A., Ecolinguistics:States of the Art 1998//Fill A., Mühlhäusler P., *The Ecolinguistics Reader:Language, Ecology and Environment*, London and New York:Continuum, 2001, p.46.

③ Eliasson S., "The Birth of Language Ecology:Interdisciplinary Influences in Einar Haugen's 'The Ecology of Language'", *Language Sciences*, 2015, Vol.50, pp.78-92.

④ Steffensen S.V., "Language, Languaging, and the Extended Mind Hypothesis", *Pragmatics and Cognition*, 2019, Vol.17, No.3, pp.677-697;Steffensen S.V., Fill A., "Ecolinguistics:The State of the Art and Future Horizons", *Language Sciences*, 2014, Vol.41, pp.6-25.

⑤ Halliday M.A.K., "New Ways of Meaning:The Challenge to Applied Linguistics", *Journal of Applied Linguistics*, 1990, No.6, pp.7-36.

⑥ 黄国文、陈旸:《作为新兴学科的生态语言学》,《中国外语》2017年第5期,第38—46页。

语分析、认知语言学、身份识别理论、判断与真实性理论、系统功能语言学、多模态话语分析、修辞学、社会语言学、观众反应研究(audience response studies)、语料库语言学、定量研究、现象学、人类语言学、人种学等理论中选取理论、方法,尔后将之调节为适合生态语言学的研究框架和方法,确保新框架能充分揭示生态意义①。"认知模式"主要涵盖生态学、认知科学、语言学、心理学、文化等领域。"生物认知模式"主要是生态学、语言学以及生物学的结合②。"哲学模式"主要涉及生态学、哲学、伦理学、宗教研究、语言学等。"文化外交模式"主要涉及生态学、文化学、哲学、外交学、社会学、国际关系学、伦理学、语言学等。总之,以上六种研究范式,不管是传统模式抑或新兴模式,均或具有不同的理论基础、研究对象与研究目的,或具有不同的研究出发点,它们并不冲突,各有侧重,相互补充。例如,韩礼德的"非隐喻模式"强调语言学家的社会责任,从这方面而言,"哲学模式"与"文化外交模式"都可以看作是对传统"非隐喻模式"的延伸,不过它们具有不同的侧重点,"哲学模式"侧重"中国生态话语分析"(Chinese ecological discourse)③,"文化外交模式"侧重"国际生态话语分析"(international ecological discourse)④。除以上六种研究范式,还有部分学者将语言学、生态学与心理学相结合,如伯特·霍其斯(Bert Hodges)⑤提倡从生态心理学角度扶正语言(right language),认为语言应该与生态语境(ecological context)相融合,强调语言是在社会环境里发生的言语行为,建议把语言当作寻求价值的活动、实现价值的工具。

---

① Stibbe A.2017//何伟、魏榕、Arran Stibbe:《生态语言学的超学科发展——阿伦·斯提布教授访谈录》,《外语研究》2018 年第 2 期,第 22—26 页。

② 肖自辉:《国外生态语言学的几个关注点》,《暨南学报(哲学社会科学版)》2016 年第 6 期,第 24—28 页。

③ Zhou W.J., Huang G.W., "Chinese Ecological Discourse: A Confucian-Daoist Inquiry", *Journal of Multicultural Discourses*, 2017, Vol.12, No.3, pp.264-281.

④ 何伟、魏榕:《国际生态话语之及物性分析模式构建》,《现代外语》2017 年第 5 期,第 597—607 页;何伟、魏榕:《国际生态话语的内涵及研究路向》,《外语研究》2017 年第 5 期,第 18—24 页;何伟、魏榕:《多元和谐,交互共生——国际生态话语分析之生态哲学观建构》,《外语学刊》2018 年第 6 期,第 28—35 页。

⑤ Hodges B., "Righting Language: A View from Ecological Psychology", *Language Sciences*, 2014, Vol.41, pp.93-103.

再次,生态语言学的超学科性体现为"边际性"与"开放性"双重特点。生态语言学的边际性主要指它与其他众多学科的融合性,该学科借鉴其他学科(认知科学、生物学、哲学等)所取得的成果为本学科的发展壮大奠定基础。生态语言学的开放性在于其非同寻常的互动性,该学科与很多学科保持密切的联系,与生态语言学直接或者间接相关的学科有如社会语言学(sociolinguistics)、生物语言学(biolinguistics)、复兴语言学(revival linguistics)、进化语言学(evolutionary linguistics)、接触语言学(contact linguistics)、记录语言学(documentary linguistics)等,这些学科探讨的是相同的、相似的或者相关的问题①。另外,生态语言学的开放性还在于其对不同领域学者的吸引力,它使得心理学家、哲学家、人类学家、生态学家等都纷纷关注或直接介入此领域研究②。

最后,生态语言学的超学科性与科学的发展趋势息息相关。在"新科学时代"(new scientific age)③,即科学飞速发展的时代,单一学科特点将逐渐被超学科趋势所取代。同样,单一的语言学理论视角相对狭窄,可能忽视语言学与其他社会问题的关系,以致不能解决更多的问题,语言学也随之出现超学科发展趋势,甚至出现了"超学科语言学"(transdisciplinary linguistics)概念④,即能够在建构性和合作性研究(constructive and cooperative research)中发挥重要作用,因此能够弥补目前语言学作为独立学科的不足。作为一门超学科语言学,生态语言学在解决现实问题中作用重大:一者,生态思想(ecological thinking)本身就意味着复杂性,涉及多种价值观;二者,生态系统不仅涉及自然,同样涉及文化、社会与心理;三者,生态语言学的各种研究范式不仅强调生态思想在语言行为中的批判或指导作用,而且将语言的结构组织与功能组织重构

---

① 黄国文:《从系统功能语言学到生态语言学》,《外语教学》2017年第5期,第1—6页。

② 刘国兵:《中国英语研究的生态语言学视角》,《西安外国语大学学报》2009年第3期,第6—10页。

③ Finke P., Transdisciplinary Linguistics: Ecolinguistics as a Pacemaker into a New Scientific Age//Fill A., Penz H., *The Routledge Handbook of Ecolinguistics*, New York and London: Routledge, 2018, pp.406-419.

④ Finke P., Transdisciplinary Linguistics: Ecolinguistics as a Pacemaker into a New Scientific Age//Fill A., Penz H., *The Routledge Handbook of Ecolinguistics*, New York and London: Routledge, 2018, p.407.

为生态系统组织①。

(二) 生态语言学的应用性

作为一门超学科性学科,生态语言学具有强大的应用功能,目前主要体现在教育、翻译、文学批评、环保以及国际关系等五个领域。

生态语言学为外语教学提供了新的思考方式,促进了"教育的生态化取向"②。如利奥·范里尔(Leo van Lier)③从生态语言学的宏观层面出发,结合社会文化理论,把生态世界观(ecological world view)融入语言教学,尝试建构适用于语言教学的"生态语言学"(ecological linguistics)框架。他④认为,教育语言学(educational linguistics)中的语言教学者与学习者不是语言的活体解剖者或古生物学者,而是语言的行为者,因此不管是语言教学者或学习者都应该全面考察语言,把语言当作复杂符号生态系统(semiotic ecosystem)中相互作用的生命实体(living entity),了解语言的作用(what it does)、言语者(by whom)、言语对象(to whom)、言语服务对象(for whom)等多个方面。另外,目前有两位美国学者约翰·卡图尼齐(John Katunich)和詹森·果拉(Jason Goulah)正在编辑论文集《对外英语教学与可持续性:人类世时代英语教学的新视角》(*TESOL and Sustainability: New Perspectives on English Language Teaching in the Anthropocene Era*),涉及如英语教与学中的生态教育和生态公平、语言的生态影响力、英语教学中的人类中心论审视、非西方视角的语言与可持续性研究、语言教学中的隐喻问题等生态语言学

---

① Finke P., Transdisciplinary Linguistics: Ecolinguistics as a Pacemaker into a New Scientific Age//Fill A., Penz H., *The Routledge Handbook of Ecolinguistics*, New York and London: Routledge, 2018, p.408.

② 黄国文:《外语教学与研究的生态化取向》,《中国外语》2016 年第 5 期,第 1、9—13 页。

③ Van Lier L., From Input to Affordance//Lantolf J., *Sociocultural Theory and Second Language Learning*, Oxford: Oxford University Press, 2000; Van Lier L., An Ecological–Semiotic Perspective on Language and Linguistics//Kramsch C., *Language Acquisition and Socialization: Ecological Perspectives*, London and New York: Continuum, 2002, pp.141–146.

④ Van Lier L., An Ecological–Semiotic Perspective on Language and Linguistics//Kramsch C., *Language Acquisition and Socialization: Ecological Perspectives*, London and New York: Continuum, 2002, p.145.

视角下的教学研究①。同样,国内也有许多从生态语言学角度从事教学研究的学者,如顾曰国②分析了网络教育生态环境的组成,提出了物理生态环境、管理生态环境和学术生态环境的"三分系统";秦丽莉、戴炜栋③采用社会文化理论构建了"生态化"任务型教学;李霞④以教育生态学理论为指导,构建了基于新媒介的大学英语生态课程。

生态语言学为翻译研究提供了新的思维方式。近年来兴起的"生态翻译学",是一门将翻译生态与自然生态进行类比,致力于译者与翻译生态环境相互关系的研究⑤。我们认为,生态翻译学可以理解为生态语言学视角下的翻译研究,因为生态语言学关注语言在所有生命可持续性关系中的作用,而生态翻译学中的"译者与翻译生态环境的相互关系"也是一种生命可持续性关系,涉及"源语言"(source language)和"目标语言"(target language)在"译者与翻译生态环境相互关系"中发挥的重要作用。另外还有学者⑥从生态语言学角度对科技借入语翻译进行评析,涉及借入语与语言多样性的关系、与语言进化观的关系以及对生态话语权的思考,旨在促使语言学家和科技翻译工作者更好地认识借入语这种特殊语言现象,进而为其提供良好的生态环境并实现科技领域的语言生态平衡。

生态语言学为文学批评的发展提供了重要的理论基础。基于生态语言学,安德鲁·格特力(Andrew Goatly)⑦提出了"生态文体学"(ecostylistics),即运用语言学理论推动表征自然以及人类与自然关系文本的文学批评,进而建

① 黄国文、肖家燕:《"人类世"概念与生态语言学研究》,《外语研究》2017年第5期,第14—17、30页。
② 顾曰国:《教育生态学模型与网络教育》,《外语电化教学》2005年第4期,第4—9页。
③ 秦丽莉、戴炜栋:《二语习得社会文化理论框架下的"生态化"任务型语言教学研究》,《外语与外语教学》2013年第2期,第41—46页。
④ 李霞:《基于互联网的大学英语生态课程研究》,《中国外语》2017年第5期,第81—86页。
⑤ 胡庚申:《生态翻译学解读》,《中国翻译》2008年第6期,第11—15页。
⑥ 孟愉、牛国鉴:《生态语言学视角下的科技借入语翻译——以物理学术语为例》,《中国科技翻译》2016年第1期,第29—31、39页。
⑦ Goatly A.,Lexico-grammar and Ecolinguistics//Fill A.,Penz H.,*The Routledge Handbook of Ecolinguistics*,New York and London:Routledge,2018,pp.227-248.

构人类与自然之间积极互动的文学性自然表征资源体系。如从系统功能语言学视角分析爱丽丝·奥斯沃尔德(Alice Oswald)的诗集《石之歌》(*Song of a Stone*),其中的"song"运用了名词化和拟人手法,展现出了石头会歌唱的意境,这为没有生命的石头赋予了生命,是一种生态文体学分析。同样,鉴于生态语言学是一种具有丰富"参数"的超语言学科理论,它既超越了其他语言学科在语言与世界关系问题上的那种"世界建构语言"或"语言建构世界"的单向决定论,又超越了语言的"自然"和"约定性"问题上的那种非此即彼的二元论,因此为当今生态文学以及文化研究提供了重要的语言学理论基础①。

　　生态语言学为环境保护提供了新的研究视角。正如生态语言学"非隐喻模式"的提倡者韩礼德②所强调的,解决环境问题不只是生物学家和物理学家应承担的责任,也是语言学家应尽的义务。自此,语言学家们逐渐致力于以语言解决环境问题的研究,如阿伦·斯提布(Arran Stibbe)③基于"生活"生态哲学观,分析话语类型(有益性话语、模糊性话语和破坏性话语),号召人们宣传有益性话语、改善模糊性话语并抵制破坏性话语,促使人们保护自然环境乃至整个生态系统。理查德·亚历山大④结合批评话语分析和语料库语言学方法,探索了揭露环境退化现象的语篇特征。安德斯·汉森(Anders Hansen)⑤研究了视觉图像在揭示环境问题中所发挥的作用。

---

①　赵奎英:《生态语言学与当代生态文学、文化研究的语言理论基础建构》,《文艺理论研究》2014 年第 4 期,第 182—190 页。

②　Halliday M.A.K.,"New Ways of Meaning:The Challenge to Applied Linguistics",*Journal of Applied Linguistics*,1990,No.6,pp.7-36.

③　Stibbe A.,*Ecolinguistics:Language,Ecology and the Stories We Live By*,London and New York:Routledge,2015.

④　Alexander R.J.,Investigating Texts about Environmental Degradation Using Critical Discourse Analysis and Corpus Linguistic Techniques//Fill A.,Penz H.,*The Routledge Handbook of Ecolinguistics*,New York and London:Routledge,2018,pp.196-210.

⑤　Hansen A.,Using Visual Images to Show Environmental Problems//Fill A.,Penz H.,*The Routledge Handbook of Ecolinguistics*,New York and London:Routledge,2018,pp.179-195.

生态语言学为国际关系研究提供了新的研究范式。何伟、魏榕①尝试从生态语言学视角进行国际关系研究,即结合中国传统文化、哲学思想、外交理念以及国际社会现存问题,融创促进国际关系良性发展的生态哲学观;在此哲学观指导下,以系统功能语言学三大元能为理论基础,建构生态话语分析模式;以此模式为分析依据,通过话语研究,揭示话语发出者(某个国家)的话语特点和意图,分析其话语传递的生态意义——保护国际生态系统、破坏国际生态系统或者保持模棱两可的态度,从而倡导国际社会减少破坏性国际生态话语的使用,产出更多的国际生态系统保护性话语,使中性话语朝着保护性话语的方向发展,最终促进国际社会生态系统的健康与持续发展。

此处需要强调,本文只介绍了目前生态语言学的主要应用领域,随着科技的进步与社会的发展以及生态语言学自身的发展,其应用领域还会不断得以扩展,这也是其超学科属性所决定的。

三、生态语言学现存问题和研究方向

目前,生态语言学发展态势强劲,但依然存在一些问题,下面主要针对现存问题和研究方向做出分析。

学科定位有分歧,待统一。如上所述,本文认为生态语言学的超学科属性非常突出。但目前,学界对该学科的本质属性看法不一,主要表现为三种观点:生态语言学系运用语言来解决生态问题的"应用语言学";生态语言学系生态学与语言学两大学科融合的"交叉学科"(interdisciplinarity);生态语言学系基于并超越生态学、语言学、哲学、生物学、认知科学等多学科的"超学科性学科"。

第一种观点将生态语言学与应用语言学等同起来,甚至认为它是应用语

---

① 何伟、魏榕:《国际生态话语之及物性分析模式构建》,《现代外语》2017 年第 5 期,第597—607 页;何伟、魏榕:《国际生态话语的内涵及研究路向》,《外语研究》2017 年第 5 期,第18—24 页。

言学的一个分支。这种观点有一定的可取性,原因在于生态语言学两大传统模式之一的"非隐喻模式"兴起于应用语言学背景。不过,这种观点也有一定的局限性,即生态语言学不应该只是拘泥于语言对生态的影响。第二种观点明确地将生态语言学定义为生态学和语言学结合的"交叉学科",凡是涉及生态理论与语言实践的研究,或者涉及语言学理论与生态实践的研究,都属于生态语言学。这种观点涉及生态语言学的主要研究模式,具有较强的合理性。然而这种"交叉学科"概念也会给学界带来疑惑:生态语言学的研究重点到底为"生态学"还是"语言学"①;同时,这种观点没有充分考虑到生态语言学的多学科融合特点。第三种观点突破了前面两种观点的局限与困惑,符合生态语言学"多样化与整体化的发展趋势"②,因而也是本文所支持的观点。

理论不成熟,待发展。在多样化与整体化的发展趋势下,生态语言学出现了多种研究范式,例如上文中提及的传统范式——"隐喻模式"与"非隐喻模式",以及新兴范式——"认知模式""生态认知模式""哲学模式""文化外交模式",目前还没有一种范式真正建立起一个系统的、完善的生态语言学理论框架,也不存在一个融合多个范式的理论框架。然而,作为一门超学科,生态语言学应该逐渐形成自身的系统理论框架,要达此目标,本文认为应做好以下工作:(1)鉴于生态语言学的超学科属性,每个范式需进一步发展,确立该范式自身的系统框架;(2)在比较各范式的过程中,探索其融合点;(3)在实现各范式优势互补的基础上,结合生态语言学的宏观目标,建立一个超学科研究框架。此处,我们需要指出,超学科研究框架主要涉及研究目标、指导思想和原则、研究程序等维度的界定,有关具体分析理论,因应具体研究对象和目的而变化。

实践不够深化,待加强。前文提及生态语言学不仅要重视理论的发展,而且要关注"理论、分析与行动"的融合,不过目前学界的"实践"还只停留在设

① 2017年8月底,国际生态语言学家史蒂芬·考利(Stephen Cowley)教授应邀来北京外国语大学参加"第二届国际生态语言学研讨会",与作者讨论生态语言学的发展现状时,提及学界存在这样的困惑:生态语言学究竟是"生态"语言学还是生态"语言学"。
② 何伟、魏榕:《生态语言学:整体化与多样化的发展趋势——〈语言科学〉主编苏内·沃克·斯特芬森博士访谈录》,《国外社会科学》2017年第4期,第146—152页。

想以及初步尝试阶段。鉴于生态语言学的生命力在于实践问题的解决,因此其将来的研究需要深化实践,在社会实践中进一步拓展并深化其内涵。

四、结语

生态语言学学科是一个复杂的、非线性的、动态的系统,该系统涉及众多参数,如何厘清这些参数,进而界定学科属性,对该学科的发展起着重要的作用。本文通过发展历程的回顾,探讨并论证了生态语言学的学科本质属性——超学科性。生态语言学的超学科性有其深远的历史渊源,因为生态语言学与"超学科性"概念几乎是同年诞生。生态语言学的超学科性也符合时代发展的需求,目前,人类发展的各个方面都体现了自然科学、社会科学以及人文科学的融合,这种融合体现了一些新兴学科在研究目的、研究范围、研究范式、研究方法等多个方面的超学科性。相应地,国外语言学界对超学科性研究颇为重视,此情况应该引起我们的正视,本文对生态语言学超学科属性的论证也是推进国内超学科研究的一种有益尝试。同时,本文从外语教学、翻译研究、文学批评、环境保护以及国际关系五个方面探讨了生态语言学的应用性,这也从另一方面呼应了该学科具有超学科属性的突出特点——超学科研究能够帮助我们更全面地发现、观察、分析并解决相关社会问题①。另外,本文也指出了生态语言学领域的现存问题——学界对生态语言学学科定位不统一,研究范式多样化而内在关系界定不清晰,理论体系不成熟,实践研究不够深入。综上,本文希望通过对生态语言学学科属性的界定,进一步推动该学科的建设和发展,为我国及全球生态文明建设做出积极的贡献。

(本文原载《国外社会科学》2018 年第 4 期,作者为何伟、魏榕。)

---

① 胡壮麟:《超学科研究与学科发展》,《中国外语》2012 年第 6 期,第 1、16—22 页。

生态语言学的学科属性
及其分支生态文体学

——安德鲁·格特力教授访谈录

一、访谈背景

2017 年 8 月底,安德鲁·格特力(Andrew Goatly)教授来中国北京参加"第二届国际生态语言学研讨会暨第十九届功能语言学与语篇分析论坛",作了主旨报告,报告题目为"语法与人类—自然关系在环境话语与诗歌中的体现:生态文体学案例分析"(Grammar and the Human-Nature Relationship in Environmental Discourse and Poetry:A Case Study in Ecostylistics)。2018 年 10 月,格特力教授参与了北京外国语大学主办的"名家论坛"生态语言学专题系列讲座活动,并前往贵州参加"第三届国际生态语言学研讨会",作了题为"生态、物理学、过程哲学、佛教、道教与语言"(Ecology,Physics,Process Philosophies,Buddhism,Daoism,and Language)的主旨发言。其间我们多次与格特力教授进行当面和邮件交流,就生态语言学的学科属性、其词汇语法"绿色语法"、分支生态文体学等话题进行了采访。

二、访谈录

问:格特力教授,您好,感谢您接受我们的采访。众所周知,生态语言学在全球范围内逐渐得到重视,请问其广为人知的原因有哪些?

答:不错,生态语言学在中国越来越受到学者们的关注,不过从全球范围内而言,目前生态语言学并没有受到足够的重视。早在 1990 年,韩礼德(M.A.K.Halliday)在希腊举行的国际应用语言学会议(AILA)上做了题为"意义表达的新方式:对应用语言学的挑战"(New Ways of Meaning:The Challenge to Applied Linguistics)①的学术报告,而后 AILA 建立了生态语言学科学委员会,推进了生态语言学的发展,带动了欧洲与世界其他地方的生态语言学发展。然而,这个委员会如今已经不复存在,因而生态语言学在这些地方的进程已不如从前。

关于生态语言学在中国甚至在世界其他区域日受关注的原因,我认为主要有三:第一,环境与生态被看作是影响全体社会成员的议题。确实,生态与环境涉及所有人,无论贫富、男女,也不分种族。第二,由于工业的迅速发展,生态问题日益凸显,包括中国在内的许多国家的环境意识逐渐增强。例如,20世纪早期,新西兰引进国外动物品种,导致本国动植物受到威胁,随即开始关注环境问题。同样,在中国,由工业化带来的生态关注也是显而易见的。不过,在欧洲国家,生态关注开始于至少一个世纪以前,进程缓慢且不明显。第三,中国比世界其他很多国家变得更加重视社会与生物之间的关系,这里的生物包括人类生物以及非人类生物。西方的资本主义新自由社会偏向极端个人主义,就如玛格丽特·撒切尔(Margaret Thatcher)②所言,"这里根本没有社会一说:有的只是个人与家庭"。中国强调"以国为家"的概念,提倡其社会关系与社会责任比个人与核心家庭利益更重要。中国这种对于社会成员的关爱与责任更容易转移到与人类共享地球的其他生物身上。相反,西方的新自由主义逐渐被认为是一场失败的实验,因此现在的西方人更希望能营造出一种"气候",在这种气候中,社会成员之间的相互合作与生态圈的生命系统比自身以及子孙后代的成功更加重要。

问:有学者认为,生态语言学是一门逐渐发展并趋于稳定的学科,不过依

---

① Halliday M.A.K.,"New Ways of Meaning:The Challenge to Applied Linguistics",*Journal of Applied Linguistics*,1990,No.6,pp.7-36.

② Thatcher M., Interview for "Woman's Own" ("No Such Thing as Society")//*Margaret Thatcher Foundation:Speeches,Interviews and Other Statements*,London,1987,pp.8-10.

然是一门新兴学科①。您认为生态语言学已经成为一门独立学科了吗？

答：我不赞同生态语言学已经成为一门独立学科的看法，我也不认为它应该是一门独立学科。要成为一门独立学科，生态语言学必须有清晰的理论框架与研究方法，而目前生态语言学并不具备这些特征。因此，我个人认为，生态语言学是连接语言学与其他学科之间的桥梁，就如亨利·威多森（Henry Widdowson）把文体学看作是连接语言学与文学批评的桥梁一样（见图1）。

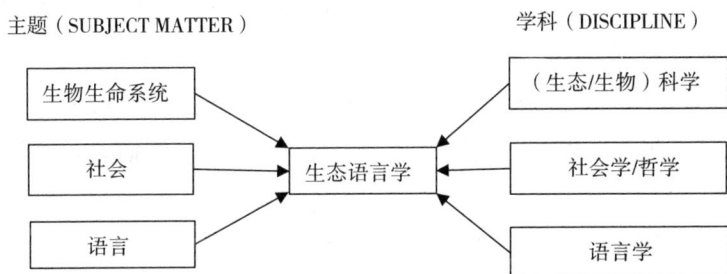

主题（SUBJECT MATTER）　　　　　　　　　学科（DISCIPLINE）

生物生命系统 → ← （生态/生物）科学

社会 → 生态语言学 ← 社会学/哲学

语言 → ← 语言学

图1　生态语言学的桥梁作用

问：生态语言学的研究目标和范围是什么？

答：生态语言学的研究范围非常广，涵盖与人类社会相关的人类语言学研究以及图1涉及的整个生命系统。关于生态语言学的研究重点，我想用克洛德·海然热（Claude Hagège）对生态语言学的描述给予说明，"生态语言学（écolinguistique）是一项探索自然现象与语言、文化之间的（未来）交叉性研究，其中自然现象涉及地形特征、宇宙现象、人类与其他有机体之间的关系。"②

问：生态语言学是否存在系统的理论？它与其他语言学理论存在何种联系？

答：生态语言学目前还没有系统的理论。因此在目前阶段，生态语言学应

---

① Couto H. H., "Ecological Approaches in Linguistics: A Historical Overview", *Language Sciences*, 2014, Vol.41, pp.122–128.

② Hagège C., *L'Homme de Paroles: Contribution Linguistique aux Sciences Hummaines*, Paris: Fayard, 1985, p.146.

该是综合性越强越好,这样才能融合语言学的不同流派,如系统功能语言学、语用学、语篇分析、认知语言学/构式语法、文体学和叙事理论等。当然,有些语言学理论,如将意义边缘化的生成语法,似乎与生态语言学不兼容。相反,生态语言学与赞同萨丕尔—沃尔夫假说(Sapir-Whorf hypothesis)的语言学理论兼容性更强。

问:系统功能语言学有观察、解读、描述、分析、解释和评估等研究方法,生态语言学是否有其自身的研究方法或者研究路径?

答:生态语言学目前还没有自己的研究方法和研究路径,因此它应该在语篇分析/语言学方法方面具有包容性。在我个人看来,如果生态语言学偏向政治角度的话,可以借鉴诺曼·费尔克劳(Norman Fairclough)的批评话语分析模式,因为它包含并扩展了系统功能语言学理论,而且将话语与意识联系在一起。

问:在国际学术圈,是否存在稳定的生态语言学研究团队?

答:之前,AILA 建立了生态语言学科学委员会,不过这个委员会现在已经不复存在。目前也有一些发展稳定的生态语言学研究团队,如国际生态语言学学会(International Ecolinguistics Association)、巴西"生态语言学团队"(Ecolinguística:Linguística Ecossitêmica)、中国生态语言学研究会(China Association of Ecolinguistics,从 2019 年 11 月 9 日起,"中国生态语言学研究会"正式更名为"中国英汉语比较研究会生态语言学专业委员会")等。

问:生态语言学是否有代表性的书籍?

答:目前,生态语言学最为全面的指南是《劳特利奇生态语言学手册》(*The Routledge Handbook of Ecolinguistics*)①,该书的参考文献里面涵盖了生态语言学的大部分期刊和书籍。另外,阿伦·斯提布(Arran Stibbe)教授在准备与布鲁姆斯伯里(Bloomsbury)出版社合作出版一系列生态语言学书籍,这将是生态语言学学界的一个令人振奋的消息。

问:您曾提及"一致语法"(congruent grammar)、"协和语法"(consonant

---

① Fill A.,Penz H.,*The Routledge Handbook of Ecolinguistics*,New York and London:Routledge,2018.

grammar)、与"绿色语法"(green grammar)概念①,您能用具体事例来解释这些概念吗? 这些概念之间是否存在联系呢?

答:"一致语法"这个概念由韩礼德(M.A.K.Halliday)提出,是一个与语法隐喻相对的概念,这种语法主要采用及物性分析。一致式的映射是:名词词组表征事物,动词词组表征过程,形容词词组表征事物特质,副词表征过程特质。凡是偏离这些映射的语法均不是一致式,而是隐喻式。

近代出现了相对论(物体总是处于过程之中)、热力学和熵(运动是向熵的、无序的、无结构的状态移动)、混沌理论(自然变化不是被动的,而是能自发变化的)与盖亚理论(宇宙能实现自我平衡)四大主要科学理论,而与这四大主要科学理论相协和的语法称为"协和语法"(consonant grammar),也是"绿色语法",该语法主要强调过程为第一性,且采用作格分析。很多非一致的语法隐喻都是协和的,这意味着它们更可能表征了量子理论中强调的最终物理现实,即过程。因此,用英语表达"水蒸气浓缩导致降雨/降雪",我们不用"Water vapour condenses and causes rain/snow to fall",而用"Condensation causes rainfall/snowfall"或"Condensation causes precipitation"。在后面的句子中,一个过程(condensation)导致另外一个过程(rainfall/snowfall),事物性表达(water vapour 和 rain)都不再出现在表征中。

问:"绿色语法"是否持有什么原则?

答:"绿色语法"有其原则,该语法应该比其他标准的欧洲语法能更好地表征物理现实中过程的本质、自然的自发性与力量/向心性。我不了解中国学者对于这个话题的立场,不过我个人认为这是一个很有趣的研究项目。

我们可以运用多种方式对现实做出更好、更协和的语言表征,其中包括一些语法隐喻。例如,在很多一致式小句中,自然因素都被"环境性状语"(Circumstantial Adjuncts)边缘化了,这些环境性状语是选择性的,表征的是环境,而不是过程中的要素。如在"Dew is glistening on the leaves"小句中,树叶被边缘化了。然而,如果我们用语法隐喻激活这个环境状语,将小句变成"The

---

① Goatly A.,"Green Grammar and Grammatical Metaphor, or Language and the Myth of Power, or Metaphors We Die By", *Journal of Pragmatics*, 1996, Vol.25, No.4, pp.537-560.

leaves are glistening with dew",那么树叶变成了"动作者"（Actors），便能参与到过程中。

再者，在《"洗脑"：隐喻及隐含的意识形态》（*Washing the Brain*：*Metaphor and Hidden Ideology*）①一书的第七章"语法、隐喻与生态"（Grammar, Metaphor and Ecology），我讨论过建构"绿色语法"的一些语言实现手段，如标记激活（activation of tokens）、经验/现象激活（activation of experience/phenomena）、环境激活（activation of circumstances）、如 it 或 there 等形式结构的运用（ambient structures）、创造类过程与同源物体的使用（creative process and cognate objects）、互相动词和反身代词的使用（reciprocal and reflexive verbs）、作格动词的使用（ergative verbs）、动词的名词化（nominalisation of verbs）等。

然而，需要注意的是，建构绿色语法或者协和语法的英语资源是有限的。量子物理学家大卫·博姆（David Bohm）生前一直在寻找一种能更好地表征量子物理的语言，由此他特意走访了北美的黑足族部落，发现最为合适的语言为黑足语（Niitsi' powahsin）②。这种语言的本族人声称，他们可以在一整天的交流中只用动词，不用任何名词，如果有名词存在，也只是过程的一个暂时相位。假如我们想把英语"the boy brought a chair"翻译成黑足语，那可能会得到四个或者四个以上的相互影响过程：moving、becoming being near、being young 和 acilitating sitting③。

问：关于语法隐喻，您曾与韩礼德和马丁（James Martin）持有不同的看法④，现在依然如此吗？

答：是的，我现在依然不同意韩礼德和马丁当初关于语法隐喻的看法，"科技语言，虽然表征发展，但其晦涩的语法隐喻将看得懂的人群与看不懂的人群分开了"⑤。在他们看来，科技语篇中的语法隐喻会导致社会分裂，因此

---

① Goatly A., *Washing the Brain*：*Metaphor and Hidden Ideology*, Amsterdam：Benjamins, 2007.

② Bohm D., *Wholeness and the Implicate Order*, London：Routledge, 1980.

③ Goatly A., *Meaning and Humour*, Cambridge：Cambridge University Press, 2012.

④ Goatly A., "Green Grammar and Grammatical Metaphor, or Language and the Myth of Power, or Metaphors We Die By", *Journal of Pragmatics*, 1996, Vol.25, No.4, pp.537-560.

⑤ Halliday M.A.K., Martin J.R., *Writing Science*：*Literacy and Discursive Power*, Pittsburgh, PA：University of Pittsburgh Press, 1993.

人们应该使用一致语法,而不是语法隐喻。然而,在我看来,像名词化这种语法隐喻是积极的,因为它们表达了现代科学理论,尤其是生态理论的本体与意识——强调过程、相关性与相互性,需要"不那么一致的语法"(less congruent grammar),也就是上文提及的协和语法抑或绿色语法。

我之所以坚持己见,主要是基于对量子物理学的了解:过程与变化是物理现实的根本,而由名词表征的永恒事物之观点过于虚幻。就如物理学家大卫·博姆(David Bohm)所指出的,我们所认为的、所看到的永恒就像溪流中永恒性漩涡一样:事实上,这种永恒是变化的,是一种虚幻性的永恒①。名词化作为一种语法隐喻,强调的是过程(虽然这种过程被解释为具体化过程),因而更加与量子理论同步而"协和"(consonant)。

问:您认为,如名词化这类语法隐喻可以被用来建构协和语法,这种语法与科学发展以及生态本体保持同步、协和,也就是说,名词化有利于生态,是吗?然而,玛丽·斯勒彭格拉尔(Mary Schleppegrell)②和斯提布③均认为名词化是一种抹除手段,会给环境带来不利影响。例如,在"killing animals is cruel"这个小句中,"killing"抹除了杀害动物的凶手人类。我们认为这种名词化应该是对生态有害的。因此,是否存在不同种类的名词化现象,有些有利于生态,有些有害于生态?

答:名词化的作用,不能用有利于生态或者有害于生态这样简单的描述来概括。确实,依据常识,名词化会抹除施动者,因此不能对造成不良环境影响的原因归责。如用"the depletion of fish stocks around Samoa"来取代"Japanese trawlers have depleted fish stocks around Samoa",那么,拖网捕鱼者——造成鱼群灭绝的施动者就被掩盖了。然而,从更深的哲学层次和科学层次来看,我们应该更加重视过程,而名词化与科学新发现更加协和,也更加有利于将现实表征为互动性过程。当然,名词化的协和度也无需像黑足语法那样,毕竟黑足语

---

① Bohm D., *Wholeness and the Implicate Order*, London: Routledge, 1980, p.48.

② Schleppegrell M., "Agency in Environmental Education", *Linguistics and Education*, 1997, Vol.9, No.1, pp.49-67.

③ Stibbe A., *Ecolinguistics: Language, Ecology and the Stories We Live By*, London and New York: Routledge, 2015.

语法中几乎不存在名词。

问:针对生态批评话语分析,您提出了两种方法:传统的批评话语分析与绿色替代性批评话语分析①,二者之间有何不同?

答:传统的批评话语分析与绿色替代性批评话语分析有两点不同:首先,传统的批评话语分析主要是为了争取社会公正,其话语分析为了对抗不平等、资本主义压迫、性别歧视、种族主义、排外主义等现象,因此分析旨在为弱势群体解决权力不平等问题。绿色替代性批评话语分析聚焦生态与环境,而生态与环境涉及所有人,不分贫富、男女,也不分种族。因此,绿色替代性批评话语分析重在团结社会中的所有人,更有利于建构和谐社会。其次,绿色替代性批评话语分析比传统的批评话语分析对语法隐喻持有更加积极的态度,对科学现实与生态现实有更加全面的理解。

问:绿色替代性批评话语分析中,您强调意识与哲学的作用。请问如何建立一套意识与哲学系统来指导话语分析?

答:语言学重视意义,其挑战在于,语言学家最后必须就语言、意义、表征和现实的关系持有某种哲学观点。我赞同萨丕尔—沃尔夫的弱假说:任何特定语言与其词汇语法都能让其比较容易地以自身语言思考真实世界,而难以用其他语言思考真实世界。因此,尝试用黑足语来看现实是特别宝贵的经历,然而,可悲的是如黑足语这种与众不同的小语种和其他很多生物物种一样,正在不断消失。

同时,我认为我们没有认识现实的非中介入口,只能用观念、语言学、认知范畴等来筛选并建构这个现实。人类用基于现实的语言和认知来建立现实模式,就像科学家从物质现实中建构出理论模式与理论描述。而后,我们通过反馈来测试这些模式。自从工业革命以来,我们建构出了人类主导自然之经济模式和经济理论(大部分都受到牛顿动力学的支撑),如今它们在很多方面都有消极的反馈,如资源耗尽、气候改变、环境恶化、"盖亚报复"(revenge of Gaia)等。不幸的是,这些反馈消极的模式正在被英语(可能还有其他多种语

---

① Goatly A.,"Green Grammar and Grammatical Metaphor,or Language and the Myth of Power, or Metaphors We Die By", *Journal of Pragmatics*,1996,Vol.25,No.4,pp.537-560.

言)的一致式语法强化。其实,强调过程、反映现代物理理论的哲学,如怀特海德理论、皮尔斯定理等,都是更加健康的替代性模式。

然而,生态语言学要想使自身的实践性变得更强,它就需要持有特定的哲学观点。以上段落均代表我个人的哲学观点,但我并不认为本人的信条应该是生态语言学的指导原则。总之,生态语言学只要遵循意义语法、赞同萨丕尔—沃尔夫假说,就足够了。

问:您曾多次讨论生态理论"盖亚理论"(Gaia theory)①,请问什么是盖亚理论? 它如何促进生态语言学的发展的?

答:是的,我在《"洗脑":隐喻及其隐含的意识形态》一书中也提及盖亚理论。盖亚(Gaia)本是希腊地球女神的名字,被用来命名希腊早期的宇宙论,而后环保主义者詹姆斯·拉伍洛克(James Lovelock)把它融入了自己的生态理论。具体而言,盖亚理论是指,整个世界或盖亚宇宙(如生命、温度、氧气、岩石、大气和水等)为一个完整的巨大机体,它们可以实现内部的自我平衡②。总之,该理论基于科学原则,强调人与自然(包括生态圈中的非生命部分)相互依存,目前逐渐被地质物理学家所接受。我认为,盖亚理论是生态语言学可以借鉴的一个科学与哲学模式。

问:潜在意识对于揭示生态危机十分关键③,生态哲学观对于解读生态故事也十分重要④。您所说的意识与斯提布教授提及的生态哲学观相似吗?

答:根据斯提布教授在其书中对生态哲学观的定义——生态哲学观是一套反映个人价值的生态哲学观点⑤,盖亚理论模式也应该是一种生态哲学观。事实上,盖亚理论模式就如一种基于理论的隐喻,只要这种理论符合保护生态的主题,则就如同斯提布的生态哲学观一样。

① Goatly A.,"Green Grammar and Grammatical Metaphor,or Language and the Myth of Power,or Metaphors We Die By",*Journal of Pragmatics*,1996,Vol.25,No.4,pp.537-560;Goatly A.,*The Language of Metaphors*,London and New York:Routledge,1997.

② Lovelock J.,*The Ages of Gaia*,Oxford:Oxford University Press,1988,p.19.

③ Goatly A.,*Washing the Brain:Metaphor and Hidden Ideology*,Amsterdam:Benjamins,2007.

④ Stibbe A.,*Ecolinguistics:Language,Ecology and the Stories We Live By*,London and New York:Routledge,2015.

⑤ Stibbe A.,*Ecolinguistics:Language,Ecology and the Stories We Live By*,London and New York:Routledge,2015,p.11.

问:在第二届国际生态语言学研讨会主旨发言中,您提及了生态文体学(ecostylistics)。请问什么是生态文体学?

答:假如文体学是运用语言学理论来促进文学批评,那么生态文体学是运用语言学理论来推动表征自然以及人类与自然关系文本的文学批评。如用语言学来分析爱丽丝·奥斯沃尔德(Alice Oswald)的诗集"Song of a Stone",其中的"song"运用了名词化和拟人手法,展现出了石头会歌唱的意境,这为没有生命的石头赋予了生命,这就是一种生态文体学分析。

问:生态文体学与生态语言学存在什么样的联系?

答:生态文体学是生态语言学的一个分支,主要是探索可以用来建构人类与自然积极关系的文学中的自然表征资源。在很多情况下,文学中的自然表征,更有利于提高人类的生态保护意识。

问:在您看来,环境语篇中展现的人类—自然关系不如诗歌中展现出的人类—自然关系友好,那是否有某种方法可以将环境语篇中的人类—自然关系变得更加积极?毕竟,我们用于保护环境的教育文本中有很多环境语篇。

答:既然我们要保护环境,那么我们也应该谦卑地意识到自己对于大自然的无知,在人类繁衍之前,大自然是独立于人类而存在的生命系统,当时它具有强大的力量保持生态平衡,甚至能够自我愈合。因此,我们现在最好不要干涉自然甚至主导自然,或者坚定地认为科技能够"修复"由于对自然进行干涉而造成的创伤。换言之,我们不应该以人类为中心,自以为是地看待自然系统,或去思考我们如何操控自然。

问:您的文章"词汇语法与生态语言学"(Lexicogrammar and ecolinguistics)[1]被收录在生态语言学指南《劳特利奇生态语言学手册》(*Routledge Handbook of Ecolinguistics*)[2]一书中,您可以简单介绍一下这篇文章吗?

答:"词汇语法与生态语言学"简单介绍了克洛德·海然热所描述的生态语言学。克洛德·海然热把生态语言学(écolinguistique)界定为自然现象与

---

[1]　Goatly A.,Lexico-grammar and Ecolinguistics//Fill A.,Penz H.,*The Routledge Handbook of Ecolinguistics*,New York and London:Routledge,2018,pp.225-256.

[2]　Fill A.,Penz H.,*The Routledge Handbook of Ecolinguistics*,New York and London:Routledge,2018.

语言、文化之间的(未来)交叉性研究,其中自然现象涉及地形特征、宇宙现象、人类与其他有机体之间的关系。另外,该章节关注语言的语法(与词汇)在调解人类与自然现象之间关系中所发挥的作用。这里所说的人类与自然现象的关系可以通过三种方式建构:(1)特定语言的词汇语法影响我们对环境所持有的观念与采取的行动;(2)自然环境影响词汇语法;(3)词汇语法与自然环境相互影响,二者作为文化中相互依存的系统,在历史潮流中不断改变。

该文重点讨论特定语言的词汇语法对我们看待环境的态度和对待环境的方式产生的影响,词汇与语法的影响度如表1所示。

表1 词汇与语法的影响程度

序号	词汇语法范畴	事例	影响度
1	原始隐喻(Original metaphors)	Economic growth in mature economies is a cancer	明显
2	受争议术语(Disputed terms)	natural resources	
3	情感词汇(Affective lexis)	waste ground,pest,landfill	
4	传统隐喻(Conventional metaphors)	urban centers	
5	文学词汇(Literal lexis)	fuel	
6	句法—语义模式(Syntactic-semantic patterns)	Traditionally, fishermen caught 100,000 tons of fish a year in the North Sea	潜在

表1中的"成熟经济的经济增长就是癌症"(economic growth in mature economies is a cancer)这种原始隐喻意味着经济增长就如癌症一样可怕,让人类震撼最大;"自然资源"(natural resources)这种受争议的术语意味着自然是人类的资源、可使用的财富,这种术语代表的是人类中心主义;"害虫"(pest)这种情感词汇意味着"虫类不平等,有害虫益虫之分",仍然代表的是人类中心主义;"城市中心"(urban centers)这种传统隐喻意味着"区域不平等,地球分有中心和边缘",是一种以人类为中心的表达;"燃料"(fuel)这种文字词汇比之前的几种词汇语法范畴对人类的影响弱,因为它暗含人类把自然当作燃料之意;而"渔夫捕鱼"这种句法—语义模式带来的是一种潜在的影响,因为

它是一种人类行为的中性陈述。

另外,该文运用系统功能语言学理论,对世界观察研究所(Worldwatch Institute)发布的环境报告《2012年的世界状态》(*State of the World* 2012)(以下简称"环境报告"),和爱德华·托马斯(Edward Thomas)以及爱丽丝·奥斯沃尔德(Alice Oswald)的诗集(以下简称"诗集")两种材料进行对比分析,得出如下结论:

(1)诗集倾向于把自然描述为动作者/言语者,环境报告倾向于把自然描述为受动者;

(2)诗集中多处把自然当作言语者,而环境报告中没有此类现象;

(3)就自然动作者而言,诗集中的不及物动作者多于及物动作者,而环境报告中的不及物动作者少于及物动作者,虽然其描述的风景与天气都是重要的及物动作者;

(4)诗集中把自然作为体验者的现象比环境报告把自然作为体验者的现象更普遍。

再者,文章确定了以下词汇语法资源为破坏典型,这些资源把自然边缘化,将自然表征为被动的沉默寡言者:

(1)较多使用作格中动;

(2)广泛激活体验者、标记和存在物;

(3)运用拟人化手段和协调手段模糊人与自然之间的界限。

问:如您所说,语言学需要跟上科学理论发展的步伐,是否存在特定的标准来评估语言学的发展呢?生态语言学的出现与发展是否满足了科学发展的要求呢?

答:我不确定自己所了解的科学知识是否足够回答这个问题,不过可以肯定的是,作为语言学家和批评话语分析者,接受支持牛顿物理学的一致式语法意味着对科学的无知,因为牛顿物理学带来了工业革命,而工业革命带来了极其可怕的生态灾难。沃纳·海森堡(Werner Karl Heisenberg)、阿尔伯特·爱因斯坦(Albert Einstein)与其他后相对论物理学家似乎对语言学并没有产生多大影响。

生态语言学的一个重要标准(我上文中均未予以提及)就是行动主义

(activism)标准或是相关科学标准。话语分析是一种很好的分析手段,必要而且有效。不过,在我看来,用生态语言学的语言资源和话语资源作为政治行动或者游说手段也是十分重要的,因此罗恩·斯科隆(Ron Scollon)的《分析话语:话语分析在公共政策制定中的作用》(*Analyzing Discourse:Discourse Analysis in the Making of Public Policy*)①这本书让我印象深刻。总之,我认为,生态话语分析者可以积极主动参与制定与环境相关的公共政策,帮助政策制定者做出更加明智的决定。

结语:格特力教授,十分感谢您接受我们的采访。

答:感谢你们的采访,感谢你们对我的研究领域感兴趣,也真诚地希望生态语言学在中国语境下取得更大的发展。

(本文原载《北京科技大学学报(社会科学版)》2020年第1期,作者为何伟、Andrew Goatly。)

---

① Scollon R. , *Analyzing Discourse:Discourse Analysis in the Making of Public Policy*, London:Routledge,2007.

生态语言学学科体系的融合与发展

一、引言

20世纪70年代以来,随着全球生态问题的加剧以及人们生态意识的提高,生态语言学作为一门新兴学科受到国内外不同领域学者的广泛关注,研究内容不仅包括环境对语言生存发展的影响,还包括语言对生态环境的影响,并逐渐呈现出超越生态学、生物学、语言学、社会学、哲学、心理学等多个学科的超学科特性①。目前,为学界所熟知的生态语言学学科的主要研究内容为"语言的生态"和"语言的生态性",前者为"豪根模式"②,后者为"韩礼德模式"③。但由于以上两种范式在多个研究维度上存在差异,且学派之间缺乏充分交流,二者之间的"割裂性"和"排他性"使得生态语言学缺乏统一的学科体系,因此尚不能称之为一门成熟的学科。有鉴于此,本文试图对生态语言学的研究现状进行梳理,在了解不同研究范式的研究目的、研究对象、研究范围、研究内容、研究方法及研究路径的基础上,指出学科发展所面临的困境,继而提出有关生态语言学学科体系融合与发展的相关思考。

---

① 何伟、魏榕:《生态语言学:发展历程与学科属性》,《国外社会科学》2018年第4期,第113—123页;何伟:《关于生态语言学作为一门学科的几个重要问题》,《中国外语》2018年第4期,第1、11—17页。

② Haugen E., The Ecology of Language//Dil A.S., *The Ecology of Language : Essays by Einar Haugen*, Stanford : Stanford University Press, 1972, pp.325—339.

③ Halliday M.A.K., "New Ways of Meaning : The Challenge to Applied Linguistics", *Journal of Applied Linguistics*, 1990, No.6, pp.7—36.

二、学科体系现状

学界①普遍认为,生态语言学目前存在两种主流研究范式:"豪根模式"和"韩礼德模式"。"豪根模式"认为语言与生物在生态系统中起到等同的作用,因此用动植物等生物与生存环境的关系来类比语言与环境的关系,也称"隐喻模式"(metaphorical model)或"语言生态学"(ecology of language)②,主要涉及生态学、社会学、心理学、语言学及哲学等领域。"豪根模式"下的生态语言学研究主要以保持语言多样性为目的,而"语言多样性"可从以下三个角度理解③:(1)语言的多样性,即在既定地理区域内不同语言的数量;(2)系统演变的多样性,即在既定地理区域内语系的数量;(3)结构的多样性,即语言内部结构的变化情况。"豪根模式"的研究对象为语言的生态,研究范围涵盖任何特定的语言与其所处的环境④。这里的环境不仅是心理的,即语言在双语或多语言语者的心理中与其他语言发生相互作用;还是社会的,即作为交流工具的语言与其他社会环境发生相互作用,比如语言社团。其研究内容涉及生态环境如何对语言生态产生影响以及语言多样性与文化多样性之间的关系,包括语言多样性研究、少数民族语言活力调查、语言世界系统(language world

---

① Fill A., Ecolinguistics: States of the Art 1998//Fill A., Mühlhäusler P., *The Ecolinguistics Reader: Language, Ecology and Environment*, London and New York: Continuum, 2001, pp.43-53;范俊军:《生态语言学研究述评》,《外语教学与研究》2005 年第 2 期,第 110—115 页;韩军:《中国生态语言学研究综述》,《语言教学与研究》2013 年第 4 期,第 107—112 页;黄国文:《生态语言学的兴起与发展》,《中国外语》2016 年第 1 期,第 1、9—12 页;何伟:《关于生态语言学作为一门学科的几个重要问题》,《中国外语》2018 年第 4 期,第 1、11—17 页。

② Fill A., Ecolinguistics: States of the Art 1998//Fill A., Mühlhäusler P., *The Ecolinguistics Reader: Language, Ecology and Environment*, London and New York: Continuum, 2001, pp.43-53;范俊军:《生态语言学研究述评》,《外语教学与研究》2005 年第 2 期,第 110—115 页;韩军:《中国生态语言学研究综述》,《语言教学与研究》2013 年第 4 期,第 107—112 页;黄国文:《生态语言学的兴起与发展》,《中国外语》2016 年第 1 期,第 1、9—12 页。

③ Nettle D., *Linguistic Diversity*, Oxford: Oxford University Press, 1999.

④ Haugen E., The Ecology of Language//Fill A., Mühlhäusler P., *The Ecolinguistics Reader: Language, Ecology, and Environment*, London and New York: Continuum, 2001, p.57.

system)①、语言人权(linguistic human rights)及语言权利(language rights)②、语言政策与规划③、语言多样性与生物多样性④、生态系统与文化系统等。由于"豪根模式"的研究对象为语言生态本身,因此需要以语言为监测对象,使用录音、录像等方式记录语言,继而对其进行数据转写、评估、统计和分析。"豪根模式"下的生态语言学研究者通常使用现代仪器对语言进行记录、测算和分析,从影响语言生存的环境因素入手,例如语言帝国主义、外来文化对民族语言文化的影响、官方语言使用的广泛性等⑤,对语言的生存发展状况(包括语言的生存、发展及消亡过程)及语言活力进行调查,进而提出对少数民族语言或方言等濒危语言的保护⑥或对新兴词汇、网络语言、媒体流行语等新兴语言现象的探讨⑦。

---

① Finke P., Politizität Zum Verhältnis von Theoretischer Härte und Praktischer Relevanz in der Sprachwissenschaft//Finke P., *Sprache im Politischen Kontext*, Tübingen: Niemeyer, 1983, pp.15-75.

② Skutnabb-kangas T., Phillipson R., *Language Rights*, London: Routledge, 2017.

③ Kaplan R.B., Ecolinguistic Aspects of Language Planning//Fill A., Penz H., *The Routledge Handbook of Ecolinguistics*, New York and London: Routledge, 2018, pp.89-105.

④ Bastardas-boada A., The Ecology of Language Contact: Minority and Majority Languages//Fill A., Penz H., *The Routledge Handbook of Ecolinguistics*, New York and London: Routledge, 2018, pp.26-39.

⑤ Phillipson R., Skutnabb-kangas T., Linguistic Imperialism and the Consequences for Language Ecology//Fill A., Penz H., *The Routledge Handbook of Ecolinguistics*, New York and London: Routledge, 2018, pp.121-134;吴娟娟、唐军:《英语全球化对语言生态与民族文化的影响》,《贵州民族研究》2018年第10期,第212—215页;郭建华:《国际文化竞争下的民族语言文化保护与传承研究》,《贵州民族研究》2018年第11期,第215—218页。

⑥ Nettle D., Romaine S., *Vanishing Voices: The Extinction of the World's Languages*, Oxford: Oxford University Press, 2002;徐世璇、廖乔婧:《濒危语言问题研究综述》,《当代语言学》2003年第2期,第133—148页;肖自辉、范俊军:《语言生态的监测与评估指标体系——生态语言学应用研究》,《语言科学》2011年第3期,第270—280页;范俊军:《语言活力与语言濒危的评估——联合国教科文组织文件〈语言活力与语言濒危〉述评》,《现代外语》2006年第2期,第210—213页;范俊军:《中国濒危语言自然话语转写标注规则》,《暨南学报(哲学社会科学版)》2016年第10期,第30—35、130页;范俊军:《中国的濒危语言保存和保护》,《暨南学报(哲学社会科学版)》2018年第7期,第1—18页;左广明:《语言生态学视角下少数民族语言的保护》,《贵州民族研究》2018年第2期,第215—218页;Romaine S., Language Endangerment and Language Death: The Future of Language Diversity//Fill A., Penz H., *The Routledge Handbook of Ecolinguistics*, New York and London: Routledge, 2018, pp.40-55.

⑦ 刘科成、彭爽:《基于语言生态学的汉语新兴词汇研究》,《外语学刊》2018年第6期,第64—67页。

"韩礼德模式"①也称"非隐喻模式"（non-metaphorical model）或"环境语言学"（environmental linguistics）②，主要涉及生态学、语言学、社会学、经济学、环境科学、心理学、哲学、外交学、文化学等领域。"韩礼德模式"下的生态语言学研究主要目的是使语言更适于生态系统的良性健康发展，研究对象为语言系统（即词汇—语法）及语言的使用（即话语），研究范围为对各生态系统产生影响的各词汇—语法及话语类别，研究内容即通过分析词汇—语法及话语中的生态性特征，判断其属于有益性词汇—语法或话语（beneficial lexico-grammar or discourse）、模糊性词汇—语法或话语（ambivalent lexico-grammar or discourse）或破坏性词汇—语法或话语（destructive lexico-grammar or discourse）③，继而提出相应的措施或建议，即鼓励和提倡对生态系统产生积极作用的词汇—语法或话语，改进和抵制对生态系统产生消极作用的词汇—语法或话语。由于词汇—语法或话语都是通过人为创造而存在的，因此这种类型的生态语言学研究方法主要是基于一定的语言学理论，采用定性以及定量的方法来分析、揭露其研究对象创造者的生态意识。韩礼德④认为，语言不仅反映世界，还主动建构世界，因此词汇—语法及话语中对某些生态现象的不合理表述导致了人们一部分生态意识的缺失，例如，用表示无界意义的不可数名词表达有限的自然资源，在及物性过程表达及代词选择时偏向"人类中心地位"等等。格特力（Andrew Goatly）⑤还提出，欧洲通用语种的语言系统过于分化，主要表现为及物性过程和参与者角色的分化，而这有悖于现今世界整体化的

① Halliday M.A.K.,"New Ways of Meaning:The Challenge to Applied Linguistics",*Journal of Applied Linguistics*,1990,No.6,pp.7-36.

② Fill A., Ecolinguistics: States of the Art 1998//Fill A., Mühlhäusler P., *The Ecolinguistics Reader:Language,Ecology and Environment*,London and New York:Continuum,2001,pp.43-53;范俊军:《生态语言学研究述评》,《外语教学与研究》2005年第2期,第110—115页;韩军:《中国生态语言学研究综述》,《语言教学与研究》2013年第4期,第107—112页;何伟:《关于生态语言学作为一门学科的几个重要问题》,《中国外语》2018年第4期,第1、11—17页。

③ Stibbe A., *Ecolinguistics: Language, Ecology and the Stories We Live By*, London and New York:Routledge,2015.

④ Halliday M.A.K.,"New Ways of Meaning:The Challenge to Applied Linguistics",*Journal of Applied Linguistics*,1990,No.6,pp.7-36.

⑤ Goatly A.,"Green Grammar and Grammatical Metaphor,or Language and the Myth of Power,or Metaphors We Die By",*Journal of Pragmatics*,1996,Vol.25,No.4,pp.537-560.

生态思想，因此他建议使用"协和语法"（consonant grammar），也称"绿色语法"（green grammar），即用作格分析来凸显自然环境的重要性①。除对词汇—语法生态性特征的分析外，"韩礼德模式"下最为常见的是对话语生态性特征的分析，即生态话语分析（ecological discourse analysis）。尽管对话语的生态性分析可采纳批评话语分析、积极话语分析、多模态话语分析等话语分析范式，何伟、魏榕②以及何伟③提出，话语的生态性分析应是一种独特的话语分析范式，即生态话语分析，其研究对象逐渐从与环境有关的话语扩展到所有的话语④，例如新闻话语⑤、诗歌或小说等文学作品话语⑥、广告话语⑦、包括国际关系话语在内的政治话语⑧等，还有不少研究聚焦某个或某类表达生态现象的词汇在语料库中的表征⑨。

通过多学科融合及多样化发展，21 世纪的生态语言学研究更加国际化，逐渐演变为一种全球性质的意识形态和行为⑩，并开始尝试在"豪根模

---

① Goatly A., *Washing the Brain：Metaphor and Hidden Ideology*，Amsterdam：Benjamins，2007.

② 何伟、魏榕：《话语分析范式与生态话语分析的理论基础》，《当代修辞学》2018 年第 5 期，第 63—73 页。

③ 何伟：《关于生态语言学作为一门学科的几个重要问题》，《中国外语》2018 年第 4 期，第 1、11—17 页。

④ Alexander R., Stibbe A.，"From the Analysis of Ecological Discourse to the Ecological Analysis of Discourse"，*Language Sciences*，2014，Vol.41，pp.104-110；何伟：《关于生态语言学作为一门学科的几个重要问题》，《中国外语》2018 年第 4 期，第 1、11—17 页。

⑤ 陆娇娇：《生态语言学视角下的中德气候变化新闻话语对比——以 2009—2013 年中德主流纸媒报道为例》，《北京科技大学学报（社会科学版）》2018 年第 6 期，第 33—42 页。

⑥ 尹静媛：《从生态语言学的视角解读〈动物之神〉》，《外国文艺》2016 年第 6 期，第 69—74 页；黄国文：《自然诗歌中的元功能和语法隐喻分析——以狄金森的一首自然诗歌为例》，《外语教学》2018 年第 3 期，第 61—66 页。

⑦ 何伟、耿芳：《英汉环境保护公益广告话语之生态性对比分析》，《外语电化教学》2018 年第 4 期，第 57—63 页。

⑧ 何伟、魏榕：《生态语言学：发展历程与学科属性》，《国外社会科学》2018 年第 4 期，第 113—123 页。

⑨ 赵蕊华：《系统功能视角下生态话语分析的多层面模式——以生态报告中银无须鳕身份构建为例》，《中国外语》2016 年第 5 期，第 84—91 页；赵蕊华：《基于语料库 CCL 的汉语语言生态研究——以"野生动物"为例》，《外语与外语教学》2018 年第 5 期，第 12—20 页。

⑩ Fill A., Penz H., Ecolinguistics in the 21st Century：New Orientations and Future Directions//Fill A., Penz H., *The Routledge Handbook of Ecolinguistics*，New York and London：Routledge，2018，pp.437-443.

式"和"韩礼德模式"的基础上发展并超越这两大范式,主要表现在以下四个方面:(1)为传统的研究范式扩展了新的理论视角,如系统功能语言学、认知语言学、社会语言学等;(2)不断创新研究方法,利用先进的科学技术监测语言、搜集语料,并将定性研究与定量研究相结合;(3)生态语言学的研究范围更加广泛,包括语言生态监测、语言保护、语言教学、翻译等,生态话语分析的文本类型逐渐扩大;(4)积极探讨能够将二者进行融合与统一的学科理论框架,例如,Steffensen 和 Fill[1] 在"豪根模式"的基础上,根据不同学者对语言环境的不同解释,区分了生态语言学的四种研究路径:

1.语言的符号生态(symbolic ecology of language)研究。该路径聚焦既定区域内语言与"符号系统"(即社会中的其他语言)的共存及相互作用关系,关注语言多样性,语言的生存、濒危、消亡,及语言的复兴等话题。例如,Voegelin 和 Voegelin[2] 通过研究美国西南部语言与文化的关系,提出"语言间"及"语言内"生态学,并建议将"语言生态"(linguistic ecology)的研究从特定语言扩展到特定区域,从对语言选择性的关注扩展到全面关注。

2.语言的自然生态(natural ecology of language)研究。该路径聚焦语言与生物及生态系统之间的关系,由于语言依赖于语言使用者的自然栖息地(natural habitat),因此自然因素是研究语言生态的必要考量。首先提出"écolinguistique"(ecolinguistic)一词的海然热[3]就将生态语言学(或环境语言学)定义为探索自然现象与语言、文化之间关系的研究。此外,Peter Mühlhäusler[4] 还重点对太平洋地区语言与生物多样性之间的关系进行了广泛的田野调查;Halliday[5] 研

---

① Steffensen S.V., Fill A., "Ecolinguistics:The State of the Art and Future Horizons", *Language Sciences*, 2014, Vol.41, pp.6-25.

② Voegelin C.F., Voegelin F.M., "Languages of the World:Native America Fascicle One", *Anthropological Linguistics*, 1964, Vol.6, No.6, pp.2-45.

③ [法]克洛德·海然热:《语言人:论语言学对人文科学的贡献》,张祖建译,北京大学出版社 2012 年版,第 261 页。

④ Mühlhäusler P., *Linguistic Ecology:Language Change and Linguistic Imperialism in the Pacific Region*, London:Routledge, 1995.

⑤ Halliday M.A.K., "New Ways of Meaning:The Challenge to Applied Linguistics", *Journal of Applied Linguistics*, 1990, No.6, pp.7-36.

究语言系统中的非生态因素,以及语篇(即话语)是如何表征环境现象及问题的。

3. 语言的社会文化生态(sociocultural ecology of language)研究。该路径研究语言与构成说话者及言语社团条件的社会与文化因素的关系,涉及应用语言学、社会语言学、人类语言学等领域。例如,Hornberger① 对"多语言环境下的教育政策、研究和实践的生态框架"进行研究,为语言政策和规划提供了意识形态框架,维护了多语社团的利益,还有学者对语言习得的生态学进行研究②。

4. 语言的认知生态(cognitive ecology of language),研究生物有机体及其环境之间的动态关系如何激活语言,尤其关注导致有机体灵活、适应性行为的认知能力。例如,Hodges③ 用生态学方法研究社会心理学,展示了在多种语境(如驾驶、谈判或交谈)下人类行为如何受到生态系统价值(ecosystemic values)的制约,而正是这些价值观平衡了人类的心理状态。

Steffensen 和 Fill 认为,以上四种语言生态并不是独立存在的,而是相互融合、相互渗透的,并提倡在此基础上建构一个"统一的生态语言科学"(unified ecological language science)。然而,他们并没有为这种融合的范式架构一个切实可行的研究体系,其研究对象、研究范围及研究方法也并未在"豪根模式"及"韩礼德模式"的基础上产生实质性的进展,因此尚未得到学界的普遍认同与关注。

此外,祝克懿等学者④以官场话语为研究对象,从"豪根模式"角度分析官场话语的生态位体系,对官场话语的自然、社会生态特征进行分析,并将官场

---

① Hornberger N.H., *Continua of Biliteracy: An Ecological Framework for Educational Policy, Research, and Practice in Multilingual Settings*, Clevedon: Multilingual Matters, 2003.

② Leather J., Van Dam J., *Ecology of Language Acquisition*, Dordrecht: Kluwer Academic Publishers, 2003.

③ Hodges B.H., "Good Prospects: Ecological and Social Perspectives on Conforming, Creating, and Caring in Conversation", *Language Sciences*, 2008, Vol.29, No.5, pp.584-604.

④ 祝克懿:《当下官场话语与生态文明建设》,《湖南师范大学社会科学学报》2013 年第 6 期,第 17—20 页;祝克懿、殷祯岑:《生态语言学视野下的官场话语分析》,《南昌大学学报(人文社会科学版)》2014 年第 4 期,第 137—143 页;殷祯岑、祝克懿:《官场话语生态的形成过程考察》,《湖南师范大学社会科学学报》2015 年第 5 期,第 12—19 页。

话语分为正能量、负能量及中性官场话语三种类型,这种从"豪根模式"出发进行的生态话语分析也为生态语言学两种研究范式相互融合、共同应用于同一研究对象提供了借鉴。

生态语言学以促进生态系统和谐发展为研究目的,产生并发展于多学科融合的研究背景,并在大环境的影响下快速成长为一门能够对自然、社会产生广泛影响的新兴学科。然而,也正是由于不同学科背景的学者为生态语言学发展提供了多种理论及视角,且不同研究范式之间缺乏充分的交流,致使其在成为一门成熟学科的道路上还存在以下问题。

首先,"生态"概念的泛化使生态语言学研究的范围边界不清。不同学科背景的学者将生态学相关概念、原理及思想广泛应用到多个领域,由此推动了许多学科理论的"生态学化",例如生态教育学(或教育生态学)[1]、生态翻译学[2]、生态心理学[3]等。然而,由于这些"生态学化学科"的产生方式不尽相同,因此有的是与生态学结合后形成的一门独立的新学科,有的是在本学科的研究基础上,借鉴生态学的原理及视角而形成的一种下位学科或边缘学科,甚至是某种学科下衍生出的一种理论形态或研究方向。因此,是否所有与"生态"相关、以"语言"作为研究对象的领域都属于"生态语言学"的学科范畴,目前学界还没有一个定论。也就是说,生态语言学作为一门学科,并没有对其研究范围的边界进行清晰的界定,由此导致了术语的繁杂及学科内涵的模糊。我们认为,生态语言学的学科范围应该是有界的,从目前的研究焦点来看,生态语言学应该是一门研究环境对语言生态本身的影响以及语言对生态环境影响的学科[4],对该学科研究范围的界定更有利于其构建统一的学科体系。

其次,目前生态语言学的研究维度较为单一,研究者通常只从"豪根模式"看自然、社会环境对语言的影响,或从"韩礼德模式"看语言对自然、社会

---

① 范国睿:《教育生态学》,人民教育出版社 2000 年版。

② 胡庚申:《生态翻译学解读》,《中国翻译》2008 年第 6 期,第 11—15、92 页。

③ Gibson J.J., *The Ecological Approach to Visual Perception*, New York:Psychology Press,1986.

④ 何伟:《关于生态语言学作为一门学科的几个重要问题》,《中国外语》2018 年第 4 期,第 1、11—17 页。

环境的影响,而没有将二者融合起来,即尚未从多维视角对语言和环境的关系进行整体研究。通过综述,我们发现,两个传统研究范式已经形成了各自明确的研究对象、研究范围、研究内容及研究路径,这些研究维度表面看起来不尽相同,但二者之间确实存在高度的关联性。因此,我们有必要降解这种范式之间的"显性割裂",使生态语言学学科内部实现真正的统一。

最后,尽管 Steffensen 和 Fill 的"延展性生态假说"(extended ecology hypothesis)①将语言与自然看作统一融合的整体,并通过将价值观与意义融入生态结构来延展人类生态环境;也尽管 Cowley 提出的"根性生态语言学"(radical ecolinguistics)②建议将语言世界和非语言世界通过"语言行为"(languaging)连接起来,可以讲,这两种尝试为生态语言学学科发展提供了新思路,然而二者均未明确研究对象、研究内容、研究路径等,因此尚不具备可操作性。

综上所述,我们认为,生态语言学在学科发展的道路上仍面临许多问题,需要研究者在各自研究的基础上,通过明确生态语言学不同范式之间研究对象、研究内容、研究范围及研究路径上的内在逻辑关系,逐步构建起一个统一的、能够适用于与语言相关的各种生态问题解决的学科体系。

三、学科体系的融合与发展

通过对"豪根模式"及"韩礼德模式"的研究,我们发现,尽管这两种范式侧重点不同,造成了目前生态语言学学科内部的割裂现状,但是二者之间并不排斥③,且在多个研究维度上密切相关:(1)二者都从基本相同的生态哲学观

---

① Steffensen S.V., Fill A., "Ecolinguistics: The State of the Art and Future Horizons", *Language Sciences*, 2014, Vol.41, pp.6-25.

② Cowley S., *Ecolingusitics*, *The Bio-ecology and the Fragility of Knowing*, Presented at the 2nd International Symposium on Ecolinguistics & the 19th Symposium on Functional Linguistics and Discourse Analysis, August 26-27, Beijing: Beijing Foreign Studies University, 2017.

③ Fill A., Ecolinguistics: States of the Art 1998//Fill A., Mühlhäusler P., *The Ecolinguistics Reader: Language*, *Ecology and Environment*, London and New York: Continuum, 2001, pp.43-53.

出发,都以促进不同层次生态系统的和谐、可持续发展为目的,这种相同的出发点及落脚点使得不同研究范式存在必然的关联,为生态语言学学科内涵的统一及学科体系的融合与发展提供了基础。(2)二者的研究对象都涉及环境和语言这两大因素,只是路径不同。"豪根模式"侧重从环境因素对语言的影响看语言生态,目的是保持语言的多样性,而语言作为文化的重要载体和组成部分,其多样性能够促进人类文化的多样性,这也是推动整个生态系统良性发展的重要路径,如图1所示。

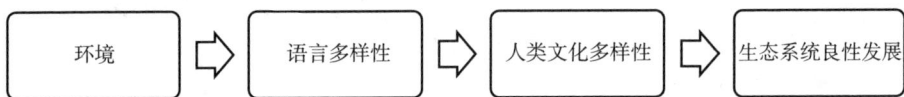

| 环境 | ⇨ | 语言多样性 | ⇨ | 人类文化多样性 | ⇨ | 生态系统良性发展 |

图1 "豪根模式"研究路径

"韩礼德模式"则倾向于从词汇—语法及话语的生态性特征看其对环境的影响,目的是通过对词汇—语法及话语的优化与改造,提高语言使用者的生态意识,继而促进生态系统的良性发展,而这正是保持人类文化多样性发展的路径,如图2所示。

| 词汇—语法及话语 | ⇨ | 环境 | ⇨ | 生态系统良性发展 | ⇨ | 人类文化多样性 |

图2 "韩礼德模式"研究路径

由此可见,"豪根模式"和"韩礼德模式"虽从不同路径研究环境和语言,但二者都以促进生态系统的和谐、可持续发展为研究目的,即以生态系统的良性发展为研究目的,为语言多样性以及涵盖人类生存方式的文化多样性的保持做出了各自的努力。以上述共通之处作为切入点,本文尝试对生态语言学学科体系的融合与发展提出以下思考。

首先,生态语言学学科体系需要具备统一性和普适性的特点。生态语言学的研究目的是促进不同生态系统的良性发展,研究对象为环境和语言,研究范围既包含符号生态、自然生态、社会文化生态与认知生态环境对语言活力、濒危语言、语言多样性等的影响,也包括词汇—语法及话语对上述环境的影响,研究内容包括语言的生存发展状况及环境问题,以及环境和语言的相互作用,如图 3 所示。

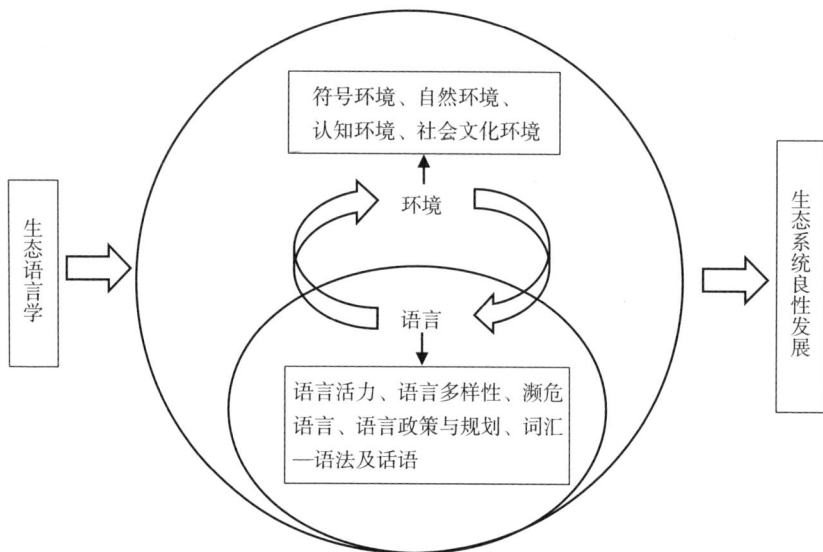

图 3　生态语言学学科体系

从系统功能语言学层次的思想(stratification)①来看,语言系统本身可区分为音系层/字系层、词汇—语法层、语义层三个层次,语言系统之外是语境层次,各个层次间存在"体现"关系(realization),如图 4 所示。研究者既可以依照系统功能语言学"意义为中心"的思想自上而下对话语的语义进行分析;也可以自下而上探究下层如何体现上层,例如分析词汇—语法如何体现语义;还可以围绕同一层次进行研究。

受此"三维视角"的启发,我们认为,在生态语言学学科内部,研究者既可以自上而下看环境对语言生态的影响;也可以自下而上看语言对生态环境的影响;还可以将两种范式进行融合,选择同一个出发点和落脚点进行研究,即采用"环境—语言—环境"模式或"语言—环境—语言"模式,如以下融合思路所示。

融合思路 1:以"生态语言学视角下的方言保护研究"为例。对于这个话

---

① Halliday M.A.K.,*An Introduction to Functional Grammar*,2nd ed.London:Arnold,1994.

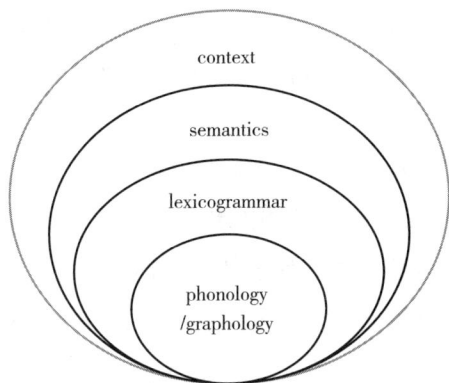

图4 语言层次观及语境

题,研究者可基于社会环境对一定地域范围内的方言进行动态跟踪与田野调查,获得相应的事实材料与数据,在此基础上对数据进行分析和测定,继而对该方言的生存发展态势、语言活力状况等进行评估①,由此分析得出影响方言生存、发展的环境因素,例如地形特征、历史人文、经济发展、人口流动、语言接触、言语者心理等。就其中的一个环境因素"语言接触"来说,比如在推普过程中,研究者还应探究该方言是否能与普通话相互渗透,即其是否一方面能够很好地吸纳普通话中的词汇,融通普通话中的句法特点等;另一方面又能将自身的一些词汇及句法特点等融入普通话,这也是方言保持自身特点的一种方式,例如陕西方言"好得很"、四川方言"雄起"、粤语"打的"等都逐渐融入了普通话。除此之外,研究者还应探讨该方言的使用能否对自然与社会生态系统产生积极影响,这也是考量其未来生存空间和发展潜势大小的一个十分重要的因素。具体而言,对该方言的词汇—语法及话语生态性特征进行分析,判断其是否符合我国生态文明总体建设的要求,能否对我国经济发展、民族团结、社会和谐产生积极的推动作用,继而采取相应措施,对其中的有益性词汇—语法及话语予以提倡和鼓励使用,而对破坏性词汇—语法及话语进行抵制和加以改造。综上,对方言的保护研究,可从豪根模式入手,基于环境对方言的生存和发展有着重要的影响假说,首先对方言的现状进行数据统计分析,

① 肖自辉、范俊军:《语言生态的监测与评估指标体系——生态语言学应用研究》,《语言科学》2011年第3期,第270—280页。

然后再对各种环境影响因素进行总体描写,最后拓展到对环境影响因素作用于该方言的内在缘由和机制进行探讨,最后一个阶段的拓展研究其实就是韩礼德模式的研究。

融合思路 2:以"生态话语对比分析"为例。研究者可选取政府工作报告、媒体报道、法律文件或大众语篇等话语类型,对该类话语在我国侧重追求经济发展时期与现今经济发展与生态保护并重时期的生态性特征进行对比,比如通过分析两个时期的话语在词汇选择或搭配上的演变,可能发现现今话语中"快速增长"类等经济方面的词汇减少,"稳定""科学""可持续"等环境、资源保护方面的词汇增加。这种话语生态取向的变化将逐渐对生态环境的改善产生积极的影响,生态系统的良性发展将促进人类文化的多样化,最终将推动语言的多样化发展。概括地讲,对话语生态性取向的研究,可从韩礼德模式入手,基于语言的使用对环境有着重要影响的假说,首先对话语的生态性语言资源进行分析,得出其生态性特征,然后观察和探讨有益于生态系统良性发展的话语是如何促进生态环境改善的,最后探究生态环境的改善是如何促进语言及文化的多样化发展的,最后一个阶段的研究其实就是豪根模式的研究。

四、结语

生态语言学发展近 50 年(1970—2019 年)以来,主要存在两种范式:豪根模式和韩礼德模式。从表面上看,这两种范式关联性不强。然而,通过梳理和探讨,本文认为,两种范式有着内在的逻辑关系,两者融通后,生态语言学的学科体系达到了统一。换言之,生态语言学的研究目的是促进生态系统的良性发展,因而其指导思想可以表述为"多元和谐,交互共生";研究对象是环境与语言;研究范围涉及环境的种种类型以及语言的生态和生态性;研究内容是环境与语言的相互作用关系;研究方法涵盖功能取向的语言学研究的种种方法;研究路径不局限于"环境—语言"或"语言—环境",可拓展为动态的循环,即可从环境入手,按"环境—语言—环境……"路径进行研究,也可从语言入手,按"语言—环境—语言……"路径进行研究。尽管目前学界的研究主要聚焦单一片段,即或"环境—语言",或"语言—环境",然而本文相信,随着人们生态文明意识的增强,生态语言学研究范式将会越来越趋于融合,其学科的统一性将愈发凸显。

(本文原载《国外社会科学》2020 年第 2 期,作者为何伟、高然。)

生态语言学：生态哲学观

多元和谐，交互共生

——国际生态话语分析之生态哲学观建构

一、引言

生态话语分析的目的是探索语言与生态的相互关系和相互作用，揭示语言对各种生态关系的影响①。国际生态话语是有关国际社会生态系统的话语，是国际关系的语言表征②，对其进行分析的主要目的是探索语言与国际社会生态系统的相互关系和作用，揭示语言对国际关系、国际社会生态系统的影响。国际生态话语分析需要一定的语言学理论基础，更重要的是需要生态哲学观的指导③。本文主要探讨国际生态话语分析所依据的生态哲学观，重点在于生态哲学观概念的诠释、国际生态哲学观的建构、国际生态哲学观的意义及其应用。

---

① Stibbe A., *Ecolinguistics: Language, Ecology and the Stories We Live By*, London and New York: Routledge, 2015；黄国文、赵蕊华：《生态话语分析的缘起、目标、原则与方法》，《现代外语》2017 年第 5 期，第 585—596 页。

② 何伟、魏榕：《国际生态话语之及物性分析模式构建》，《现代外语》2017 年第 5 期，第597—607 页；何伟、魏榕：《国际生态话语的内涵及研究路向》，《外语研究》2017 年第 5 期，第18—24 页；魏榕、何伟：《国际生态话语之介入系统分析模式建构》，《解放军外国语学院学报》2019 年第 6 期，第 91—99 页。

③ 何伟、魏榕：《国际生态话语之及物性分析模式构建》，《现代外语》2017 年第 5 期，第597—607 页。

二、生态哲学观

1973 年,阿伦·奈斯(A.Naess)首次提出生态哲学观(ecosophy)概念,发动"深层生态运动"(deep ecology movement)①。1989 年,在《生态、群体与生活方式:生态哲学观的概要》(*Ecology, Community and Lifestyle: Outline of an Ecosophy*)②一书中,奈斯对生态哲学观做了比较系统的论述。从词源上看,ecosophy 是 eco 与 sophy 的组合。前者 eco 源于希腊语 oikos,可译为"居住地"(household),即地球生命基地——生态圈(ecosphere);后者 sophy 源于希腊语 sophia,代表智慧,因此,生态哲学观是有关地球生命基础的智慧③,是有关生态学(ecology)的智慧。不过,生态学不是生态哲学观的唯一基础,因为生态学作为一门科学,虽然展示出地球上丰富多样的生命实际面临的各种困难,却并未详细地阐释保护生态的方式,也未告诉我们可以做什么、应该做什么或者必须做什么④。生态哲学观的重点在于智慧,在于指导我们行动的智慧性行为准则。

生态哲学观与生态哲学(ecophilosophy)是两个不同的概念。奈斯认为,哲学(philosophy)蕴含两层意义:其一,哲学是一个研究领域,一种了解知识的方法;其二,哲学是一套个人化的价值观,引导其做出决定的世界观⑤。生态哲学取哲学的第一层含义,涉及生态的哲学研究;而生态哲学观取哲学的第二

---

① Naess A.,"The Shallow and the Deep, Long-range Ecology Movement: A Summary",*Inquiry*, 1973, Vol.16, No.1, pp.95-100.

② Naess A., *Ecology, Community and Lifestyle: Outline of an Ecosophy* (trans. by Rothenberg D.), Cambridge: Cambridge University Press, 1989.

③ Naess A., Haukeland P.I., *Life's Philosophy: Reason and Feeling in a Deeper World* (trans. by Huntford R.), London: The University of Georgia Press, 2002, p.100.

④ Naess A., Haukeland P.I., *Life's Philosophy: Reason and Feeling in a Deeper World* (trans. by Huntford R.), London: The University of Georgia Press, 2002, pp.100-101.

⑤ Naess A., *Ecology, Community and Lifestyle: Outline of an Ecosophy* (trans. by Rothenberg D.), Cambridge: Cambridge University Press, 1989, p.36.

层含义,即个人针对生态的哲学观点①。生态哲学可能在哲学家的努力之下发展成深层生态哲学(deep ecological philosophy),也有可能在科学家、学者和艺术家等群体的共同推动之下变成促进国际深层生态运动(international deep ecology movement)的学科②。也就是说,生态哲学是一门学科,是一门与生态美学、生态正义学、生态实用主义等并列的哲学研究体系③。而生态哲学观就如生态美德一样,是生态哲学的主要外化形式。不管生态哲学往哪个方向发展,我们致力于生态哲学研究的最终目的,在于建构自己的生态哲学观,以解决与自己实际情况相关的生态问题④。作为系统性的哲学观点,生态哲学观具有其自身的特点。

首先,生态哲学观是一套为了追求生态和谐与生态平衡的系统性、个人化的哲学观点⑤。每个分析者都可以有自己的生态哲学观,其生态哲学观可能与其他人的生态哲学观相同、相近或者不同,就像世界观和意识形态一样,不同的人也往往是不同的⑥。例如,奈斯持"特费嘎斯汀生态哲学观"(Ecosophy Tvergastein),聚焦"自我实现"(self-realisation),主要涵盖多样性、复杂性和共生性等重要特征⑦;罗伯·霍普金(R.Hopkins)把"复原性"(resilience)作为生态哲学观的重要目标,希望在气候变化和石油减少的背景下,不同社会群体能够免受国际经济影响,通过重建纽带与相互照看来满足自身的需求⑧;布

① Naess A., *Ecology, Community and Lifestyle: Outline of an Ecosophy* (trans. by Rothenberg D.), Cambridge: Cambridge University Press, 1989, pp.36-37.

② Naess A., *Ecology, Community and Lifestyle: Outline of an Ecosophy* (trans. by Rothenberg D.), Cambridge: Cambridge University Press, 1989, p.4.

③ 郝栋:《美国生态哲学的体系建构与实践转向研究》,《自然辩证法研究》2016年第3期,第51—56页。

④ Naess A., *Ecology, Community and Lifestyle: Outline of an Ecosophy* (trans. by Rothenberg D.), Cambridge: Cambridge University Press, 1989, pp.37-38.

⑤ Drengson A., The Life and Work of Arne Naess: An Appreciative Overview by Alan Drengson//Drengson A., Devall B., *The Ecology of Wisdom: Writings by Arne Naess*, Berkeley: Counterpoint, 2008, p.3.

⑥ 黄国文、陈旸:《生态哲学与话语的生态分析》,《外国语文》2016年第6期,第55—61页。

⑦ Naess A., *Ecology, Community and Lifestyle: Outline of an Ecosophy* (trans. by Rothenberg D.), Cambridge: Cambridge University Press, 1989, pp.199-200.

⑧ Hopkins R., *The Transition Handbook: From Oil Dependency to Local Resilience*, Dartington: Green Books, 2008.

勒登·拉尔森（B. Larson）的生态哲学观是"社会生态可持续性"（socio-ecological sustainability），重视社会生态与自然生态二者的持续性，强调人类社会与自然生态系统必须共同实现可持续性发展①；乔尔格·邦（J. Bang）的生态哲学观有关本地及全球文化，主要涉及合作、分享、民主对话、和平与非暴力、平等以及生态可持续性等特征②；阿伦·斯提布（A. Stibbe）的生态哲学观为"生活"（Living!），关注福祉（wellbeing）、现在（now）和未来（the future）、关爱（care）、环境极限（environmental limits）、社会公正（social justice）、复原性（resilience）等要素③。

其次，生态哲学观不需要完全原创，它根植于社会和文化背景中④。分析者可以从大量的经典文献中研读各种各样的生态哲学观，根据自己所在的社会环境与自然环境提供的可利用证据来考察这些生态哲学观，然后融合或者延伸这些生态哲学观以重构自身的生态哲学观，抑或建构全新的生态哲学观⑤。例如，奈斯不仅融合甘地的"非暴力不合作"思想，而且吸收佛教与斯宾诺莎的哲学（Spinoza）思想等，最后创建"特费嘎斯汀生态哲学观"；加里·斯奈德（G. Snyder）融合佛教、"深层生态哲学观"以及莫理·布克金（M. Bookchin）的"平等社会生态观"，创建出自己的生态哲学观——自然（nature）、野外（the wild）、荒野（wilderness）⑥，其中自然是自然宇宙及其所有特征，野外是自然的有机过程与本质，荒野是人类世界以外的自然界⑦；嵇康

---

① Larson B., *Metaphors for Environmental Sustainability：Redefining our Relationship with Nature*，New Haven：Yale University Press，2011，p.10.

② Stibbe A., *Ecolinguistics：Language, Ecology and the Stories We Live By*，London and New York：Routledge，2015，p.11.

③ Stibbe A., *Ecolinguistics：Language, Ecology and the Stories We Live By*，London and New York：Routledge，2015，pp.14-15.

④ Naess A., Haukeland P.I., *Life's Philosophy：Reason and Feeling in a Deeper World*（trans. by Huntford R.），London：The University of Georgia Press，2002，p.101.

⑤ Stibbe A., *Ecolinguistics：Language, Ecology and the Stories We Live By*，London and New York：Routledge，2015，p.13.

⑥ Bookchin M., *The Ecology of Freedom：The Emergency and Dissolution of Hierarchy*，Palo Alto：Cheshire Books，1981.

⑦ Messersmith-Glavin P., Between Social Ecology and Deep Ecology：Gary Snyder's Ecological Philosophy//Elkholy S., *The Philosophy of the Beats*，Lexington：University Press of Kentucky，2012.

继承、调和并发展了中国道家和儒家"万物齐一"与"天人合一"的生态哲学观,在实现人与自然、社会和解的基础上提出"越名教而任自然"之生态哲学观,即名教是儒道思想改造的、合乎自然秩序的名教,而自然是一个统一而有秩序的整体①。

再者,生态哲学观是可持续发展时代的世界观②,是我们实践可持续发展的重要基础,它能够帮助我们实现经济性理想(economic ideal),即以最简单的方式达到多样性目标③。借助于生态哲学观,我们不仅能够实现对自然的保护④,而且可以达到其他多种目标。例如,生态哲学观可以帮助我们将自然关怀与环境思维引入政治维度,进而打造绿色政治⑤;可以帮助我们实现马克思主义的宗旨,即人与自然的双重解放⑥;可以帮助我们分析低碳经济的内涵与外延,最终塑造低碳社会环境⑦;可以激发我们对旅游的思考,从而促进旅游事业的发展⑧;可以应用于教学实践,进而提高教学质量⑨。

生态哲学观不仅是复杂和深奥的,而且随着分析者接触新观点、发现新

---

① 王丽慧:《嵇康的生态哲学思想》,《江西社会科学》2014 年第 10 期,第 18—24 页。

② 胡振亚、秦书生:《生态哲学——可持续发展时代的世界观》,《东北大学学报(社会科学版)》2003 年第 4 期,第 147—149 页。

③ Naess A., *Ecology, Community and Lifestyle: Outline of an Ecosophy* (trans. by Rothenberg D.),Cambridge:Cambridge University Press,1989,p.33.

④ Naess A., "The Shallow and the Deep, Long-range Ecology Movement: A Summary", *Inquiry*, 1973,Vol.16,No.1,pp.95-100;曾和平、赵敏慧、杨树华、杨礼攀、张建萍:《生态哲学与自然保护》,《生活经济》2003 年第 10 期,第 14—15 页;Stibbe A., *Ecolinguistics: Language, Ecology and the Stories We Live By*,London and New York:Routledge,2015.

⑤ 王彩波、屈冬梅:《绿色政治:将自然关怀与环境思维引入政治维度》,《吉林大学社会科学学报》2008 年第 3 期,第 146—152 页。

⑥ 赵卯生、杨晓芳:《生态批判·制度超越·人的解放——福斯特建构政治生态哲学的三重维度》,《东岳论丛》2010 年第 7 期,第 16—20 页。

⑦ 周媛、彭攀:《生态哲学视野下的中国低碳经济》,《理论月刊》2010 年第 4 期,第 39—42 页。

⑧ Varley P., Meduay D., "Ecosophy and Tourism: Rethinking a Mountain Resort", *Tourism Management*,2011,Vol.32,No.4,pp.902-911.

⑨ Greenhalgh-Spencer H., "Guattari's Ecosophy and Implications for Pedagogy", *Journal of Philosophy of Education*,2014,Vol.48,No.2,pp.323-338.

证据以及获得新体验而不断演化①。一个人的生态哲学观是其在生活中慢慢形成的,与其出生的环境、成长氛围、所在的特定社会体制、受教育情况、自己的信念、意识形态等有着不可分割的关系②。例如奥尼尔整个戏剧创作生涯都贯穿着生态哲学观的演变。奥尼尔的早期剧作中,人类被置于自然的对立方,带有"人本主义"思想的烙印;中期作品体现出其生态哲学观的转变,至此人与自然不再有主客之分,彼此相生相长,达至和谐;后期更是受到中国老庄"天人合一"思想的影响,其作品不仅展现出诗意回归的大道色彩,体现出无为而治的道家生态精神,而且将精神生态诠释得淋漓尽致③。

总之,生态哲学观是系统性的、个人化的、社会性的、文化性的、可持续性的、进化性的,这些主要特征相互影响、相互作用、不可或缺。针对不同的生态系统,分析者可能提出不同的生态哲学观,例如,默里·布克金(M.Bookchin)就社会生态提出"平等社会生态观"④;张壬午等就农业生态提出"天人合一"生态观⑤;苏珊·贝克(S.Baker)关于自然—社会生态提出"可持续发展观"⑥;王学渊和李忠健就市场经济生态提出"均衡观"⑦;马克·斯古罗尔(M.Schroll)针对人际生态提出"心理生态观"⑧;果扎罗·沙拉扎尔(G.Salazar)和丹尼拉·加拉贝尔特(D.Jalabert)针对城市生态提出"景观

---

① Stibbe A., *Ecolinguistics: Language, Ecology and the Stories We Live By*, London and New York: Routledge, 2015, pp.13-14.

② 黄国文、赵蕊华:《生态话语分析的缘起、目标、原则与方法》,《现代外语》2017年第5期,第585—596页。

③ 吴宗会:《问道与寻道:生态主义视域下的奥尼尔戏剧信仰嬗变》,《外语教学》2015年第2期,第84—87页。

④ Bookchin M., *The Ecology of Freedom: The Emergency and Dissolution of Hierarchy*, Palo Alto: Cheshire Books, 1981.

⑤ 张壬午、张彤、计文瑛:《中国传统农业中的生态观及其在技术上的应用》,《生态学报》1996年第1期,第100—106页。

⑥ Baker S., *Sustainable Development*, New York and London: Routledge, 2006.

⑦ 王学渊、李忠健:《市场经济生态之浅见》,《特区经济》2007年第1期,第125—126页。

⑧ Schroll M.A., "From Ecopsychology to Transpersonal Ecosophy: Shamanism, Psychedelics and Transpersonal Psychology: An Autobiographical Reflection", *European Journal of Ecopsychology*, 2013, No.4, pp.116-144.

生态观"①;何伟和张瑞杰就自然生态提出"和谐场所观"②。即使针对同一生态系统,分析者也有不同的生态哲学观。就国际社会生态系统而言,存在"和平观"③"交流观"④"多样化"⑤"和谐观"⑥"健康观"⑦"合作共赢观"⑧"和而不同、互爱互利"⑨等多种生态哲学观。其中"和平观""多样化""和谐观""健康观"突出国际生态系统的存在状态,为静态描述,"交流观"和"合作共赢观"展现国际生态系统的互动状态,为动态描述,它们只是展示出国际生态系统的单维度状态,未能体现国际社会生态系统的复杂性以及维护其和谐平衡的困难性。尽管"和而不同、互爱互利"包含"和而不同"的静态维度与"互爱互利"的动态维度,不过该生态哲学观表述依然不够准确。因此,为全面揭示话语对国际社会生态系统的影响,我们需要建构全面而系统的国际生态哲学观,这种生态哲学观不仅需要融合静态维度与动态维度,而且必须能够为国际社会生态系统的良性发展发挥建设性的指导作用。

---

① Salazar G., Jalabert D., "Towards a Landscape Ecosophy, Interpreting How the Villarrica-Puco'n Urban System Inhabitants in the Araucani'a Region of Chile Perceive and Relate with the Dynamics of Landscape", *Brazilian Journal of Urban Management*, 2016, No.1, pp.28—41.

② 何伟、张瑞杰:《生态话语分析模式构建》,《中国外语》2017 年第 5 期,第 56—64 页。

③ Mowat R.B., *Diplomacy and Peace*, London: Williams & Norgate, 1935.

④ Jonsson C., Hall M., "Communication: An Essential Aspect of Diplomacy", *International Studies Perspectives*, 2003, Vol.4, No.2, pp.195—210.

⑤ Masamichi S., "Globalization and National Identity in Japan", *International Journal of Japanese Sociology*, 2004, Vol.13, No.1, pp.69—87.

⑥ Li Z.X., "Harmony and Chinese Diplomacy", *Procedia: Social and Behavioral Sciences*, 2010, No.5, pp.6777—6779.

⑦ Katz R., Kornblet S., Arnold G., Lief E., Fischer J.E., "Defining Health Diplomacy: Changing Demands in the Era of Globalization", *Milbank Quarterly*, 2011, Vol.89, No.3, pp.503—523.

⑧ Alves A.C., "China's 'Win-Win' Cooperation: Unpacking the Impact of Infrastructure-for-resources Deals in Africa", *South African Journal of International Affairs*, 2013, Vol.20, No.2, pp.207—226.

⑨ 何伟、魏榕:《国际生态话语之及物性分析模式构建》,《现代外语》2017 年第 5 期,第597—607 页;何伟、魏榕:《国际生态话语的内涵及研究路向》,《外语研究》2017 年第 5 期,第18—24 页。

三、国际生态哲学观的建构

中国哲学蕴含着丰富的、颇有建设性的国际生态哲学思想。事实上,中国哲学是深层次的生态哲学,我们应该"回到原点",即"回归传统",走向未来;中国哲学文本是开放的生态哲学文本,我们需要开放心胸,使中国哲学走进现代社会与未来社会,发挥其生命潜力,为人类文化做出应有的贡献①。中国哲学传统关注"究天人之际"②,其实质不只是探究人与自然的关系问题,而且要探究国家与国家的关系问题。因此,我们可以从中国哲学文本中建构适宜的国际生态哲学观。需要特别指出的是,这里所说的中国哲学不仅指体现中华民族文化核心的哲学思想,而且涉及中国外交理念③。

首先,"和谐"不仅在儒家、道家和墨家等学说中占有很重要的分量④,而且是中国外交新篇章的主旋律⑤。在古汉语中,"和"与"谐"同义,"以和邦国,以谐万民"(《周礼》)意指唯有和谐才能稳定国家与国民,才能确保国际社会的稳定。"和为贵"思想是儒家传统文化的核心价值之一,"天人合一"又把"天、地、人"看作一个不可分割的整体,强调人类、自然与社会的和谐关系,也包括国家与国家之间的和谐关系。孔子有言,"远人不服,则修文德以来之,既来之,则安之"(《论语》),讲的是国家必须重视睦邻友好关系,而所谓"乾道变化,各正性命,保合大和,乃利贞。首出庶物,万国咸宁"(《周易》),主张的也是国家之间和谐相处,万邦友好⑥。就道家来说,"道法自然"(《老子》)阐述出一种和谐的思想,即国与国之间只有相互和谐、自然相处,才能打造出

---

① 蒙培元:《人与自然:中国哲学生态观》,人民出版社 2004 年版,第 2 页。

② 蒙培元:《人与自然:中国哲学生态观》,人民出版社 2004 年版,第 2 页。

③ 李存山:《中国哲学的特点与中华民族精神》,《哲学研究》2014 年第 12 期,第 36—45 页。

④ 肖刚:《"和谐世界":中国"和"哲学与持久和平——以对道家、儒家、墨家"和"哲学的分析为中心》,《国际论坛》2006 年第 6 期,第 48—54 页。

⑤ 黄庆:《推动构建和谐世界,谱写中国外交新篇章》,《当代中国史研究》2012 年第 5 期,第 46—53 页。

⑥ 于春梅:《儒家和谐思想的基本内容及其现代意义》,《理论探讨》2007 年第 3 期,第 66—68 页。

"甘其食，美其服，安其居，乐其俗。邻国相望，鸡犬之声相闻，民至老死不相往来"（《老子》）的持久和平境界①。墨家的"兼相爱"（《墨家》）指人民应该不分亲疏、贵贱、贫富，一视同仁地爱所有的人，亦指国家应该不论大小、贫富、强弱，一视同仁地爱所有国家，通过不同层面行为体之间的和谐相处来推动天下大治的实现，达致世界的和谐②。总之，"和谐"是中国传统哲学思想的重要组成部分，是中国外交策略的主线，这个主线正是在中国传统"和"的哲学精华中逐渐形成的，体现了中国外交新时代之和谐外交③。

中国传统文化是和谐的文化，不过这种和谐文化既不是一元论的文化，也不是强调非此即彼的二元论文化，而是崇尚多元文化④。也就是说，中华和谐文化是以承认不同为前提的"和"，是兼顾多方面利益而崇尚协调的"和"，因而在实质上是兼容多元的"和"⑤。"多元"是"和"具备真正内涵与意义的前提。"和而不同"最初出现于"君子和而不同"（《论语》），意指人与人之间，国家与国家之间，彼此有别的情况下保持和谐状态。"夫和实生物，同则不继"（《国语》）一方面指出和谐是万物创生的基础，另一方面强调"不同"是万物繁衍的必要条件，如果"去和而取同"，一味追求"同"，那就会导致"以同裨同，尽乃弃矣"（《国语》），从而使万物失去生存的机会⑥。万物，小到世间尘埃，大到国家，唯有多元化与多样性，才能实现真正的和谐。同样，道家的"万物负阴而抱阳，冲气以为和"指的也是万物的差异与互补为"和谐"的前提，而且"多元化"是道家重要的美德伦理，对当代全球化的多元社会生活

---

① 刘雅文：《道家文化与和谐文化构建》，《东北师大学报（哲学社会科学版）》2008 年第 4 期，第 126—130 页。

② 付启元：《和平学视域中的中国传统和平思想》，《南京社会科学》2015 年第 3 期，第 134—139 页。

③ 吴坚、陈雷雷：《和谐外交：中国外交新时代》，《毛泽东思想研究》2006 年第 5 期，第 123—125 页。

④ 付启元：《和平学视域中的中国传统和平思想》，《南京社会科学》2015 年第 3 期，第 134—139 页。

⑤ 吴光：《树立面向全球化时代的文化发展观——关于多元和谐文化的思考》，《扬州大学学报（人文社会科学版）》2008 年第 6 期，第 35—39 页。

⑥ 刘恩允：《"和而不同"与"天下观"——儒家对话自由主义的生命社会观》，《山东社会科学》2011 年第 2 期，第 46—49 页。

极具价值①。墨家提倡"同,异而俱于之一也"(《墨经》)与"有其异也,为其同也,为其同也异"(《墨经》),指同与异相互依存,同形成于不同之中。"尺有所短,寸有所长"(《楚辞·卜居》),不同的国家有各自的优点与缺点、长处与短处,各国只有以"不同"或"多元"为前提,国际社会才会呈现出多元化的和谐发展态势。"多元和谐"不仅是事物发展的规律,是中国哲学传统的重要思想,是处理国际关系应该遵循的基本原则,是党的十八大报告"全方位外交"的重要内容,是习近平"命运共同体"思想的重要组成部分②,也是"新时期中国外交"追求的重要目标③。

"多元和谐"反映在国际关系上,就是要尊重世界文明的多样性,树立亦此亦彼的和谐共存思想。"生"是中国哲学的核心观念,"万物一体"是中国生态哲学的最高成就④,这里所说的"万物一体"即为万物"共生",即"共同生存",它不只是人的主观意境,更是万事万物存在的过程,只有实现真正的和谐,才能达到"共生"的境界。儒学思想,不管"万物一体",还是"天人合一",都蕴含着"共生"思想。如自然界一样,国际社会也是一个有机生命体,各个国家是相互依存的关系,构成有机系统,因而都是"共生"状态。道学有"上善若水,水善利万物而不争,处众人之所恶,故几于道"(《道德经》),意指小到个人,大到国家,都应该具有水一般的品质:第一,柔;第二,停留在卑下的地方;第三,滋润万物而不相争⑤。而这种用至诚的心、积极助人的态度处世与看待国际关系,自然可以在任何形势下创建起"共生"的社会。墨家认为,"当兼相爱,交相利,此圣王之法,天下之治道也",也就是说,各个国家需要相互爱护,便能达到"互利共生"的目标。党的十八大报告提出"人类命运共同体"的理

---

① 黄勇:《尊重不同的生活方式:〈庄子〉中的道家美德伦理》,《华东师范大学学报(哲学社会科学版)》2011年第5期,第22—32页。

② 文秋芳:《拟人隐喻"人类命运共同体"的概念、人际和语篇功能——评析习近平第70届联合国大会一般性辩论中的演讲》,《外语学刊》2017年第3期,第1—6页。

③ 骆珺、冯千:《刘晓明在英宣介中国外交新走向》,源自新华网,2013-4-17[2017-09-20].http://news.21cn.com/caiji/roll1/a/2013/0418/09/21135855.shtml。

④ 蒙培元:《生的哲学——中国哲学的基本特征》,《北京大学学报(哲学社会科学版)》2010年第6期,第5—13页。

⑤ 陈鼓应:《老子注译及评介》,中华书局1984年版。

念,它包含相互依存的共同利益观、可持续发展观、全球治理观等,是一种新的
"共生观"①。这种新的"共生观"涵盖"天下为公"与"世界大同"的天下观、
"天人合一"与"和而不同"的和合观,"仁者,爱人"与"己欲立而立人,己欲达
而达人"(《论语》)的"仁爱观","兼相爱,交相利"的"义利观","厚德载物"
的"厚德观"与"言必信,行必果"的"守信观"等重要人文精神。

　　国际社会中的国家之间应该是多元和谐的状态,这种状态蕴含在"交互
共生"的过程之中。换言之,"多元和谐"是国家之间的静态维度,"交互共生"
是国家相处的动态维度,"共生"是一种过程,"交互",即"交流互动"也是一
个过程。国家之间的互动是国际关系理论体系建构的重要关注点②。儒学重
视"交互",这种"交互"基于文化,如儒家相信"天下明德自虞帝始",认为交
互始于"虞帝之世"的华夏文明创生时期;基于道德,如"为政以德,譬如北辰,
居其所而众星共之"(《论语》),就是说国家以德行感化天下,其他国家自然也
就纷纷效仿;基于礼义,如"上好礼,则民莫敢不敬"(《论语》),表面上看只是
说君王好礼,国民自然敬重他,实际上也指国家之间的交往模式:国家好礼,其
他国家自然敬重之。道家注重"阴阳互动",这种互动是多元协调,互施互变、
相谐相和的。老子曾言,"万物负阴而抱阳,冲气以为和",是在互相补充、互
施互化与彼此融合基础上生成太和境界,生化万物③。墨家的"兼相爱"之
"兼"重视的就是"相互爱护",必须"交互",才能"相爱"。也就是说,"兼爱"
不是单方面的行为,需要相关行为者都采取同样的行为才是有效和合理的④。
另外,墨家的"交相利"也是强调"交互",墨子认为"夫爱人者,人必从而爱之;
利人者,人必从而利之;恶人者,人必从而恶之;害人者,人必从而害之",指的
就是,只有爱对方,才能从对方那里得到爱与利益。"交互"不仅是中国传统

————

　　① 马丽蓉:《中阿"共生观":从理念到实践的成功建构》,《世界宗教文化》2014 年第 4 期,
第 31—36 页。

　　② Wendt A., *Social Theory of International Politics*, Cambridge: Cambridge University Press,
1999, p.21.

　　③ 祝彩云:《关于我国道家阴阳互动与黑格尔辩证法差异的思考》,《自然辩证法研究》
2005 年第 8 期,第 107—108 页。

　　④ 邵显侠:《论墨家的非攻论与兼爱说——一种全球伦理的视角》,《伦理学研究》2015 年
第 1 期,第 50—56 页。

哲学强调的要素,而且也是中国现代外交践行的原则,主要体现在军事交互①、人文交互②、经济交互③等多方面。

总之,以中国哲学为核心的中华传统文化始于生态,发达于生态,具有丰富的生态智慧和生态伦理内容④。基于此,我们从中国传统哲学以及践行中国传统哲学思想的外交理念中建构"多元和谐,交互共生"国际生态哲学观。

四、国际生态哲学观的意义:生态国际社会的产生

作为生态哲学观,"多元和谐,交互共生"具备系统性、社会性、文化性、可持续发展性、进化性等特征。作为国际生态哲学观,"多元和谐,交互共生"融合"多元"和"和谐"之静态维度与"交互"和"共生"之动态维度,不仅阐述国际社会生态系统中各成分自身应有的状态,而且陈述生态系统中成分之间的相处过程。更重要的是,"多元和谐,交互共生"是从"和而不同,互爱互利"完善而成,它更加有助于维护国际生态系统的动态平衡,推动国际社会的生态化,从而促使人们成为具有生态意识的"生态人"⑤,促使国家变成具有生态意识的"生态国",进而促使国际社会成为具有生态意识的"生态国际社会"。那么,"生态国际社会"是什么?"生态国际社会"即是具有生态意识的国际社会,其达成具有重大意义。

第一,"生态国际社会"反映出国际社会的进化。基于遗传的原理,凡是被选择的有利性状,将在世代传递过程中积累保存,最终发生演变与进化⑥。

---

① 韩献栋、金淳洙:《中国军事外交与新安全观》,《现代国际关系》2008年第2期,第47—54页。

② 赵可金:《人文外交:全球化时代的新外交形态》,《外交评论》2011年第6期,第73—89页。

③ 李巍、孙忆:《理解中国经济外交》,《外交评论》2014年第4期,第1—24页。

④ 霍功:《先秦儒家生态伦理思想与现代生态文明》,《道德与文明》2009年第3期,第107—109页。

⑤ 黄国文:《外语教学与研究的生态化取向》,《中国外语》2016年第5期,第1、9—13页。

⑥ 陈世骧:《生物进化论:进化论的发展历史和实践意义》,《科学通报》1965年第8期,第667—675页。

自从雷切尔·卡森(R.Carson)发表著名的《寂静的春天》(*Silent Spring*)①,人类社会逐渐从工业文明转向生态文明。全球化的生态思潮促使人文社会科学发生"生态转向","生态化"也成为当今社会发展的必然趋势②。当今全球面临非政府组织兴起、大规模杀伤性武器扩散、跨国犯罪和恐怖主义活动、环境污染等众多新问题,本文希望各国和地区均能选择生态化作为国际社会的发展方向,最终促进国际社会发展成"生态国际社会"。以生态为基本特点的国际社会,将以整体论,即以"多元和谐,交互共生"生态哲学观为指导原则,摒弃个别国家主张的绝对化、单向性和片面性,强调以生态系统的整体存在与发展为指南,以"多元和谐,交互共生"生态哲学观作为国际社会各成员之间相处的理念。

第二,"生态国际社会"体现出生态哲学观的升华。如上文所言,当代国际社会面临非政府组织兴起、大规模杀伤性武器扩散等新问题,这些问题都与国际社会成员的行为息息相关。而行为均受到意识的指导,作为意识范畴的国际生态哲学观正是支配国际社会成员行为的决定性因素。也就是说,上文提及的当代国际社会面临的种种问题正是由一些成员的生态哲学观不够科学、不够理性、不够系统造成的。因此,"多元和谐,交互共生"生态哲学观体现出国际生态哲学观的进步与升华,可以促使国际社会进化成"生态国际社会"。

第三,"生态国际社会"预示着国际关系研究范式的创新。一直以来,范式被认为是任何一个既有的学科领域在发展中达到成熟的标志③,作为研究的指导思想,范式的主要功能和意义在于为学科研究的形成提供内聚力,促进学科研究的系统化与常规化,而新旧研究范式的更替代表着学科研究的革新。国际关系理论从其产生就进入了范式研究状态,目前对其研究影响最大的堪称三大理论范式,即自由主义、现实主义和建构主义,并且它们处于长期争论中,为解决范式研究的困境,目前国际关系出现了范式融合趋势④。所谓范式

---

① Carson R. , *Silent Spring* , Greenwich:Fawcett Publications ,1962.

② Stibbe A. , Ecolinguistics and Globalization//Coupland N. , *The Handbook of Language and Globalization* , West Sussex:Wiley Blackwell ,2010, p.407.

③ Kuhn S.T. , *Structure of Scientific Revolutions* , Chicago:University of Chicago Press ,1970.

④ 刘胜湘:《国际关系研究范式融合论析》,《世界经济与政治》2014 年第 12 期,第 95—117 页。

融合指同时使用两种或者两种以上范式来探讨国际关系问题。范式融合有一定的优势,如理论选择多样性、解释更加全面、各种范式可以相互补充等①,不过目前国际关系范式融合选择中并没有生态学角度的研究范式。因此,我们尝试从生态角度研究国际关系,建立国际社会生态系统②,建构国际生态哲学观,分析国际生态话语,促进国际社会的和谐共生,这可以称之为国际关系研究范式的一种创新。

五、国际生态哲学观的应用

从生态语言学视角出发,对话语进行语言学分析,可以揭示话语背后的识构及发话者的生态哲学观③。反过来,生态哲学观也会影响我们的话语,指导我们的行为,因为话语正是我们生态哲学观的体现,也是我们日常行为的一部分。而"多元和谐,交互共生"国际生态哲学观不仅能够促成"生态国际社会"的产生,为国际生态话语分析建构明确的生态哲学理念,并且为我们的一言一行提供正确的生态哲学指导方针。根据"多元和谐,交互共生"的国际生态哲学观,我们可以判断国际生态话语中蕴涵的生态意义,进而将国际生态话语分成 3 类:有益性、破坏性和中性。其中,有益性话语符合本文生态哲学观,破坏性话语违背本文生态哲学观,中性话语既不符合也不违背本文生态哲学观。比如,我们对例①至③进行了分析④,这三个例子都是英语媒体就中国"一带一路"对世界经济影响发表的评论。

① OBOR could stimulate Asian and global economic growth and make it more sustainable.In particular,countries along the corridor — especially those with un-

---

① 刘胜湘:《国际关系研究范式融合论析》,《世界经济与政治》2014 年第 12 期,第 95—117 页。

② 何伟、魏榕:《国际生态话语的内涵及研究路向》,《外语研究》2017 年第 5 期,第 18—24 页。

③ 黄国文、陈旸:《生态哲学与话语的生态分析》,《外国语文》2016 年第 6 期,第 55—61 页。

④ 本文所选语料均来自互联网。

derdeveloped infrastructure, low investment rates, and low per-capita incomes — could experience a boost in trade flows and benefit from infrastructure development.

② OBOR matters relatively little. The initiative itself is ill-defined and has done very little for China since it was announced. Even if it's successful, OBOR won't swing the global balance of power.

③ China's one belt, one road initiative sets to develop the global economy by connecting with trading partners along ancient Silk Road.

"一带一路"倡议是中国提出的，旨在为全球经济发展提供一个更加包容的合作共赢体系，目前已经为全球经济特别是发展中经济体的发展带来新的动力①。例①包含两个句子，四个小句，说明"一带一路"能够促进亚洲经济与世界经济发展的事实，而且展示出"一带一路"沿线国家从该倡议中获取的切身利益，契合"一带一路"倡议的宗旨，符合"多元和谐，交互共生"生态哲学观，为有利于全球和谐与国际社会生态系统平衡的有益性语篇。例②包含三个句子，六个小句，第一句话发表说话者的观点——"中国'一带一路'没有多大意义"；第二句话解释其观点——"中国'一带一路'是一个不确定的计划，自其宣布以来对中国自身都没有多大作用"；第三句话以转折递进的方式补充说明前两句话——"即使中国'一带一路'是成功的，它也无法影响世界权势的均衡"。事实上，这意味着持有"与世界合作共赢"明确目标的"一带一路"倡议是成功的。例②中的第一和第二个句子表述的观点与中国提出"一带一路"倡议的宗旨相矛盾，与其他国家积极参与"一带一路"建设的事实相矛盾，第三个句子强调了"中国'一带一路'的成功无法影响世界权势的均衡"，说明作者在揣测中国想借"一带一路"来夺取世界霸权的意图，这有悖于中国"不称霸"的外交策略②与"走和平发展道路"的战略思想③。综上所述，例②中三个句子均不符合"多元和谐，交互共生"国际生态哲学观，都属于破坏性国际生态话语，因而是一个不利于维护国际生态系统良性发展的破坏性

① 张辉、易天、唐毓璇：《全球价值双流研究》，《经济科学》2017年第3期，第5—18页。

② 庞中英：《中国外交的"不"与"有"》，《世界知识》2015年第13期，第60—62页。

③ 汪朝晖：《中国"走和平发展道路"战略思想的历史与现实根源探究》，《思想理论教育导刊》2015年第6期，第37—39页。

语篇。例③客观地陈述"中国打算通过与丝绸之路沿线国家建立紧密联系而发展世界经济"的事实,属于中性国际生态语篇。

六、结束语

国际生态话语是国际关系的语言表征,而通过话语分析来研究国际关系,需要生态哲学观的指导。本文基于蕴涵丰富生态智慧的中国传统哲学思想以及践行中国传统哲学思想的外交理念,建构"多元和谐,交互共生"国际生态哲学观。我们认为,在这种生态哲学观指导下的国际生态话语分析,不仅符合中国语境下的国际关系研究,而且适合全球语境下的国际关系研究。尤其是作为识构解读和信奉践行依据,这种生态哲学观可以通过对话语类型的区分以及对有益性与破坏性话语的积极与负面作用的识解,提高人们对国际社会生态问题的认识,从而倡导人们改善国际生态话语行为。从建构主义角度讲,积极有益的话语行为能够促动人们自觉地维护国际社会生态系统的良性发展。

(本文原载《外语学刊》2018 年第 6 期,作者为何伟、魏榕。)

多元和谐，交互共生

——生态哲学观的建构与发展

一、引言

生态哲学观（ecosophy）概念由 Arne Naess 于 1973 年首次提出，他在 1989 年的论作中对其进行了详细的解释，指出"ecosophy"一词是由"eco -"与"-sophy"组合而成，其中"eco-"意为"生态"，"-sophy"源自"sophia"一词，意为"智慧"①。生态哲学观在生态语言学中的地位不言而喻。生态语言学指基于生态学原理对语言进行研究的学科，包括对世界语言系统与其环境之间关系的研究，以及语言系统本身、语言使用现象与其环境之间关系的研究。换言之，生态语言学是一门在价值观指导下对语言与其环境关系进行研究的学科。价值观，即生态哲学观，是生态语言学内在的一项重要议题，它是生态语言学区别于其他语言学学科的一个重要维度。

目前，生态语言学存在两大范式：Haugen 的语言生态范式和 Halliday 的生态语言学范式。Haugen② 将语言生态定义为"任何特定的语言与其环境之间的相互关系"，这是一种隐喻范式，即将语言看作生物，将语言环境看作生物生态环境。由此，Haugen 范式下的生态语言学研究主要关注语言多样性、

---

① Naess A., Haukeland P. I., *Life's Philosophy : Reason and Feeling in a Deeper World* (trans. by Huntford R.), London : The University of Georgia Press, 2002, p.100.

② Haugen E., The Ecology of Language//Dil A. S., *The Ecology of Language : Essays by Einar Haugen*, Stanford : Stanford University Press, 1972, pp.325-399.

语言濒危、语言活力、语言进化等问题①。Halliday 的生态语言学范式则是一种非隐喻范式,他②敦促语言学研究者应关注语言和环境问题的关系,将语言与生态直接联系起来,突显语言对自然与社会环境的影响③。

　　鉴于生态语言学自身的根本任务,无论是 Haugen 范式,还是 Halliday 范式,生态语言学研究均需要生态哲学观的指导④。在 Haugen 范式下,冯广艺⑤认为,在构建良好的语言生态环境过程中,要注意保持和保护语言的多样性、平等性、统一性、开放性、规范性和法律性,指出了语言生态变异的两面性,即如果朝着好的方向发展会对生态文明建设起到积极作用,反之则会起到消极甚至是相反的作用。潘前颖⑥同样肯定了语言生态环境的重要性,考察了强势语种对汉语语言生态的不利影响,并指出语言生态环境直接影响语言的发展存亡。潘世松⑦讨论了语言生态伦理,认为语言种类的和谐共生可以促进生物的多样性可持续存在。在 Halliday 范式下,围绕人与自然的关系,Stibbe⑧ 提出了"生活(Living!)"生态哲学观,黄国文⑨提出了"和谐"生态哲学观,何伟、张瑞杰⑩提出了"和谐生态场所观"。围绕社会与社会之间的关

————————

　　①　范俊军:《生态语言学研究述评》,《外语教学与研究》2005 年第 2 期,第 110—115 页。

　　②　Halliday M.A.K.,"New Ways of Meaning:The Challenge to Applied Linguistics",*Journal of Applied Linguistics*,1990,No.6,pp.7-36.

　　③　韩军:《中国生态语言学研究综述》,《语言教学与研究》2013 年第 4 期,第 107—112 页。

　　④　何伟:《关于生态语言学作为一门学科的几个重要问题》,《中国外语》2018 年第 4 期,第 1、11—17 页。

　　⑤　冯广艺:《生态文明建设与语言生态变异论》,《中南民族大学学报(人文社会科学版)》2009 年第 4 期,第 149—152 页;冯广艺:《生态文明建设中的语言生态对策》,《贵州社会科学》2012 年第 6 期,第 9—14 页;冯广艺:《论语言生态与语言国策》,《中南民族师范大学学报(人文社会科学版)》2013 年第 3 期,第 159—163 页。

　　⑥　潘前颖:《英语对汉语语言生态的影响监测指标体系探索》,《西安外国语大学学报》2015 年第 1 期,第 51—54 页。

　　⑦　潘世松:《语言生态伦理的自律价值》,《湖南师范大学社会科学学报》2017 年第 6 期,第 30—37 页。

　　⑧　Stibbe A.,*Ecolinguistics:Language,Ecology and the Stories We Live By*,London and New York:Routledge,2015.

　　⑨　黄国文:《论生态话语和行为分析的假定和原则》,《外语教学与研究》2017 年第 6 期,第 880—889 页。

　　⑩　何伟、张瑞杰:《生态话语分析模式构建》,《中国外语》2017 年第 5 期,第 26—34 页。

系，亦即人与人之间的一个维度，Masamichi[1]、Li[2]、Katz et al.[3]从静态角度分别提出了"多样化""和谐观""健康观"等生态哲学观；Jonsson 和 Hall[4]、Alves[5]从动态角度分别提出了"交流观"和"合作共赢观"，何伟、魏榕[6]结合静态与动态两个角度提出了"多元和谐，交互共生"生态哲学观。

本文认为，无论是 Haugen 范式，还是 Halliday 范式下的生态语言学，其哲学观应是一致的，都应该是促使生态系统的良性运作的。有鉴于此，本文试图通过对生态系统理论的阐释，以及对生态系统良性运作共性的揭示，来论证"多元和谐，交互共生"生态哲学观的普适性，并阐明此哲学观的特点。

二、生态学原理

（一）生态系统的提出与建构

早在远古时期，人类就拥有了一定的生态知识。为了生存，人类基于实践，不断总结有关人类活动与自然环境之间关系的知识。人类对生态环境认知能力的不断增强，促进了人类文明的发展。"生态学（ecology）"概念首次出现在德国生物学家 Haeckel《普通生物形态学》一书中，指称有机体与外部世

---

① Masamichi S., "Globalization and National Identity in Japan", *International Journal of Japanese Sociology*, 2004, Vol.13, No.1, pp.69-87.

② Li Z.X., "Harmony and Chinese Diplomacy", *Procedia-Social and Behavioral Sciences*, 2010, No.5, pp.6777-6779.

③ Katz R., Kornblet S., Arnold G., Lief E., "Fischer J E. Defining Health Diplomacy: Changing Demands in the Era of Globalization", *Milbank Quarterly*, 2011, Vol.89, No.3, pp.503-523.

④ Jonsson C., Hall M., "Communication: An Essential Aspect of Diplomacy", *International Studies Perspectives*, 2003, Vol.4, No.2, pp.195-210.

⑤ Alves A.C., "China's 'Win-Win' Cooperation: Unpacking the Impact of Infrastructure-for-resources Deals in Africa", *South African Journal of International Affairs*, 2013, Vol.20, No.2, pp.207-226.

⑥ 何伟、魏榕：《多元和谐，交互共生——国际生态话语分析之生态哲学观建构》，《外语学刊》2018 年第 6 期，第 35—42 页。

界环境之间相互关系的科学①。自此,学界出现了不少有关生态学的研究。英国动物生态学家 Elton② 指出生态学是研究生物如何生存以及为何按照自己方式生存的科学。Odum③ 将生态学看作研究生物或者生物群落与环境之间关系的科学:同一地域中同种生物个体(individual)组成一个生物群种(population);同一地域的不同群种组成一个生物群落(community);生态系统(ecosystem)是对生物群落与生态环境之间关系的概括,既包括生物个体、生物群种和生物群落,又包括非生物环境,生物和环境之间彼此相互影响、相互作用。

上述三个定义表明,学界对生态学的认识基本一致,该学科主要探讨生态系统内生态因子的情况和生态因子之间的相互关系,以及生态系统在生态环境中的功能。也就是说,"生态系统"是生态学的研究基础,是基本功能单位。

"生态系统"概念最早由英国生物学家 Tansley 提出,他④认为生态系统主要由两大部分组成,即地球上的生物复合体以及生态环境的各种自然因素的复合体,并认为生物与其所处的环境相互作用,从而生态系统得以保持平衡。换言之,自然生态系统由自然界中的生物及其环境两部分组成,其生物组成成分包括生产者(producer)、消费者(consumer)和分解者(decomposer),环境由无机环境、有机环境和能量环境组成,是生态系统物质和能量的来源,系统内部通过"相互物质转化、能量流动和信息传递"实现生态系统的功能⑤,如图 1 所示。

自然生态系统可根据地理位置、地形、气候、土壤等因素分为两大类:陆地生态系统(terrestrial ecosystem)和水域生态系统(water ecosystem),每大类又可区分为小的类别,如图 2 所示⑥。学界针对各生态系统下的子系统进行研

① Stauffer R.C.,"Haeckel, Darwin and Ecology",*The Quarterly Review of Biology*,1957,Vol. 32,No.2,p.140.

② Elton C.,*Animal Ecology*,New York:Macmillan Co,1927.

③ Odum E.P.,*Fundamentals of Ecology*,Philadelphia:W.B.Saunders Company,1953.

④ Tansley A.G.,"The Use and Abuse of Vegetational Terms and Concepts",*Ecology*,1935,Vol. 16,No.3,pp.284—307.

⑤ 邹冬生、高志强:《当代生态学概论》,中国农业出版社 2013 年版,第 16—17 页。

⑥ 蔡晓明:《生态系统生态学》,科学出版社 2001 年版。

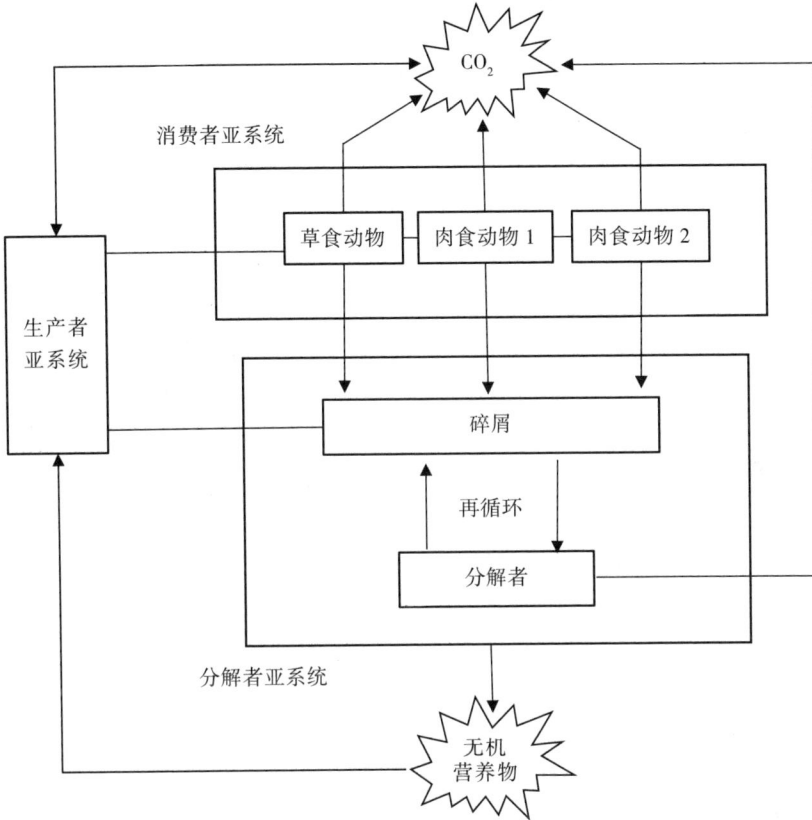

图 1　生态系统结构的一般性模型①

究,如 Odum② 研究了池塘生态系统,他认为该系统由无生命物质(abiotic substance)、生产者生物(producers organisms)、大型消费者生物(macroconsumer organisms)以及腐养者生物(saprotrophic organisms)组成,这些生态因子在池塘生态系统中产生了相互影响和作用,形成了物质能量的循环。

　　随着科学技术的发展,人类与自然的关系急速变化,人口、资源、环境等问题日益突出,美国生态学家 Ricklefs③ 认为:"人类对自然世界的影响日益加

①　李博:《生态学》,高等教育出版社 2000 年版,第 201 页。

②　Odum E. P., *Fundamentals of Ecology*, Philadelphia：W. B. Saunders Company, 1953, pp. 13-16.

③　Ricklefs R. E., *The Economy of Nature*, 5th ed., New York：W. H. Freeman and Company, 2007, p.1.

土地生态系统
森林生态系统
草原生态系统
荒漠生态系统
半干旱生态系统
沙丘生态系统
冻原生态系统
高寒草甸生态系统

陆地生态系统

自然生态系统

海洋生态系统
大洋生态系统
深海生态系统
大陆架生态系统
上升流生态系统
湖泊生态系统
河流生态系统
河口生态系统
湿地生态系统
珊瑚生态系统
红树林生态系统
藻菌生态系统

水域生态系统

生态系统

无机型复合生态系统
有机型复合生态系统

自然环境

自然—社会环境 —— 人文型复合生态系统

实体系统

实业生态系统
运载生态系统
文化生态系统
民居生态系统
军兵生态系统
管控生态系统

社会环境

社会生态系统

人际关系状态 —— 人际关系生态系统

文化习俗传统 —— 文化传统生态系统

科技生态系统
技术生态系统
信息生态系统

科学技术信息

概念系统

伦理生态系统
道德生态系统

伦理道德观念

政治生态系统
法律生态系统
制度生态系统

政治法律制度

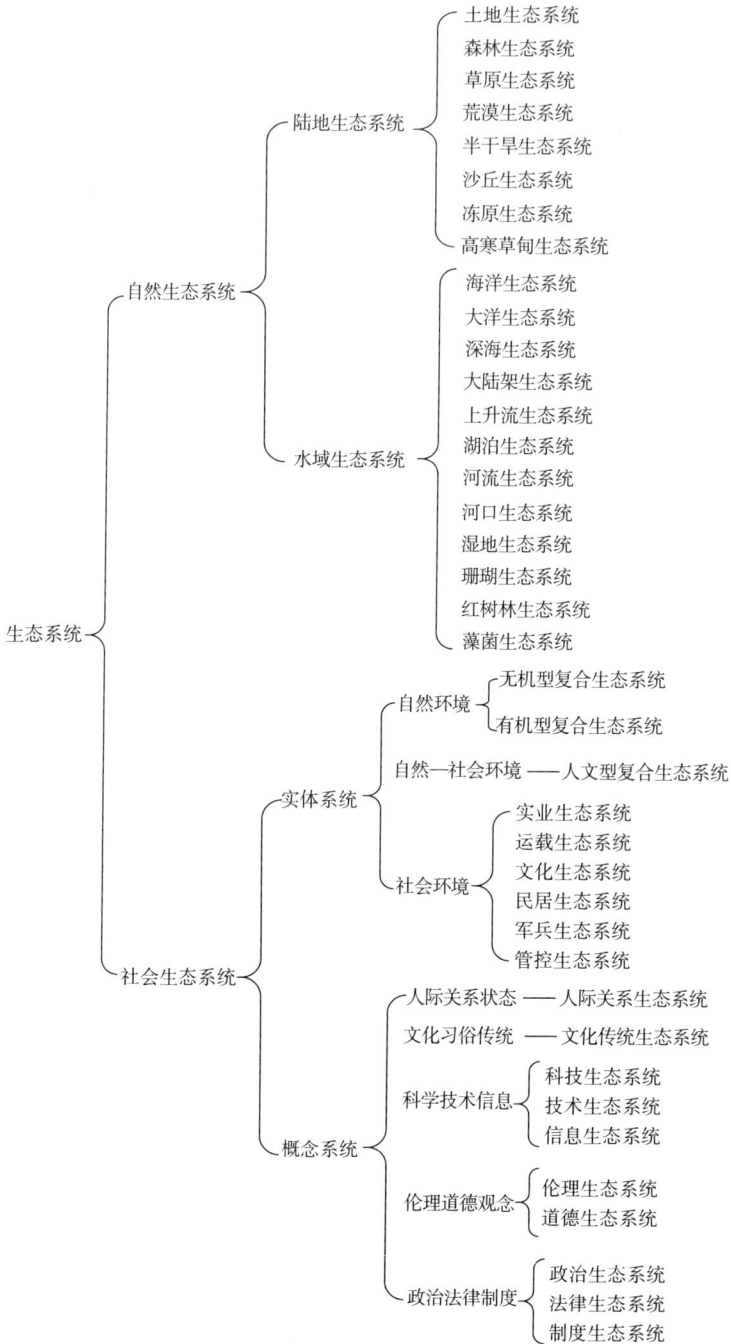

图 2　生态系统网络

剧，其影响已成为生态学的研究焦点。"这表明生态学已成为一个大学科，与理学、文学、政治学、经济学、社会学等相关联；生态学规律应运用到人类生存、社会发展及全球战略等问题解决中，因此 20 世纪 60 年代人类生态学开始发展①。也就是说，生态学不仅仅关注自然环境，也应关注人类社会经济环境②。与人类生态学相同，生态系统生态学（ecosystem ecology）也在相同的背景下开始发展，将生态系统原理与社会科学理论结合起来，这样一来，生态系统的适用领域就得到了扩展。叶峻、李梁美③指出，生态系统是"生命子系统和其环境子系统在特定时空的有机结合"，可以分为自然生态系统和社会生态系统。社会生态系统是人类社会子系统与其环境子系统在特定时空的有机结合④，其结构要素可以分为两大基本单元：社会要素和环境要素，社会要素分为社会生产群体、社会管理群体和社会败坏群体，环境要素分为无机环境、有机环境和社会环境⑤。根据物质属性的不同，社会生态系统被分为实体系统和概念系统⑥（如图 2 所示），其中实体系统指由物质实体构成的系统，根据其环境类型，又分为自然环境、社会环境和自然—社会环境三类⑦，自然环境类包括无机型复合生态系统和有机型复合生态系统，自然—社会环境类为人文型复合生态系统，社会环境类包含六类：实业生态系统、运载生态系统、文化生态系统、民居生态系统、军兵生态系统和管控生态系统⑧，此处需要解释的是复合生态系统，它指"以人为主体的社会经济系统和自然生态系统在特定的区域内通过协同作用而形成的复合系统"⑨，因此复合生态系统是自然与社会的综合，是人与自然相互依存共生的形式之一。概念系统指的是由人类思

---

① 罗顺元：《中国传统生态思想史略》，中国社会科学出版社 2015 年版，第 3 页。
② 邹冬生、高志强：《当代生态学概论》，中国农业出版社 2013 年版，第 1 页。
③ 叶峻、李梁美：《社会生态学与生态文明论》，上海三联书店 2016 年版，第 5 页。
④ 叶峻、李梁美：《社会生态学与生态文明论》，上海三联书店 2016 年版，第 8 页。
⑤ 叶峻、李梁美：《社会生态学与生态文明论》，上海三联书店 2016 年版，第 9 页。
⑥ 邹冬生、高志强：《当代生态学概论》，中国农业出版社 2013 年版，第 11 页。
⑦ 叶峻、李梁美：《社会生态学与生态文明论》，上海三联书店 2016 年版，第 11—12 页。
⑧ 邹冬生、高志强：《当代生态学概论》，中国农业出版社 2013 年版；叶峻、李梁美：《社会生态学与生态文明论》，上海三联书店 2016 年版。
⑨ 郝欣、秦书生：《复合生态系统的复杂性与可持续发展》，《系统辩证学学报》2003 年第 4 期，第 23 页。

维认知建构出的系统①,其中根据社会环境的人文因子,将其表述为五类:人际关系状态、文化习俗传统、科学技术信息、伦理道德观念和政治法律制度②,人际关系状态类体现为人际关系生态系统,文化习俗传统类体现为文化传统生态系统,科学技术信息类包括科技生态系统、技术生态系统和信息生态系统,伦理道德观念类包括伦理生态系统和道德生态系统,政治法律制度类包括政治生态系统、法律生态系统和制度生态系统。

鉴于生态学原理的普遍适用性,人文和社会科学学科也纷纷通过与生态系统理论的融合,来解决各种社会问题,如此一来,学界就出现了政治生态系统下的执政生态系统③等;实业生态系统下的产业生态系统④、商业生态系统⑤、网络生态系统⑥等;文化传统生态系统下的文化生态系统⑦、语言生态系统⑧等;信息生态系统下的知识生态系统⑨、数字档案生态系统⑩等。

以信息生态系统为例,我们来说明生态系统的运作机制特点。信息生态系统是由人或社会与其信息环境之间不断地进行信息交流循环而成的⑪,韩子静⑫根据人类信息消费中的信息链将信息生态系统的主要组成成分分为信

---

① 邹冬生、高志强:《当代生态学概论》,中国农业出版社 2013 年版,第 11 页。
② 叶峻、李梁美:《社会生态学与生态文明论》,上海三联书店 2016 年版。
③ 车辚:《中国共产党执政生态系统的控制模式(1949—1978)分析》,《理论导刊》2016 年第 5 期,第 58—60、77 页。
④ 李晓华、刘峰:《产业生态系统与战略性新兴产业发展》,《中国工业经济》2013 年第 3 期,第 20—32 页。
⑤ 范颖、周庆山:《移动互联网商业生态系统的竞争与更迭——基于"移动梦网"和"应用商店"的对比分析》,《图书情报工作》2014 年第 10 期,第 24—28 页。
⑥ 王刚、胡鑫、陈彤睿、陆世伟、田焕明:《网络生态系统的结构建模与演化》,《装甲兵工程学院学报》2018 年第 1 期,第 72—79 页。
⑦ 董晓峰、陈春宇、朱宽樊:《名人故居文化生态系统的保护利用研究——以北京市总布胡同梁林故居一带为例》,《中国园林》2014 年第 4 期,第 75—78 页。
⑧ 冯广艺:《语言生态学引论》,人民出版社 2013 年版。
⑨ 黄小淋、李永先:《基于"知识生态系统"的高校图书馆协同创新模型研究》,《上海高校图书情报工作研究》2018 年第 2 期,第 73—76 页。
⑩ 倪代川:《数字档案馆生态系统主体培育研究》,《档案学研究》2018 年第 3 期,第 89—94 页。
⑪ 蒋录全:《信息生态与社会可持续发展》,北京图书馆出版社 2003 年版,第 140 页。
⑫ 韩子静:《信息生态系统初探》,《图书情报工作》2008 年第 2 期,第 230—234 页。

息人和信息环境两大类,信息人又分为信息生产者、信息传递者、信息消费者和信息监督者,信息环境主要由信息基础设施、信息资源、信息技术和信息制度四个部分组成。信息生态系统是一个具有多样性、复杂性的动态系统,即信息人之间、信息环境因子之间、信息人与信息生态环境因子之间存在相互作用。信息人之间通过人际信息交流产生互动,并获取与利用信息,从而通过实践活动改变信息环境,同时信息生态环境又影响着信息人。

(二) 生态系统的共性

通过对上述自然生态系统和社会生态系统的回顾,我们可以得出,世界上的经验活动可看作一个或多个生态系统,原则上,生态系统是无法穷尽的,从不同的视角,就会有不同的生态系统范畴;每个生态系统内部都是接近平衡的,生态系统之间又都是相互关联的。换言之,生态系统之间存在交叉性与差异性,这是不同生态系统存在的合理性之所在。社会生态系统是由人类社会要素和环境要素有机组合而成的①。其中,人类要素具有双重性,即自然性与社会性。人类是自然生态系统中的生物群落之一,具有自然属性;同时,人类也是社会活动的主导,在社会生态系统中扮演着不可或缺的角色,也具有社会属性。相同的是,环境要素在自然性与社会性上也有重合之处,即生存环境,分为无机环境、有机环境和社会环境三个部分。因此自然生态系统是社会生态系统的基础,社会生态系统是自然生态系统的发展,二者存在差异,但关系紧密,相辅相成。自然生态系统的组成部分较为单一,其在自然范畴内受到自然规律的控制较大,而社会生态系统的结构较为复杂,原因在于人类具有能动性,可以积极地建设环境,社会生态系统的功能范围更为广泛,但由于其结构的能动性大,较自然生态系统,稳定性不足,导致其自我修复完善能力和可持续发展能力不抵自然生态系统。

根据对自然与社会生态系统的研究②,生态系统的运作特点可以分为三方面:自身特征、横向特征和纵向特征,其一,自身特征是指生态系统自身的代

---

① 叶峻、李梁美:《社会生态学与生态文明论》,上海三联书店 2016 年版。

② 叶峻:《社会生态经济协同发展论》,安徽大学出版社 1999 年版,第 83—84 页;叶峻、李梁美:《社会生态学与生态文明论》,上海三联书店 2016 年版,第 5、10 页。

谢功能与调节功能,这些基本的功能维持着生态系统的动态平衡,是生态系统的基础;其二,横向特征指的是生态系统本身与一定范围内空间的联系,空间内也存在着其他的生态系统,这就要求生态系统之间的和谐共处,例如自然生态系统中的水平结构、层次结构、多维结构等,社会生态系统中同级的平行结构、异级的层次结构、交叉的复合结构等;其三,纵向特征指的是生态系统一定时期内的时间轴,其功能会与时间一起变化,随着时间的流逝而发展和演替,例如自然生态系统的幼年期、生长期、成熟期,社会生态系统的初始期、成长期、强盛期、衰亡期。因此两类生态系统的特征都体现出了可持续发展的必要性,自然生态系统与社会生态系统应协调发展。

世界环境与发展委员会(World Commission on Environment and Development,简称 WCED)将"可持续发展"一词定义为"一个资源利用、投资取向、技术发展以及政策变化都协调一致,不断满足人类现在和将来需求之潜力的变化过程"①,也就是说在满足人类基本需要的情况下,发展是有限度的,必须要考虑环境的承载力,如果没有环境的可持续,实现长期的经济增长和社会发展的可持续是不可能的。因此,可持续发展是生态系统良性发展的目的和保障。

那么,如何保持生态系统的可持续发展,即良性发展? 这需要从生态系统的良性发展需求谈起。如上所述,自然生态系统与社会生态系统的良性发展需求可以概括为三个方面,即自然与自然、人与自然、人与人。自然与自然之间的良性运转主要体现为各生态系统之间的平衡发展,人与自然之间的良性运转主要体现为人类社会与自然界的协同发展,人与人之间的良性运转主要体现为人与人、人与社会、社会之间的和谐相处。也就说,无论是自然与自然、人与自然还是人与人的运转机制都强调两个或多个群体间的和谐共生关系。

结合学界对自然生态系统和社会生态系统的保护和建设观点②,本文认为,要达到生态系统的可持续发展,需要做到以下几点。第一,基于生态因子之间相互作用、相互依存的关系,坚持生态因子在生态系统各个时段各个维度

---

① WCED, *Our Common Future*, New York: Oxford University Press, 1987, p.32.

② 祝廷成、董厚德:《生态系统浅说》,科学出版社 1993 年版,第 122—123 页;叶峻、李梁美:《社会生态学与生态文明论》,上海三联书店 2016 年版,第 40 页。

各个层级的多样性以及平衡性；第二，基于生态子系统之间的相互作用、相互依存的关系，坚持生态系统的一贯整体性原则，坚持各子系统的一贯协同发展；第三，基于社会生态系统是自然生态系统的延伸，以及社会生态系统的综合性、复杂性、不稳定性，坚持人类生态原理认识的重要性，在此基础上，发挥人类的能动性。

三、生态哲学观的多样性与"多元和谐，交互共生"的普适性

发挥人类在生态系统可持续发展中的能动性的前提是提高人类的生态意识，加强符合生态原理的生态哲学观的建构和发展。对于不同的生态系统，学界提出了不同的生态哲学观。针对社会与生态，Bookchin[1] 提出了"平等社会生态观"；Naess[2] 提出了"特费嘎斯汀生态哲学观（Ecosophy Tvergastein）"，以"自我实现（self-realisation）"为焦点，不仅涉及自我和社会，也涉及现实整体性的变化，并且在政治与经济上也得到了运用；Larson[3] 提出"社会生态可持续性（socio-ecological sustainability）"，展现了社会生态与自然生态的协同发展特点。针对经济与生态，王学渊、李忠建[4]就市场经济现状提出了市场经济生态方面的"均衡观"；梁敬升[5]通过黄河三角洲的生态资源，从生态的角度提出"生态经济价值观"以判断经济发展与生态平衡。针对伦理与生态，郑高花[6]提出了环境与伦理的"生态一体性价值观"，实现人类价值观与生态价值观的

---

[1]　Bookchin M. , *The Ecology of Freedom : The Emergency and Dissolution of Hierarchy* , Palo Alto : Cheshire Books , 1981.

[2]　Naess A. , *Ecology, Community and Lifestyle : Outline of an Ecosophy* (trans. by Rothenberg D.) , Cambridge : Cambridge University Press , 1989.

[3]　Larson B. , *Metaphors for Environmental Sustainability : Redefining Our Relationship with Mature* , New Haven , CN : Yale University Press , 2011.

[4]　王学渊、李忠建：《市场经济生态之浅见》，《特区经济》2007 年第 1 期，第 125—126 页。

[5]　梁敬升：《基于黄河三角洲高效生态经济发展的生态经济价值观探析》，《东岳论丛》2016 年第 10 期，第 150—156 页。

[6]　郑高花：《试论生态伦理——价值观》，《前沿》2011 年第 5 期，第 192—195 页。

共同发展。针对人与人的关系,Schroll① 根据人际交往提出了"心理生态观"。针对人与自然的关系,何伟、张瑞杰②提出了"和谐生态场所观",以促进生态环境保护。

本文认为,上述种种生态哲学观均在一定意义上体现了生态系统的运作机制特点,不过均不够全面和准确。这些哲学观仅仅是针对某种单一关系提出的,比如社会与生态、经济与生态等。生态系统的良性运行机制特点之一是横向特征,即要求生态系统间相互和谐相处,也就是说,单一的关系是无法满足这一特征的,应该从更全面的角度对生态哲学观进行更准确地概括。对于自然生态系统来说,其子系统间的和谐相处体现了良好的自我调节能力,这种自我调节的能力"依赖于种类成分的多样性和能量流动及物质循环的复杂性"③。对于社会生态系统来说,其子系统间的和谐相处依赖于多元化以及协同发展④。自然生态系统和社会生态系统之间"通过作为自然和社会存在的人类这一'耦合器'耦合而成为复合生态系统"⑤,因此复合生态系统中的各子系统之间相互依存,应协调发展。

针对社会与社会关系,何伟、魏榕⑥提出了"多元和谐,交互共生"生态哲学观,以维护国际社会生态系统的良性运转。本文认文,该生态哲学观是一个普适性的指导思想,符合生态学原理,适用于所有的生态系统。该生态哲学观有其中国传统哲学渊源,同时具备马克思主义思想特点,也是中国外交核心思想的总体概括。

以道家和儒家思想为代表的中国传统哲学对自然与自然、人与自然以及人与人之间的关系进行了探讨,认为自然界是人类生活、生存的基础。在探讨

---

① Schroll M.A.,"From Ecopsychology to Transpersonal Ecosophy: Shamanism, Psychedelics and Transpersonal Psychology: An Autobiographical Reflection", *European Journal of Ecopsychology*, 2013, No.4, pp.116-144.

② 何伟、张瑞杰:《生态话语分析模式构建》,《中国外语》2017 年第 5 期,第 26—34 页。

③ 邹冬生、高志强主编:《当代生态学概论》,中国农业出版社 2013 年版,第 30 页。

④ 叶峻:《社会生态经济协同发展论》,安徽大学出版社 1999 年版,第 15 页。

⑤ 赵景柱:《复合生态系统持续发展的社会调控》,《生态学杂志》1991 年第 3 期,第 53 页。

⑥ 何伟、魏榕:《多元和谐,交互共生——国际生态话语分析之生态哲学观建构》,《外语学刊》2018 年第 6 期,第 35—42 页。

自然与自然的关系时,道家在《太平经》中提出"天地之意"①,即"天阳,主生也;地阴,主养也"②,将"天地之意"与"生养万物"相等同,"自然"在此意为天地之本质③,万物皆因自然而成④,万物可以按照其内在规律而发展,万物达到了自然的状态⑤,并得以自生,按照其原本的样子和本来的状态存在并发展。在儒家文化中,自然界就是生命,生命就是自然界⑥,《易传》中写到"天地之大德曰生""生生之谓易"⑦,儒家认为自然界中出现了生命,这些生命世世代代生生不息地延续、发展和进化着⑧,整个自然界就是一个生生不息的过程,都按照其自身的规律不断发展着。人是自然界的一部分,人与自然是不可分割的,人和自然的关系问题是生态哲学思想的重要内容之一。儒家的"天人合一"思想将人看作自然界的一部分,认为"天何言哉?四时行焉,百物生焉,天何言哉?"⑨,因此在处理人与自然的关系时,要追求人与自然的和谐统一,这样才能达到可持续发展的境界。从生态角度看,"天"即自然界是一个整体,"人"为自然万物之一,即为"天"的一部分,人类不能肆无忌惮,妄自尊大。"天人合一"的思想是"中庸"的代表,既不偏向于天的信仰,也不限于人的世俗功利,而统一于道或真理的认识与实践⑩。同时,儒家在讨论人与自然资源的时候指出"子钓而不纲,弋而不射宿"⑪,即强调"取物以顺时"和"取物不尽物"的思想,前者要求人类要按照自然界的运行规律,如动植物的生长周期和繁殖规律,来合理开发利用资源,后者提示人类要从大局着眼,根据事物的总量酌情利用资源。儒家敬畏生命,尊重自然及其规律,儒家认为要以可持

---

① [美]安乐哲、Mary Evelyn Tucker 主编:《道教与生态》,陈霞等译,江苏教育出版社 2008年版,第 87 页。

② 王明:《太平经合校》,中华书局 1960 年版,第 221 页。

③ 王明:《太平经合校》,中华书局 1960 年版,第 17 页。

④ 王明:《太平经合校》,中华书局 1960 年版,第 701 页。

⑤ [美]安乐哲、Mary Evelyn Tucker 主编:《道教与生态》,陈霞等译,江苏教育出版社 2008年版,第 90 页。

⑥ 乔清举:《儒家生态思想通论》,北京大学出版社 2013 年版,第 215 页。

⑦ 乔清举:《儒家生态思想通论》,北京大学出版社 2013 年版,第 215 页。

⑧ 乔清举:《儒家生态思想通论》,北京大学出版社 2013 年版,第 215 页。

⑨ 孔子著,杨伯峻译注:《论语译注》,中华书局 1980 年版,第 186 页。

⑩ 张茂泽:《儒家生态思想》,《长安大学学报(社会科学版)》2016 年第 1 期,第 83—89 页。

⑪ 孔子著,杨伯峻译注:《论语译注》,中华书局 1980 年版,第 87 页。

续的眼光看待事物,以时取物,合理利用自然资源。在处理人与自然的关系上,道家的"道法自然"和"无为"思想体现了人与自然均应顺其自然,人不能过度干预自然的做法,道家认为"道"是万物的起源,"道生一,一生二,二生三,三生万物"①,万物不断变化,相互转化,应不被外力所支配。此思想否定了以人类为中心的观点,主张人与自然的融合,从而实现人与自然间的平衡。据此,道家的生态思想要求人以万物的自然之态行事,顺应自然,实现人与自然的相互和谐②。道家与儒家的思想也影响着人与人之间的关系,在讨论人与人之间的关系时,道家的"道法自然"思想也在其中得到了体现,提出了百姓自然,并以此处理人与人的关系,从而实现人与社会的和谐统一,老子强调统治者与百姓之间的"无为",即"天地相和也,以雨甘露。民,莫之命而自均安。"也就是说,统治者自然无为与百姓自然的关系,统治者自守大道,百姓便会自己归于自然③。儒家在讨论人与人之间的关系时,在《论语》中明确强调了仁爱,以及在《孟子·尽心上》中表明:"君子之于物也,爱之而弗仁;于民也,仁之而弗亲。亲亲而仁民,仁民而爱物"。孟子主张人与人要相互亲近友爱,并将这份爱扩展开来,从而珍爱万物④,因此在处理人与人之间的关系时,儒家思想呼吁人要持有仁爱之心,与人友善共处,达到人与人之间的和谐。

在西方哲学中,机械唯物主义的中心观点是"自然界是绝对不变的"⑤,将人与自然的关系分开来谈,提出强人类中心主义(strong anthropocentrism),认为人具有理性,是道德关怀的对象,将非人类的自然物看作人类可以使用的工具和可以利用的资源,片面地将人类地位抬高,单独肯定了人类的内在价值,而无视非人类的自然物的价值,倡导人类征服自然、主宰自然,将人类与自然分离对立⑥。随着全球性生态问题的日益加剧,这种思想已经渐渐销声匿迹。

---

① 老子著,黎重编著:《道德经》,中央编译出版社 2010 年版,第 157 页。

② 乐爱国:《道家生态伦理思想及其现代意义》,《鄱阳湖学刊》2010 年第 1 期,第 93—97 页。

③ 陈大明:《老子"道法自然"及其时代价值》,《学习论》2005 年第 4 期,第 61 页。

④ 乔清举:《儒家生态思想通论》,北京大学出版社 2013 年版,第 284 页。

⑤ 恩格斯:《自然辩证法》,中央编译局译,人民出版社 1925/1971 年版,第 10 页。

⑥ 单桦:《从人类中心主义到生态中心主义的权利观转变》,《理论研究》2006 年第 9 期,第 19—20 页。

与机械唯物主义不同的是,马克思唯物主义将人视为自然的一个组成部分,将自然视为一个有机整体,是自然观与历史观的辩证统一①。根据辩证唯物思想,马克思生态思想是自然生态与人文生态的辩证统一②。因此马克思主义的生态思想体现在三个维度,分别为人与自然、人与社会以及人与自身③。其一,体现人与自然关系的思想,即"人是自然的一部分"的思想。马克思④认为人类存在于自然界中,与自然不可分离,只有在自身融入自然时,才能合理地改造自然。换言之人类在改造自然的过程中具有一定的目的性,但这并不代表他们没有限制性,人类需要在自然界的法则下进行活动。正如马克思、恩格斯⑤所说:"自然界,就它本身不是人的身体而言,是人的无机的身体。人靠自然界生活。这就是说,自然界是人为了不致死亡而必须与之不断交往的、人的身体。"可见人类只有在不断地合理地实践下才能继续生存下去,马克思在揭示人与自然的关系时,强调了实践在改造自然中的重要性。其二,体现人与社会关系的思想,即马克思对"资本逻辑"的批判。马克思批判了资本的存在目的,即追求利益最大化,认为:"资本的合乎目的的活动只能是发财致富,也就是使自身增大或增值"⑥。因此资本是资本家对劳动者的劳动及其产品的"私有权"和"支配权"⑦。马克思批判资本主义社会中人与人之间关系的本质是资本,这体现出人与人之间的不平等,即剥削与被剥削关系,会对人与社会关系的良性发展产生负面作用。其三,体现人与自身关系的思想,即马克思对异化劳动本质的批判。马克思认为,在资本主义制度下的劳动者在劳动过程中感受不到劳动的满足感,异化劳动会限制劳动者的能动性,也就是说,劳动者在劳动过程中不

---

① [美]约翰・贝拉米・福斯特:《马克思的生态学:唯物主义与自然》,刘仁胜、尚峰译,高等教育出版社 2006 年版,第 17 页。

② 李旭华:《马克思生态思想的全面考察——自然生态与人文生态的统一》,《马克思主义研究》2012 年第 9 期,第 18—21 页。

③ 陈墀成、蔡虎堂:《马克思恩格斯生态哲学思想及其当代价值》,中国社会科学出版社 2014 年版。

④ 马克思:《1844 年经济学哲学手稿》,人民出版社 1844/2000 年版。

⑤ 马克思、恩格斯:《马克思恩格斯全集》第 46 卷,人民出版社 1979 年版,第 95 页。

⑥ 马克思、恩格斯:《马克思恩格斯全集》第 46 卷,人民出版社 1979 年版,第 236 页。

⑦ 马克思、恩格斯:《马克思恩格斯全集》第 46 卷,人民出版社 1979 年版,第 392 页。

能自由健康地发展①,这就导致了人对自身价值的怀疑,对自身能力的否定,不利于人自身的发展,不利于推动整个社会的进步,也不利于人与自然的生态平衡。综上,马克思主义揭示了人与自然、人与社会、人与自身之间相互依存,相互作用的关系,有利于正确处理人、自然、社会三者的关系,以实现"人类同自然的和解以及人类本身的和解"②。

上面概述的中国传统哲学思想和西方马克思主义思想均涵盖自然与自然、人与自然、人与人及社会的关系。有关社会与社会的关系,其主体表达应在于包括国家在内的社会之间的交往思想和原则。从古至今,中国文化一直提倡"多元和谐,交互共生"③。儒家、道家和墨家等学说主张"和谐"④,中国外交新篇章的主旋律也是"和谐"⑤。"和谐"的前提是"和而不同",也就是说,包括国家在内的社会与社会之间的关系应是崇尚多元,而不是强调非此即彼的二元文化的和谐相处⑥。社会之间的多元和谐的状态蕴含在"交互共生"的过程中。儒家、道家、墨家学说均提及"交互"⑦,蒙培元⑧指出,中国生态哲学的最高成就是"万物一体",即"万物共生"思想。自党的十八大以来,中国的外交凸显了新特点、新变化和新趋势,主要包括"人类命运共同体""包容性发展""亲诚惠容""正确义利观""亚

---

① 罗川、倪志安:《论马克思生态思想"实践的三重维度"》,《马克思主义研究》2016年第1期,第14页。

② 陈墀成、蔡虎堂:《马克思恩格斯生态哲学思想及其当代价值》,中国社会科学出版社2014年版,第94页。

③ 何伟、魏榕:《多元和谐,交互共生——国际生态话语分析之生态哲学观建构》,《外语学刊》2018年第6期,第35—42页;何伟:《关于生态语言学作为一门学科的几个重要问题》,《中国外语》2018年第4期,第1、11—17页。

④ 肖刚:《"和谐世界":中国"和"哲学与持久和平——以对道家、儒家、墨家"和"哲学的分析为中心》,《国际论坛》2006年第6期,第48—54、78页。

⑤ 黄庆:《推动构建和谐世界,谱写中国外交新篇章》,《当代中国史研究》2012年第5期,第46—53、126页。

⑥ 付启元:《和平学视域中的中国传统和平思想》,《南京社会科学》2015年第3期,第134—139、156页。

⑦ 何伟、魏榕:《多元和谐,交互共生——国际生态话语分析之生态哲学观建构》,《外语学刊》2018年第6期,第35—42页。

⑧ 蒙培元:《生的哲学——中国哲学的基本特征》,《北京大学学报(哲学社会科学版)》2010年第6期,第5—13页。

洲安全观"①,这些均是"多元和谐,交互共生"的新时期的体现。与哲学思想相同的是外交核心价值观影响着人与人、社会与社会的关系,王存刚②将中国外交核心价值观总结为五点,分别为"共存、共享、共治、共赢、共进"③。共存指尊重不同文明、社会制度、发展道路等,开放包容,求同存异;和平共处是共存的最低要求,和谐共生是共存的理想状态;共存体现了对多样性的维护④。共享是"寻求人类共同利益和共同价值的新内涵"⑤,也就是说中国首先要把自身发展与外部世界相联系,并且以积极的姿态参加国际事务,奉献中国智慧,主动承担国际责任。要做到共治,首先要积极开展国际合作,推动与各国的双边与多边发展,推动国际关系民主化、法制化⑥。共赢指坚持人类命运共同体意识,建构多元发展格局,树立双赢、共赢的新理念;共赢适用于中国与各国之间的关系⑦。共进是最高的目标,是国际社会关系发展的崇高使命,目前"一带一路"的建设就是"共进"的最好表现,通过"一带一路"建设,与沿线国家一起协同发展,共同进步,共享发展成果。中国特色大国外交是相互尊重、公平正义和合作共赢的体现,推动了"一带一路"建设与合作,倡导构建人类命运共同体⑧。

如上所述,"多元和谐,交互共生"生态哲学观体现了自然与自然、人与自然、人与人、社会与社会之间的良性运行关系,也就是说,该生态哲学观不仅体现了自然生态系统良性运作机制特点,也体现了社会生态系统良性运作机制的特点,是所有生态系统良性发展原理的高度概括。在认识自然方面,人类应

---

① 徐进:《新时代中国特色大国外交理念与原则问题初探》,《现代国际关系》2018 年第 3 期,第 1 页。

② 王存刚:《论中国外交核心价值观》,《世界经济与政治》2015 年第 5 期,第 4—20、156 页。

③ 王存刚:《论中国外交核心价值观》,《世界经济与政治》2015 年第 5 期,第 4 页。

④ 王存刚:《论中国外交核心价值观》,《世界经济与政治》2015 年第 5 期,第 11 页。

⑤ 中华人民共和国国务院新闻办公室:《中国的和平发展(2011 年 9 月)》,人民出版社 2011 年版,第 24 页。

⑥ 王存刚:《论中国外交核心价值观》,《世界经济与政治》2015 年第 5 期,第 16 页。

⑦ 徐进:《新时代中国特色大国外交理念与原则问题初探》,《现代国际关系》2018 年第 3 期,第 1—9 页。

⑧ 胡开宝:《中国特色大国外交话语的构建研究:内涵与意义》,《山东外语教学》2019 年第 4 期,第 11—20 页。

深刻领悟自然生态自身的发展规律,认识其自然的运作机制和方式。在对待人与自然之间的关系上,人类应遵循自然的规律,将自身视为自然界的一部分,要以长期发展的眼光对自然资源进行适度的开采利用。在处理人与人以及社会与社会之间的关系上,人们及社会之间要相互尊重,崇尚多元化,在交流互鉴中达到和谐共生的目的。进一步讲,生态系统之间是相互交织的,相互作用的,人类作为具有主观能动性的生态因子,应在生态系统运作中发挥其主体作用,保持自然生态和社会生态间的协调,使自然界与人类社会协同发展,正如叶峻①所指出:"应当坚持协同发展和全面治理的方针,即实施社会、生态(环境)、经济协同发展,并对政治的、经济的、文化的、社会的弊病全面治理,以确保社会生态平衡的持久与稳定。"

四、结语

本文通过对生态学原理的概述,以及对中国传统文化、西方哲学思想和中国外交核心价值观的阐述,论证了"多元和谐,交互共生"是一个具有高度概括性和普适性的生态哲学观,体现了生态系统良性运作机制特点,符合生态学原理。此生态哲学观可指导生态语言学范式的研究,包括 Haugen 与 Halliday 两种范式的研究,以及其他后续新兴范式的研究。以此生态哲学观为指导的语言生态系统的研究,有利于语言种类的多样性存在以及语言政策与规划的合理制订与实施;以此生态哲学观为指导的语言系统本身的研究以及生态话语分析可优化人类表征自然和社会的方式。如此一来,学界可通过语言研究提高人类的生态意识,改善人与自然、人与人的关系,最终有助于各种生态问题的解决,促进各生态子系统及整体生态系统的良性发展。

(本文原载《山东外语教学》2020 年第 1 期,作者为何伟、刘佳欢。)

---

① 叶峻:《试析社会生态系统的平衡与最优化》,《电子科技大学学报》1999 年第 3 期,第 74 页。

生态哲学观下语言暴力的
界定、成因及防治

一、引言

语言暴力(language violence)对社会和个人造成了不同程度的危害。对此,学界从不同角度进行了探讨。由于语言暴力本身涉及语言、道德、精神伤害等因素,故此类研究多以语言学、社会学、法学为视角,对现实世界以及虚拟世界中的语言暴力进行概念界定、成因分析以及措施应对等方面的讨论。对于语言暴力的概念界定,目前学界主要存在两种观点:一种将语言暴力视为语言霸权,指话语违反了某些语言交际原则,从而对他人的权利进行孤立或剥夺①;另一种认为语言暴力是通过嘲笑、蔑视、谩骂、诋毁等侮辱性语言,对他人的人格和自尊造成攻击,对他人的精神和心理产生伤害②。以上两种界定主要是基于语言交际原则的违反和对受话人的心理造成负面影响而得

---

① Chase S., *The Tyranny of Words*, New York: Hurcourt, Brace and Company, 1938;刁晏斌:《略论"文革"时期的"语言暴力"》,《江南大学学报(人文社会科学版)》2007 年第 4 期,第 82—86 页;毛延生:《语言暴力的语用理据诠释》,《江南大学学报(人文社会科学版)》2013 年第 3 期,第 95—100 页。

② UNESCO, "Language as Violence, Violence as Language", *TIG Magazine*, 2004;王承君:《语言暴力的认知条件及对策研究》,《齐齐哈尔医学院学报》2007 年第 2 期,第 204—206 页;党永刚:《语言暴力的类型研究》,《琼州学院学报》2011 年第 4 期,第 110—112 页;刘再复:《刘再复散文精编·人性诸相》,生活·读书·新知三联书店 2011 年版,第 262 页。

出的,这两种界定缺乏系统性。在分析语言暴力的成因及应对措施时,根据发生场所,语言暴力被分为现实世界和虚拟世界的语言暴力。现实世界的语言暴力多发生于家庭和校园。其中,家庭语言暴力是家庭成员间通过侮辱等方式实现的,主要成因是"男尊女卑"的传统思想以及相关道德和法律较低的可操作性①,因此倡导家庭成员相互尊重、发挥基层调解作用、完善法律机制是防治家庭语言暴力的重要手段②。在校园语言暴力中,施暴主体可能是教师,也可能是学生,暴力方式包括嘲讽、辱骂等。教师的语言暴力主要来源于职业压力过大、师德素养缺失以及教育观念落后③;而学生的语言暴力则是由自身心理不成熟、家庭教育缺失、学校处理不当和社会风气不良四个因素造成的④。针对这些问题,学界提出了以下三点对策:强化学生心理健康教育、提高教师素质及其教育观念、加强校园管理与教育⑤。虚拟世界的语言暴力主要体现在网络语言暴力中。网络语言暴力以网络为媒介进行身心伤害,以骚扰、诽谤、攻击、侵犯隐私等手段实现⑥,造成的因素主要有三种:暴力群体性、

---

① 邹钰:《我国家庭暴力的现状、成因及对策》,《法制博览》2018 年第 29 期,第 551 页。

② 郝艳梅:《重新审视家庭暴力》,《前沿》2001 年第 9 期,第 62—65 页。

③ 桑青松:《小学教师语言暴力成因及消解对策》,《教育科学研究》2007 年第 12 期,第 54—56 页;辛学伟:《教师语言暴力的成因及对策浅析》,《当代教育科学》2010 年第 23 期,第 35—36 页。

④ Pham T., Adesman A., "Teen Victimization: Prevalence and Consequences of Traditional and Cyberbullying", *Current Opinion in Pediatrics*, 2015, Vol.27, No.6, pp.748-756;王国明、付洪:《国内校园暴力问题研究述评》,《未来与发展》2017 年第 5 期,第 35—42 页;吴优:《浅谈中小学校园暴力存在的原因及对策》,《法制与社会》2019 年第 3 期,第 145—146 页。

⑤ 朱作鑫:《校园暴力之概念、现状及防治对策》,《广西青年干部学院学报》2005 年第 5 期,第 21—26 页;Orue I., Andershed H., "The Youth Psychopathic Traits Inventory-short Version in Spanish Adolescents—Factor Structure, Reliability, and Relation with Aggression, Bullying, and Cyberbullying", *Journal of Psychopathology and Behavioral Assessment*, 2015, Vol.37, No.4, pp.563-575;郭启东:《社会预防视角下的校园霸凌行为的防范研究》,《科教导刊》2018 年第 6 期,第 163—164 页;韦婷婷:《回顾与反思:国内外校园欺凌研究综述》,《现代教育科学》2018 年第 7 期,第 145—151 页。

⑥ 刘文宇、李珂:《基于批评性话语分析的网络语言暴力研究框架》,《东北师大学报(哲学社会科学版)》2017 年第 1 期,第 119—124 页。

心理从众性、科技虚拟性①，要从提升素质、增加监管和规范法治三个方面进行治理②。综上，学界多数研究从具体的发生场所对语言暴力及其发生案例进行研究，没有对语言暴力进行系统性探索，从而导致其深层原因的揭示、根本防治措施的制订及防治运行机制的完善存在一定的局限性。

有鉴于此，本文从生态语言学视角对语言暴力进行研究。生态语言学是一门在价值观指导下研究语言与环境之间关系的学科，涉及生态视角下语言和环境的相互影响③。在此视角下对语言暴力的研究有助于揭示语言暴力的成因——语言使用与社会环境之间的关系，以期从根本上探寻语言暴力的防治措施及生态系统的动态运行机制，提升人们的生态意识，改善社会环境。

二、生态哲学观下语言暴力的界定及成因

生态哲学观是生态语言学研究的重要议题之一，是区别于其他学科的一个重要维度。"多元和谐，交互共生"生态哲学观是普适性指导思想，不仅适

①　Mishna F., Khoury-Kassabri M., Gadalla T., Daciuk J., "Risk Factors for Involvement in Cyber Bullying: Victims, Bullies and Bully Victims", *Children and Youth Services Review*, 2012, Vol.34, No.1, pp.63-70; Chadwick S., *Impacts of Cyberbullying*, *Building Social and Emotional Resilience in Schools*, Heidelberg: Springer Science & Business Media, 2014, p.19; Navarro R., Serna C., Martinez V., Ruiz-Oliva R., "The Role of Internet Use and Parental Mediation on Cyberbullying Victimization among Spanish Children from Rural Public Schools", *European Journal of Psychology of Education*, 2013, Vol.28, No.3, pp.725-745; Blumenfeld W.J., The Nature of Social Communication Technologies and Cyberbullying//Michael P., Joanne K., Dale S., *The Nature of Technology*, Rouerdam: Sense Publishers, 2013, pp.269-290;李岩：《网络话语的暴力效果——以福柯话语理论解读网络暴力的生成》，《当代传播》2014 年第 5 期，第 26—28 页；焦洁庆：《互联网背景下高校网络舆论暴力现象研究》，《新闻战线》2017 年第 12 期，第 122—123 页。

②　Hinduja S., Patchin J.W., "Cyberbullying: A Review of the Legal Issues Facing Educators", *Preventing School Failure: Alternative Education for Children and Youth*, 2011, Vol.55, No.2, pp.71-78;山述兰、张力：《网络"语言暴力"的形成与文化特征分析》，《中华文化论坛》2014 年第 5 期，第 89—93 页；陈美华、沈广倩：《大学生网络语言暴力问题研究及对语言教育政策的若干思考》，《江苏大学学报（社会科学版）》2017 年第 5 期，第 86—92 页。

③　何伟：《关于生态语言学作为一门学科的几个重要问题》，《中国外语》2018 年第 4 期，第 1、11—17 页。

用于自然生态系统,也同样适用于社会生态系统,它体现了自然与自然、人与自然、人与社会、社会与社会之间的良性运行关系,该生态哲学观有助于促进社会生态系统的良性发展①。社会生态系统是由人类社会子系统与其环境子系统在特定的时空通过相互作用结合而成的②,其中包括概念系统③,概念系统又包括语言生态系统、人际关系生态系统、思想道德生态系统、文化生态系统、法律生态系统等。总体而言,构成这些生态系统的要素可分为社会要素和环境要素④。在社会生态系统及其子系统的运行过程中,各要素间均要相互作用,协调一致,才能使社会生态系统良性发展,否则会导致人与人、人与社会,甚至人与自然之间关系的不稳定。

　　社会和人类因生态失衡问题而导致负面社会现象丛生⑤。目前,人类社会中存在许多语言暴力现象,均是由人与人、人与社会之间关系不和谐导致的。总体而言,其成因主要涉及五类生态系统——语言生态系统、人际关系生态系统、思想道德生态系统、文化生态系统和法律生态系统。语言生态系统包含语言内部要素,如语音、词汇、语法、符号⑥,以及环境要素,如语境等。人际关系生态系统的内部结构要素包括认知因素、情感因素和行为因素等⑦。思想道德生态系统包括思想道德和社会环境两方面因素。文化生态系统涉及本土观念因素、外来观念因素和环境因素⑧。法律生态系统则涉及不同内容的法律法规。在以上各类生态系统中,"多元和谐,交互共生"生态哲学观要求在处理人与人、人与社会的关系时,人们要尊重多元并存,崇尚交流互鉴,维护

---

① 何伟、刘佳欢:《多元和谐,交互共生——生态哲学观的建构与发展》,《山东外语教学》2020年第1期,第12—24页。

② 叶峻、李梁美:《社会生态学与生态文明论》,上海三联书店2016年版,第8页。

③ 邹冬生、高志强主编:《当代生态学概论》,中国农业出版社2013年版,第11页。

④ 何伟、刘佳欢:《多元和谐,交互共生——生态哲学观的建构与发展》,《山东外语教学》2020年第1期,第12—24页;叶峻、李梁美:《社会生态学与生态文明论》,上海三联书店2016年版。

⑤ 冯广艺:《语言生态学引论》,人民出版社2013年版,第201页。

⑥ 冯广艺:《语言生态学引论》,人民出版社2013年版,第57页。

⑦ 张烽:《浅谈人际关系的构成因素、特点和作用》,《郑州大学学报(哲学社会科学版)》1998年第2期,第37—40页。

⑧ 黎德扬、孙兆刚:《论文化生态系统的演化》,《武汉理工大学学报(社会科学版)》2003年第2期,第97—101页。

和谐稳定。有鉴于此,我们认为"多元和谐,交互共生"生态哲学观是判断人与人、人与社会之间关系和谐与否的标准,是界定语言暴力的准则。在生态语言学视角下,语言暴力是指因生态系统失衡而导致发话人发出令受话人心理上产生羞辱感、恐惧感等负面情绪的话语。其成因根本体现于各类生态系统及其中各要素不能相互作用、相互依存的不和谐、不共生现象,具体表现为语言生态系统、人际关系生态系统、思想道德生态系统、文化生态系统和法律生态系统内部要素间以及相互关系的失衡。

语言生态系统内部的失衡体现于语言的不规范使用,如违背词典标注的规范或语法规范等,这些不规范使用会使语言生态系统遭受伤害,导致语言系统不能与言语活动有效关联,从而会给人际交流带来麻烦[1],比如会破坏与别人交往时预期的行为模式、破坏对别人言语行为方式的一般态度等[2],对人际交流的信息会产生妨碍或阻碍,其危害程度不可低估。针对以上问题,李宇明提出语言的"雅正"规范,旨在树立语言运用的规范以"匡谬正俗"[3],其内容包括对"语言美"以及语言文明的提倡,从而使语言与言语信息交相呼应,交流更加和谐,降低语言暴力现象发生的可能性。因此,语言暴力的成因之一就是在语言生态系统内语言规范的不和谐运用以及言语信息的不交互传递。

人际关系生态系统内部要素间的失衡体现在人际关系的建构之中。人际关系反映了人与人、人与社会、社会与社会彼此之间"相互依存、相互制约、相互作用、相互斗争、相互分离"[4]的关系状态。人际关系生态系统的内部因素包括认知因素、情感因素和行为因素[5]。认知因素是人际关系的第一步,是对他人及自身的认识,情感因素建立在认知因素的基础上,是双方相互的好恶程度和评价。根据情感认知,双方进行交往就是行为因素[6]。认知因素和情感

---

① 周一农:《语言规范与言语规范》,《语言文字应用》1996年第3期,第65—70页。

② [尼日利亚]Bamgbose Ibadan:《论语言规范》,戴昭铭译,《解放军外国语学院学报》1995年第1期,第40—45页。

③ 李宇明:《语言规范试说》,《当代修辞学》2015年第4期,第2页。

④ 方艳:《论人际关系媒介化》,《国际新闻界》2012年第7期,第53页。

⑤ 张烽:《浅谈人际关系的构成因素、特点和作用》,《郑州大学学报(哲学社会科学版)》1998年第2期,第37—40页。

⑥ 刘珂、佐斌:《网络人际关系与现实人际关系一体论》,《云南师范大学学报(哲学社会科学版)》2014年第2期,第69页。

因素是人际关系生态系统的出发点,行为因素则是表现。因此,人际关系的好坏在于内部因素之间的协调。语言暴力发生的表层原因是不和谐的行为因素,而其深层原因则是由认知因素和情感因素决定的。若认知因素和情感因素过于片面单一,则会导致行为因素的极端化,从而发生语言暴力或其他暴力现象。由此可知,语言暴力的成因之二则是人际关系生态系统内在因素之间的不多元与不和谐现象。

思想道德生态系统内部的不平衡性体现于思想道德的脱节。思想道德是"人基于文化属性进行主观抽象的产物"①,与社会中的其他要素相互融合,并与这些要素交互影响。语言暴力的产生则是由于思想道德与社会其他因素的脱节,导致自身更新机制的无法完成。故旧的思想道德生态系统无法与新的思想道德生态系统和谐共生,从而诉诸暴力行为。也就是说,思想道德生态系统的发展、更新、转化是该系统自我平衡与自足的重要过程,也是思想道德与社会环境相互融合的重要载体。因此,语言暴力的成因之三是思想道德生态系统内在因素之间的不交互共生。

文化生态系统内部的失衡体现于文化的脱节。文化生态系统内部的主要运行机制是传播与交流,在此过程中文化实现了同化与异化②。本土文化根据所处的环境对外来文化的同化或异化过程是文化生态系统自身的新陈代谢,然而不恰当的同化或异化过程会产生"文化垃圾污染"③现象,导致文化生态系统运行出现涨落,这必使系统的平衡遭到扰乱,出现负面的文化现象,如语言暴力。因此,语言暴力的成因之四在于文化生态系统内部要素间的不多元、不交互。

法律生态系统内部的不平衡体现于相关法律的空缺。法律生态系统涵盖针对不同问题的法律条款,但针对各类语言暴力的法律法规目前尚不完善,比如没有设立针对校园暴力或网络暴力的法律法规。此类法律法规的空缺会导

---

① 冯丕红、李建华:《论道德传统》,《南昌大学学报(人文社会科学版)》2015 年第 3 期,第57 页。

② 黎德扬、孙兆刚:《论文化生态系统的演化》,《武汉理工大学学报(社会科学版)》2003年第 2 期,第 97—101 页。

③ 孙兆刚:《论文化生态系统》,《系统辩证学学报》2003 年第 3 期,第 101 页。

致刑事责任、法律保护以及矫正治理的缺位①,从而会使语言暴力现象得不到有效遏制,施暴者越发猖獗。因此,语言暴力的成因之五在于法律生态系统内相关因素的不多元。

在上述五类成因中,语言失范是表面成因,人际关系的不和谐是主观成因,思想道德、文化与现代社会脱节是根本成因,相关法律法规的空缺是客观成因。这些成因相互作用,相互关联。思想道德、文化与现代社会脱节会使社会对暴力现象产生误解,导致相关法律法规的缺位;而没有法律的束缚又会使人发生认知偏差与错误情感,无法认识到暴力现象的严重危害,故在实际行动中无所忌惮,从而直接导致语言失范,发生语言暴力;语言的不规范使用又会使言语信息的传递出现偏差,作用于行为之上,产生负面影响;错误的行为体现出人对暴力现象认知与情感的偏差,在认知系统中自发地将暴力行为的危害性降低,出现法律法规缺位,归责缺失,认知上无法意识到暴力的严重后果,而心理上越发认同"用暴力解决一切问题"的说法,与现代文明社会的主流价值观相差甚远,与现代思想道德和文化脱节,形成恶性循环(如图1所示)。因此,语言暴力的成因之六是各类生态系统之间的不和谐与不共生。

综上所述,从生态哲学观看,语言暴力是因违背"多元和谐,交互共生"生态哲学观而产生的,是由各生态系统内因素之间以及生态系统之间的失衡所致。具体而言,其成因涉及六个方面,分别为语言、人际关系、思想道德、文化和法律生态系统各自内部因素的不交互共生以及五类生态系统间关系的不和谐。因此,结合生态哲学观,语言暴力的产生体现了人与人、人与社会、社会与社会之间关系的不平衡发展,说明社会生态系统在运行过程中所遗留或隐藏的负面问题会阻碍人与社会之间关系的良性发展。

---

① 朱媛:《当代中国"校园暴力"的法律缺位与应对》,《法制与社会》2016年第16期,第178—179页。

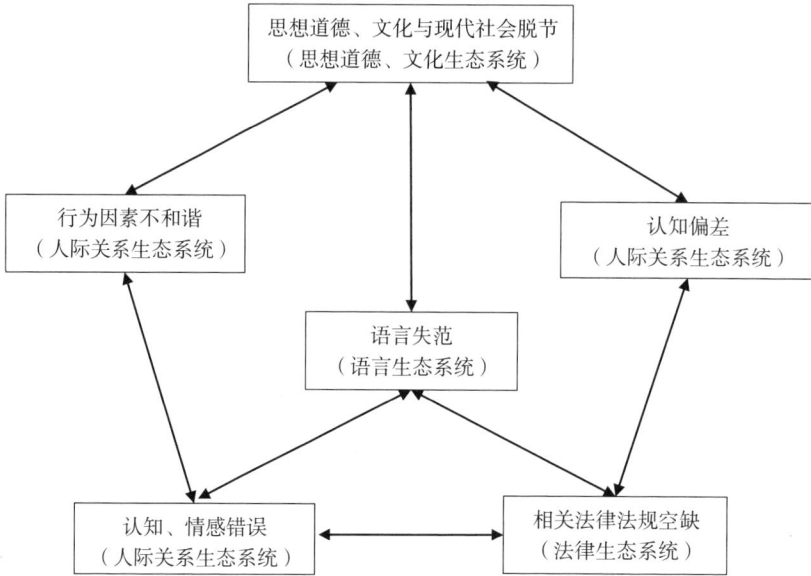

图 1　五类生态系统之间的关系

三、语言暴力的防治措施与动态运行机制

　　鉴于语言暴力主要是由语言生态系统、人际关系生态系统、思想道德生态系统、文化生态系统以及法律生态系统内各因素之间,以及系统之间的不多元和谐、不交互共生导致。本文认为,我们应以"多元和谐,交互共生"生态哲学观为依据,以各生态系统及其之间的关系为对象,对语言暴力现象进行相关预防与治理。语言暴力的预防旨在从根源上杜绝有关语言暴力行为的滋生,将暴力的萌芽扼杀在摇篮中,有助于优化语言环境,矫正社会不良风气,提升个人和社会整体思想素质。在预防过程中,语言生态系统、人际关系生态系统、思想道德生态系统、文化生态系统等相互依存、相互联系,各生态系统内部及彼此的运行机制需协调一致,即在运行过程中注重交叉性和平衡性。语言暴力的治理旨在从根本上调查语言暴力的现状,解决目前语言暴力遗留的相关问题,改善社会环境,协调社会人际关系,构建和谐生态。在治理过程中,语言

生态系统、法律生态系统等相互作用,相互监督,对语言暴力行为的治理采取"硬措施、硬手段"。

(一) 语言暴力的预防

语言暴力的预防涉及语言生态系统、人际关系生态系统、思想道德生态系统和文化生态系统的和谐,分别对应的表现为和谐话语、得体友善、诚实守信以及明礼谦让①。四类生态系统相互作用、相互影响,使整体预防机制得以良性运转。

语言生态系统在人际关系生态系统、思想道德生态系统和文化生态系统的影响下,应更加强调和谐话语,即语言在运用中的和谐表达,其中涉及表达者和接受者、语言态度和语言选择、语言环境和语用条件等②。为创建和谐的环境,在语言表达中,人们要沿袭多元的文化传统,尊重语言的多样性,由于表达者和接受者在各方面的千差万别,话语也各具风格③,人们应该尊重其多元化,以降低不和谐和语言暴力现象发生的可能性。语言态度与语言选择相互联系,语言态度影响着语言选择,语言选择是语言态度的体现,二者的交互性使语言的功能得到展现,故正面的语言选择是积极的语言态度的条件,可以减少语言暴力,对社会环境产生良性影响。语言环境和语用条件是语言使用的客观条件,它们与语言使用相辅相成,良好的语言使用可以促进语言环境和语用条件的改善,积极向上的语言环境和语用条件可以推动和谐话语的运用,构建健康的人际关系,提高社会整体思想道德素质。

人际关系生态系统与语言生态系统相互影响,交际中的得体友善是二者和谐共生的体现。这说明语言的使用要结合某种特定的人际关系,并在该语境下,为人际关系的产生、发展和保持发挥作用。因此,"多元和谐,交互共生"是得体友善的行为保障。人与人、人与社会、社会与社会之间存在多种联

① 化长河:《和谐社会视野下的和谐语言构建原则》,《新闻爱好者》2010 年第 1 期,第 92—93 页。

② 冯广艺:《关于语言和谐的研究》,《江汉大学学报(人文科学版)》2007 年第 5 期,第 32 页。

③ 冯广艺:《语言生态学引论》,人民出版社 2013 年版,第 202 页。

系,只有处理好这些多元的关系,才能为得体友善的行为提供良好的条件,防止语言暴力的发生。德国学者赫尔德①认为,社会由许许多多的人构成,并将社会比作一台机器,把个人对社会产生的作用比作一个飞轮,强调"所有的飞轮必须保持一定的相互关系,否则就不成其为一台完整的机器"②。所以,只有在人与社会交互发展的关系下,得体的语言行为才能形成,暴力的语言行为才能避免。法国学者海然热③认为,人与语言紧密地结合在一起,人类在对自身认知越来越清晰的同时,"也一直在不断地完善语言"④。因而,人与语言相辅相成,这样的共生现象使交际行为朝更加得体、更加友善的方向发展。

思想道德中的诚实守信是思想道德生态系统与语言生态系统交互的反映,即是思想与语言的和谐统一。诚信是思想道德素质的基础,是社会主义核心价值观之一,也是建设社会主义和谐社会的总要求之一。当前和谐社会的建设要以思想道德素质提升为先导,强化精神文明建设。精神文明提倡多元化和谐发展,这是思想道德生态系统发展的前提。精神文明多元化发展为和谐的语言环境创造了良好的思想基础。因此,培养良好的思想道德素质可以净化语言使用环境,对语言暴力的发生起到预防作用。

中华民族传统文化中的明礼谦让是文化生态系统与语言生态系统和谐共生的表现之一。苏联学者柯杜霍夫⑤认为,"语言与文化的联系表现得既多样又广泛。"语言是文化的表象,"语言本身就是语符形式与文化内容的有机整体"⑥,所以语言成为了文化的核心。文化与语言相互影响,体现在明礼谦让之中。《礼记》中记载:"夫礼者,自卑而尊人。"⑦明礼谦让是文化生态系统与语言生态系统的交互共生。在语言交际中,明礼谦让追求人与人之间的和谐

① [德]J.G.赫尔德:《论语言的起源》,姚小平译,商务印书馆1998年版。
② [德]J.G.赫尔德:《论语言的起源》,姚小平译,商务印书馆1998年版,第78—79页。
③ [法]海然热:《语言人——论语学对人文科学的贡献》,张祖建译,生活·读书·新知三联书店1999年版。
④ [法]海然热:《语言人——论语学对人文科学的贡献》,张祖建译,生活·读书·新知三联书店1999年版,第77页。
⑤ [苏]柯杜霍夫:《普通语言学》,常宝儒等译,外语教学与研究出版社1987年版,第250页。
⑥ 杜道明:《语言与文化关系新论》,《中国文化研究》2008年第4期,第137页。
⑦ 王文锦:《礼记译解》,中华书局2016年版,第4页。

相处,有助于交流双方的相互理解与信任,建构良好的语言环境与语用条件,减少语言暴力的发生。

以上语言暴力的预防机制在语言暴力的具体发生场所中需要依照实际情况进行判断分析。根据前文所述的语言暴力的发生场所,此处以家庭语言暴力、校园语言暴力和网络语言暴力为例对其预防机制进行诠释。

在预防家庭语言暴力的过程中,应提升人们对语言暴力的认知,加强健康家风的宣传和建设,消除"重男轻女""家丑不可外扬"等守旧思想。要"注重家庭、注重家教、注重家风,紧密结合培育和弘扬社会主义核心价值观"①,以社会主导的主流价值观为指导方针丰富家风的时代新内涵,促进其与社会主义核心价值观相结合,并从实际家庭日常生活中切入,不断与家风进行融合,"发扬光大中华民族传统家庭美德,促进家庭和睦,促进亲人相亲相爱,促进下一代健康成长,促进老年人老有所养"②,家庭各成员间相互尊重、地位平等。

在预防校园教师语言暴力的过程中,教师应发挥自主能动性,加强自身的师德修养,增强时代责任感,成为先进思想文化的传播者与国家治理方略的坚定支持者,同时还要引导学生正确认识当下发展形势,培养学生正确的时代责任感与历史使命感。教师应"坚持教书和育人相统一,坚持言传和身教相统一,坚持潜心问道和关注社会相统一,坚持学术自由和学术规范相统一""以德立身、以德立学、以德施教"③。在预防校园学生语言暴力的过程中,家长与学校应不断维护学习成长环境的和谐稳定,加强人文关怀和心理疏导,培养学生健康的心态及其社会责任感,"不断提高学生思想水平、政治觉悟、道德品质、文化素养,让学生成为德才兼备、全面发展的人才"④;同时,学生应顺应时

---

① 习近平在 2015 年春节团拜会上的讲话[EB/OL].(2015-02-17)[2019-03-15].http://www.xinhuanet.com/politics/2015-02/17/c_1114401712.htm.

② 习近平在 2015 年春节团拜会上的讲话[EB/OL].(2015-02-17)[2019-03-15].http://www.xinhuanet.com/politics/2015-02/17/c_1114401712.htm.

③ 习近平在全国高校思想政治工作会议上强调:把思想政治工作贯穿教育教学全过程 开创我国高等教育事业发展新局面[EB/OL].(2016-12-09)[2019-03-15].http://dangjian.people.com.cn/n1/2016/1209/c117092-28936962.html.

④ 习近平在全国高校思想政治工作会议上强调:把思想政治工作贯穿教育教学全过程 开创我国高等教育事业发展新局面[EB/OL].(2016-12-09)[2019-03-15].http://dangjian.people.com.cn/n1/2016/1209/c117092-28936962.html.

代发展,将"中国梦"与青年梦联系在一起,努力学习优秀的文化思想品德,加强学习现代社会主流价值观,树立正确的世界观、人生观和价值观。

在防治网络语言暴力的过程中,网民应坚持社会主义核心价值观,提升网络素养,加强自我的网络伦理与网络文明,发挥自身内在制约功能,增强个人思想情感控制,建立网络自主、自律型道德,增强社会主义核心价值观网络实践的自觉性①,培养网络责任感和社会责任感,一齐携手"用人类文明优秀成果滋养网络空间、修复网络生态"②。

(二) 语言暴力的治理

语言暴力的治理涉及语言生态系统和法律生态系统,具体的运行机制表现为语言规范以及惩治语言暴力的法律法规。两类生态系统互利共生,对语言暴力现象进行坚决抵制。

规范语言是语言生态系统针对语言暴力的治理机制。规范化的和谐语言是语言文明的体现,包括两个方面:语言本体系统规范和言语规范。语言本体系统规范是由语言本体系统形成的,语言系统内的每一个要素都通过自我调节而达到和谐一致的状态,它们相互依存、相互制约,以推进语言不断更新发展③。言语规范则受到了某些主观因素的参与和影响,人为地制订语言文字政策,推出有关言语交际的硬性规定,符合当代社会整体思想道德,以保障社会发展进步,如规范词典编撰,完善《中华人民共和国国家通用语言文字法》等。言语规范要接受言语行为和言语环境的检验,并在检验过程中随着语言本体的发展而发展,使规范不断被完善④。言语行为是指个人和群体通过语言用于交际的过程,人们应当遵守并维护语言的规范性和秩序性。同时,言语行为也反映着使用者的言语素质,即语言本体的文字知识和语言使用的秩序规范,是理论与实践的结合,是个人言语道德水平的体现,也是社会文化发展

---

① 霓美妮:《社会主义核心价值观引领网络文化发展研究》,《新疆师范大学学报(哲学社会科学版)》2013 年第 5 期,第 43 页。

② 习近平在第二届世界互联网大会开幕式上的讲话[EB/OL].(2015-12-16)[2019-03-15].http://www.xinhuanet.com//world/2015-12/16/c_1117481089.htm.

③ 郑远汉:《有关语言规范的几个问题》,《语言文字应用》2007 年第 3 期,第 38—45 页。

④ 晁继周:《树立正确的语文规范观》,《中国语文》2004 年第 6 期,第 558—562 页。

程度的代表。良好的言语环境是和谐语言产生与发展的沃土,为语言本体的新陈代谢创造条件,为言语规范的更新发展提供物质与精神基础,为人们的言语行为树立引导性规范。言语环境是反映语言文明程度与社会文明程度的一面镜子,与社会主流价值观息息相关。上述两类规范有机统一、相辅相成,语言规范是一个社会化的过程,与一定的社会发展阶段相对应,随着社会发展,政治、经济、文化建设不断对和谐语言规范提出新的要求①。在社会主义核心价值观的指导下,人们根据具体的言语环境,遵循有效适时的言语规范,使用恰当规范的语言文字,实施文明和谐的言语行为。在家庭言语环境中,家庭成员应首先创造一个自由民主的言语环境,言语行为应该遵循"文明""和谐""平等""诚信"的价值原则,正如习近平总书记所言,要"重视家庭、重视亲情"②,中华民族自古以来"家和万事兴、天伦之乐、尊老爱幼、贤妻良母、相夫教子、勤俭持家"③的家庭情结应深植于每个人的心中。在校园言语环境中,教师和学生的言语行为应遵循"敬业""民主""文明""和谐""平等""友善"的价值观,习近平总书记指出,学校"肩负着培养德智体美全面发展的社会主义事业建设者和接班人的重大任务"④,应以德树人,培养优秀人才。在网络言语环境中,所有网民应遵循"爱国""法治""文明""和谐""自由""友善"的言语行为准则。习近平总书记提到网络空间的虚拟性,也强调运用网络空间主体的现实性,并呼吁所有人要"遵守法律,明确各方权利义务","互联网是人类的共同家园。让这个家园更美丽、更干净、更安全"⑤,是所有人的共同责任。

通过法律对语言暴力进行惩治,是治理语言暴力最后且最强硬的手段,也

---

① 陈汝东:《论语言文明》,《语文建设》1996 年第 11 期,第 36—40 页。

② 习近平在 2015 年春节团拜会上的讲话[EB/OL].(2015-02-17)[2019-03-15].ht-tp://www.xinhuanet.com/politics/2015-02/17/c_1114401712.htm.

③ 习近平在 2015 年春节团拜会上的讲话[EB/OL].(2015-02-17)[2019-03-15].ht-tp://www.xinhuanet.com/politics/2015-02/17/c_1114401712.htm.

④ 习近平在全国高校思想政治工作会议上强调:把思想政治工作贯穿教育教学全过程 开创我国高等教育事业发展新局面[EB/OL].(2016-12-09)[2019-03-15].http://dangjian.people.com.cn/n1/2016/1209/c117092-28936962.html.

⑤ 习近平在第二届世界互联网大会开幕式上的讲话[EB/OL].(2015-12-16)[2019-03-15].http://www.xinhuanet.com//world/2015-12/16/c_1117481089.htm.

是语言暴力治理机制的最后保障。语言暴力不仅是个人的道德素质问题,也是法律问题。在任何情况下,实施暴力行为就是违法,需追究其法律责任。由于导致语言暴力的原因多种多样,应不断完善相关法律法规体系,使法律法规更加全面地保护每一个公民不受语言暴力侵害。对于妇女儿童等家庭弱势群体所受到的语言暴力,应加强《反家庭暴力法》的实施,贯彻落实《家庭暴力告诫制度实施办法》等相关制度,根据实际情况与具体问题,对家庭中的暴力行为进行干预制止①。对于未成年人在校园及周边场所遭受的语言暴力,应加强落实《中华人民共和国义务教育法》《中华人民共和国未成年人保护法》,并在此基础上建构和完善更加具体、完整的措施办法,如《公安机关维护校园及周边治安秩序八条措施》《中小学幼儿园安全管理办法》等②。对于公民在网络中遭受的语言暴力,应注重网络法制建设,并以法律法规为依据,对网络进行监督管理。目前针对网络语言暴力的系统性法律尚存空白,应加快推进相关法律法规的出台,对网络主体行为的底线进行界定,对具有不良影响的网络攻击进行及时清理,消除影响,并追究其法律责任③。

(三) 生态系统的动态运行机制

生态系统自身的生长与消亡存在着特定的机制,运行过程中生态系统在不断地自我完善,将自身与所处环境紧密联系起来,不断与其进行物质、能量和信息的交换,在这种永不停息的交互之中,不断寻求并靠拢符合社会发展的价值观,从而对系统本身进行新陈代谢、自我更新。这就是生态系统的动态运行机制,即生态系统不应是封闭孤立的,应当不断地与外界环境和其他生态系统交互共生,以保持自身与环境间的和谐。相反,如果一个生态系统保持隔绝状态,那么它会无法及时自我更新,从而被时代淘汰,最终走向解体。因此,防治语言暴力应根据其成因,结合上述各项具体措施,以生态系统的动态运行机

① 薛宁兰:《聚焦〈反家庭暴力法〉亮点,进一步推动贯彻落实——〈反家庭暴力法〉专家座谈会笔谈》,《妇女研究论丛》2016年第1期,第5—20页。
② 李春雷:《校园伤害案件即防控对策的实证分析与比较研究》,《中国人民公安大学学报(社会科学版)》2010年第6期,第36—50页。
③ 宋小红:《网络道德失范及其治理路径探析》,《中国特色社会主义研究》2019年第1期,第71—76页。

制为基础,对语言暴力现象反映出的生态系统无法自我更新而导致的不和谐问题进行协调。目前,学界仅针对特定的语言暴力现象给出具体措施,而并未指出这些具体措施的根本出发点,即仅指出了表面性对策。我们认为,只有在生态系统的动态运行机制的基础上,才可以从根本上杜绝语言暴力的发生。以家庭语言暴力为例,由于各家庭成员有着不同的背景环境,各自的生态系统会有所不同,所以在生态系统无法相协调一致的情况下,会导致冲突发生,例如以下话语:

苏明玉,你是个女孩,怎么能跟你两个哥哥比呢? 我们只负责养你到十八岁,你以后还要嫁人,到老了,我们也不需要你养。①

上面这段话语出自电视剧《都挺好》中妈妈对女儿说的话,话语背景为女儿出生在重男轻女的家庭,从小遭受了许多语言暴力,对其心理造成了很大的影响。重男轻女的思想在旧时社会没有相关法律明令禁止,这样的思想在当时大部分人的心中根深蒂固,例中妈妈依然秉持着旧时代重男轻女的思想。她的思想道德生态系统、文化生态系统和法律生态系统依然停留在当时自己成长与接受教育的年代,导致其人际关系生态系统与语言生态系统也是如此,没有随着时代发展与进步,没有自我完善,也没有推陈出新。因此脱离了社会主流的思想道德生态系统、文化生态系统和法律生态系统,从而在语言生态系统与人际关系生态系统中出现了不和谐的因素,形成了对女儿的语言暴力。由此可知,为防治家庭语言暴力,应加大力度宣扬健康家风,逐步提升个人的思想道德素养。家风是一个家庭的价值观,也是社会价值观的一部分,与社会主义核心价值观一脉相承,是随着社会历史条件的变化而变化的,不能脱离当代社会的发展。这就要求每个人应与时俱进,不断加强学习领会社会主义核心价值观,真正做到将社会主义核心价值观内化于心、外化于行。

综上,生态系统的动态运行机制可以从两个角度看待。从纵向角度看,社会中的各类生态系统在本质上都是以动态机制运行的,其中的平衡也是动态

---

① 《都挺好》戳痛点 重男轻女的家庭有多可怕! [EB/OL].(2019-3-5)[2019-3-15]. http://baby.sina.com.cn/edu/jtjy/2019-03-05/doc-ihrfqzkc1297766.shtml.

的平衡,总是处于"建构—解构—建构—解构……"的链性循环中,每一个时代的人都是过去的传承者、现在的实践者和未来的创造者①。在这样的时代下,生态系统不断进行自我更新。对于旧的观念,采用取其精华、去其糟粕的原则;对于新的思想,在去伪存真后,应注重与过去保留下来的传统进行融合,而不是急于跟随潮流,忘本逐新。从横向角度看,社会中的各类生态系统之间的关系是动态平衡的,不同的生态系统之间如多个同时运转的齿轮般相互协调、相互制约,同时也需要受到社会环境因素的输入影响,这些多角度的生态系统相辅相成,构成一个巨大的网络,涵盖社会的方方面面,满足社会各阶层的需求。在这样的环境下,各类生态系统应顺应多元协调发展的趋势,在保持交互的关系中和谐共生。因此,纵向与横向发展相辅相成,纵向发展是横向发展的前提,横向发展是纵向发展的目标,也就是说,整个生态系统的良性运行是在每一个生态系统动态发展的基础上建构而成的。正如习近平总书记所说:"时代是出卷人,我们是答卷人,人民是阅卷人。"②时代赋予党和人民以使命,是"思想之母"③,我们应紧跟时代步伐,努力学习、终生学习,提高自己的理论知识和思想道德水平,更新观念,与时俱进,积极响应新时代的号召,践行社会主义核心价值观,为构建社会主义和谐社会打下坚实的基础。

四、结语

在生态语言学视角下,我们将语言暴力定义为因生态系统的失衡而导致发话人发出令受话人心理上产生羞辱感、恐惧感等负面情绪的话语行为。其根本成因在于各类生态系统及其各要素不能相互作用、相互依存,也就是不和谐、不共生,具体表现为语言生态系统、人际关系生态系统、思想道德生态系

---

① 谢洪恩、孙林:《论当代中国小康社会的文化生态》,《中华文化论坛》2003 年第 4 期,第143—149 页。

② 王珊:《时代是出卷人 我们是答卷人 人民是阅卷人》[EB/OL].（2018－03－15）[2019-03-15].https://baijiahao.baidu.com/s? id＝1594970753594293649&wfr＝spider&for＝pc.

③ 王伟光:《当代中国马克思社会主义的最新理论成果——学习习近平新时代中国特色社会主义思想》,中国社会科学出版社 2018 年版,第 4 页。

统、文化生态系统和法律生态系统内部各要素及相互关系的失衡。针对于此，我们应加强预防与治理。对于可能发生的语言暴力问题，我们应加强预防，提倡语言维度上使用和谐话语，人际关系维度上做到举止行为得体友善，思想道德维度上坚持诚实守信，文化维度上固守明礼谦让。对于现已发生的语言暴力行为，我们应加强治理，制定语言规范，贯彻落实语言暴力相关法律法规。为从根本上杜绝语言暴力的发生，我们要保持终身学习，紧跟时代步伐，推陈出新，注重生态系统自身的不断更新完善以及生态系统之间的动态和谐共生，从而推进生态文明的深度建设，构建更高层次的和谐社会。

（本文原载《云南师范大学学报》2020年第6期，作者为何伟、刘佳欢。）

生态语言学：
生态话语分析范式

生态话语分析模式构建

一、引言

    生态语言学至今已有 20 多年的发展历史①,其研究分为两大模式,一是关注语言和语言环境之间相互关系的"豪根模式",二是强调语言对生态环境影响的"韩礼德模式"。"韩礼德模式"缘起于 Halliday 在 1990 年国际应用语言学会议(AILA)上宣读的《意义表达的新途径:对应用语言学的挑战》一文。Halliday② 从生态学视角指出了现存语言对社会意识和行为的负面作用,并明确提出语言中暗含的生长主义、等级主义等思想意识对生态环境造成了严重影响。Halliday③ 认为语言是一种干预社会的手段,语言学家应该具有一定的社会责任感并为生态保护贡献自己的力量。目前,国内韩礼德模式下的生态语言学研究尚处于起步状态,主要为介绍性和评价性工作,如范俊军④、王晋军⑤、

---

    ①   Matthiessen C.M.I.M., Ideas and New Directions//Halliday M.A.K., Webster J., *Continuum Companion to Systemic Functional Linguistics*, London:Continuum,2009,p.57.

    ②   Halliday M.A.K.,"New Ways of Meaning:The Challenge to Applied Linguistics", *Journal of Applied Linguistics*,1990,No.6,pp.7-36.

    ③   Halliday M.A.K.,Is the Grammar Neutral? Is the Grammarian Neutral? //Villiers J.,Stainton R.J., *Communication in Linguistics*, *Vol. 1*:*Papers in Honour of Michael Gregory*, Toronto:Editions du Gref,2001,p.273.

    ④   范俊军:《生态语言学研究述评》,《外语教学与研究》2005 年第 2 期,第 110—115 页。

    ⑤   王晋军:《生态语言学:语言学研究的新视域》,《天津外国语学院学报》2007 年第 1 期,第 53—57 页。

辛志英和黄国文①、黄国文②、张瑞杰和何伟③等。国外研究已初具规模，研究大多借鉴批评话语分析（CDA）理论，对语篇进行生态批评话语分析。例如，Mühlhäusler④ 对生态旅游话语进行了研究，指出生态旅游宣传充斥着意义模糊的生态说教；Carvalho⑤ 研究了媒体话语政治倾向对气候变化的影响；Goatly⑥ 研究了"人类是动物"这一隐喻的生态意义；Sttibe 和 Zunino⑦ 在 CDA 模式下对生态多样性进行了解读；Alexander⑧ 则将 CDA 与语料库分析进行了结合。这些研究都借鉴 CDA 分析模式，从多个视角入手分析了话语的生态意义，促进了生态话语分析的发展。但以 CDA 的路径和方法研究话语的生态意义存在一定问题：尽管生态话语分析与批评话语分析存在相同之处，如都为跨学科研究，都以问题为导向等，但生态话语分析是"超越了特定文化的研究"⑨，与批评话语分析的人类中心关注和权势构建行为相比，其研究对象和研究目的更为广大和深刻。因此，我们不能简单地将生态话语分析理解为批评话语分析的一个下属领域⑩，而应该探寻和发展新的生态话语分析模式。

---

① 辛志英、黄国文：《系统功能语言学与生态话语分析》，《外语教学》2013 年第 3 期，第 7—10、31 页。

② 黄国文：《生态语言学的兴起与发展》，《中国外语》2016 年第 1 期，第 1、9—12 页。

③ 张瑞杰、何伟：《〈生态语言学：语言、生态与我们赖以生存的故事〉评介》，《现代外语》2016 年第 6 期，第 863—866 页。

④ Mühlhäusler P., Bleached Language on Unbleached Paper, The Language of Ecotourism// Ketteman B., Penz H., *ECOnstructing Language*, *Nature and Society*：*The Ecolinguistic Project Revisited*, *Essays in Honour of Alwin Fill*, Tübingen：Stauffenburg Verlag, 2000, pp.241-251.

⑤ Carvalho A., "Representing the Politics of the Greenhouse Effect：Discursive Strategies in the British Media", *Critical Discourse Studies*, 2005, No.21, pp.1-29.

⑥ Goatly A., "Humans, Animals and Metaphors", *Society and Animals*, 2006, No.1, pp.15-37.

⑦ Stibbe A., Zunino F., Boyd's Forest Dragon or the Survival of Humanity：Discourse and the Social Construction of Biodiversity//Döring M., Penz H., Trampe W., *Language*, *Signs and Nature*：*Ecolinguistic Dimensions of Environmental Discourse*, *Essays in Honour of Alwin Fill*, Tübingen：Stauffenburg Verlag, 2008, pp.165-182.

⑧ Alexander R.J., *Framing Discourse on the Environment*：*A Critical Discourse Approach*, New York and London：Routledge, 2009.

⑨ Stibbe A., "Ecology and the Magic of Economics", *Language and Ecology*, 2005, No.14, pp. 1-6.

⑩ 辛志英、黄国文：《系统功能语言学与生态话语分析》，《外语教学》2013 年第 3 期，第 7—10、31 页。

Halliday① 依据系统功能语言学(Systemic Functional Linguistics,以下简称
SFL)思想分析了英语词汇语法层面的非生态特征,并通过规划语言在整个生
态系统中的位置对语言进行了生态定位②。这都在一定程度上证明了 SFL 可
以成为生态话语分析强有力的理论基础。然而如何将 SFL 真正应用于生态
话语分析,其实际操作仍是一个尚未解决的难题。有鉴于此,本文将生态哲
学思想与 SFL 相结合,构建一个可行的生态话语分析模式,用以指导分析语
篇生态和非生态因素,为生态话语分析乃至生态语言学的发展贡献一份
力量。

二、生态场所观与生态语言学

生态语言学研究无论采取何种视角和途径,都离不开生态批评,而任何层
面的批评都必然基于一定的思想理念和行为标准。Naess③ 提出"生态哲学
(ecosophy)"这一术语,用于指代涵盖一系列规则、预设、价值推崇等有关生态
和谐的哲学思想。Stibbe④ 则进一步指出,任何一种生态哲学都无法宣称具有
唯一"正确(correct)"性,但任何用于生态语言学研究的生态哲学主题都"关
注人类与其他生命体和物理场所的相互关系",并随着新的证据和经验的产
生而变化和发展。

在已有生态语言学研究中,主要生态哲学思想包括资源丰饶主义⑤、可持

①　Halliday M.A.K.,"New Ways of Meaning:The Challenge to Applied Linguistics",*Journal of Applied Linguistics*,1990,No.6,pp.7-36.

②　Halliday M.A.K.,On Grammar and Grammatics//Hasan R.,et al.,*Functional Descriptions:Theory in Practice*,Amsterdam:Benjamins,1996,p.8.

③　Naess A.,"The Shallow and the Deep,Long-range Ecology Movement:A Summary",*Inquiry*,1973,Vol.16,No.1,pp.95-100.

④　Stibbe A.,*Ecolinguistics:Language,Ecology and the Stories We Live By*,London and New York:Routledge,2015,p.12.

⑤　Lomborg B.,*The Skeptical Environmentalist:Measuring the Real State of the World*,Cambridge:Cambridge University Press,2001;Ridley M.,*The Rational Optimist:How Prosperity Evolves*,New York:Harper,2010.

续发展观①、社会生态观②、生态女性主义③等。资源丰饶主义和可持续发展观侧重考察人类经济发展与资源环境的关系;社会生态观和生态女性主义则侧重考察社会等级制度和权势现象对生态平衡的威胁。这些主流生态哲学思想都从不同角度支撑了生态语言学研究,但其关注点仍然是人类活动对生态的影响,相对忽视人与其他生态要素的互动关系。这就意味着它们仍然将人类置于生态系统之上,没有将人类看作生态系统的一分子,与其他人外生命体和物理环境共存于一个和谐体之中。本文认为人不只具有社会属性,更具有生态属性,人与生态系统中其他所有生命体以及生态场所要素息息相关,分秒共存。而现存生态问题重要原因之一为人类场所(place)意识的缺失,即对自我生态归属感的缺失。人类只有重新认识自身所处位置并对该场所进行良性认识,才能与该场所及场所内其他生命体和谐共存。

场所最早为自然地理学概念,Tuan④ 重新对场所和场所观(Sense of Place)进行定义和阐释,使其成为人文地理学概念。随后场所观经历了人文地理学⑤、社会心理学⑥和社会人类学⑦三个角度的解读和拓展。随后,Scannell⑧ 结合人文地理学和社会心理学对场所进行研究,将场所概括为社会性场

① Baker S.,*Sustainable Development*,New York and London:Routledge,2006.

② Bookchin M.,*The Ecology of Freedom:The Emergence and Dissolution of Hierarchy*,Oakland,CA:AK Press,2005.

③ Adams C.,Gruen L.,*Ecofeminism:Feminist Intersections with Other Animals and the Earth*,London:Bloomsbury,2014.

④ Tuan Y.F.,*Topophilia:A Study of Environmental Perception,Attitudes,and Values*,New York:Columbia University Press,1974.

⑤ Tuan Y. F.,"Humanistic Geography",*Annals of the Association of American Geographers*,1976,No.2,pp.266-276;Relph E.,*Rational Landscapes and Humanistic Geography*,New York:Barnes and Noble,1981.

⑥ Moore R. L.,Graefe A. R.,"Attachments to Recreation Settings:The Case of Rail-trail Users",*Leisure Sciences*,1994,No.16,pp.17-31;Manzo L.C.,"For Better or Worse:Exploring Multiple Dimensions of Place Meaning",*Journal of Environmental Psychology*,2005,No.1,pp.67-86.

⑦ Mesch G.S.,"Manor O.,Social Ties,Environmental Perception,and Local Attachment",*Environment and Behavior*,1998,No.4,pp.504-519;Low S.M.,*Conversations on the Plaza:Public Space and Culture*,Austin:University of Texas Press,2000.

⑧ Scannell L.,Gifford R.,"Defining Place Attachment:A Tripartite Organizing Framework",*Journal of Environmental Psychology*,2010,No.1,pp.1-10.

所和物理性场所,并将人对场所的态度分为情感、认知和意动三种类型,构建了一个相对较为完善、具有一定生态意识的场所观框架。在生态学视角下,Scannell物理性场所中所包含的人造建筑和设施以及室内设置等显然不属于自然存在的物质,而是凝结了人的意识和行为的社会性产物。此外,Scannell的场所观系统忽视了人外生命体的存在,而人类之外的生命体显然是生态系统中重要的一份子。基于此,本文从生态角度对Scannell的场所观系统进行解读和阐释,并将其扩展,如图1所示。

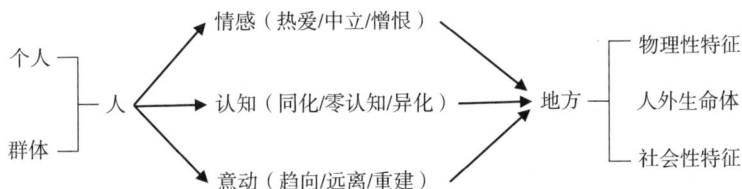

图1 生态场所观系统结构

在此系统中,个人指具有思想和行为能力的个体,强调个人经历对场所观形成的影响;群体指两个以上具有思想和行为能力的个体的集合体,强调文化、宗教等群体性特征对场所观形成的影响;场所物理性特征包括某特定场所的自然物理特征,如山川、河流、地貌、气候等;场所社会性特征包括某特定场所的人造环境,如住宅、街道、建筑物、城市设施等;人外生命体则指某特定场所除人类之外的所有动物、植物和微生物群体。在此基础上,本文将生态场所观定义为个体或群体对赖以生存的场所物理性特征、社会性特征及场所内人外生命体所发生的情感联结、认知体验和意动行为。

当人们对场所持热爱、同化和趋向态度时,三者共存形成典型的生态保护型场所观;中立、零认知和重建态度共存形成典型的生态模糊型场所观;而憎恨、异化和远离态度共存形成典型的生态破坏性场所观。此处需要指出的是,情感、认知和意动子系统之间为合取关系,其子分类形成渐变连续统,从热爱到憎恨之间有多种不同程度的情感。热爱为典型生态保护型态度,憎恨为典型生态破坏型态度,认知与意动系统同样如此。不同类型的场所观所引发的生态行为也各不相同,正面思想意识通常激发正面行为,负面思想意识通常导致负面行为,而模糊型意识所引发的行为则具有不确定性。

　　语篇作为意义传播的媒介能够体现不同的生态观念。典型生态保护型语篇语言模式应该体现生态保护型场所观,这种语篇能够促进生态保护行为,其语言模式应予以支持和推广。反之,典型生态破坏型语篇语言模式体现生态破坏型场所观,其语言模式应予以抵制。生态模糊型语篇语言模式则较为复杂,体现的生态场所观也较为模糊,对其解读时应多关注正面态度,避免负面态度对生态意识形成造成影响。生态场所观与语篇类型、生态保护行为之间的动态关系如图2所示(加粗箭头代表生态良性循环)。生态语言学研究者的职责为通过分析语篇语言模式,判定特定语篇属于保护型、模糊型还是破坏型语篇,进而推广保护型语篇语言模式,遏制破坏型语篇发展,引导模糊型语篇语言转向,使其向保护型语篇发展,最终实现生态保护。

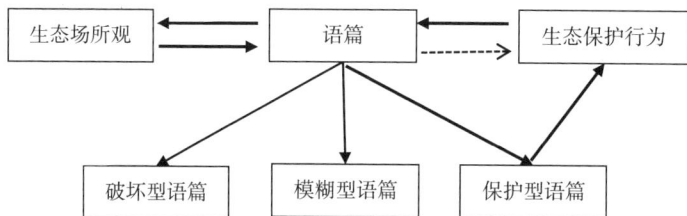

图2　生态场所观、语篇与生态保护关系图

三、生态话语分析模式

　　Halliday[1]认为,语言具有若干抽象的、更具概括性的功能,即语言元功能(metafunction),包括经验功能、人际功能和语篇功能。这些功能通过语言系统中的若干个语义系统体现,其中经验功能主要由及物性系统体现,人际功能主要由语气、情态和评价系统体现,语篇功能主要由主位和信息系统体现。本文将以这些意义系统为基础,从生态视角将其细化和扩展,以深入发掘语言中蕴含的生态信息。

---

　　① Halliday M.A.K., *An Introduction to Functional Grammar*, 2nd ed. London: Arnold/Beijing: Foreign Language Teaching and Research Press, 1994/2000, pp.35-36.

（一）经验意义系统

及物性系统是语言对现实世界中各种经历的表达，反映客观世界和主观世界所发生的事、涉及的人和物以及与之相关的时间、地点等环境因素。它将人类的所作所为、所思所想等分成若干过程（process），并对涉及的参与者角色（participant roles）和环境角色（circumstantial roles）进行区分。

本文基于生态语言学视角认为及物性系统"精密度（delicacy）"有待提升。例如，"我欢快地唱着歌①"与"鸟儿欢快地唱着歌"两句及物性结构区别甚微，其语义构成均为"施事（Agent②）+过程（Process）"。然而两句在读者认知中激发的意象截然不同，因为"我唱歌"体现了讲话者（通常为人）对自身行为能力的直接表达，而"鸟儿唱歌"体现了讲话者对人外生命体行为能力的描述，两句具有不同的及物性重心。Regan 和 Singer③ 曾指出，"把有感觉的动物纳入道德考虑，并承认它们体验苦乐的能力，是生态道德之下人类作为代理人对动物应尽的义务"。后者通过将"鸟儿"置于施事位置赋予了人外生命体与人类同等的地位，并承认其具有各种感知和行为能力，是一种积极的生态行为。由此可见，为了突出各参与者的生态属性，更直观地反映小句生态价值，我们需要对及物性系统中的语义角色进一步细化。基于此例，施事④可被进一步细分为如图 3 所示的五种类型。以此为标准，"我欢快地唱着歌"和"鸟儿欢快地唱着歌"的语义结构将各自变为"我[Ag_{ind}]欢快地唱着歌[Pro]"和"鸟儿[Ag_{nho}]欢快地唱着歌[Pro]"，如此之下，两句的生态特征一目了然，其生态意义也得以直观呈现。

除参与者角色需细化之外，本文认为小句过程意义也应进行生态延展。例如，"溪水流动着"与"溪水跳跃着"在语义上都表达"溪水"流动的动态过程，但两句动词所蕴含生态意义有所不同。前者为客观中性陈述，后者为带有

---

① 如非特殊注明，本文所选语料均来自互联网，部分语料经过调整以适应研究需要。

② 本文的及物性系统基于何伟等所著《汉语功能语义分析》和《英语功能语义分析》，外语教学与研究出版社 2017 年版。

③ Regan T., Singer P., *Animal Rights and Human Obligations*, Englewood Cliffs, N.J.: Prentice Hall, 1989, p.121.

④ 因篇幅所限，此处仅以施事为例，其他参与者角色子系统将另文展开。

$$\text{施事}\ (\text{Agent}) \begin{cases} \text{个体施事 (Agent-individual: Ag}_{ind}) \\ \text{群体施事 (Agent-group: Ag}_{grp}) \\ \text{物理性场所施事 (Agent-physical place: Ag}_{phy}) \\ \text{社会性场所施事 (Agent-social place: Ag}_{soc}) \\ \text{人外生命体施事 (Agent-nonhuman organism: Ag}_{nho}) \end{cases}$$

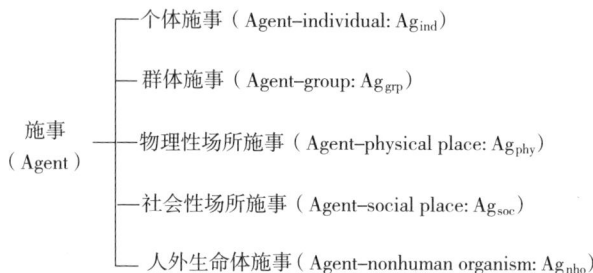

图 3 施事参与者角色的生态功能细化图

积极评价色彩的陈述,表达对"溪水"流动的喜爱之情。两句所体现的人对场所中物理性特征的态度不同,蕴含不同的生态场所观。在生态功能视角下,及物性过程所表达的原始意义可称之为表层意义,其隐含的生态场所观取向称之为深层意义。在进行语篇分析时,对过程的描述应包含两个步骤:首先依据小句谓体性质划分过程类型,确定小句表层意义;其次结合参与者角色和其他评价性成分判断小句生态取向,确定小句深层意义。以此为标准,上述两例的区别在深层意义上得以体现,后者深层意义更具生态保护性,而前者深层意义较为模糊,其生态保护价值相对略逊一筹。

以上对及物性系统参与者角色的细化和对过程意义的生态延伸在实际生态话语分析中具有较强的解释力。例如:

(1)为了想早早的看到那迎婚送亲的喜轿,翠翠还爬到屋后塔下去眺望。过不久,那一伙人来了,两个吹唢呐的,四个强壮乡下汉子,一顶空花轿,一个穿新衣的团总儿子模样的青年,另外还有两只羊,一个牵羊的孩子,一坛酒,一盒糍粑,一个担礼物的人。①

在 SFL 原及物性系统下,例(1)中两小句包含"爬"和"来"两个动作过程和"眺望"行为过程,涉及两个施事,施事 1 为"翠翠",施事 2 为带有列举同位语的"一伙人"。在新分析模式下,可将参与者角色重新定位为个人参与者(Ag_{ind})"翠翠",群体参与者(Ag_{grp})"一伙人",其中群体参与者包含的要素有个人参与者(Ag_{ind})"吹唢呐的""乡下汉子""青年""孩子""担礼物的人",人外生命体(Ag_{nho})"羊",以及场所社会性要素"花轿""酒""糍粑"。显然,第二

---

① 沈从文:《边城》,译林出版社 2011 年版,第 65 页。

个动作过程的参与者角色内在要素之间人与场所社会元素、非人生命体交替出现,地位平等,互相交融,形成了一个和谐共存的场所,体现了人对场所依附共存的意义。同样地,在该模式下对过程意义进行深入考察,可发现"爬到""眺望"的表层意义为动作过程和行为过程,但在语义上的前后关联引发了深层的评价性心理活动。"爬到屋后塔下"这种非常规行为在本质上体现了主人公迫切渴望的心情;此外,"眺望"行为过程本身就暗含了"努力去看某处"的心理倾向。总之,该动作过程和行为过程表达了人物对家乡这个场所下娶亲习俗的热切情感,从侧面体现了人对所依附场所社会性特征的正面态度。因此,无论从参与者角色配置还是从过程意义看,该语篇都传达了积极正面的生态意义,为生态保护型语篇。

(二) 人际意义系统

语言不仅能够描述经验,还能够建立和维持社会关系,表达讲话者身份、地位和对事物的判断评价。Halliday[①] 指出语气和情态是体现人际功能的两个重要手段,Martin 和 White[②] 则认为除语气和情态之外,词汇层面的评价资源也是体现人际功能的重要手段,他们构建的评价系统进一步扩展了人际意义框架。

1. 语气和情态系统

在生态语言学视角下,人们在提供或索取信息、物质和服务的过程中都在有意或无意地传达一定的生态意义。例如,在陈述语气中,情态值的高低是检验生态倾向的重要参数。Thompson[③] 指出,情态值的选取体现说话人对命题或提议不同程度的承诺:说话人可以对命题的有效性表示较高或较低的肯定,或者施加较高或较低的压力使他人完成指令。例如:

(2)尽管有些人认为目前的气候变暖是二氧化碳和其他"温室气体"过量排放导致的,有证据证明至少一部分气候变化是太阳活动造成的。事实上,太

---

① Halliday M.A.K., *An Introduction to Functional Grammar*, 2nd ed. London: Arnold/Beijing: Foreign Language Teaching and Research Press, 1994/2000, pp.66-68.

② Martin J.R., White P.R., *Language of Evaluation: Appraisal in English*, London: Palgrave Macmillan, 2005.

③ Thompson G., *Introducing Functional Grammar*, 2nd ed. London: Arnold/Beijing: Foreign Language Teaching and Research Press, 2004/2008, p.69.

阳能量的释放从18世纪起就在逐渐变强了。①

在例(2)中,"有些"和"认为"体现讲话者对"气候变暖是二氧化碳和其他'温室气体'过量排放导致的"这一事件真实性的怀疑。双引号的使用同样表示对"温室气体"这一物质是否存在的不确定和质疑。这些语言手段都表达较低情态值,传达"气候变暖并不一定是二氧化碳和其他'温室气体'过量排放导致的"这一信息。与此相反,"证明""事实上"的使用则体现较高情态值,即对"气候变化是太阳活动造成的"这一事件真实性较高的认可度。此外,"太阳能量的释放从18世纪起就在逐渐变强了"作为一个陈述句,代表情态值最高级别,即讲话者已经将其作为事实描述出来。因此,在生态视角下,例(2)传达的生态信息为"气候变暖更应该归罪于太阳活动而不是二氧化碳和其他'温室气体'",这显然是一种对生态有害的信息,因此该语篇属于生态破坏型语篇。

对例(2)的分析给生态语言学研究带来一定的启示:尽管无法依据情态值高低直接判断小句或语篇的生态倾向,但总体上,陈述性描述代表对事件的最高认可或反对,而自低到高的过渡性情态值取向则代表该小句或语篇信息具有可谈判性(negotiable),即存在可以质疑的余地。当具有高值情态的语篇体现生态保护型场所观或反对生态破坏型场所观时,该语篇所使用的情态手段为生态保护型情态;反之,对生态破坏型场所观或反生态保护型场所观的肯定性高情态描写,则属于生态破坏型情态。

2. 评价系统

Martin和White② 将态度系统,即人对事物或事件肯定或否定的评价资源分为情感(Affect)、判断(Judgement)和鉴赏(Appreciation)三个子系统。其中情感属于心理学范畴,是对行为、文本/过程及现象的心理反应,分为品质情感(Affect as quality)、过程情感(Affect as process)和评注情感(Affect as comment)。判断系统以伦理道德为标准,评价语言使用者的行为,分为社会评判(Social esteem)和社会约束(Social sanction)。鉴赏系统依托美学理念,是对

---

① Schneider N., Facts, not Fiction [EL/OL]. http://www.fraserinstitute.org/uploadedFiles/fraser-ca/Content/research-news/research/articles/facts-not-fiction-ff0408.pdf, 2008, p.6.

② Martin J.R., White P.R., *Language of Evaluation: Appraisal in English*, London: Palgrave Macmillan, 2005, p.38.

文本/过程及现象的评价,包括反应(Reaction)、构成(Composition)和价值(Valuation)。总之,评价系统表达说话者对事物的观点,同时也表现说话者及其所属群体的价值观。在生态语言学视角下,评价系统同样能够传达说话者的生态观,而对生态观进行正面或负面的划分,不能只依赖心理学、伦理学和美学等学科思想,还需要生态学思想支撑。

情态系统包含品质情感、过程情感和评注情感三个子系统,并分为积极和消极情感两种类型,而积极和消极情感的划分,并不能完全由词汇意义判定。例如,在不同语境下,"我感到很开心"所传达的意义不尽相同。如果讲话人在看到一只松鼠从窗前跳过时使用此话表达喜悦情感,该小句则描述人对自然场所中人外生命体的积极情感,传达生态保护型场所观。如果讲话人在看到马戏团表演时使用此句表达喜悦情感,在生态语言学视角下该句描述人对场所中人外生命体的漠视和取乐,传达生态破坏型场所观,因此属于消极情感。

综上所述,本文认为积极情感和消极情感的划分,不仅取决于词汇本身情感意义,还取决于情感缘起(stimulates)。由损害场所要素的现象和行为引起的消极情感和保护场所要素现象和行为引起的积极情感都被认为是正面情感;与之相反,由损害场所要素现象和行为引起的积极情感和保护场所要素现象和行为引起的消极情感都被看作负面情感。其系统结构如图4所示。

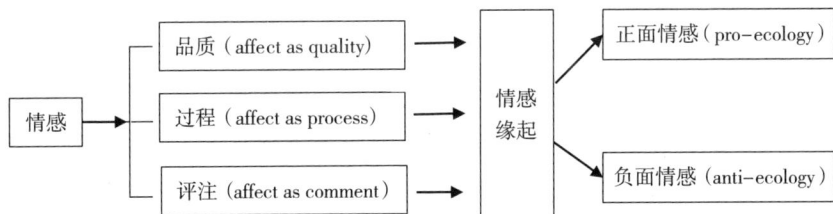

图4 生态视角下的情感系统

判断系统分为社会评判和社会约束两大类型,并进一步分为常态(Normality)、才能(Capacity)、韧性(Tenacity)、正当(Propriety)等子系统①。这些

---

① Martin J.R., Beyond Exchange: APPRAISAL Systems in English//Hunston S., Thompson G., *Evaluation in Text: Authorial Stance and the Construction of Discourse*, Oxford: Oxford University Press, 2000, pp.142-175.

子系统同样分为正面和负面两种类型,其中正面判断的对象值得羡慕,负面判断的对象值得批评。在生态视角下,我们需要思考:社会评判的正面含义是否确实值得羡慕,社会评判的负面含义是否确实值得批评。

以"武松打虎"这一经典故事为例。在很长一段时间内,"武松"被看作为民除害的英雄,流传文字描述多采用正面积极词汇。这是因为在特定社会发展阶段,人与自然较量的过程中,人处于劣势地位,经常受到来自人外生命体的威胁。此时社会判断标准为能够对抗自然力量的人是值得羡慕和尊敬的。而在当今社会发展阶段,人之于自然的威胁已远大于自然之于人的威胁,因此社会判断标准也应发生变化,即需要从生态保护角度定义人的行为。此时对类似"武松打虎"的行为不应再进行积极的宣传和推广,而应该予以批评和抵制。在两种不同社会判断标准下对"武松"形象的判断如表1所示。

表1 "武松打虎"的判断对比

	非生态性判断	生态性判断
常态(Normality)	未能预料的、令人吃惊的(喜闻乐见)	未能预料的、令人吃惊的(惨不忍闻)
才能(Capacity)	有力、健硕	蛮劲、粗壮
韧性(Tenacity)	勇猛、坚决、可靠	鲁莽、草率、不可靠
正当(Propriety)	好、大度(为民除害)	不好、自私、残忍

由此可见,在生态视角下对羡慕与批评的区分不能完全依靠词汇本身正面或负面的意义,还应取决于判断标准。由损害场所要素的现象和行为所引起的负面判断和保护场所要素的现象和行为所引起的正面判断都属于值得羡慕和推广的评价;与之相反,由损害场所要素的现象和行为所引起的正面判断和保护场所要素的现象和行为所引起的负面判断都应该被批评和禁止。

鉴赏系统分为反应、构成和价值三个子系统。鉴赏在本质上是人看待事物的视角,通过对物的评价间接反映人的态度。鉴赏也分为正面含义和负面含义。在生态语言学视角下,鉴赏正面或负面意所蕴含的生态取向与所评价的对象有关。例如,"壮观"可用以描述自然景象,如"壮观的瀑布",也可用以描述工业产物,如"壮观的油田"。显然,前者的鉴赏意义能激发生态保护意识,而后者的鉴赏意义在无形中引导人们形成生态破坏意识。由此可见,对正面或负面生态意义的鉴赏,离不开鉴赏对象这一重要判断因子。本文认为,对损害场所要素的现象和行为的负面鉴赏和对保护场所要素的现象和行为的正面鉴赏都属于对生态有益的正面鉴赏;与之相反,对损害场所要素的现象和行为的正面鉴赏和对保护场所要素的现象和行为的负面鉴赏都属于生态破坏型的负面鉴赏。

在新的分析模式下,研究者可直观准确地对语篇人际功能进行生态性解读,挖掘语篇蕴含的生态倾向。例如:

(3)黄泥的墙,乌黑的瓦,位置却永远那么妥帖,且与四周环境极其调和,使人迎面得到的印象,实在非常愉快。一个对于诗歌、图画稍有兴味的旅客,在这小河中,蜷伏于一只小船之上,作三十天的旅行,必不至于感到厌烦。正因为处处若有奇迹可以发现,人的劳动的成果,自然的大胆处与精巧处,无一地无一时不使人神往倾心。[①]

例(3)语篇采用陈述语气进行了场景写实性描述和评价性描述。对场景写实使用了肯定陈述语气,为最高值情态描述,对场景评价则采用双重否定陈述,同样使用高值情态。语篇中三个小句的态度模式分别为:鉴赏1("妥帖")+鉴赏2("调和")+情感1("愉快");情感2("不厌烦"="喜欢");评价1("大胆")+评价2("精巧")+情感3("神往倾心")。情感1和情感3两个情感子系统依托于两个使役过程,表达人的情感来自外界刺激,是一种由场所存在而引起的情感反应,是外部动因与情感表现者的动态关系,体现出场所之于人的重要性。从"愉快"到"向往"的过渡,意味着人对场所的情感由无意图性情感变为有意图性情感,表达人对场所的倾向性态度。总之,语篇通过使用高情态陈述语气和积极态度评价手段描述场景给人的美好印象和人对场景的向往之情,属于生态保护型语篇。

(三) 语篇意义系统

Halliday[②]认为小句的主位系统和信息系统共同作用实现语言的语篇元

---

① 沈从文:《边城》,译林出版社2011年版,第17页。

② Halliday M. A. K., *An Introduction to Functional Grammar*, 2nd ed. London: Arnold/Beijing: Foreign Language Teaching and Research Press, 1994/2000, p.37.

功能。主位意义由主述位结构体现,主述位结构包括主位和述位两个成分,主位为小句话语出发点,表明小句与前面所出现话语的联系,体现小句在语篇中的位置,并预示话语将如何展开,述位即对主位的陈述和发展。信息意义由信息结构体现,信息结构包含已知信息和新信息两个要素,已知信息为听话人可以追溯、复原的信息,新信息为听话人未知的信息。在无标记状态下,已知信息在前,新信息在后,且新信息通常由调核重音体现。

在生态语言学视角下,主位作为话语的起点,通常代表通识性的、不言自明的背景信息,因此在描述人与场所元素的互动时,话题主位的选择可体现不同的生态取向。例如,当一个人在森林中看到一只鹿时,既可用"我看见一只鹿",也可用"一只鹿看着我"描述该场景。在生态视角下,以"人"作为话题起点和以"鹿"作为话题起点代表截然不同的生态取向:一个以"人"为认知出发点,一个以人外生命体"鹿"为认知出发点。这两种出发点自身并不存在语言上的优劣之分,但在人类中心意识过强的情况下,我们有必要给予人外生态因素更多关注,提升其在话语中的存在性,更多地将其作为话题起始点,尽可能传播生态保护意识。以上文提到的小说《边城》为例,通过对全文小句主位分析处理(如图5所示)后发现,频率最高的十个主位中有三个为人物角色:"祖父(船夫)""翠翠"和"人",其余七个均为小说设定场所中的生态要素:"渡船""船""地方""码头""河街""溪""黄狗"。这种主位分布表明作者对于人所生活的场所各要素的充分关注,传扬积极的生态场所观。

图5 《边城》主位词频云分布

从信息系统看,已知信息通常代表在特定语境中人们已知的、约定俗成的、已成为既定事实的或背景性信息,新信息用于传播信息和观点,是话语重心所在。因此在构建话语时,如果将生态保护型信息作为新信息呈现,会得到更多正面关注和讨论,将生态破坏型信息作为新信息呈现,则会导致负面生态意识的传播。例如国内某节假日期间,部分主流媒体报道分别采用"景区迎来客流高峰""大批游客涌向景区"等标题描述景区旅游人数激增这一事实。这两种表达方式体现不同的生态取向,"客流高峰"中"高峰"体现正面评价意义,但在该语境中与"客流"搭配,体现讲话者对"旅游人数多"这一现象的称赞之意,传达负面生态评价意义。此种信息结构可谓生态破坏型信息结构。相反,"涌向景区"描述游客不受控制大批量地进入景区的负面行为,带有一定批判意义,对生态保护有利,因此这种信息结构应给予推广。

四、结语

本文探讨了人与赖以生存的场所中其他生态因素的互动关系,并在此基础上构建了一个生态话语分析模式,为发掘话语生态意义提供了具有可操作性的理论框架。该分析模式细化了系统功能语言学及物性系统中的参与者角色类型,延伸了过程意义的生态维度;对体现人际功能的语气和情态系统进行了生态解读,并对评价系统进行了生态标注;此外,该模式还初步界定了生态保护型和破坏型主位结构和信息结构。在该模式下,研究者能够定位语篇的生态和非生态因素,并判断语篇的生态类型,从而指导创作更多的生态保护型语篇,减少或抵制生态破坏型语篇的产生,真正地履行语言研究者的社会责任。

(本文原载《中国外语》2017 年第 5 期,作者为何伟、张瑞杰。)

话语分析范式与生态话语
分析的理论基础

一、引言

随着全球生态意识的加强,生态语言学(Ecolinguistics)日益受到学界的关注,该学科目前主要有两种研究范式——Haugen 范式和 Halliday 范式。Haugen[①] 范式主要聚焦环境与语言的相互作用,从环境入手研究语言的生态;Halliday[②] 范式主要关注语言对生态的作用,从语言入手研究生态问题。

国际学术期刊《语言科学》(*Language Sciences*)于 2014 年推出专辑讨论生态语言学的建设与发展问题,其中提到该学科的主要任务之一是开展生态话语分析(Ecological Discourse Analysis, EDA),也就是主要采取 Halliday 范式研究生态语言学,以揭示语言以及语言的使用对生态系统的影响。Alexander 和 Stibbe[③] 把 EDA 的历史追溯到 20 世纪 90 年代,比如 Halliday[④]、Gerbig[⑤]、

---

① Haugen E., *On the Ecology of Language*, Austria: A conference at Burg Wartenstein, 1970; Haugen E., The Ecology of Language//Dil A.S., *The Ecology of Language: Essays by Einar Haugen*, Stanford: Stanford University Press, 1972, pp.325-399.

② Halliday M.A.K., "New Ways of Meaning: The Challenge to Applied Linguistics", *Journal of Applied Linguistics*, 1990, No.6, pp.7-36.

③ Alexander R., Stibbe A., "From the Analysis of Ecological Discourse to the Ecological Analysis of Discourse", *Language Sciences*, 2014, Vol.41, pp.104-110.

④ Halliday M.A.K., "New Ways of Meaning: The Challenge to Applied Linguistics", *Journal of Applied Linguistics*, 1990, No.6, pp.7-36.

⑤ Gerbig A., The Representation of Agency and Control in Texts on the Environment//Alexander R.J., Bang J.C., Døør J., *Papers for the Symposium "Ecolinguistics. Problems, Theories and Methods" AILA* 1993. Odense: Odense University, 1993, pp.61-73.

Harré et al①。不过大量的 EDA 研究最近几年才逐渐推出,特别是 EDA 的名称直到 2014 年方正式确立。目前,学界对 EDA 的内涵以及外延尚未达成一致认识。

最近几年,国外的 EDA 研究主要由英国②、美国③、澳大利亚④和奥地利⑤等国家的学者展开。目前国内仅有少数学者从事 EDA 方面的研究,如辛志英和黄国文⑥通过生态话语分析唤醒并提高人们的生态意识,积极引导和培养人们正确对待自然的态度与方式;黄国文和赵蕊华⑦通过探索生态话语有关问题,勾画出生态话语分析的目标、原则与方法;何伟和张瑞杰⑧结合生态场所观与系统功能语言学理论,初步建构了一个具有可操作性的生态话语分析模式;何伟和魏榕⑨基于中国传统哲学与文化以及外交理念,并结合系统功能语言学理论,初步构建了国际生态话语及物性分析模式。然而这些研究较少涉及 EDA 系统性的特征,也没有明确指出其与其他话语分析范式的根本性差异,如批评话语分析、积极话语分析和多模态话语分析,这些均不利于 EDA 的进一步发展。有鉴于此,本文通过梳理自 20 世纪 90 年代以来有关 EDA 的重

---

① Harré R., Brockmeier J., Mühlhäusler P., *Greenspeak:A Study of Environmental Discourse*, Thousand Oaks:Sage,1999.

② Stibbe A., *Ecolinguistics:Language, Ecology and the Stories We Live By*, London and New York:Routledge,2015.

③ Schleppegrell M.J., Abstraction and Agency in Middle School Environmental Education//Bang J.C., Døør J., Alexander R.J., Fill A., Verhagen F., *Language and Ecology:Eco-Linguistics, Problems, Theories and Methods*, Odense:Odense University,1996,pp.27—42.

④ Mühlhäusler P., *Language of Environment, Environment of Language:A Course in Ecolinguistics*, London:Battlebridge,2003.

⑤ Alexander R.J., Investigating Texts about Environmental Degradation Using Critical Discourse Analysis and Corpus Linguistic Techniques//Fill A., Penz H., *The Routledge Handbook of Ecolinguistics*, New York and London:Routledge,2017,pp.196—210.

⑥ 辛志英、黄国文:《系统功能语言学与生态话语分析》,《外语教学》2013 年第 3 期,第 7—10、31 页。

⑦ 黄国文、赵蕊华:《生态话语分析的缘起、目标、原则与方法》,《现代外语》2017 年第 5 期,第 585—596、729 页。

⑧ 何伟、张瑞杰:《生态话语分析模式构建》,《中国外语》2017 年第 5 期,第 56—64 页。

⑨ 何伟、魏榕:《国际生态话语之及物性分析模式构建》,《现代外语》2017 年第 5 期,第 597—607 页;何伟、魏榕:《国际生态话语的内涵及研究路向》,《外语研究》2017 年第 5 期,第 18—24 页。

要文献,厘清其与批评话语分析、积极话语分析、多模态话语分析的区别,总结出 EDA 的独特之处,以期推动 EDA 的进一步发展。

二、话语分析范式

从事话语分析的学者都有自己的分析视角①,如批评话语分析、积极话语分析、多模态话语分析和生态话语分析,这些分析视角在研究缘起、研究目的、研究范围、研究步骤及理论基础等方面各有不同。

(一) 批评话语分析

批评话语分析(Critical Discourse Analysis,CDA)出现于 20 世纪 70 年代,诞生于资本主义社会矛盾中②,而后得到学界的大力推广③。CDA 的主要特点如下:

首先,CDA 把社会分析的批评传统(the critical tradition of social analysis)引入了语言研究④,其批评性理论渊源基于西方马克思主义之批评传统⑤。马克思主义蕴涵丰富的批判思想,比如从哲学角度批判宗教,从政治角度批判

---

① 韩礼德:《篇章、语篇、信息——系统功能语言学视角》,《北京大学学报(哲学社会科学版)》2011 年第 1 期,第 137—146 页。

② Fairclough N., *Critical Discourse Analysis:The Critical Study of Language*, London and New York:Longman,1995.

③ Fairclough N., *Language and Power*, London and New York:Longman, 1989;Fairclough N., *Critical Discourse Analysis:The Critical Study of Language*, London and New York:Longman,1995;Fairclough N., Critical Discourse Analysis//Gee J.P., Handford M., *The Routledge Handbook of Discourse Analysis*, London and New York:Routledge, 2012, pp.9-20;Van Dijk T.A., Multidisciplinary CDA:A Plea for Diversity//Wodak R., Meyer M., *Methods of Critical Discourse Analysis*, London:Sage,2001,pp.96-115;Van Dijk T.A., *Discourse and Knowledge*, Cambridge:Cambridge University Press,2014.

④ Fairclough N., Critical Discourse Analysis//Gee J.P., Handford M., *The Routledge Handbook of Discourse Analysis*, London and New York:Routledge,2012,pp.9-20.

⑤ 苗兴伟、穆军芳:《批评话语分析的马克思主义哲学观和方法论》,《当代语言学》2016 年第 4 期,第 532—543 页。

宗教和哲学,从经济角度批判宗教、哲学和政治等①。与此类同,CDA 研究语言的使用是如何体现并建构权势阶层的视角、价值观以及言谈方式,而这些或许不利于非权势阶层②,目的是通过研究语言的使用,来揭示其背后的权力与意识形态,突显并批评社会不公等问题③。因此,CDA 具有"批判性",是一种带有批评态度的话语分析④,这是其不同于其他话语分析的主要特征。其次,为实现其批评性分析,CDA 基于这样的假定——社会是不公平的,这种不公平通过语言使用来表达并建构⑤,具体而言,CDA 将语言文本层次的分析与话语实践层次的解读以及与社会实践层次的诠释结合起来,进行层级之间的诠释。由此,CDA 与社会学、政治学等社会与人文学科之间的关系非常密切,从而被看作一种社会实践⑥。换言之,CDA 从语言的使用入手,聚焦语言的社会实践功能。再者,CDA 的语言分析基础主要建立在现代语言学理论上,尤其是系统功能语言学理论⑦,系统功能语言学的重要性得到了所有 CDA 研究者的肯定⑧,比如系统功能语言学的三大元功能思想、语境思想、语域理论、社会符号理论与多层级系统观等都为 CDA 提供了可行的理论视角。

总之,CDA 已经初步确定了其在人文社会科学中的地位,甚至被称作"学术正统"(an intellectual orthodoxy)⑨,不过它依然存在许多不足:其一,CDA 因

---

① Korsch K.,*Marxism and Philosophy*,London:New Left Books.

② O'Halloran K.L.,Critical Discourse Analysis//Simpson J.,*The Routledge Handbook of Applied Linguistics*,New York:Routledge,2011,pp.445-459.

③ Bloor M.,Bloor T.,*The Practice of Critical Discourse Analysis*,London:Arnold,2007.

④ Van Dijk T.A.,Multidisciplinary CDA:A Plea for Diversity//Wodak R.,Meyer M.,*Methods of Critical Discourse Analysis*,London:Sage,2001,pp.96-115.

⑤ Wodak R.,Critical Linguistics and Critical Discourse Analysis//Zienkowski J.,Östman J-O,Verschueren J.,*Discursive Pragmatics*,Amsterdam:Benjamins,2011,pp.50-70.

⑥ Fairclough N.,*Language and Power*,London:Longman,1989.

⑦ 江晓红:《批评话语分析的有效工具——功能语法》,《学术交流》2003 年第 7 期,第 132—135 页。

⑧ Young L.,Harrison C.,*Systemic Functional Linguistics and Critical Discourse Analysis:Studies in Social Change*,New York:Continuum,2004.

⑨ Billig M.,Critical Discourse Analysis and the Rhetoric of Critique//Weiss G.,Wodak R.,*Critical Discourse Analysis:Theory and Interdisciplinarity*,London:Palgrave,2002,pp.35-46.

其"批判性"特征而将其分析范围局限于社会冲突性话语;其二,CDA虽然是一种带有态度的话语分析,但其缺乏话语的具体评判标准;其三,CDA融入了众多理论知识,但是在话语实践以及社会实践层次缺乏清晰且系统的分析框架。

(二) 积极话语分析

批评话语分析的最终目的是创造一个更美好的世界,然而,其"批判性"特征使其过多关注社会负面现象而忽视了社会的积极变化,由此学界也将CDA描述为20世纪人文社会科学研究中的一种"病理性脱节"(a pathological disjunction)①。Breeze② 指出,话语分析不应只聚焦社会负面现象,还应关注反映社会积极变革的语言现象。为弥补CDA的不足,Martin③ 主张开展"积极话语分析"(Positive Discourse Analysis,PDA),其特点如下。

首先,"积极性"(positive)是PDA的主要特点。Martin④ 强调,"PDA关注话语如何建构希望与变化,与CDA的解构不公平与权势现象形成互补"。换言之,CDA重在解构社会中的不平等现象,PDA重在建构社会中的美好现象。我们可以放弃斗争,通过重新分配权利来实现人民相互团结,从而赢得自己空间的目标⑤。因此,PDA采取积极友好的态度来分析话语,其目标在于通过话语分析,朝着"和平语言学"(Peace Linguistics)的远大目标努力,最终建成一个宽松、和解、共处的人类社会⑥。其次,与CDA的社会冲突性话语类型相比,PDA研究的话语类型更加广泛,涉及政治话语、生态话语以及文化话语

---

① Martin J.R., "Positive Discourse Analysis: Solidarity and Change", *Revista Cnaria de Estudios Ingleses*, 2004, Vol.49, p.186.

② Breeze R., "Critical Discourse Analysis and its Critics", *Pragmatics*, 2011, No.4, pp.493-525.

③ Martin J.R., "Grace: the Logogenesis of Freedom", *Discourse Studies*, 1999, Vol.1, No.1, pp.29-56.

④ Martin J.R., "Grace: the Logogenesis of Freedom", *Discourse Studies*, 1999, Vol.1, No.1, p.29.

⑤ Martin J.R., "Positive Discourse Analysis: Solidarity and Change", *Revista Cnaria de Estudios Ingleses*, 2004, Vol.49, pp.179-200.

⑥ Martin J.R., "Positive Discourse Analysis: Solidarity and Change", *Revista Cnaria de Estudios Ingleses*, 2004, Vol.49, pp.21-35.

等多种类型①。再者,与 CDA 类似,PDA 的主要语言学理论基础是系统功能语言学。此处需要指出,PDA 视角下的话语分析涉及文本分析以及对分析所得语言特点的阐释,其阐释与 CDA 有所不同,PDA 不区分话语实践和社会实践层次,主要结合情景语境以及文化语境进行。

然而,与 CDA 一样,PDA 也存在一些不足。其一,二者的关注点都是社会中的权势,其研究范围都局限于以人为中心的社会②,忽视了人类以外的其他生物,因而并不适合作为关注整个生态系统的话语分析模式;其二,二者主要关注语言本身,即只注意语言系统和语义结构本身,忽视了诸如声音、图像、颜色、动漫等其他意义表现形式,局限了所分析话语的类型。

（三） 多模态话语分析

20 世纪 90 年代,随着话语分析的发展、科学技术的进步,语言以外的其他语义符号备受关注,西方兴起了多模态话语分析(Multimodal Discourse Analysis,MDA),这种范式逐步引起了越来越多学者的关注。与主要聚焦语言现象的话语分析模式不同,MDA 具有自身的特点。

首先,MDA 是指在口头或书面交际中,交际符号的多样性分析,主要特征是聚焦符号系统中的"多模态"(Multimode),把包括语言在内的多种交际模态(如声音、图像、距离、空间、建筑、色彩等)作为话语形式,进行意义表达资源的分析和整合,是针对语言符号资源分析的一个有力补充。广义而言,MDA 是揭示社会意义与其所有符号资源之间关系的一个强大分析工具③。其次,要解读交际符号的多模态意义、特征以及功能,MDA 需要掌握两个要领:一要弄清楚文字和图像之间的关系,二要确定不同符号资源之间的语法关系。这两个要领要求 MDA 必须具有一套系统的语言学理论作为研究基础。

---

① Bartlett T.,*Hybrid Voices and Collaborative Change*:*Contextualising Positive Discourse Analysis*,London:Routledge,2012.

② 黄国文、赵蕊华:《生态话语分析的缘起、目标、原则与方法》,《现代外语》2017 年第 5 期,第 585—596、729 页。

③ Kress G.,Multimodal Discourse Analysis//Gee J.P.,Handford M.,*The Routledge Handbook of Discourse Analysis*,London and New York:Routledge,2012,pp.35-50.

再者,系统功能语言学为 MDA 提供了理论基础,使之可以从文化、情景、话语意义、模态形式、语法等多个角度进行研究。总之,MDA 不仅能展现出语言系统在意义交换过程中所发挥的作用,而且能揭示诸如图像、颜色和音乐等其他符号系统在意义传递过程中所产生的效果,人们能够更全面、更准确地解读话语意义,进而帮助人们综合运用多种模态实现其交际目的①。与 CDA 和 PDA 相比,MDA 视角下的话语分析在步骤上涉及文本及其他符号所表达意义的解读,以及不同模态在意义表达上的并协与互补关系的阐释,其阐释主要结合文化语境进行,较少深入探讨其他社会实践意义。

然而,MDA 也存在一些不足。其一,MDA 因对多种模态缺乏统一的分析标准而难以确定交际过程中的模态互动及互补关系。换言之,MDA 因其没有解读模态的统一标准,而很难判断哪些模态有价值,哪些模态没有价值。其二,MDA 的应用性尚须加强。MDA 是以实践为取向的理论,因而可以运用到如生态等社会问题的实践,然而,目前 MDA 的应用主要集中于教学方面,较少涉及生态保护等其他社会实践。

（四）生态话语分析

随着全球生态问题的加剧,生态语言学在人文社会科学"生态转向"中应运而生。目前生态语言学领域存在两种研究范式:一是 Haugen 范式,关注语言的生态;二是 Halliday 范式,聚焦话语的生态取向分析②。换言之,话语的生态取向分析,即生态话语分析已成为生态语言学的主要研究路径之一③。EDA 缘起于20世纪90年代 Halliday 的"意义表达的新方式:对应用语言学的挑战"（New Ways of Meaning:The Challenge to Applied Linguistics）一文④,自此,很多学者尝试用不同的话语分析范式进行话语的生态取向研究,这些范式

---

① 朱永生:《多模态话语分析的理论基础与研究方法》,《外语学刊》2007 年第 5 期,第 82—86 页。

② 何伟、张瑞杰:《生态话语分析模式构建》,《中国外语》2017 年第 5 期,第 54—64 页。

③ Alexander R., Stibbe A., "From the Analysis of Ecological Discourse to the Ecological Analysis of Discourse",*Language Sciences*,2014,Vol.41,pp.104-110.

④ Alexander R., Stibbe A., "From the Analysis of Ecological Discourse to the Ecological Analysis of Discourse",*Language Sciences*,2014,Vol.41,pp.104-110.

主要涉及 CDA、PDA 和 MDA。

Carvalho[①] 基于 CDA 研究了英国三家媒体话语,即《卫报》(*The Guardian*)、《独立报》(*The Independent*)和《泰晤士报》(*The Times*)所体现的政治倾向对于气候变化的影响;Stamou 和 Paraskevopoulos[②] 用批评话语分析框架研究了生态旅游话语,强调只有通过揭示消费主义本质才能将生态旅游的意识完全传递给生态旅游者;Alexander[③] 采用 CDA 探索环境话语,尝试为生态语言学提供经验性研究成果。最早采用 PDA 进行 EDA 研究的学者之一是 Goatly[④],他用 PDA 对比分析了威廉·华兹华斯(William Wordsworth)的诗歌和《泰晤士报》对自然的语言表征,发现前者比后者更加强调自然的施动角色意义;Alexander[⑤] 用 PDA 研究了环保运动者 Vandana Shiva 的演说,认为其演说为积极话语的有效模式。Maier[⑥] 采用 MDA 探索了媒体如 CNN 宣传企业绿化知识的方式;Chen[⑦] 探究了中国汽车广告图片是如何融入"自然"概念的。

虽然 CDA、PDA 和 MDA 等话语分析范式为话语的生态取向研究提供了借鉴,但是它们并不能作为 EDA 的最终范式。从本质上讲,EDA 指基于一定的生态哲学观,从语言学角度对话语进行生态取向的分析,目的是提倡对生态系统良性循环和发展有益性的话语,改善模糊性的话语,抵制破坏性的话语;话语包括口头的,也包括书面的,同时既包括有关环境的话语,也包括其他主

---

① Carvalho A.,"Representing the Politics of the Greenhouse Effect",*Critical Discourse Studies*, 2005,Vol.21,No.1,pp.1-29.

② Stamou A.G.,Paraskevopoulos S."Representing Protection Action in an Ecotourism Setting:A Critical Discourse Analysis of Visitors' Books at a Greek Reserve",*Critical Discourse Studies*,2008,Vol. 5,No.1,pp.35-54.

③ Alexander R.J.,Investigating Texts about Environmental Degradation Using Critical Discourse Analysis and Corpus Linguistic Techniques//Fill A.,Penz H.,*The Routledge Handbook of Ecolinguistics*,New York and London:Routledge,2017,pp.196-210.

④ Goatly A.,*Critical Reading and Writing:An Introductory Coursebook*,London:Routledge,2000.

⑤ Alexander R.J.,"Resisting Imposed Metaphors of Value:Vandana Shiva's Role in Supporting Third World Agriculture",*The Online Journal Metaphorik*,2003,No.4,pp.6-29.

⑥ Maier C.D.,"Communicating Business Greening and Greenwashing in Global Media:A Multi-modal Discourse Analysis of CNN's Greenwashing Video",*The International Communication Gazette*, 2011,Vol.73,No.1-2,pp.165-177.

⑦ Chen S.B.,"Selling the Environment:Green Marketing Discourse in China's Automobile Advertising",*Discourse*,*Context and Media*,2016,Vol.12,pp.11-19.

题话语。具体地讲,EDA 主要有以下特点:

其一,EDA 关注人与人之间、人与其他物种之间以及人与环境之间的生命可持续性关系,旨在唤醒人类的生态意识,增强人类的"生态责任感",进而积极引导和培养人类对待人类同伴、对待其他物种以及环境的合理且正确的态度与方式。该宗旨不仅关系到人类与自然,而且关系到我们赖以生存的整个生态系统。因此,较之聚焦于解构权利话语的 CDA、建构和平话语的 PDA,以及解读多种交际符号意义的 MDA,EDA 具有更加长远、更加宏伟的目标。

其二,EDA 具有明确的指导思想和原则,即生态哲学观。生态哲学观根植于社会和文化之中,具有系统性、个人化、文化性、可持续性、进化性等特征,它是生态话语分析者从事话语分析的生态性分析标准。因此,任何 EDA 研究的首要任务就是明确其生态哲学观,否则 EDA 的具体实践无从开展;相反,CDA、PDA 和 MDA 等话语分析范式没有明确的哲学指导思想,因而也就缺少一套系统化的评判标准。

其三,鉴于其宏伟目标与明确的指导思想,EDA 具有广泛的研究对象,囊括了 CDA、PDA 和 MDA 关注的所有话语类型,即包括 CDA 关注的"批评性话语"、PDA 关注的"积极性话语"、MDA 关注的"多模态话语",同时包括可能促进人们保护或者破坏生态系统的所有话语,如健康杂志话语、消费者话语、广告话语、新古典主义话语、动物产品话语等,研究范围涵盖经济、社会、自然、政治、国际关系等多个领域,而且这里的话语涉及语言以及其他意义资源。

其四,基于与系统功能语言学之渊源,EDA 不仅涉及语法和语篇的分析,还涉及词汇的研究,与系统功能语言学强调的"词汇语法"相契合——这一点与其他重视语篇的话语分析范式有所不同。比如 Brigitte 和 Nelya[①] 探讨了与"carbon"相关的复合词,以了解气候的变化在语言表征中的形式变化,并将其当作观察人类文化变化与适应环境危机的状态;Halliday[②] 指出英语词汇语法系统对自然资源的表征存在不少问题,如把 air、water 和 soil 等不可再生资源

---

① Brigitte N., Nelya K., "Compounds, Creativity and Complexity in Climate Change Communication: The Case of 'Carbon Indulgences'", *Global Environmental Change*, 2009, No.3, pp.345-353.

② Halliday M.A.K., "New Ways of Meaning: The Challenge to Applied Linguistics", *Journal of Applied Linguistics*, 1990, No.6, pp.7-36.

的表征描述为不可数名词,这容易让人产生这些资源是不可枯竭的感觉。

其五,与其他话语分析范式不同,EDA 就话语进行了比较明确的分类,并就不同的话语类型提出了实践性建议。具体而言,在生态哲学观的指导下,EDA 可将话语分成三大类型,包括有益性话语(beneficial discourse)、模糊性或中性话语(ambivalent discourse)和破坏性话语(destructive discourse)①。其中有益性话语为遵循生态哲学观的话语,模糊性或中性话语为既不遵循也不违背生态哲学观的话语,破坏性话语为违背生态哲学观的话语。针对这三类话语,EDA 提出了话语使用与话语创作方面的实践性建议:提倡有益性话语,改善模糊性或中性话语,抵制破坏性话语。

其六,与其他话语分析范式相比,EDA 的步骤比较明确:首先确定生态价值观,即生态哲学观,抑或生态伦理;然后结合语言学理论对话语进行分析,区分话语的生态取向;最后提出话语使用及话语创作方面的建议,从而通过言语行为的生态化,指导人们的"生态行为",促进生态系统的平衡。EDA 的分析步骤体现了"理论、分析与行动"三者的融合,说明了 EDA 在解决社会问题方面具有深刻的实践意义。

其七,生态语言学具有超学科性质②,源于生态语言学的 EDA 同样具有超学科性质,超学科研究是新时代赋予科学研究的新要求,因此 EDA 较之其他话语分析范式更加符合科学发展的趋势。具有超学科特性的 EDA 比其他话语分析范式更具有开放性和融合性,从而能够集聚社会各界力量,一起推动人与人之间、人与其他物种之间以及人与环境之间的生命可持续性关系,从而促进整个生态系统的良性发展。

综上所述,EDA 在研究缘起、研究目的、研究范围、研究步骤等方面,均与CDA、PDA 和 MDA 存在不同。下面,我们主要阐释 EDA 的理论基础。

---

① Stibbe A., *Ecolinguistics: Language, Ecology and the Stories We Live By*, London and New York: Routledge, 2015.

② Fink P., Transdisciplinary Linguistics: Ecolinguistics as a Pacemaker into a New Scientific Age//Fill A., Penz H., *The Routledge Handbook of Ecolinguistics*, New York and London: Routledge, 2017, pp.406-419;何伟、魏榕、Arran Stibbe:《生态语言学的超学科发展——阿伦·斯提布教授访谈录》,《外语研究》2018 年第 2 期,第 22—26 页。

三、生态话语分析的理论基础

作为具有宏伟目标以及超学科性质的话语分析范式,EDA 对生态系统良性发展的关注,需要植根于哲学思想、文化传统,并且应以语言学理论为具体分析手段。

生态哲学观是 EDA 的重要指导思想①,是生态话语分析者的生态性评判标准,也是分析者用来追求生态和谐共生的系统性观点——既具有个人化特点,也具有社会化特点,其建构根植于社会和文化背景。每个 EDA 分析者都应该有自己的生态哲学观,如 Stibbe② 针对相关生态话语提出了"生活"(Living)之生态哲学观,该观点重视价值(valuing living)、福祉(wellbeing)、现在和未来(now and the future)、关爱(care)、环境极限(environmental limits)、社会公正(social justice)、复原性(resilience)等要素,旨在促进人们保护赖以生存的生态系统;黄国文③针对和谐话语提出了和谐话语之生态哲学观,该哲学观包含"以人为本"的基本假定和"三条原则"——良知原则、亲近原则和制约原则,意在中国语境下将政治、经济和社会发展与历史文化因素相结合,既突出语言系统与自然生态系统的和谐,又突出话语在特定文化语境中的和谐④;何伟、张瑞杰⑤就自然生态话语提出了"和谐生态场所观",该观点旨在帮助分析者判定话语属于保护型、模糊型或者破坏型,进而推广保护型话语的使用,遏制破坏型话语的发展,引导模糊型话语的转向,从而实现

---

① 何伟、魏榕:《国际生态话语之及物性分析模式构建》,《现代外语》2017 年第 5 期,第 597—607 页;何伟、魏榕:《国际生态话语的内涵及研究路向》,《外语研究》2017 年第 5 期,第 18—24 页。

② Stibbe A., *Ecolinguistics : Language , Ecology and the Stories We Live By*, London and New York : Routledge , 2015 , p.14.

③ 黄国文:《论生态话语和行为分析的假定和原则》,《外语教学与研究》2017 年第 6 期,第 880—889 页。

④ 黄国文、赵蕊华:《生态话语分析的缘起、目标、原则与方法》,《现代外语》2017 年第 5 期,第 585—596、729 页。

⑤ 何伟、张瑞杰:《生态话语分析模式构建》,《中国外语》2017 年第 5 期,第 56—64 页。

生态保护。何伟、魏榕①针对国际生态话语提出了"和而不同,互爱互利"的生态哲学观,该观点植根于中国传统哲学思想与文化以及外交理念,旨在维护国际社会生态系统的动态平衡。

如上,目前 EDA 所持的生态哲学观有多种,从一定角度上可以讲,这主要是缘于生态话语种类以及所处语境的不同:有的侧重西方发达国家的各种生活话语②;有的关注中国语境下的多种话语③;有的聚焦人与自然关系的话语④;有的涉及表征当今国际关系的话语⑤。然而,本文认为既然任何一种生态哲学观的最终目的是促进既定生态系统的良性平衡发展,而各生态子系统又构成一个巨大的相互促动和制约的系统网络,也就是说,我们可以从众多生态哲学观中融合出一种普遍适用的生态哲学观。此生态哲学观既是个人化的,又是社会化的,同时也应该是国际化或全球化的。从目前的各种生态哲学观看,无论学者们聚焦哪个系统,主张哪种生态哲学观,一个系统总是由多种生态因子、要素组成的,一个系统的良性发展,均要求多元化和谐共生。由此,"多元和谐,交互共生"具有高度概括性和普适性特点,适用于整个生态系统网络,包括自然生态系统、社会生态系统,抑或自然、社会生态系统中的子系统等。

此处,我们需要指出,不仅 Halliday 范式下的生态话语分析需要生态哲学观的指导,Haugen 范式下的语言现象研究也需要生态哲学观的指导,比如潘世松⑥提出了"语言生态伦理"概念。"语言生态伦理"主张语言生态的自律或应当存在,强调各语言生态位的和谐共生,该观点与本文主张的"多元和

---

① 何伟、魏榕:《国际生态话语的内涵及研究路向》,《外语研究》2017 年第 5 期,第 18—24 页。

② Stibbe A., *Ecolinguistics: Language, Ecology and the Stories We Live By*, London and New York: Routledge, 2015.

③ 黄国文:《论生态话语和行为分析的假定和原则》,《外语教学与研究》2017 年第 6 期,第 880—889、960 页。

④ 何伟、张瑞杰:《生态话语分析模式构建》,《中国外语》2017 年第 5 期,第 56—64 页。

⑤ 何伟、魏榕:《国际生态话语的内涵及研究路向》,《外语研究》2017 年第 5 期,第 18—24 页。

⑥ 潘世松:《异语文字符号夹杂现象的学科理据》,《山西师大学报(社会科学版)》2012 年第 4 期,第 136—140 页;潘世松:《语言生态伦理的性质及原则》,《南昌大学学报(人文社会科学版)》2014 年第 3 期,第 151—156 页;潘世松:《语言生态伦理的自律价值》,《湖南师范大学社会科学学报》2017 年第 6 期,第 30—37 页。

谐,交互共生"的生态哲学观异曲同工。"多元和谐,交互共生"突显的是世界各生态系统以及生态因子之间的内在和谐共生关系,在其指导下的话语分析提倡的是语言的使用应维护世界各生态系统以及生态因子之间的和谐共生关系。"语言生态伦理"突显的是语言作为生态位(即本文所提的生态因子)之间的和谐共生关系,在其指导下的语言现象研究提倡的是语言的自律性,也就是语言的发生、发展、传承等应具有自律性。唯此,语言生态位之间才有和谐共生,语言生态位之间的和谐共生才能促使生物多样性的可持续存在,也就是促使世界各生态系统及各生态因子之间的和谐共生。鉴于语言是体现和建构世界的非常重要的媒介,无论是从语言的使用入手研究其对世界表征和建构上的作用,还是从语言生态位入手研究其自律性,进而着眼于生物的多样性,二者均关注语言与世界的关系,或从语言入手看世界,或以世界类比语言,二者体现的都是语言建构主义观,二者的最终目的都是维护世界各生态系统及生态因子的和谐共生,即生物的多样性。

Stibbe① 认为,EDA 可以借鉴任何适用的语言学理论,比如系统功能语言学和认知语言学。EDA 对于系统功能语言学理论的采纳,起始于 Halliday 在国际应用语言学大会上的发言"意义表达的新方法:挑战应用语言学"(New Ways of Meaning:The Challenge to Applied Linguistics)②。发言中,Halliday 指出了话语系统中的非生态现象,如英语中的增长主义、等级主义、代词系统的不完整性等问题。这些现象不利于地球的长期生存,鉴于此,Halliday 号召语言学家肩负起用语言学研究应对生态问题的责任,呼吁语言学者关注语言在解决生态问题中应发挥的作用。

具体而言,系统功能语言学的三大元功能理论及相关子系统理论(比如及物性理论、情态理论、评价理论等)都已被融入 EDA 实践。如 Bednarek 和 Caple③ 运用系统功能语言学评价理论分析了澳大利亚《悉尼先驱晨报》(The

---

① Stibbe A., *Ecolinguistics:Language, Ecology and the Stories We Live By*, London and New York:Routledge,2015.

② Halliday M.A.K.,"New Ways of Meaning:The Challenge to Applied Linguistics",*Journal of Applied Linguistics*,1990,No.6,pp.7-36.

③ Bednarek M.,Caple H.,"Playing with Environmental Stories in the News Good or Bad Practice?",*Discourse and Communication*,2010,Vol.4,No.1,pp.5-31.

Sydney Morning Herald)的环境报道；Stibbe①结合系统功能语言学对新古典主义经济话语的过程、参与者角色和情态等进行了功能性分析；赵蕊华②通过分析银无须鳕生态评估报告，从语域、语义和词汇语法三个层面揭示其非人类动物身份，初步尝试了系统功能语言学视角下的 EDA 之多层面分析；黄国文和陈旸③采用系统功能语言学理论的语域与语类和元功能理论，对自然诗歌进行了 EDA 研究，揭示了自然诗歌所蕴涵的生态意义；何伟和魏榕④基于系统功能语言学理论，初步建构了国际生态话语的及物性分析模式；何伟和张瑞杰⑤基于场所观和系统功能语言学理论，考察了人与场所生态因素的互动关系，初步建构了一个具有可操作性的自然生态话语分析模式；杨阳⑥运用系统功能语言学的评价系统之子系统——态度系统对《卫报》(*The Guardian*)关于美国退出《巴黎协定》(*Paris Agreement*)的 10 篇新闻报道进行了生态话语分析，旨在揭示西方主流媒体关于气候以及环境的意识形态，从而进一步证明了评价理论对于 EDA 的可操作性与实用性，并呼吁人们建立恰当的、有益于生存的生态哲学观。

另外，认知语言学也为生态语言学提供了理论基础⑦，同样也就为 EDA 提供了理论借鉴。Stratford⑧强调医学隐喻(medical metaphors)对于塑造生态

---

① Stibbe A., *Ecolinguistics: Language, Ecology and the Stories We Live By*, London and New York: Routledge, 2015.

② 赵蕊华：《系统功能视角下生态话语分析的多层面模式——以生态报告中银无须鳕身份构建为例》，《中国外语》2016 年第 5 期，第 84—91 页。

③ 黄国文、陈旸：《自然诗歌的生态话语分析——以狄金森的〈一只小鸟沿小径走来〉为例》，《外国语文》2017 年第 2 期，第 61—66 页。

④ 何伟、魏榕：《国际生态话语之及物性分析模式构建》，《现代外语》2017 年第 5 期，第 597—607 页。

⑤ 何伟、张瑞杰：《生态话语分析模式构建》，《中国外语》2017 年第 5 期，第 56—64 页。

⑥ 杨阳：《系统功能视角下新闻报道的生态话语分析》，《北京第二外国语学院学报》2018 年第 1 期，第 33—45 页。

⑦ 王馥芳：《生态语言学和认知语言学的相互借鉴》，《中国外语》2017 年第 5 期，第 47—55 页。

⑧ Stratford E., "Disciplining the Feminine, The Home, and Nature in Three Australian Public Health Histories", *Australian Journal of Communication*, 1994, Vol.21, No.3, pp.56—71.

环保意识有着重大作用；Stibbe[1] 尝试以 Lakoff 的框架（frame）理论为指导，分析了"气候变化"（climate change）和"发展"（development）的认知语言学建构过程，对于其不同阶段的语言建构进行了生态性评价；Stibbe[2] 基于隐喻理论，对自然生态话语中的隐喻进行了历时性评价分析。

如上所述，从对语言学理论的借鉴方面，EDA 与 CDA、PDA 和 MDA 有所不同，表现出了更大的开放性与包容性。EDA 认为，只要有益于话语生态取向的揭示，无论任何语言学理论均可以借鉴。不过，目前无论是系统功能语言学理论，还是认知语言学理论，EDA 对其借鉴尚不系统，还处于尝试阶段，需要学界进一步探讨与融合。本文认为，EDA 可以像 MDA 借鉴系统功能语言学理论而发展的"视觉语法"一样，构建自身的一套系统性分析理论，可以称作"生态语法"。不过，与视觉语法不同，生态语法应有两大而不是一大根基，即除了功能语言学理论外，须有生态哲学观的指导。有关生态哲学观对于 EDA 的重要性，上文已论及。有关 EDA 的语言学理论基础，本文强调，应是功能取向的，而不是形式取向的。形式取向的语言学理论主要关注语言本身的结构和运行机制，而功能取向的理论除了对语言系统本身进行描写外，还聚焦语言的使用；或者说，功能取向的理论凸显使用中的语言及其潜在的运作系统。总之，EDA 以功能为取向，旨在通过揭示语言的潜在意义来分析人类生态意识，根据生态哲学观探讨该意识形态对生态系统的影响，从而唤起并提高人们的生态意识，引导人们改善其语言行为以及相应的实际行动。

功能取向的 EDA 与词汇语法息息相关，因为词汇语法资源是语言意义驱动的源泉。就生态语法的构建，何伟和张瑞杰[3]、何伟和魏榕[4]已初步描述了生态及物性系统、生态语气系统、生态情态系统、生态评价系统之态度子系统

---

① Stibbe A., *Ecolinguistics*：*Language*，*Ecology and the Stories We Live By*，London and New York：Routledge，2015.

② Stibbe A., *Ecolinguistics*：*Language*，*Ecology and the Stories We Live By*，London and New York：Routledge，2015.

③ 何伟、张瑞杰：《生态话语分析模式构建》，《中国外语》2017 年第 5 期，第 56—64 页。

④ 何伟、魏榕：《国际生态话语之及物性分析模式构建》，《现代外语》2017 年第 5 期，第597—607 页。

等,但研究尚不够系统和完善。首先,这些描述本身主要是增加了生态哲学观这一维度,对体现生态经验意义和人际意义的各系统本身的描述还不够深入,在实践中的可操作性不够强;其次,这些描述对生态哲学观的表述也不尽一致;再者,这些系统之间的内在逻辑关系,还没有呈现出来,同时也缺乏对语篇功能方面的系统描写。为发展一个全面、系统、解释力强的生态语法,本文建议下一步的研究采纳能够促进各生态系统良性平衡发展的一个普适的生态哲学观,如上文提到的"多元和谐,交互共生";同时对体现人类经验的各语义系统网络及词汇语法形式,进行生态视角描写上的细化和延伸,并展现各系统之间的内在逻辑关系。

四、结语

本文通过对比 EDA 与 CDA、PDA 和 MDA,从研究缘起、研究目的、研究对象、研究步骤及理论基础等方面,阐述了 EDA 的特点。本文认为,CDA 和 PDA 中的 C(Critical)和 P(Positive)既是一种研究视角,也是一种研究目的,MDA 中的 M(Multimodal)指的是研究对象,EDA 与 CDA 及 PDA 一样,其中的 E(Ecological)既是一种研究视角,也是一种研究目的,因此 EDA 的研究对象不仅是环境话语等,而且可以是任何话语,其目的是通过分析,揭示话语的生态取向——生态有益性话语、生态模糊性或中性话语、生态破坏性话语。综上,与 CDA、PDA 和 MDA 相比,EDA 具有宏大的研究目的、系统性的指导思想、广泛的研究对象、明确的研究步骤,以及开放性的理论基础。这些特点源自其社会发展需要以及超学科性质。

本文主要是在 Halliday 范式下对生态话语分析范式进行了探讨,我们认为要明晰语言的使用对生态系统的影响,还需要明确生态环境对语言使用的触发,也就是需要融合 Halliday 和 Haugen 两个范式的做法,既要从语言入手,研究生态问题,也要从生态环境入手,研究语言使用的运作机制。这样,才能从根本上揭示语言是如何为生态环境所制约,又是如何建构生态环境的。国内已有学者采取 Haugen 范式对相关领域语言现象进行了研究,比如潘世松①提出和发展了"语言生态伦理"概念,并据此对词典中增加的新词、新闻媒体中的措辞等进行了剖析,揭示了相关用语对"语言生态伦理"的遵守或违背,并提倡遵守"语言生态伦理"的语言使用以及各语言与各方言之间的和谐发展;祝克懿②、祝克懿和殷祯岑③、殷祯岑和祝克懿④结合官场生态环境对官场话语运作机制进行了解读,为人们较为准确地理解官场话语提供了有效的策略。上述从 Haugen 范式入手的研究为我们分析话语的生态取向提供了缘起上的借鉴。鉴于此,今后的研究将努力融合两种范式,进一步完善生态话语分析范式,加强其社会实践,培养人们的生态问题意识,以改善其生态行为,从而达到以语言研究来承担重大社会责任的目的。

(本文原载《当代修辞学》2018 年第 5 期,作者为何伟、魏榕。)

---

① 潘世松:《异语文字符号夹杂现象的学科理据》,《山西师大学报(社会科学版)》2012 年第 4 期,第 136—140 页;潘世松:《语言生态伦理的性质及原则》,《南昌大学学报(人文社会科学版)》2014 年第 3 期,第 151—156 页;潘世松:《语言生态伦理的自律价值》,《湖南师范大学社会科学学报》2017 年第 6 期,第 30—37 页。

② 祝克懿:《当下官场话语与生态文明建设》,《湖南师范大学社会科学学报》2013 年第 6 期,第 17—20 页。

③ 祝克懿、殷祯岑:《生态语言学视野下的官场话语分析》,《南昌大学学报(人文社会科学版)》2014 年第 4 期,第 137—143 页。

④ 殷祯岑、祝克懿:《官场话语生态的形成过程考察》,《湖南师范大学社会科学学报》2015 年第 5 期,第 12—19 页。

生态语言学：
生态话语分析理论

国际生态话语之及物性分析模式构建

一、引言

自 20 世纪中期,人文社科开始出现"话语转向"①。近年来,由于人类生态意识加强,人文社科又发生了"生态转向"②,继而出现生态美学、生态翻译学和生态语言学等新兴学科③。就生态语言学而言,研究对象包括语言的社会环境以及社会的生态环境④,主要研究方法为生态话语分析(ecological discourse analysis)⑤。

生态系统包括自然生态系统和社会生态系统⑥。然而,目前生态话语研究主要涉及自然生态系统⑦,只有少数学者关注社会生态系统⑧。其实,社会

① [英]Paul Baker,Sibonil Ellece:《话语分析核心术语》,黄国文、刘明注,外语教学与研究出版社 2016 年版,第 xv 页。

② Stibbe A., Ecolinguistics and Globalization//Coupland N., *The Handbook of Language and Globalization*, West Sussex:Wiley Blackwell,2010,p.407.

③ 黄国文:《生态语言学的兴起与发展》,《中国外语》2016 年第 1 期,第 1,9—12 页。

④ Matthiessen C.M.I.M., Ideas and New Directions//Halliday M.A.K., Webster J., *Continuum Companion to Systemic Functional Linguistics*,London:Continuum,2009.

⑤ Alexander R., Stibbe A., "From the Analysis of Ecological Discourse to the Ecological Analysis of Discourse", *Language Sciences*,2014,Vol.41,pp.104-110.

⑥ 曲仲湘、王焕校、吴玉树:《生态平衡概述》,《生态学杂志》1982 年第 4 期,第 39—42 页。

⑦ Halliday M.A.K., "New Ways of Meaning:The Challenge to Applied Linguistics", *Journal of Applied Linguistics*,1990,No.6,pp.7-36;Carvalho A., "Representing the Politics of the Greenhouse Effect:Discursive Strategies in the British Media", *Critical Discourse Studies*,2005,No.1,pp.1-29;何伟、张瑞杰:《生态话语分析模式构建》,《中国外语》2017 年第 5 期,第 56—64 页。

⑧ Pandey S., *Emergence of Eco-feminism and Reweaving the World*,Springfield:MD Publications,2011.

生态和自然生态一样重要①。社会生态可以指单个国家的种种社会生态,可以指单个国家中某个社会系统生态,也可以指国家之间种种关系生态。Migdal② 指出,国际社会又叫国家社会,是由国家组成的社会,是社会生态系统的重要组成部分。在当今充满变化风云的世界形势下,国际生态尤其值得我们的研究,而从语言学角度最适合的切入点就是体现国际生态特点的话语。

顾名思义,国际生态话语是有关国际生态系统的话语。那么,国际生态系统究竟指什么? 目前,学术界尚未对国际生态系统进行系统的研究,国内外有关国际生态系统的研究多主要聚焦于自然生态③。从生态学角度,国际生态系统不能单指自然生态,还应该包括社会生态,自然生态主要指自然资源,社会生态主要指各个国家的政治、军事、文化、经济、教育等人为方面。因此,国际生态系统包括自然生态系统和社会生态系统,本文关注的是社会生态系统,相应地,我们在文中所提的国际生态系统和国际生态话语分别指国际社会生态系统和国际社会生态话语。

国家是国际社会的组成部分,因而世界上所有国家都是国际生态系统中必要的生态因子。再者,国际生态系统的生态因子可以分为生命体和非生命体,因为生态系统由生命因子和非生命因子构成④。最后,国际生态系统作为社会生态系统的一部分,其定义和结构与社会生态系统的定义和结构类似。鉴于此,基于生态学视角,根据叶峻⑤的社会生态系统阐释、Cumming et al.⑥

---

① Bookchin M.,*The Ecology of Freedom:The Emergency and Dissolution of Hierarchy*,Palo Alto:Cheshire Books,1981,p.22.

② Migdal J.S.,*State in Society:Studying How States and Societies Transform and Constitute One Another*,Cambridge:Cambridge University Press,2001.

③ Stringfellow W.T.,Jain R.,"Engineering the Global Ecosystem",*Clean Technologies and Environmental Policy*,2010,Vol.12,No.3,pp.197-203;王金平、高峰、张志强、汤天波:《国际生态系统研究发展态势文献计量分析》,《地球科学进展》2010 年第 10 期,第 1101—1111 页。

④ 周新远:《模糊数学在生态学中的应用研究——桔全爪螨种群动态中的模糊聚类分析》,《生态学报》1982 年第 2 期,第 59—70 页。

⑤ 叶峻:《从自然生态到社会生态》,《西安交通大学学报(社会科学版)》2006 年第 3 期,第 49—54 页。

⑥ Cumming G.S.,Barnes G.,Perz S.,Schmink M.,Sieving K.E.,Southworth J.,Binford M.,Holt R.D.,Stickler C.,Van Holt T.,"An Exploratory Framework for the Empirical Measurement of Resilience",*Ecosystems*,2005,Vol.8,No.8,pp.975-987.

的局部社会生态系统构造、Ostrom[1]的社会生态系统框架,我们对国际生态系统做出如下诠释:国与国相互依存构成了复杂的国际环境,所有国家在这种环境中长期相互作用,形成了一个相互影响、相互制约的国际生态系统,并通过相互往来实现系统内的政治沟通、军事交流、文化往来、经济合作、教育互补、自然资源共享等,从而达到整个国际生态系统的平衡。以 A 国和 B 国为例,二者形成的国际生态系统如图 1 所示。

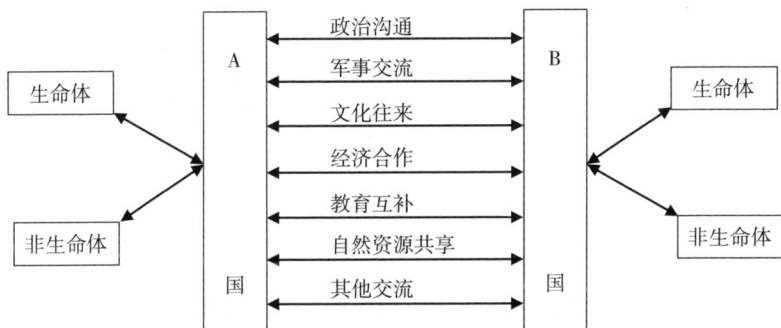

图 1　A 国和 B 国形成的国际生态系统示例

二、国际生态哲学思想

在从事语言分析时,每位生态语言学家都应用自身的生态哲学思想分析话语[2]。生态哲学思想是一套个人化的哲学系统,需要我们从传统文化中提取经典观点并加以重建[3],这套思想为我们提供了一套分析生态话语的原则,促使我们努力地实现生态平衡。针对不同的生态系统,分析者有不同的生态

---

[1]　Ostrom E.," A General Framework for Analyzing Sustainability of Social‐Ecological Systems",*Science*,2009,Vol.325,No.5939,pp.419‐422.

[2]　Stibbe A.,*Ecolinguistics:Language,Ecology and the Stories We Live By*,London and New York:Routledge,2015,p.11.

[3]　Naess A.,*Ecology,Community and Lifestyle:Outline of an Ecosophy*,Cambridge:Cambridge University Press,1989,pp.5‐33.

哲学观,如自然生态的"生存观"①,人际生态的"心理生态观"②。就国际生态系统而言,分析者也有多种生态哲学观,如"和平观"③"多样化"④"合作共赢"⑤。其中,"和平观"强调国际生态系统中所有国家的存在状态,"多样化"关注各个国家的特性,"合作共赢"注重所有国家之间的互动。从生态视角出发,以上哲学观点均不全面,针对国际生态系统的研究需要有较为全面建设性价值的哲学观作指导,这种哲学观不仅要关注生态系统中生态因子的状态和特性,而且要关注生态因子间的互动。

中国传统文化和外交理念中蕴含着颇有建设性价值的国际生态哲学观。首先,"和谐"是中国儒家文化的重要部分,"以和邦国,以谐万民"(《周礼》)中的"和"与"谐"同义,强调唯有和谐才能稳定国家与国民。而"和谐外交"也是中国长期致力于建立和谐国际社会的外交理念⑥。其次,每个国家都有其强与弱,所谓"尺有所短,寸有所长"(《楚辞·卜居》),"不同"是使"和"具有真正内涵的前提⑦。"全方位外交"正体现了中国努力与世界各国"和而不同"的诚意⑧。再次,"互爱互利"是国与国相处的重要原则。"兼相爱,交相利"(《墨子·兼爱中》)意指以"互爱互利"作为国与国相处的基石,以便实现

① Stibbe A., *Ecolinguistics: Language, Ecology, and the Stories We Live By*, London and New York: Routledge, 2015, p.14; Wei R., "Review of *Ecolinguistics: Language, Ecology, and the Stories We Live By*", *Spanish in Context*, Forthcoming.

② Schroll M.A., "From Ecopsychology to Transpersonal Ecosophy: Shamanism, Psychedelics and Transpersonal Psychology: An Autobiographical Reflection", *European Journal of Ecopsychology*, 2013, Vol.4, No.1, pp.116-144.

③ Mowat R.B., *Diplomacy and Peace*, London: Williams and Norgate, 1935.

④ Masamichi S., "Globalization and National Identity in Japan", *International Journal of Japanese Sociology*, 2004, Vol.13, No.1, pp.69-87.

⑤ Alves A.C., "China's 'Win-Win' Cooperation: Unpacking the Impact of Infrastructure-for-Resources Deals in Africa", *South African Journal of International Affairs*, 2013, Vol.20, No.2, pp.207-226.

⑥ Li Z.X., "Harmony and Chinese Diplomacy", *Procedia-Social and Behavioral Sciences*, 2010, No.5, pp.6777-6779.

⑦ 俞正樑:《求同存异,和平共处——纪念和平共处五项原则创立50周年》,《毛泽东邓小平理论研究》2004年第9期,第40—43页。

⑧ 何兰:《中国全方位外交的新理念与实践》,《思想理论教育导刊》2013年第8期,第34—37页。

《论语·子路》之"近者悦,远者来"的和谐。再者,"兼相爱,交相利"是新中国成立以来的对外关系主线①。基于此,我们从中国传统文化和外交理念中重构出促进国际生态系统良好发展的生态哲学观,即"和而不同,互爱互利"。

生态哲学观和生态话语分类息息相关。Stibbe②从自然生态系统视角出发,基于"生存"的生态哲学观,把话语分成三类:破坏性话语(destructive discourse),即阻碍人们保护其生存生态系统的话语;有益性话语(beneficial discourse),即促进人们保护其生存生态系统的话语;模糊性话语(ambivalent discourse),即部分促进但部分阻碍人们保护其生存生态系统的话语。同样,我们从国际生态视角出发,基于"和而不同,互爱互利"的生态哲学观,把国际生态话语分成三类:破坏性国际生态话语、中性国际生态话语和有益性国际生态话语(见图2)。其中,破坏性国际生态话语会阻碍人们保护国际生态系统;有益性国际生态话语能促进人们保护国际生态系统;中性国际生态话语既不阻碍也不促进人们保护国际生态系统。

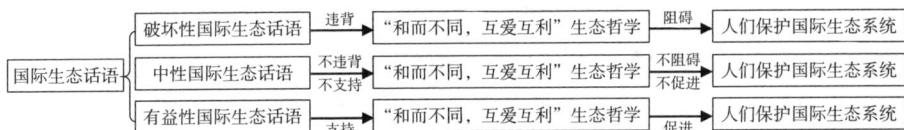

图2 国际生态话语分类

三、国际生态话语及物性分析模式

系统功能语言学为话语分析而创建③。Halliday④指出,语言不仅反映客观世界,同时也建构客观世界,用语言符号反映和建构客观世界的过程是对客

---

① 肖晞、刘笑阳:《墨家思想对中国国际战略定位的启示》,《国际观察》2011年第2期,第45—51页。

② Stibbe A., *Ecolinguistics: Language, Ecology and the Stories We Live By*, London and New York: Routledge, 2015, pp.24-30.

③ Halliday M.A.K., *An Introduction to Functional Grammar*, 2nd ed. London: Arnold/Beijing: Foreign Language Teaching and Research Press, 1994/2000, p.xv.

④ Halliday M.A.K., Language and the Reshaping of Human Experience//Webster J., *The Language of Science: Vol.5 of the Collected Works of M.A.K.Halliday*, London: Continuum, 1995/2006, p.13.

观世界的识解过程。作为普通语言学,系统功能语言学的最终目标是实现对意义的普遍描写①。系统功能语言学的意义囊括四个维度:经验意义、逻辑意义、人际意义和语篇意义。本文关注经验意义,即以参与者角色和过程为中心的及物性系统。而作为适用语言学,系统功能语言学面临生态问题这个新的描写任务②。鉴于此,本文以系统功能语言学及物性系统为基础,从生态视角出发,对参与者角色系统进行重新建构,并为主要过程系统赋予生态意义,建构出适合描述国际生态话语特点的及物性分析模式。

(一) 参与者角色系统

基于语言本体,及物性系统的参与者角色主要包括"施事""受事""载体""属性"以及"环境性参与者"等。这些参与者角色比较概括,不能体现国际生态话语的特点,需要我们进行重新界定和细化。

首先,根据国际生态系统中的生命因子和非生命因子,我们将参与者分"生命体"和"非生命体",以展现参与者角色在国际生态系统中的意义。例如,"中国人民友好③"与"中国友好"两个小句尽管拥有相同的语义配置,即"载体(Carrier)+过程(Process)",却给读者留下不同的印象,因为前者描述了生命体"中国人民"的友好形象,而后者描述了非生命体"中国政府"的友好形象。

其次,生命体包括人类生命体和非人类生命体④,因而我们把"生命体参与者"细分为"人类生命体参与者"和"非人类生命体参与者"。其中,"人类生命体参与者"主要指国民,"非人类生命体参与者"主要指动物和植物等人外生命体。"生命体参与者"又包括"个体参与者"与"群体参与者"。以关于"人类生命体参与者"的两个句子为例,"中国人民很友好"和"中国主席很友好",前者描述群体载体"中国人民",而后者描述个体载体"中国主席"。

---

① 辛志英、黄国文:《系统功能类型学:理论、目标与方法》,《外语学刊》2010 年第 5 期,第50—55 页。

② 辛志英、黄国文:《系统功能语言学与生态话语分析》,《外语教学》2013 年第 3 期,第7—10 页。

③ 本文所选语料均来自互联网上发布的国家领导人讲话,部分语料经过微调以适应研究需要。

④ 佘正荣:《生命之网与生态正义》,《广东社会科学》2009 年第 3 期,第49—55 页。

　　再者,作为非生命体,国际社会具备场所性特征,因为其重要组成部分国家是个地域性概念①。地域场所包括物理性场所和社会性场所②,据此我们认为国际社会具备物理性特征和社会性特征,进而把"非生命体参与者"细分为"物理性参与者"和"社会性参与者"。"物理性参与者"指国家的物理性因素,如地理位置、山川、河流等。"社会性参与者"指国家的社会性因素,如政治、经济、文化等。综上所述,为了突出参与者在国际生态系统中的属性,更直观地反映小句的生态价值,我们需要重新界定并细化参与者角色(见图3)。

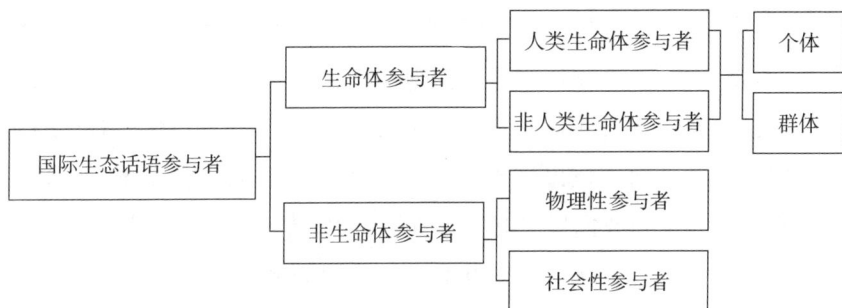

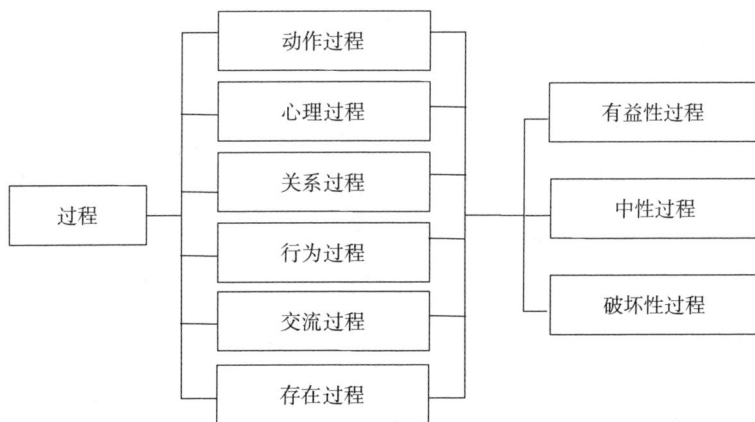

图 3　国际生态话语参与者角色系统

图 4　国际生态话语过程系统

---

①　杨多贵、高飞鹏:《国家生命体的系统学解析》,《系统科学学报》2007 年第 4 期,第 76—79 页。

②　Scannell L.,Gifford R.,"Defining Place Attachment:A Tripartite Organizing Framework",*Journal of Environmental Psychology*,2010,Vol.30,No.1,pp.1-10.

（二）过程系统

除需要凸显参与者角色的生态意义以外,本文认为及物性过程意义也需要进行生态化拓展。例如,"中国经济会进步的"和"中国经济会倒退的"在语义上都表达了"中国经济"的发展态势,但两句动词蕴含着不同的生态意义。前者带有积极色彩,表达了说话者看好中国经济发展态势,后者带有消极色彩,表达了说话者不看好中国经济发展态势。由此可见,两句是有着不同生态意义的国际生态话语。因此,我们从三种国际生态话语出发,基于语言本体的主要过程类型①以及"和而不同,互爱互利"的生态哲学观,对主要过程进行细化和生态化,为其建构出具有生态意义的三个子系统,即有益性过程、中性过程和破坏性过程,从而构建出体现国际生态话语特点的过程系统(见图4)。其中,有益性过程支持我们提出的生态哲学理念,破坏性过程违背我们提出的生态哲学理念,中性过程既不支持也不违背我们提出的生态哲学理念。下面我们对国际生态话语及物性系统的六种主要过程及其三个子系统过程进行详细阐释。

1. 动作过程

在国际生态话语中,动作过程描述了相关参与者动作性活动,涉及有益性、中性和破坏性三种动作过程。如(1)和(2)都是描述中国和美国两国相处的动作小句。(1)中有"work"和"stop"两个动作过程,"work"形成的语义配置为"施事——人类生命群体参与者+动作过程(are working)",描述了许多美国人正在工作的事实,属于中性动作过程;而"stop"形成的语义配置为"施事——人类生命群体参与者+动作过程(stopped)+受事——非生命体社会性参与者",体现说话人赞赏制止中国轮胎在美国的进口与销售的贸易保护主义行为,违背了自由贸易原则,与"和而不同,互爱互利"生态哲学观截然相反,为破坏性动作过程。(2)中"拓展"的语义配置为"施事——人类生命群体

---

① 何伟、魏榕:《系统功能语言学及物性理论发展综述》,《北京科技大学学报(社会科学版)》2016年第1期,第1—20页;何伟、张瑞杰、张帆、淡晓红、魏榕:《汉语功能语义分析》,外语教学与研究出版社2017年版;He W.,Zhang R.J.,Dan X.H.,Zhang F.,Wei R.,*Functional Semantic Analysis of English*,Beijing:Foreign Language Teaching and Research Press,2017.

参与者+动作过程(拓展)+受事——非生命体社会性参与者",突出了说话人支持中美两国互利合作的态度,符合本文生态哲学观,属于有益性动作过程。

(1) Many Americans are working today because we stopped a surge in Chinese tires.

(2)中国和美国要积极拓展两国互利合作。

2. 心理过程

在国际生态话语中,心理过程描述了参与者通过情感、意愿、感知和认知来实现对其他参与者的爱憎、赞同或反对、相信或怀疑等心理性活动,囊括有益性、中性和破坏性三种心理过程。如(3)、(4)和(5)为有关战争的心理小句。(3)中的心理过程"believe"是表达认知的心理过程,体现出讲话人对某种现象的认识,其语义配置"认知者——人类生命个体参与者+心理过程(believe)+现象",表现出说话人坚信利比亚战争的正义性。事实上,这是说话人用"正当化策略"让不合法的战争变得合法化,这种心理过程违背了"和谐"宗旨,为破坏性心理过程。相反,(4)中的心理过程"希望"为表达意愿的心理过程,表示说话人的某种期望,其语义配置"意愿者——人类生命个体参与者+心理过程(希望)+现象",突出说话人希望国际社会能打造出一个"更加和平、更加繁荣的星球",为有益性心理过程。(5)中包含两个表达意愿的心理过程"希望",语义配置分别是"意愿者——人类生命群体参与者+心理过程(希望)+现象"和"人类生命群体参与者+心理过程(希望)+现象",前者是中国人民对自己国民的期望,为中性心理过程,后者是中国人民对其他国民的祝愿,为有益性心理过程。

(3) I believe that our cause(war against Libya)is just.

(4)我真诚希望,国际社会携起手来,把这个星球建设得更加和平、更加繁荣。

(5)中国人民希望自己过得好,也希望各国人民过得好。

3. 关系过程

在国际生态话语中,关系过程通过描述相关参与者是什么、像什么、在哪儿、拥有什么、与什么相关,建立参与者之间的政治、经济、军事、文化、外交等关系。根据本文的生态哲学观,我们把关系过程分成有益性、中性和破坏性关系过程。如(6)、(7)和(8)都是典型的关系小句。(6)是识别性关系过程,其语义配置为"标记——非生命体社会性参与者+关系过程(is)+价值",表达了说话人的观点,即"美国是世界上最强大的国家,其他国家均为弱国",这种表达实为与美国强势政治地位相关的"话语霸权"①。因此,(6)中的关系过程完全违背了"和而不同,互爱互利"的生态理念,为破坏性关系过程。(7)为归属性关系过程,语义配置"载体——非生命体社会性参与者+关系过程(是)+属性",客观描述了中国国家政府的性质,与生态哲学观无多大关系,为中性关系过程。(8)包含两个关系过程,前者为归属性关系过程,后者为拥有性关系过程,其语义配置分别为"载体——非生命体社会性参与者+关系过程(是)+属性",和"拥有者——非生命体社会性参与者+关系过程(有)+拥有物",突出说话人尊重埃及,认为埃及与中国拥有平等地位,各自的文明凝聚着不同民族的智慧和贡献,为有益性关系过程。

(6) The United States of America is the most powerful nation on Earth.

(7)中国是实行中国特色社会主义的国家。

(8)中埃两国都是世界文明古国,有着深厚的传统文化。

4.行为过程

在国际生态话语中,行为过程旨在描述相关参与者无意识地表现出来的呼吸、微笑等生理性活动,同样被分成三类:有益性、中性和破坏性行为过程。如(9)、(10)和(11)中都包含行为过程。(9)中行为过程"breathe"的语义配置是"行为者——人类生命群体参与者+行为过程(cannot breath)+地点",展现了说话人向听众传递"在中国不能自由呼吸"的负面信息,实属对中国的偏见。再者,"breathe"行为小句紧跟着心理小句"虽然相信中国会越来越强大",这更能说明说话人由于把中国当成其强大的竞争对手而猛烈抨击中国的事实,为破坏性行为过程。反之,(10)中"呼吸"过程的语义配置"行为者——人类生命群体参与者+行为过程(同呼吸)",表现了说话人希望世界人民在各国相互促进的背景下,日益成为命运共同体,为有益性行为过程。与

① Annita L., Michelle M. L., "Discourse of Global Governance: American Hegemony in the Post-cold War Era", *Journal of Language and Politics*, 2008, Vol.7, No.2, pp.228-246.

（9）和（10）不同，（11）的语义配置为"行为者——人类生命群体参与者+行为过程（呼吸）"，描述的是来自不同国家的个体在实验中被要求一起呼吸的规定，为中性过程。

（9）You cannot breathe freely in China.

（10）中国人民与世界人民同呼吸，共命运。

（11）根据实验要求，来自不同国家的实验个体需要一起呼吸。

5. 交流过程

在国际生态话语中，交流过程描述相关参与者通过语言进行信息交换的过程，这种过程包括传递正面信息的有益性过程、传递负面信息的破坏性过程以及传递中性信息的中性过程。如（12）和（13）都是交流过程。"announce"为（12）中的交流过程，其语义配置为"交流方——人类生命群体参与者+交流过程（announce）+交流内容"，表达了说话人以"调查"为由成立贸易执法单位，实为加大对中国的贸易抵制，是不正当的举措，为破坏性交流过程。（13）中包含"赞扬"和"重申"两个交流过程，它们属于投射和被投射的关系，"中方"为"投射源"，"赞扬"为"投射词"，"美方多次重申坚持一个中国政策"为被投射小句，投射词可以反应交流者对被投射内容的态度①。因此，"赞扬"交流过程的语义配置"交流方——非生命体社会性参与者+交流过程（赞扬）+交流内容"，表达了交流者"中方"对"美方"交流内容的认可，有利于中美和谐，为有益性交流过程。"重申"交流过程的语义配置是"交流方——非生命体社会性参与者+交流过程（重申）+交流内容"，表达了交流者"美方"肯定"一个中国政策"，也属于有益性交流过程。

（12）Tonight, I'm announcing the creation of a Trade Enforcement Unit that will be charged with investigating unfair trading practices in countries like China.

（13）中方赞扬美方多次重申坚持一个中国政策。

6. 存在过程

在国际生态话语中，存在过程是用来描述国际生态系统中参与者存在状

---

① 张敬源、贾培培：《新闻语篇投射模式的研究》，《现代外语》2014年第2期，第179—188页。

态的过程,包括描述正面存在状态的有益性过程、描述负面存在状态的破坏性过程及描述中性存在状态的中性过程。汉语和英语都有习惯性存在过程,如"有"是汉语的常用存在过程,"there be"是英语的常用存在过程。以存在小句(14)、(15)和(16)为例,(14)为典型的英语存在语义配置,"there+存在过程(is)+存在物+地点",表达说话人宣告美军为执行任务而将常驻阿富汗的决定。美国这种"民主和平"的方式持续反恐,实为新干涉主义,属于霸权主义行为,因此,(14)为破坏性存在过程。(15)的语义配置为"地点+存在过程(有)+存在物——非生命体社会性参与者",客观描述了世界上国家和地区的数量,无关乎生态哲学观,为中性存在过程。(16)为"使役性存在过程","施事——非生命体社会性参与者+使(使役过程)+地点+存在过程(充满)+存在物"的语义配置表达了说话人赞赏100多个国家对"一带一路"沿线的贡献,符合"和而不同,互爱互利"生态哲学观,为有益性存在过程。

(14)There is an enduring U.S.military presence in Afghanistan to carry out two other missions.

(15)目前,世界上有200多个国家和地区。

(16)100多个国家的文化使"一带一路"沿线充满活力。

四、讨论与结语

话语具有社会性建构特征①,作为国际生态系统的组成成分,各个国家通过话语塑造国际生态系统中生态因子之间的相互关系,以期对国际关系产生因果意义上的影响。如有益性国际生态话语有助于营造国家之间的友好关系,而破坏性国际生态话语可能会为国际社会带来危机。基于此,我们认为有必要建立适合国际生态话语体系的语言学分析模式,以促进国际社会生态健康与持续发展。

话语分析需要语言学理论依据,而系统功能语言学是适用于包括文学、日

---

① Fairclough N.,*Discourse and Social Change*,Cambridge:Polity Press,1992,p.36.

常话语等多种话语分析的理论①,然而,话语是语境中的意义单位②,话语分析不能只依靠语言学方法。本文认为,国际生态话语分析模式需要结合系统功能语言学理论和生态哲学理念。因此,本文遵循以"语义为中心"的语言学原则和"和而不同,互爱互利"的生态哲学思想,基于系统功能语言学及物性系统建构了适合国际生态话语的及物性分析模式。该模式重建了参与者系统,重新界定并细分了过程系统。其中,参与者可分为"生命体参与者"和"非生命体参与者",前者包括"人类生命体参与者"和"非人类生命体参与者",后者包括"物理性参与者"和"社会性参与者"。如"中国人民为全球贡献智慧"和"中国政府为全球贡献智慧"两句的语言本体参与者相同,都是"施事"和"受事",然而二者的及物性重心并不同,前者描述的是人类生命群体"中国人民",后者描述的是非生命体社会性参与者"中国政府"。生态系统是生命体和非生命体的结合系统,因而国际生态系统参与者需包括生命体参与者和非生命体参与者,这种分类较之以语言本体为基础的参与者系统更能体现出参与者的生态属性,从而更加明显地体现出小句的生态价值。再者,过程可细化为"有益性过程""中性过程"和"破坏性过程"。如动作小句"国际合作需要扩大"和"国际合作需要缩小",都在语义上表达了说话者认定的"国际合作"动态趋势,但蕴含不同的生态意义,前者符合"和而不同,互爱互利"的生态哲学理念,为有益性过程,后者违背这种生态哲学观,为破坏性过程。由此可见,对国际生态话语小句的过程性质判断需要两个步骤:首先根据小句谓体确定其语言本体过程类型,包括动作、关系、心理、言语、行为和存在六种过程;再通过分析小句语义是否符合"和而不同,互爱互利"的生态哲学观来确定其生态过程类型,包括有益性、中性和破坏性三种过程。

综上,本文从生态学视角出发,建立了国际生态系统,提出了"和而不同,互爱互利"的国际生态哲学理念,划分了国际生态话语的种类,最终建构了国际生态话语及物性分析模式。这种及物性分析模式界定了包括"生

---

① He W., Wei R., "Review of The Bloomsbury Companion to M. A. K. Halliday", *Functions of Language*, 2017, Vol.24, No.2. pp.234-243.

② Halliday M.A.K., Hasan R., *Cohesion in English*, London: Longman, 1976, p.293.

命体参与者"和"非生命体参与者"的参与者系统,细化出包括"有益性""中性"和"破坏性"的过程系统。希望本研究能够帮助媒体、学界等创造更多有益性国际生态话语,引领中性国际生态话语的发展,减少破坏性国际生态话语的使用。

（本文原载《现代外语》2017 年第 5 期,作者为何伟、魏榕。）

生态语言学视角下的评价系统

一、引言

生态语言学(Ecolinguistics)从生态学视角研究语言,区分为 Haugen 和 Halliday 两大模式①。Haugen② 模式把语言和语言社团的关系看作生物与自然环境的关系,研究语言多样性、濒危语言的保护、语言政策的制订等;Halliday③ 模式把语言看作生态系统中的一部分,探讨语言对生态环境的影响,也就是主要通过分析话语的生态取向,揭示语言对生态环境的作用。本文聚焦韩礼德模式下的生态话语分析。

生态语言学从对生态话语(主要指环境话语)的分析(analysis of ecological discourse)发展到对任何话语的生态取向分析(ecological analysis of discourse)。Alexander 和 Stibbe④ 提倡对话语的生态取向分析,认为后者拓宽了话题和文本类型,比如除与环境相关的话语外,其他任何话题的话语都可以从

① Fill A.,"Ecolinguistics:States of the Art",*Arbeiten aus Anglistik und Amerikanistik*,1998,Vol. 23,No.1,pp.3-16.

② Haugen E.,The Ecology of Language//Dil A.S.,*The Ecology of Language*:*Essays by Einar Haugen*,Stanford:Stanford University Press,1972,pp.325-399.

③ Halliday M.A.K.,"New Ways of Meaning:The Challenge to Applied Linguistics",*Journal of Applied Linguistics*,1990,No.6,pp.7-36.

④ Alexander R.,Stibbe A.,"From the Analysis of Ecological Discourse to the Ecological Analysis of Discourse",*Language Sciences*,2014,Vol.41,pp.104-110.

生态视角展开。何伟、魏榕①提出了"生态话语分析"(Ecological Discourse Analysis)概念,她们通过对比,指出"生态话语分析"范式中的"生态"既是一种研究视角,也是一种研究目的,因此该范式的研究对象不仅涵盖环境话语,还涵盖其他任何领域的话语,其目的是通过分析,揭示话语的生态取向——有益性、模糊性或中性、破坏性。

有关生态话语分析的语言学理论基础,学界也有不少论述,主要涉及系统功能语言学②,以及认知语言学③。有关系统功能语言学视角下的理论基础,大多数研究主要关注及物性系统、语气系统、情态系统、语法隐喻、语境等理论,也有个别研究关注评价系统理论④,不过主要是对评价系统的基本应用,或是对其中一个子系统进行生态视角的延展。目前,评价系统应用于话语的生态取向分析时,可操作性不够强。学界对 Martin⑤、White⑥、Martin

① 何伟、魏榕:《国际生态话语的内涵及研究路向》,《外语研究》2017 年第 5 期,第 18—24 页;何伟、魏榕:《国际生态话语之及物性分析模式构建》,《现代外语》2017 年第 5 期,第 597—607 页;何伟、魏榕:《生态语言学:发展历程与学科属性》,《国外社会科学》2018 年第 4 期,第 113—123 页;何伟、魏榕:《话语分析范式与生态话语分析的理论基础》,《当代修辞学》2018 年第 5 期,第 63—73 页;何伟、魏榕:《多元和谐,交互共生——国际生态话语分析之生态哲学观建构》,《外语学刊》2018 年第 6 期,第 28—35 页。

② Alexander R., Stibbe A., "From the Analysis of Ecological Discourse to the Ecological Analysis of Discourse", *Language Sciences*, 2014, Vol.41, pp.104-110;Stibbe A., "An Ecolinguistic Approach to Critical Discourse Studies", *Critical Discourse Studies*, 2014, Vol.11, No.1, pp.117-128;Stibbe A., *Ecolinguistics:Language, Ecology and the Stories We Live By*, London and New York:Routledge, 2015;何伟、魏榕:《国际生态话语的内涵及研究路向》,《外语研究》2017 年第 5 期,第 18—24 页;何伟、魏榕:《国际生态话语之及物性分析模式构建》,《现代外语》2017 年第 5 期,第 597—607 页;何伟、张瑞杰:《生态话语分析模式构建》,《中国外语》2017 年第 5 期,第 54—64 页;张瑞杰、何伟:《生态语言学视角下的人际意义系统》,《外语与外语教学》2018 年第 2 期,第 99—108 页。

③ Stibbe A., *Ecolinguistics:Language, Ecology and the Stories We Live By*, London and New York:Routledge, 2015.

④ Stibbe A., *Ecolinguistics:Language, Ecology and the Stories We Live By*, London and New York:Routledge, 2015;张瑞杰、何伟:《生态语言学视角下的人际意义系统》,《外语与外语教学》2018 年第 2 期,第 99—108 页。

⑤ Martin J.R., Beyond Exchange:Appraisal Systems in English//Hunston S., Thompson G., *Evaluation in Text:Authorial Stance and the Construction of Discourse*, Oxford:Oxford University Press, 2000, pp.142-175.

⑥ White P.R.R., "Beyond Modality and Hedging:A Dialogic View of the Language of Intersubjective Stance", *Text*, 2003, Vol.23, No.2, pp.259-284.

和 White① 提出和发展的评价系统理论在语篇分析中的应用性给予高度肯定②的同时,也指出仅考虑词汇表达的本体意义是不够的③,还应考虑评价主客体和价值主客体等其他评价要素④。这表明词汇本身表达的本体意义在实际语境中不能被简单地分为积极和消极两种范畴,词汇本身表达积极,而在语境中表达或积极,或消极,或模棱两可的态度,反之亦如此。

有鉴于此,本文在生态语言学视角下对 Martin⑤ 等提出与发展的评价系统进行拓展和延伸,目的是为生态话语分析提供一个具有可操作性的评价系统理论模式。

二、生态哲学观

生态话语分析需要生态哲学思想做指导⑥。Steffensen 认为分析者可以建构一套属于自己的生态哲学观(ecosophy),然后将这一套哲学观与语言学理论相融合,建构出一个适合话语分析的模式⑦。生态哲学观或因生态系统而不同,或因个人、群体等而不同,比如 Stibbe⑧ 针对西方国家经济活动与人类

---

① Martin J.R.,White P.R.R.,*The Language of Evaluation:Appraisal in English*,Hampshire:Palgrave Macmillan,2005.

② 王振华:《评价系统及其运作——系统功能语言学的新发展》,《外国语》2001 年第 6 期,第 13—20 页。

③ 杨信彰:《语篇中的评价性手段》,《外语与外语教学》2003 年第 1 期,第 11—14 页;李战子:《评价理论:在话语分析中的应用和问题》,《外语与外语教学》2004 年第 5 期,第 1—6 页;胡壮麟:《语篇的评价研究》,《外语教学》2009 年第 1 期,第 1—6 页。

④ 刘世铸:《评价的语言学特征》,《山东外语教学》2007 年第 3 期,第 11—16 页。

⑤ Martin J.R.,Beyond Exchange:Appraisal Systems in English//Hunston S.,Thompson G.,*Evaluation in Text:Authorial Stance and the Construction of Discourse*,Oxford:Oxford University Press,2000,pp.142-175.

⑥ Stibbe A.,*Ecolinguistics:Language, Ecology and the Stories We Live By*,London and New York:Routledge,2015.

⑦ 何伟、魏榕:《生态语言学:整体化与多样化的发展趋势——〈语言科学〉主编苏内·沃克·斯特芬森博士访谈录》,《国外社会科学》2017 年第 4 期,第 148 页。

⑧ Stibbe A.,*Ecolinguistics:Language, Ecology and the Stories We Live By*,London and New York:Routledge,2015.

生活的话语提出了"生活"(Living)之生态哲学观,旨在促进人们保护赖以生存的生态系统;黄国文①针对中国语境下的政治、经济、文化等话语提出了"和谐"之生态哲学观,目的是促进中国语境下人与人、人与自然之间的和谐;何伟、魏榕②针对表征国际社会生态系统即国际关系的国际生态话语提出了"多元和谐,交互共生"生态哲学观,旨在维护国际社会生态系统的良性发展。

何伟、魏榕③指出,无论是哪种生态哲学观,也无论是关注哪种生态系统,均涉及生态系统内各生态因子之间的互动与协调;鉴于各种不同的生态系统相互联系,形成一个巨大的有关人类生产、生活和发展的系统网络,我们应该可以融合出一个普遍而适用的生态哲学观;该哲学观既应该是个人化的,又是社会化的,同时也应该是国际化或全球化的,能够促进整个系统网络的良性发展;这种生态哲学观应是具有高度概括性和普适性双重特点的"多元和谐,交互共生",其汲取和融合了中国传统文化精华、传统哲学思想以及和平共处外交理念,崇尚系统因子的多元化、互动性以及和谐共生,不仅适于包括国际关系在内的各社会生态系统,也应适合自然及至整个生态系统。

该观点与潘世松④从 Haugen 范式下进行生态语言学研究而提出的"语言生态伦理"概念异曲同工。"语言生态伦理"主张语言生态的自律或应当存在,强调语言作为生态位(即本文所提的生态因子)之间的和谐共生关系,在其指导下的语言现象研究提倡语言在发生、发展、传承等方面应具有律己德性,唯此,语言生态位之间才有和谐共生,这样才能促使生物多样性的可持续存在,也就是促使世界各生态系统及各生态因子之间的和谐共生。

鉴于"多元和谐,交互共生"生态哲学观的高度概括性和普适性,下文以该哲学观为指导,对原评价系统理论进行生态视角下的拓展和延伸。

---

① 黄国文:《论生态话语和行为分析的假定和原则》,《外语教学与研究》2017 年第 6 期,第880—889 页。

② 何伟、魏榕:《多元和谐,交互共生——国际生态话语分析之生态哲学观建构》,《外语学刊》2018 年第 6 期,第 28—35 页。

③ 何伟、魏榕:《话语分析范式与生态话语分析的理论基础》,《当代修辞学》2018 年第 5期,第 63—73 页。

④ 潘世松:《语言生态伦理的自律价值》,《湖南师范大学社会科学学报》2017 年第 6 期,第30—37 页。

三、生态语言学视角下的评价系统

Martin① 等描述的评价系统包括三个子系统——态度、介入和级差。态度有关情感、判断和鉴赏;介入有关态度的来源,分为自言和借言;级差体现态度和介入的程度,分为语势和聚焦。

（一） 生态语言学视角下的态度系统

Martin 和 White② 从心理学、伦理学和美学出发将态度具体划分为三个范畴:情感、判断和鉴赏。情感有关高不高兴、安不安全、满不满足和渴不渴望;判断是对于某一行为表现出尊重还是批评、表扬还是谴责;鉴赏是对某一现象或符号做出的反应。他们③从词汇语法层面对有关情感、判断、鉴赏的词语做了积极和消极分类,比如表达积极态度意义的词语有 pleased、yearn for 等,表达消极态度意义的词语有 abhor、anxious 等。

张瑞杰、何伟④在探讨对自然生态话语的人际意义时发现,原评价系统是从词汇语法的单纯意义对积极和消极态度而进行的界定,不完全适用于话语生态意义的揭示。鉴于此,他们在描述自然生态话语的态度分析模式时,增加了情感缘起、判断标准、鉴赏对象三个特征,并进一步区分为人本位和自然本位(人为自然的一部分)的缘起、标准和对象。通过其文中的例子,以及我们对自然生态话语的观察,本文认为这种拓展和延伸能够揭示话语的生态取向。

---

① Martin J. R., Beyond Exchange: Appraisal Systems in English//Hunston S., Thompson G., *Evaluation in Text: Authorial Stance and the Construction of Discourse*, Oxford: Oxford University Press, 2000, pp.142–175.

② Martin J.R., White P.R.R., *The Language of Evaluation: Appraisal in English*, Hampshire: Palgrave Macmillan, 2005.

③ Martin J.R., White P.R.R., *The Language of Evaluation: Appraisal in English*, Hampshire: Palgrave Macmillan, 2005, pp.49–56.

④ 张瑞杰、何伟:《生态语言学视角下的人际意义系统》,《外语与外语教学》2018 年第 2 期,第 99—108 页。

不过,对于新增加的三个特征的进一步精密化划分,本文认为仅做"人本位"和"自然本位"区分,不适于所有类型的生态话语分析。比如对国际生态话语的分析,应区分为"利本位"和"义本位";对官场生态话语的分析,应区分为"官本位"和"民本位";对医患生态话语的分析,应区分为"医本位"和"患本位",等等。至于这样区分的理据,我们此处以国际生态话语为例进行说明。对国际生态话语而言,追溯其中涉及的情感缘起、判断标准和鉴赏对象应聚焦利和义两方面。以利益作为情感的出发点、判断的基准点、鉴赏的着眼点而形成的态度相信"修昔底德陷阱"之说①。信奉这种观点的西方国家坚持新兴大国与守成大国的冲突不可避免②,并将国际活动看作永久的"零和"博弈,忽视国家间的合作③。另外,受"天定使命论"宗教传统的影响,一些发达国家带着制度优越感去干扰他国事务④,其本质仍然是受利益的驱使,无视国际社会环境中所有国家和地区作为参与者都是国际社会生态系统中的生态因子,各个国家和地区应享有平等发展的权利⑤。以正义为本位的态度并非不重视利益,而是反对"见利忘义""保利弃义"的态度和做法,主张追求合乎道义的利益⑥,并且具有全球主义精神,将国际关系非意识形态化,既有民族大义之"义",也有国际主义之"义"⑦。以利本位和义本位对国际生态话语中态度的情感缘起、判断标准和鉴赏对象做区分,再结合"多元和谐,交互共生"生态哲学观,才能对态度资源做出合理的解读。

其实,通过对评价对象进行分析来追溯某些话语现象产生的原因,学界已

---

① "修昔底德陷阱"指的是:"一个新崛起的大国必然要挑战现存大国,而现存大国也必然会回应这种威胁,这样战争变得不可避免。"摘自 http://wapbaike.baidu.com/item/修昔底德陷阱/7508870? fr=aladdin。

② 王生才:《儒家义利观的现代解读及其对中国外交决策的影响》,《西北第二民族学院学报(哲学社会科学版)》2006年第2期,第24—27页。

③ 李艳辉:《政治经济的互动与中美关系》,上海社会科学院出版社2009年版。

④ 马方方:《中国特色经济民主与中美关系》,时事出版社2012年版。

⑤ 何伟、魏榕:《国际生态话语的内涵及研究路向》,《外语研究》2017年第5期,第18—24页。

⑥ 王易:《中国和平发展战略的传统文化根源探析——从儒家国家关系伦理思想的视角》,《贵州师范大学学报(社会科学版)》2006年第2期,第12—17页。

⑦ 王生才:《儒家义利观的现代解读及其对中国外交决策的影响》,《西北第二民族学院学报(哲学社会科学版)》2006年第2期,第24—27页。

有学者做过尝试。如钱宏①和董诗文②均通过对比英汉文本中涉及的评价对象来探寻翻译"不忠实"现象的形成原因和译者干预的关键点。但是,生态语言学视角下对态度系统的缘起、标准和对象的考察与上述做法有所不同,是在生态哲学观指导下就话语发出者对评价对象所做评价的生态性进行再评价,即辨识其生态属性。

概括地讲,当话语发出者对遵循"多元和谐,交互共生"生态哲学观的对象表达积极情感、判断或鉴赏时,对违背的对象表达消极情感、判断或鉴赏时,其情感、判断或鉴赏有益于生态系统的良性发展,属于有益性态度;当话语发出者对遵循该生态哲学观的对象表达消极情感、判断或鉴赏时,对违背的对象表达积极情感、判断或鉴赏时,其情感、判断或鉴赏不利于生态系统的良性发展,属于破坏性态度;当话语发出者表达的情感、判断或鉴赏对于生态系统的良性发展既谈不上是有益的,也谈不上是破坏的情况时,其情感、判断或鉴赏属于模糊性或中性态度。

该生态语言学视角下的态度系统如图 1 所示。此处需要指出:其中的缘起、标准和对象的下一个精密阶上的两个析取特征以 X 和 Y 代替,如果分析对象是自然生态话语,它们则是"人"和"自然",如果是国际生态话语,它们则是"利"和"义",等等。

我们以国际生态话语为例说明该态度系统的适用性。

(1) Despite doubts among some detractors, two CEOs of Western multinational corporations said they see substantial growth opportunities in China's Belt and Road Initiative, and are actively angling for a piece of the trade initiative in an attempt to win more orders.

(2) One of us is going to be a hegemon in 25 or 30 years and it's gonna be them if we go down this path.

(3) Trump simply threw away the single most valuable tool America had for

---

① 钱宏:《运用评价理论解释"不忠实"的翻译现象——香水广告翻译个案研究》,《外国语》2007 年第 6 期,第 57—63 页。

② 董诗文:《评价理论与翻译研究的联姻——〈翻译与评价:译者决策中的关键点〉介评》,《外国语》2015 年第 3 期,第 100—104 页。

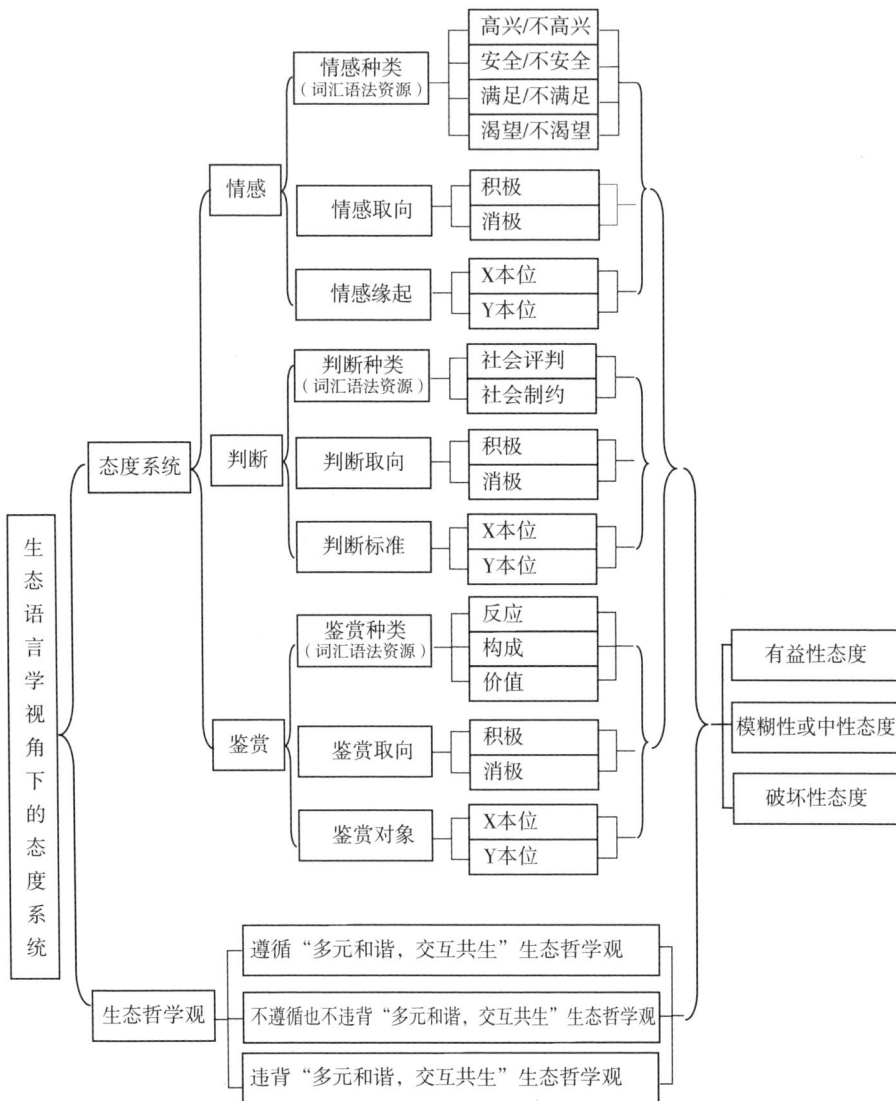

图 1　生态语言学视角下的态度系统

shaping the geo-economic future of the region our way and for pressuring China to open its markets.

　　例(1)摘自 *China Daily* 于 2018 年 3 月 12 日刊发的一篇题为"MNCs Eyeing Belt, Road Benefits"的报道。其中 angling for 意为争取、谋求,表达两位

首席执行官响应"一带一路"倡议,希望与中国企业合作的意愿,属于评价系统中态度的情感子类,具体表达"渴不渴望"。按照 Martin 和 White[①] 对态度的标注,angling for 应为 affect：desire,简写为 +des。据此,原评价系统将 angling for 归为积极情感,而此归类依据的是 angling for 的单纯词汇意义,未涉及语境信息。

本文以拓展后的态度系统为依据,对例(1)进行如下分析。首先,该例提到的"一带一路"倡议本质上是沿线国家共同合作的平台,强调"共商、共建、共享"原则,践行正确的义利观,以实现世界各国的和谐、相互借鉴、共同发展的美好愿景,是中国"先人后己"与"己所不欲,勿施于人"传统共赢思想的实践场[②]。故而,话语发出者希望参与"一带一路"的各项具体实践,是遵循"多元和谐,交互共生"生态哲学观的表现。由此,该例对 angling for 的使用有益于国际社会生态系统的良性发展,属有益性情感。

例(2)选自 FT 中文网于 2017 年 8 月 18 日发布的一段题为"'中美经济战'进行时?"的视频内容。该话语是白宫战略顾问史蒂夫·班农对中美经济关系的论断。依据 Martin 和 White[③] 对态度的标注,hegemon 为 judgment：capacity,简写为+cap。显然,在原评价系统中,hegemon 不属于消极判断,但它与 powerful、vigorous 等积极判断词汇又不应属于同类。这表明,原评价系统对评价意义进行的二分不够适用。霸权主义是经济、军事强国对弱国进行强行干涉和控制的外交主张,严重违背了"多元和谐,交互共生"生态哲学观。该话语声称美国和中国当中必将有一个会成为霸主,这是以己推人,缺乏中美经济关系互惠共赢意识的表现。从"hegemon"一词可窥见史蒂夫·班农只追求本国利益,不惜因此而干涉、压制他国利益,并对中国一再强调的绝不搞霸权主义和强权政治的主张充耳不闻,暴露其"见利忘义"的本性。这种认为国力强盛就会成为霸主,将前者看作后者的必要而充分的条件,是以利本位为判

---

① Martin J.R.，White P.R.R.，*The Language of Evaluation：Appraisal in English*，Hampshire：Palgrave Macmillan，2005，p.71.

② 尚虎平：《"一带一路"关键词》,北京大学出版社 2015 年版,第 22 页。

③ Martin J.R.，White P.R.R.，*The Language of Evaluation：Appraisal in English*，Hampshire：Palgrave Macmillan，2005，p.53.

断标准的表现。可见,在"多元和谐,交互共生"生态哲学观视角下,hegemon是破坏性判断,该话语属于破坏性话语。

例(3)出自 *The New York Times* 于 2017 年 6 月 28 日刊登的一篇题为"Trump is China's Chump"的文章。其中 valuable 在原评价系统中被标记为appreciation:valuation,简写为+val,属于积极鉴赏。然而,该话语所指工具是奥巴马政府推动达成的泛太平洋战略经济伙伴关系协定(Trans-Pacific Partnership Agreement,TPP)。奥巴马在推动 TPP 的过程中,公开宣称全球经济规则由美国来书写,而不是由中国之类的国家来书写①。TPP 不仅与贸易有关,也与地缘政治有关,是美日联合遏制中国的协议②。美国对外经济战略的根本目的是调动和开发全世界的资源为美国的国家利益服务,继续保持美国的领导和领先地位③。就 TPP 自身来讲,虽有助于减少濒危物种贩运、维护劳工权益等,但不同于不设排他性规则、不限国别、不搞封闭机制的"一带一路"倡议,TPP 以塑造排他性的、更高标准的全球贸易与投资新规则为主要内容④,违背了"多元和谐,交互共生"生态哲学观。该例话语发出者将 TPP 鉴赏为valuable,是就 TPP 可为美国带来私利这一特点而言的,完全不顾 TPP 具有损害公义的性质。话语发出者对 TPP 的价值做出高度赞赏,有害于国际社会生态系统的良性发展,属于破坏性鉴赏。

(二)生态语言学视角下的介入系统

基于交际的对话性,White⑤ 提出介入系统,他将介入分为单声和多声两种介入方式,不同的介入方式由不同的介入词汇资源体现。"'介入'指语言学意义上的'态度'介入,也就是说,人们使用语言表达态度的时候,要么单刀直入,直陈所思,要么假借他人的观点、思想、立场等间接表达自己的思想、观

---

① The White House Office of the Press Secretary,"Statement by the President"[2015-6-12]. https://obamawhitehouse.archives.gov/the-press-office/2015/06/12/statement-president.

② 尚虎平:《"一带一路"关键词》,北京大学出版社 2015 年版。

③ 李艳辉:《政治经济的互动与中美关系》,上海社会科学院出版社 2009 年版,第 121 页。

④ 尚虎平:《"一带一路"关键词》,北京大学出版社 2015 年版。

⑤ White P.R.R.,"Beyond Modality and Hedging:A Dialogic View of the Language of Intersubjective Stance",*Text*,2003,Vol.23,No.2,pp.259-284.

点或立场"①。某一话语只涉及一个来源,则为单声介入,亦称自言。一个话语涉及不止一个来源,则为多声介入,亦称借言。借言介入方式具有典型的对话性特征。借言之"借",在于话语发出者允许不同于自己观点的声音存在。借言的两个子范畴——压缩和扩展体现了话语发出者对不同于自己观点的声音的允许程度。

White② 根据话语发出者在话语中为某一观点是否留有对话空间、留有多少对话空间,对介入的具体方式做了自言/借言、压缩/扩展等分类,并对话语发出者对介入内容所持立场的鲜明程度就各类介入方式做了自下而上的描述。这种描述为探究话语发出者和接收者之间的关系提供了清晰的思路,但其精密度仍有待进一步提高。就此,李基安③讨论了有关介入的部分情态词,明晰了话语发出者承担的责任。江晓红④对借言的各子介入方式进行了考察,认为否认和宣称表示话语发出者明确的立场,引发表示立场模糊,设距表示立场比较模糊,承认表示客观。然而其研究没有涉及自言,且准确度也有待商榷,比如应进一步细分引发所表示的立场,同时设距表示立场并非模糊。大众传播学界⑤在论证新闻不具客观性时,提及了记者利用"引用"在报道中表达立场的现象。Huan⑥ 将新闻报道中的引用从介入的宣称、赞同、承认等角度对新闻作者之于信息源所持的立场做了研究。然而,传播学界就话语发出者对介入内容所持有的立场,即介入取向的讨论不够全面。

本文认为,既然自言方式用于对被广泛认可的常识或真相的描述,故对自

---

① 王振华、路洋:《"介入系统"嬗变》,《外语学刊》2010 年第 3 期,第 52 页。

② White P.R.R.,"Beyond Modality and Hedging:A Dialogic View of the Language of Intersubjective Stance",*Text*,2003,Vol.23,No.2,pp.259-284.

③ 李基安:《情态与介入》,《外国语》2008 年第 4 期,第 60—63 页。

④ 江晓红:《语篇对话视角的介入分析》,《深圳大学学报》2011 年第 2 期,第 109—113 页。

⑤ Calsamiglia H.,Ferreo C.L.,"Role and Position of Scientific Voices:Reported Speech in the Media",*Discourse Studies*,2003,Vol.5,No.2,pp.147-173;Jullian P.M.,"Appraising through Someone Else's Words:The Evaluative Power of Quotations in News Reports",*Discourse & Society*,2011,Vol.22,No.6,pp.766-780.

⑥ Huan C.,"Journalistic Engagement Patterns and Power Relations:Corpus Evidence from Chinese and Australian Hard News Reporting",*Discourse & Communication*,2016,Vol.10,No.2,pp.137-156.

言介入方式的选择是话语发出者抱以最高承认度的体现,取向十分鲜明。采用压缩的借言方式,话语发出者承认异于自己观点的声音的存在,但明确坚持自己的观点。压缩分为否认压缩(包括否定和反驳,如 never 和 however)和宣称压缩(包括同意、断言和赞同,如 of course、really 和 X demonstrates that)。扩展借言方式情况较为复杂:摘引扩展中的承认一类,表示话语发出者陈述他人观点,自己持中立的立场、保留的取向,如 X said、in X's view 等;摘引扩展中的设距一类,表示话语发出者在陈述他人观点时划清与"他人"的界限,自己取向鲜明,如 X claims that、it rumored that 等;引发扩展中带有如 must、almost 等词时,话语发出者虽允许了异音,但取向明确,如 I think、perhaps 等;而其他引发扩展则体现了话语发出者中立的观点、保留的取向,如 I hear、possible 等。本文将前一种引发称作相对引发,如 almost 表达很大的可能性,与自言相比,almost 在表示很大可能性的同时允许反例存在的可能,故为引发,即引发不同观点,但与 may 相比,almost 允许反例存在的程度非常低,因而这种引发又是相对的。而将后一种引发称作绝对引发,如 may,其允许反例或异音的程度很高,是典型引发。

以上是就词汇层面对各介入方式所做介入取向的二分法解读:明确和保留。同样,对话语的介入分析只局限于词汇语法层面也是不够的,需结合语境阐释其生态特征。

本文认为,对介入的语境考察需要关注介入来源特征,将之区分为个人和非个人两类。个人不代表任何团体,仅代表个体;非个人包括组织成员、机构专家、政府官员、媒体记者等。刘世铸①将评价主体分为个人、群体和社会,其中群体指一个集团、地区或国家,社会指人类历史发展不同阶段的民族或国家。而个人与非个人的分类更具可操作性,突出话语发出者的身份。值得注意的是,自言的介入来源系非个人类。自言的介入内容是被普遍认同的,话语发出者选择自言介入方式则默认了全体大众认为其理所当然,故自言的介入来源是非个人,是最大的非个人集体。本文之所以对介入来源做个人与非个人的区分,是因为在对生态话语进行生态取向阐释时,同一介入内容由个人或非个人的介入可产生不同的生态效果。

---

① 刘世铸:《评价的语言学特征》,《山东外语教学》2007 年第 3 期,第 11—16 页。

　　同时,对介入的语境考察还离不开对介入内容所持态度的分析。概括地讲,明确地支持遵循"多元和谐,交互共生"生态哲学观介入内容的介入方式和明确地反对违背该生态哲学观介入内容的介入方式为有益性介入,同时介入来源不同,介入的有益性程度也不同;明确地反对遵循该生态哲学观介入内容的介入方式和明确地支持违背该生态哲学观介入内容的介入方式为破坏性介入,同样,介入来源不同,介入的有害性也不同;对无论是遵循还是违背该生态哲学观的介入内容进行保留地介入时,该介入方式为模糊性或中性介入。该生态语言学视角下的介入系统如图2所示。

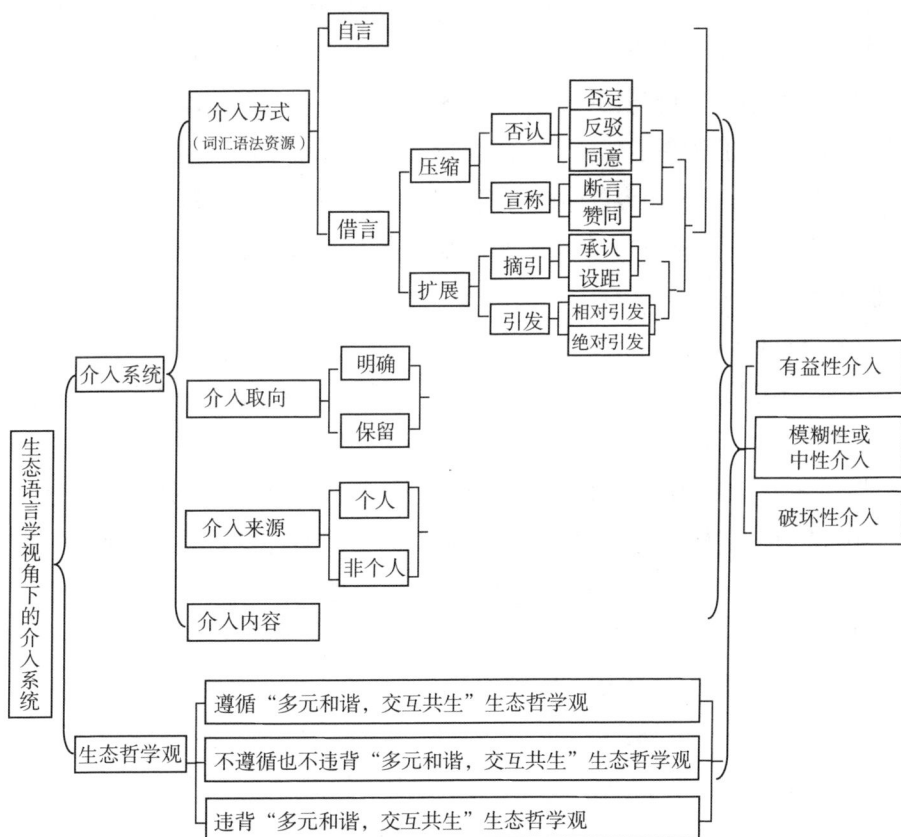

图 2　生态语言学视角下的介入系统

我们同样以国际生态话语为例来说明该介入系统的适用性。

（4）Over the last few years, China has aggressively built up artificial islands, extending its military capability far beyond its own borders.

（5）I don't think it will be in the interest of any countries if their aim is to contain China.

例（4）摘自 *Cable News Network* 于 2017 年 5 月 2 日刊发的一篇题为"朝鲜核试验惹众怒，中美分歧点剖析"的评论。在词汇语法层面，该话语采用自言的介入方式，将中国在南海领域的所谓"不合法"行为表述为既定事实，不容任何异音的存在，该例介入取向十分鲜明。本文在"多元和谐，交互共生"生态哲学观指导下做如下分析：早在春秋战国时期《山海经》就对南海有描述，称其为"朱崖海渚"；近有《开罗宣言》恢复了中国对南海诸岛的主权。故中国政府在南海领域拥有行使主权的自由。例（4）的介入内容，即话语本身，脱离实事求是的原则，体现了其利本位的判断标准，故介入内容表达破坏性态度。话语发出者对该介入内容以明确肯定的介入取向来呈现，故其自言介入方式是破坏性介入。另外，自言的介入来源是非个人，是最大的集体，产生了极大的破坏性。

例（5）出自 FT 中文网于 2017 年 11 月 1 日发布的一段题为"中国警告美国：不要试图遏制中国崛起"的视频内容。此话语中的 I...think 是引发扩展的借言介入方式，为可能存在的异音保留了话语空间；don't 是否定的压缩借言方式，关闭了异音的话语空间。根据原有介入系统，分析为：话语发出者坚持美国如遏制中国发展将有损两国利益的观点，但声明这是话语发出者个人的看法，蕴含了允许不同观点存在的人际意义。可见，原有的介入系统分析强调该例中话语发出者允许异音，这种介入方式巩固了与可能持相反观点的读者的主体间性，然而由于没有生态哲学观的指导，很难判断这种主体间性的强调是有益性的介入，还是破坏性的，或者是模糊性或中性的。而按照本文对引发介入特征的解读，此例中的 I...think 属于相对引发的借言，引发功能只是相对的，而介入来源就是话语发出者自己，且介入取向明确，加之其后否定的压缩介入方式，故两个介入方式均传达明确立场，结合生态哲学观，其介入内容所持态度是以义本位为判断标准的生态有益性判断，该例中两个取向明确的介入方式均为有益性介入。由此可见，介入特征的精密化区分以及介入取向的范畴化是对话语的介入资源进行生态性解读时的重要依据。

若将例(5)表述为 It may not be in the interest of any countries if their aim is to contain China,则话语中的 may 虽同为引发扩展,但据前文所述,may 为绝对引发,介入取向保留,故为模糊性或中性介入。如果将该介入方式改为比原例(5)更具有益性的介入方式,鉴于该例的介入内容遵循"多元和谐,交互共生"生态哲学观,故可采用取向明确的断言介入方式,即可表述为 There is no doubt that it will not be in the interest of any countries if their aim is to contain China。

如上,在生态语言学视角下对话语的介入进行分析时,以对介入内容的态度判断为第一步,然后在词汇语法层面的介入方式分类基础上,做"明确介入"和"保留介入"的取向区分,并对介入来源做"个人"和"非个人"考察,最后结合生态哲学观揭示话语介入方式的生态意义。

(三) 生态语言学视角下的级差系统

级差是用来衡量话语发出者在表达态度和选择介入时投入的程度。级差系统的发展经历了由最初 Martin[①] 提出的独立于评价系统外的分级系统(grading system)逐步向评价系统融入的过程,至 Martin 和 White[②] 强调了任何评价资源都具有分级性后,级差系统在评价系统中的地位得到确立。从前文论述可以看出,介入系统本身就具有分级性,体现为明确和保留两种介入取向。而态度系统将态度分为情感、判断、鉴赏三类,没有直接体现态度的分级性。因而,本文认为我们对级差的研究应该主要关注态度的投入程度。具体地讲,Martin 和 White[③] 的级差系统把可以用量来度量的投入称为语势,不能分级度量的投入称为聚焦。聚焦以原型为参照,衡量评价对象与原型相似的程度,从非常具有原型的典型特征,到具备一些边缘特征,形成一个由明显到

---

① Martin J.R.,Macro-proposals:Meaning by Degree//Mann W.C.,Thompson S.,*Discourse Description*:*Diverse Analyses of Fund-Raising Text*,Amsterdam:Benjamins,1992,pp.359-396.

② Martin J.R.,White P.R.R.,*The Language of Evaluation*:*Appraisal in English*,Hampshire:Palgrave Macmillan,2005.

③ Martin J.R.,White P.R.R.,*The Language of Evaluation*:*Appraisal in English*,Hampshire:Palgrave Macmillan,2005.

模糊的连续统,常见的表达有 real、kind of 等。语势是对强度和数量的测量。强度针对性质和过程,性质的强度主要针对形容词意义和副词意义,可表述为"非常+性质"或"比较+性质"或"稍微+性质",比如 extremely miserable、a bit miserable 等;而过程的强度则与动作的活力相关,主要针对动词意义,比如 she ambled、she walked 等。数量针对或具体或抽象事物的大小、多少、轻重、远近、长短,比如 a few、distant 等。另外,级差在某一话语中体现为:要么明显、大、多、重、远、长等,要么模糊、小、少、轻、近、短等。据此,Martin 和 White[1] 认为语势有两个选择,即强势和弱势,聚焦有两个选择,即锐化和柔化,并将这两类选择统一为提升(up-scale)和降低(down-scale)。这两个选择作为一个特征与以上各种级差种类为合取关系。本文将 up-scale 和 down-scale 分别称做向上定位和向下定位,将这两种定位概括为级差取向特征。

级差本质上是一种衡量。话语发出者在做出某一级差种类的征用时,不可避免地需要将衡量对象与对象所属的总体做比照。级差"反映发话人对经验世界的'主观化'规模评价及相应对话力度的调整"[2]。级差的这种主观性使得级差征用的正确性和可靠性有待商榷。而级差系统的概念自提出以来,研究一直局限在对级差词汇资源的分类以及级差资源在不同文体中的分布特点[3]。而对于话语发出者在做级差种类的征用前所衡量的对象是否具有代表性,即级差样本代表衡量对象所属的整体,还是仅代表局部,没有关注。对级差参考,即对征用级差前所衡量的对象做代表性考察可以判断话语发出者的级差征用是否合理,进而揭示话语发出者所持观点的主观程度。当级差属有益性时,被衡量的样本越具有代表性则该级差的合理性越高,其有益性也就越强;而当级差属破坏性时,被衡量样本越具代表性则该级差的合

① Martin J.R.,White P.R.R.,*The Language of Evaluation:Appraisal in English*,Hampshire:Palgrave Macmillan,2005.

② 张滟:《学术话语中的级差范畴化及其修辞劝说构建》,《外国语》2008 年第 6 期,第 35 页。

③ Hood S.,*Appraising Research:Taking a Stance in Academic Writing*,Sydney:Sydney University of Technology,2004;张滟:《学术话语中的级差范畴化及其修辞劝说构建》,《外国语》2008 年第 6 期,第 33—40 页。

理性看起来越高,实质上,其破坏性也就越强。级差系统对级差参考特征的增加弥补了原级差系统在揭示级差合理性以及追溯级差征用主观意图不足等方面的缺陷。

概括地讲,对遵循"多元和谐,交互共生"生态哲学观的观点做向上定位的级差为有益性级差,级差样本越代表总体,级差的有益性程度越高;对遵循该生态哲学观的观点做向下定位的级差,以及对违背该生态哲学观的观点不论做向上定位还是做向下定位的级差,均为破坏性级差,级差样本越代表总体,级差的破坏性程度越高;对不遵循也不违背该生态哲学观的观点无论做向上或向下定位,均为模糊性或中性级差。该生态语言学视角下的级差系统如图 3 所示。

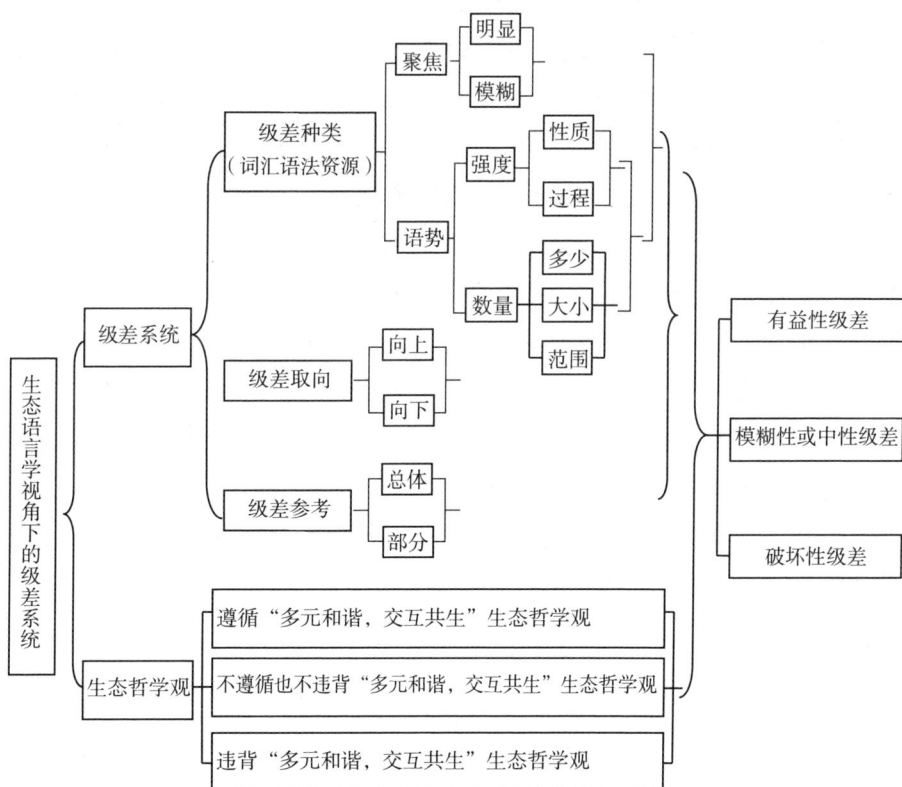

图 3　生态语言学视角下的级差系统

如上,我们仍以国际生态话语为例来说明此级差系统的适用性。

（6）Though the bullet was small, the speed at which it traveled meant it slammed into her with tremendous force, producing a shock wave that obliterated surrounding tissue.

例（6）摘自 *Washington Post* 于 2018 年 3 月 10 日刊发的一篇题为"After the Las Vegas Shooting Massacre, Survival can be Excruciating"的报道。该报道记者对 2017 年 10 月 1 日发生在拉斯维加斯的一场特大枪击案中幸存下来的一名妇女进行了跟踪采访。根据 Martin 和 White[①] 的级差系统对该例中两个级差资源作词汇层面的分析:slammed 是对子弹穿过受害者身体时的动作过程的强度描写,属向上定位的语势;tremendous 是对射弹所带力量大小的描写,也属向上定位的语势。两个向上定位的级差资源体现了记者对子弹冲击力所持的高程度投入。本文进一步对级差参考做考察:该例中两个向上级差所衡量的对象表面上是恐怖分子袭击一民众时所使用的子弹,而实质上是该袭击对民众所造成的伤害程度,并且对子弹威力程度的判断不是普通人,而是为这位幸存妇女在遭受袭击后 3 周内实施了 9 次手术的主治医生,也就是记者在采访该医生时,医生对这位幸存者所做的伤势评估是记者的参考样本。鉴于该医生救治了数十名受袭击伤害的患者[②],其对某一患者的伤势评估可以说具有代表性,可以认为该例中对子弹力量和子弹造成的伤害的级差投入程度是以所有恐怖主义受害者所经受的痛感为参照的。两个向上定位的级差资源描绘出了恐怖分子的悚人行径,流露出话语发出者对无辜受害者所遭受的巨大伤痛的同情,以及对恐怖主义行动的恐惧和憎恶,符合"多元和谐,交互共生"生态哲学观,由此,例（6）中的向上级差 slammed 和 tremendous 属有益性级差,例（6）为有益性国际生态话语。

---

① Martin J.R., White P.R.R., *The Language of Evaluation:Appraisal in English*, Hampshire:Palgrave Macmillan,2005.

② https://www.washingtonpost.com/national/after-the-las-vegas-shooting-massacre-survival-can-be-excruciating/2018/03/10/23fd3998-23aa-11e8-badd-7c9f29a55815_story.html?utm_term=.e848b47c95be.

四、结语

系统功能语言学框架内的评价系统一直是学界进行话语分析的重要理论依据。然而，评价系统主要关注词汇语法本身，在被运用于话语的生态性分析时，不能充分揭示语境中话语所表达的生态意义。为了使评价系统在生态话语分析领域更具可操作性，本文在生态语言学视角下对 Martin 等①提出及发展的评价系统做了生态调试。本文首先论述了"多元和谐，交互共生"作为生态话语分析哲学指导思想的适宜性；然后为评价系统中的态度系统增加了情感缘起、判断标准、鉴赏对象三个特征，为介入系统增加了介入取向、介入来源、介入内容三个特征，为级差系统增加了级差参考特征；同时将生态哲学观置入评价系统，把它描述为态度系统、介入系统和级差系统的一个合取特征。这样，本文就为生态话语分析范式描述了一个具有可操作性的评价系统。依据此评价系统，我们可开展各种生态话语分析，揭示其生态取向，比如何伟、马子杰②。

（本文原载《外国语》2020 年第 1 期，作者为何伟、马子杰。）

---

① Martin J.R., Beyond Exchange: Appraisal Systems in English//Hunston S., Thompson G., *Evaluation in Text*: *Authorial Stance and the Construction of Discourse*, Oxford: Oxford University Press, 2000, pp.142-175; White P.R.R., "Beyond Modality and Hedging: A Dialogic View of the Language of Intersubjective Stance", *Text*, 2003, Vol.23, No.2, pp.259-284; Martin J.R., White P.R.R., *The Language of Evaluation*: *Appraisal in English*, Hampshire: Palgrave Macmillan, 2005.

② 何伟、马子杰：《生态语言学视角下的澳大利亚主流媒体之十九大报道》，《外国语文》2019 年第 4 期，第 1—9 页。

生态语言学视角下的主位系统

一、引言

目前,生态语言学领域存在豪根(Haugen)和韩礼德(Halliday)两大研究模式,前者着眼于语言多样性、语言规划和语言保护等问题,后者关注语言对生态系统的影响[①]。自韩礼德模式[②]进入人们的视野,学界涌现了不少相关成果,这些研究主要借鉴批评话语分析、积极话语分析和多模态话语分析模式展开,尚未摆脱人类中心和权势构建的着眼点[③],缺乏明确的生态哲学观指导[④]。在这种背景下,为揭示各种话语的生态取向,学界已开始构建新的分析模式,比如何伟、魏榕[⑤]在生态语言学视角下探讨了生态话语分析的缘起、目的、理论和步骤等,指出生态话语分析模式是一个新的研究范式,适用范围广,并对其理论手段的功能取向特点进行了强调。作为话语生态取向分析的有力

---

① 黄国文:《外语教学与研究的生态化取向》,《中国外语》2016 年第 5 期,第 1、9—13 页;何伟:《关于生态语言学作为一门学科的几个重要问题》,《中国外语》2018 年第 4 期,第 1、11—17 页。

② Halliday M.A.K.,"New Ways of Meaning:The Challenge to Applied Linguistics",*Journal of Applied Linguistics*,1990,No.6,pp.7-36.

③ 辛志英、黄国文:《系统功能语言学与生态话语分析》,《外语教学》2013 年第 3 期,第 7—10 页。

④ 何伟、魏榕:《话语分析范式与生态话语分析的理论基础》,《当代修辞学》2018 年第 5 期,第 63—73 页。

⑤ 何伟、魏榕:《话语分析范式与生态话语分析的理论基础》,《当代修辞学》2018 年第 5 期,第 63—73 页。

工具,系统功能语言学框架①中的经验功能和人际功能理论已为学界所借鉴和应用,比如何伟、张瑞杰②,何伟、魏榕③,张瑞杰、何伟④,何伟、马子杰⑤等,然而目前尚未见语篇功能维度的探讨。鉴于此,本文对表征语篇功能的主位系统进行生态视角下的拓展和延伸,目的是在生态话语分析中,对话语的生态取向起到第三个维度的鉴别作用。

二、"多元和谐,交互共生"生态哲学观

Steffensen 认为,生态语言学是一个以问题为导向的学科,研究者可以根据不同需要重新界定生态的内涵⑥。Steffensen & Fill⑦ 提出了生态语言学研究中的四种"生态":自然生态、社会文化生态、符号生态和认知生态。从生态学视角看,这四种生态均涵盖于自然生态系统和社会生态系统。人类所处的生态环境既包括各种客观存在,其中包括人类的认知属性,也包括作为一种客观存在的人类所创造的各种社会现象及高级复杂的语言符号系统。因此,笼统地讲,世界上的生态系统可区分为自然生态系统和社会生态系统⑧。语言作为生态系统中的一个子系统,对整个生态系统网络都有着重

① Halliday M.A.K., *An Introduction to Functional Grammar*, 2nd. ed. London: Arnold/Beijing: Foreign Language Teaching and Research Press, 1994/2000.

② 何伟、张瑞杰:《生态话语分析模式构建》,《中国外语》2017 年第 5 期,第 56—64 页。

③ 何伟、魏榕:《话语分析范式与生态话语分析的理论基础》,《当代修辞学》2018 年第 5 期,第 63—73 页;何伟、魏榕:《国际生态话语之及物性分析模式构建》,《现代外语》2017 年第 5 期,第 597—607 页。

④ 张瑞杰、何伟:《生态语言学视角下的人际意义系统》,《外语与外语教学》2018 年第 2 期,第 99—108 页。

⑤ 何伟、马子杰:《生态语言学视角下的评价系统》,《外国语》2020 年第 1 期,第 51—62 页。

⑥ 何伟、魏榕:《生态语言学:整体化与多样化的发展趋势——〈语言科学〉主编苏内·沃克·斯特芬森博士访谈录》,《国外社会科学》2017 年第 4 期,第 145—151 页。

⑦ Steffensen S.V., Fill A., "Ecolinguistics: The State of the Art and Future Horizons", *Language Sciences*, 2014, Vol.41, p.7.

⑧ 邹冬生、高志强:《当代生态学概论》,中国农业出版社 2013 年版。

要的影响,其使用可以有益于生态系统的良性发展,也可起到破坏作用,或者不起明显的作用。本文的目的是在生态语言学视角下拓展和延伸系统功能语言学框架中的主位系统,以揭示主位的选择如何塑造、维持、影响甚至破坏人与自然、人与社会(包括人与人、社会与社会、国家与国家等)之间的关系。

进行生态话语分析首先要明确生态哲学观。为揭示语言对国际社会生态系统的影响,何伟、魏榕①提出了"多元和谐,交互共生"生态哲学观,何伟、刘佳欢②进一步发展了该生态哲学观。本文认为,此生态哲学观具有很强的包容性,不仅能反映社会生态系统,也能反映自然生态系统良性发展的需要,其指导下的生态话语分析有助于揭示各类话语的生态意义。一方面,它关注的是生态学中广义的"生态"概念。广义的生态是"包括人在内的生物与环境、生命个体与整体间的一种相互作用关系,在生物世界和人类社会中无处不在,无时不有"③。人与自然在由气温、湿度等气候因子、动植物等生物因子和各种人为活动因子构成的生态系统中共存,国家与国家在由不同的经济、政治、文化、科学、环境等多种因子构成的生态系统中共存。任何系统及其子系统的可持续发展均要求其中各生态因子在动态交互中相辅相成。人地矛盾、人际冲突、国家间的摩擦并非是彼此孤立的生态系统中的问题,若干生态系统间的相互渗透、相互影响,要求我们对待各类生态问题要从自然与社会复合的眼光出发④,考虑更为广义的生态系统。可以说,"多元和谐,交互共生"无论在解决人地矛盾、人际冲突或国际摩擦等方面均有着普适的指导意义。

另一方面,"多元和谐,交互共生"不仅融合了东西方相关生态学思想,还

---

① 何伟、魏榕:《多元和谐,交互共生——国际生态话语分析之生态哲学观建构》,《外语学刊》2018年第6期,第28—35页。

② 何伟、刘佳欢:《多元和谐,交互共生——生态哲学观的建构与发展》,《山东外语教学》2020年第1期,第12—24页。

③ 王如松、欧阳志云:《社会—经济—自然复合生态系统与可持续发展》,《中国科学院院刊》2012年第3期,第338页。

④ 马世骏、王如松:《社会—经济—自然复合生态系统》,《生态学报》1984年第1期,第1—9页。

汲取了中国特色大国外交理论中的养分。中国传统儒、道两家思想向世人传递了"和而不同是为生态"的生态智慧①。佛教中"万物与我一体""人与万物并无差别"的思想也将生态因子间平等、和谐、共生的思想置于重要地位②。西方生态学奠基者 Naess③ 将其生态观(ecosophy)看作"一种研究生态和谐或平衡的哲学"。在当今世界经济全球化、政治多极化以及文化多元化的大背景下,中国坚持和平、发展、合作、共赢的外交理念,践行维护世界和平、促进共同发展的外交政策,致力于推动相互尊重、公平正义、合作共赢的新型国际关系的建立。中国特色大国外交理论不仅体现大国的智慧与担当,也顺应和平与发展的时代主题,为构建共商、共建、共享的世界贡献中国力量。

生态语言学作为在环境问题激化的时代背景下兴起的学科,其指导性的价值观应致力于现实问题的解决和现实状况的改善。江泽慧④指出,不同历史时期的生态文化有着不同的内涵和表现形式,人类现已从原始文明、农耕文明、工业文明走到了后工业时期的生态文明。因此,不管是古时的畏天敬地、无为而治观,抑或近代科学、哲学浪潮带来的人定胜天、发展至上观,这些生态思想纵然对当时历史阶段下的社会发展起到了助推作用,不过对如今人与自然、人与社会关系问题的解决裨益不大,甚至有破坏性。当下的文明是世界的文明,人类活动的辐射范围已从狭小的居住地延展至整个地球村,不同民族社会间的交流互动也已从地缘性转向全球性。可以说,"多元和谐,交互共生"生态哲学观正是以一种全球性的、普遍关怀的、绿色发展的眼光概括并契合了当今时代自然与社会生态系统可持续发展的必然要求。

---

① 赵蕊华、黄国文:《生态语言学研究与和谐话语分析——黄国文教授访谈录》,《当代外语研究》2017 年第 4 期,第 17—18 页。

② 季羡林:《关于"天人合一"思想的再思考》,《中国文化》1994 年第 2 期,第 9 页。

③ Naess A., "The Shallow and the Deep, Long-range Ecology Movement: A Summary", *Inquiry*, 1973, Vol.16, No.1, p.99.

④ 江泽慧:《生态文明时代的主流文化:中国生态文化体系研究总论》,人民出版社 2013 年版。

三、生态语言学视角下的主位系统

Halliday[1] 沿用 Mathesius 在描述句子的功能时提出的主位(Theme)和述位(Rheme)两个术语,发展了系统功能语言学主位理论,将主位界定为小句"正在谈及的对象",是"小句信息的出发点"。他将主位划至小句第一经验成分,即由参与者角色(participant role, PR)、过程(process)或环境角色(circumstance)充当的首个及物性成分。有关这一划分方式,Thompson[2] 认为在语篇分析中存在一定的问题,他指出环境角色充当的主位通常只是用来改变"语篇框架"(textualframework),更似"语境框架"(contextual frame)或"方向性主位"(orienting Theme),而"主语主位"(Subject Theme)才是维系语篇话题的成分。因此他赞同将小句主位分析至第一个无标记性主位(通常是小句主语)的做法。Fawcett[3] 与 Thompson 基本一致,认为除去形式主语 there 或 it 引导的小句以及强势主位结构(包括传统语法中的强调句等),英语中绝大多数小句的主位都应划至由无标记性参与者角色充当的小句主语。何伟[4] 认为,参与者角色(主语)、标记性参与者角色(补语)、环境角色(状语)均可充当小句主位,但只有充当主语的参与者角色才是小句主要关涉的对象(即小句的话题)。

本文也认为,小句正在谈及的对象不一定就是小句信息的出发点。前者由小句成分的功能决定,通常是小句的话题。后者则由小句成分的位置决定,位于句首,是小句展开的基础。二者可能重叠但不能等同看待。尤其需要指出的是,从生态语言学视角看,要揭示语篇所关涉的各生态因子对生态系统的

---

① Halliday M. A. K., "Notes on Transitivity and Theme in English: Part 2", *Journal of Linguistics*, 1967, Vol.3, No.2, p.212.

② Thompson G., *Introducing Functional Grammar*, 2nd ed. London: Arnold/Beijing: Foreign Language Teaching and Research Press, 2004/2008, pp.173-174.

③ Fawcett R.P., "The Many Types of 'Theme'. English: Their Syntax, Semantics and Discourse Functions", London: Equinox, forthcoming.

④ He W., "'Subject-predicate Predicate Sentences' in Modern Mandarin Chinese: A Cardiff Grammar Approach", *Linguistics*, 2017, Vol.55, No.4, pp.935-977.

作用,我们应对充当主位的功能成分进行区分,参与者角色、过程类型或环境角色充当主位对小句的生态性有不同的影响。虽然表示时间、地点、方式等伴随状况的环境角色有时在小句中也表征生态因子,但它们主要是小句的补充性信息,而非直接参与小句过程的、被主要关注的生态因子。换言之,生态话语分析重在考察小句反映的事件及其参与者的生态属性,而非辅助性信息的生态属性。由此,本文认为主位是小句赖以展开的先导性话题基础;作为小句聚焦的话题,主位表达重要的经验意义,并且其句首位置具有特殊的语篇意义。也正因如此,主位在小句的生态取向上扮演一个重要的角色。

据此认识,我们对主位的划分应延伸至小句的第一个参与者角色(陈述句与疑问句)或过程成分(祈使句),不应停留在位于句首的环境角色成分。根据结构成分的数量,主位可分为简单主位、多重主位和重合主位:简单主位即单一话题/经验主位;多重主位除了话题主位成分外,还包括语篇主位兼或人际主位成分;重合主位指这样的一个主位成分,它至少同时体现经验、人际及语篇三种意义中的两种。根据结构成分体现的意义,主位可分为话题主位、语篇主位和人际主位:话题主位可以仅含参与者角色或过程成分,也可以同时含环境角色成分(此时环境角色出现在参与者角色或过程成分前);人际主位指语气、情态或呼语成分主位;语篇主位是结构性、连接性或接续性成分主位。本文在生态语言学视角下拓展和延伸的主位系统如图1所示。

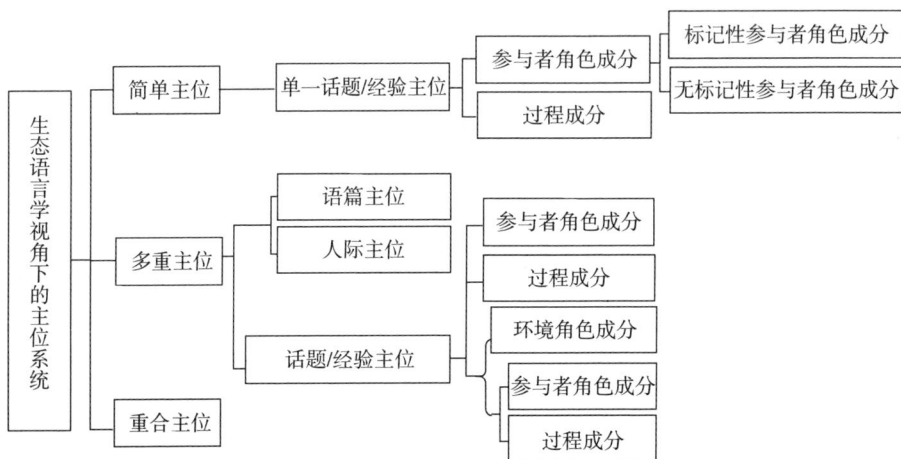

图1　生态语言学视角下的主位系统

该主位系统有三个特点:(1)视主位为小句所关注的话题出发点,而不仅是线性顺序上的出发点。(2)视参与者角色或过程成分主位为主要的话题主位,环境角色主位为附加性的话题主位。(3)基于"多元和谐,交互共生"生态哲学观,关注主位选择的生态性。

四、生态语言学视角下的参与者角色主位

(一) 参与者角色主位的生态功能延展

参与者角色主位是本文的一个主要关注点,原因有二:第一,参与者角色与小句表征的经验类型直接相关,是小句过程"期待出现的角色"①,较之环境角色主位成分,其更能代表对小句所描述事件起重要作用的生态因子。对参与者角色主位的选择反映了说话者对各生态因子在特定生态系统中相互作用的识解,这种识解具有一定的生态取向。第二,参与者角色主位反映说话者以何人/何物/何事为出发点来展开某一事件,对其考察有利于揭示言说的关注点、角度、立场的生态或非生态特征。鉴于此,我们有必要首先明确在语篇层面不同参与者角色主位所体现的生态取向。

在任何一类生态系统中,无论是生命体或无生命体、人造物或自然存在、主动参与者或被动参与者,各生态因子皆为彼此区别、独立又相互影响、制约的有机要素。对于一个良性运转的生态系统,其中任何影响生物生存、繁殖、行为和演化的生态因子和环境因子都有着不可或缺的作用与价值。基于"多元和谐,交互共生"生态哲学观与何伟、魏榕②以及何伟、张瑞杰③对参与者角色的生态视角细化,本文对各类参与者角色主位进行了细化,如图2所示。

生态语言学视角下,参与者角色可分为两类——生命体和无生命体。有

---

① Fawcett R.P., *Invitation to Systemic Functional Linguistics through the Cardiff Grammar: An Extension and Simplification of Halliday's Systemic Functional Grammar*, London: Equinox, 2008, p.138.

② 何伟、魏榕:《国际生态话语之及物性分析模式构建》,《现代外语》2017 年第 5 期,第601 页。

③ 何伟、张瑞杰:《生态话语分析模式构建》,《中国外语》2017 年第 5 期,第 59 页。

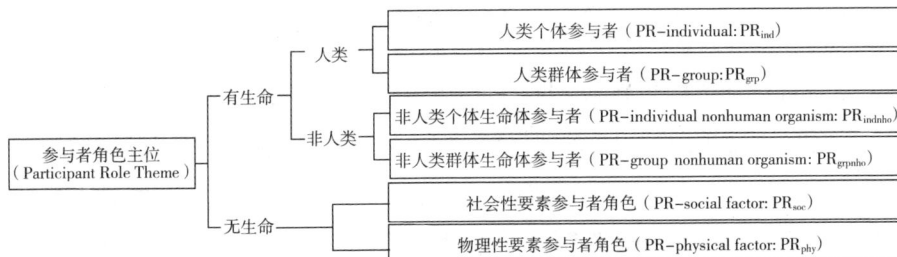

图 2　参与者角色主位的生态视角细化

生命的参与者角色可细分为"人类生命体参与者"和包括动植物及微生物等在内的"非人类生命体参与者"，它们又可细分为"个体"和"群体"参与者。无生命的参与者角色可细分为"社会性要素参与者"和"物理性要素参与者"，其中前者指人类社会所创造的因素，如政治、经济、文化、宗教等以及它们的衍生物或产品，后者指自然界本身存在的因素或条件，如地形、气候、水土、原始矿产资源等。

人类通过语言构建了宏观世界的自然秩序与社会秩序，并成为其一部分①。生态语言学通过理论框架的建构来揭示和解释人类在赖以生存的自然与社会文化等生态环境中实施的是何种语言行为②。本文的"社会生态"相当于 Steffensen & Fill 的"社会文化生态"，主要指因人为因素而产生的关于经济、政治、科学、文化、人口结构、传统习俗等因素的社会环境③，而非生物学、地质学等所关注的自然环境。根据此界定，本文把关涉人与自然关系、生物保护、公益环保等自然话题的话语归为自然生态话语，把关涉国际问题、时事新闻、科学教育等社会话题的话语归为社会生态话语。下文分别对这两类话语中的小句主位选择进行生态性阐释。

---

① Halliday M.A.K., Language and the Order of Nature// Halliday M.A.K., Martin J.R., *Writing Science Literacy and Discursive Power*. London: Routledge, 1993, p.117.

② Steffensen S.V., Fill A., "Ecolinguistics: The State of the Art and Future Horizons", *Language Sciences*, 2014, Vol.41, p.20.

③ 马世骏、王如松：《社会—经济—自然复合生态系统》，《生态学报》1984 年第 1 期，第 1 页。

（二）自然生态话语中的参与者角色主位

随着自然环境的恶化,20 世纪 60 年代以来在世界范围内掀起了一股影响力深远的生态思潮①。该思潮根植于人们对人类工业文明的反思与批判,反对人们过度开发自然,引导人们树立爱护环境、减少污染、保护物种多样性等生态意识。Carson② 通过其作品《寂静的春天》(*Silent Spring*)控诉人类为谋自身发展而滥用化学药物,破坏了生态平衡。Naess③ 主张生物圈平等主义、多样性和共生性原则、反等级制等生态哲学思想。Lovelock④ 的盖亚假说(Gaia Hypothesis),认为地球是一个能不断进行自我调节的有机整体,人类不过是众多维系地球生态平衡的因子之一。这些观点均反对人类中心主义,认为自然生态系统在生物和环境各个要素互利互惠的能量交换中持续演化,并呼吁人类在这一过程中扮演顺应自然、推动环境良性演化的角色,而非主宰者甚至破坏者角色。

生态语言学主张摒弃人类中心主义,摆脱为谋求人类自身利益而开启科技主导自然的思维及行为模式⑤。极端天气频发、水土流失、物种濒危、局部人口过密等层出不穷的环境问题,已表明工业文明片面追求经济效益忽视自然生态平衡,已给人类社会带来了严重弊端,人类亟须转变过度追求发展的思维模式。本着"多元和谐,交互共生"生态哲学观,本文主张人们在看待环境问题及人地关系时应更多地以自然而非人类为中心,即秉持尊重自然、敬畏自然的心态,视人类为自然的一分子,而非凌驾于自然的万物之灵。从小句主位的选择来看,在当今人类中心意识过强的情况下,本文主张人们使用语言时应给予非人类生态因子以更多的关注,提升它们在话语中的存在度。也就是说,

---

① 王诺:《生态危机的思想文化根源——当代西方生态思潮的核心问题》,《南京大学学报》2006 年第 4 期,第 37 页。

② Carson R. *Silent Spring*,Greenwich:Fawcett Publications,1962.

③ Naess A.,"The Shallow and the Deep,Long-range Ecology Movement:A Summary",*Inquiry*,1973,Vol.16,No.1,pp.95-100.

④ Lovelock J.,*Gaia:A New Look at Life on Earth*,Oxford:Oxford University Press,1979.

⑤ Goatly A.,"Green Grammar and Grammatical Metaphor,or Language and the Myth of Power,or Metaphors We Die By",*Journal of Pragmatics*,1996,Vol.25,No.4,pp.537-560.

创作自然生态话语时,人们应有意识地提高对除人以外的有机生命体及自然界无机环境的关注程度和感知程度,尽量选择非人类生命体和物理性要素参与者充当话题主位,这种话题主位越多,话语的生态性也就越强。自然生态话语中参与者角色主位的生态性如图3所示。

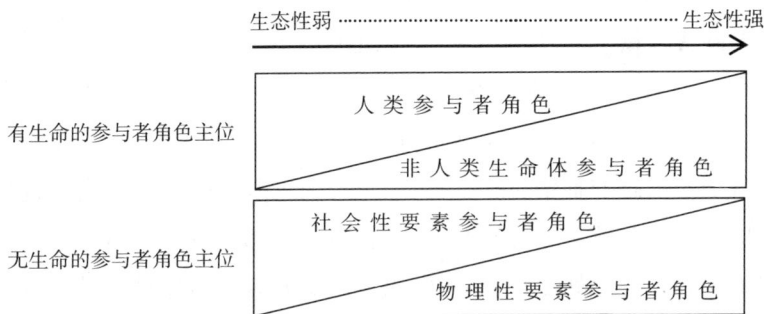

图3　自然生态话语中参与者角色主位的生态性

需要特别强调,本文的"生态性强"不等于Stibbe[1]的生态有益性,"生态性弱"亦不等于生态破坏性。"生态性强"指小句呈现将生态因素置于重要信息位置的配列结构,"生态性弱"指小句呈现将非生态因素置于重要信息位置的配列结构,即仅指从语篇功能角度对小句生态性所做的强弱程度衡量,区别于基于小句经验意义和人际意义的生态性而划分的有益性、模糊性/中立性及破坏性话语。然而,两者紧密相关。比如,当小句表征与"多元和谐,交互共生"生态哲学观一致的有益性过程,并在人际功能系统下的语气、情态和评价三类互动范畴中整体体现积极、正面的人际意义时,其话语类型呈生态有益性。在此基础上,若其主位选择具有愈强的生态性,则其生态有益程度愈强,反之其生态有益程度减弱。试比较例(1)和(2)中的a、b两组小句[2]:

例(1)

a.Along the roads, **laurel**, **viburnum and alder**, **great ferns and wild**

---

[1]　Stibbe A., *Ecolinguistics: Language, Ecology and the Stories We Live By*, London and New York: Routledge, 2015, p.24.

[2]　如无特殊注明,汉语语料来自语料库在线: http://www.cncorpus.org/,英语语料来自美国当代英语语料库(Corpus of Contemporary American English): https://www.english-corpora.org/coca/。部分语料经调整以适应研究需要。

flowers(PR_{grpnho})delighted the traveller's eye through much of the year①.

　　b.Along the roads, **travellers**(PR_{grp})had been delighted by laurel, viburnum and alder, great ferns and wild flowers through much of the year.

　　例(2)

　　a.人们对美的热爱(PR_{soc})往往是从观赏大自然开始的。

　　b.大自然(PR_{phy})是美的源泉,总是充满着美,具有永不枯竭的教育作用。

　　例(1a)以各类植物、野花作话题主位,给予这些人外生命体参与者以充分的关注,凸显了它们在语序配列中重要的信息地位。该小句主位将繁茂的花草树叶遍布沿路的景象前景化,述位是有关这些植物使游人赏心悦目的叙述。而如果在经验意义不变的前提下,将例(1a)改写为例(1b),以人类群体参与者 travellers 作话题主位,小句就成了关于游人对沿路植物感到赏心悦目的叙述,信息出发点和关注点就变成了人。对比来看,虽然两个小句均表达了生态有益性经验意义和人际意义,但例(1a)在主位选择上生态性更强,更好地体现了去人类中心主义的生态价值观,是更值得鼓励与推广的生态有益性话语方式。

　　例(2a)以无生命的社会性要素参与者"人们对美的热爱"作为小句的话题出发点,使小句述位围绕人类对美的"热爱"情感而展开。例(2b)以无生命的物理性要素"大自然"作为小句的话题出发点,使得小句述位围绕天然存在而展开。这种信息线性配列的差异在某种程度上反映了不同的思维起点——例(2a)以人的感情作为出发点,例(2b)以大自然作为出发点。另外,是"人们对美的热爱"还是"大自然"充当主位决定了受话者先接收到的信息是什么,这将导致受话者对信息关注点产生不同的内心感受。因此,虽然两例在内容上都传达了积极正面的生态意义,但对主位的生态性分析表明前者传递了一种人本位的思想,后者传递了一种自然本位的思想。综上,在同样表示生态保护型经验意义时,选择物理性而非社会性要素参与者作小句话题主位会传递更加积极的生态意义,更有利于唤起人们从自然界寻找和发现美的生态意识。因而,在自然生态话语创作中,本文提倡这种主位选择。

---

① 语料来自 Carson R.,*Silent Spring*,Greenwich:Fawcett Publications,1962.p.21。

（三）社会生态话语中的参与者角色主位

王诺①指出，人类历史上存在个人为中心、男性为中心、白人为中心、欧洲为中心等不能突破自身局限的观点和主张，由此引发了诸如极端个人主义、种族歧视、性别歧视等一系列社会问题。大到国家间的战争和制裁，小到人际间的争吵打闹，常常是由于人们容易基于自身利益考虑问题，而较难站在他者的角度上设身处地、推己及人。然而，人是理性的动物，不仅能克服动物本能和感性冲动，还能动用同情心、同理心去理解和关怀他人及外部世界，从而超越主观经验和自身欲望的藩篱。当今世界经济全球化、政治多极化、文化多元化已成趋势，这一历史背景下诞生了联合国、欧盟、世界贸易组织、亚太经合组织等世界性及区域性合作组织。由中国主导的"一带一路""人类命运共同体"等旨在促进不同国家民族间互利互惠、共同发展的重大倡议也在经济全球化的时代进程中应运而生。这些新形势共同说明过去几家独大的国际格局已成旧章，国际多边合作是顺应和平与发展的时代潮流的必然要求。

基于"多元和谐，交互共生"生态哲学观，本文倡导关于社会生态的语篇创作应尽可能选择多元参与者角色充当话题主位，这种主位越多，话语的生态性就越强。反之，充当话题主位的单一参与者角色越多，尤其是代表发话者立场的参与者角色作不同小句的话题主位，话语的生态性就越弱。此外，各参与者角色交替充当主位较之某一参与者角色连续充当主位，其生态性更强，更能体现多元因子在特定生态系统下的交互共生。社会生态话语中参与者角色主位的生态性如图4所示。

下面以社会生态话语为例来说明该主位选择原则的适用性：

例（3）

a.[我]（PR_{ind}）希望你们经常到我们公司来，更多架起中日友好的桥梁。b.中国**很多人**（PR_{grp}）不了解日本，c.但只要到日本看一看，[他们]（PR_{grp}）就喜欢日本了。d.**日本**（PR_{soc}）是世界最佳旅游国，e.**任何一个小村庄**（PR_{soc}）干

---

① 王诺：《生态危机的思想文化根源——当代西方生态思潮的核心问题》，《南京大学学报》2006年第4期，第41页。

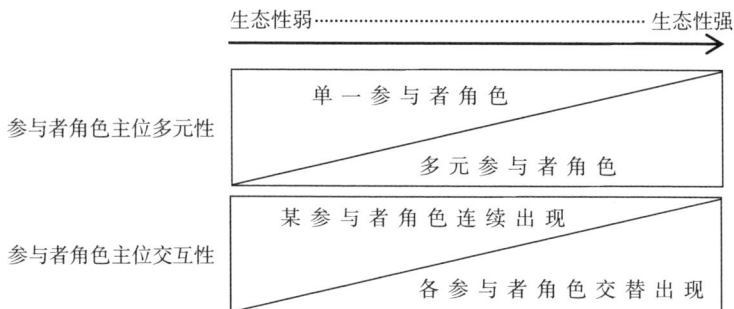

图 4　社会生态话语中参与者角色主位的生态性

干净净的,f.[**任何一个小村庄**](PR_{soc})至少有一家好的拉面馆,g.[**任何一个小村庄**](PR_{soc})有一家好的居酒屋,h.**小河沟的水**(PR_{phy})清清亮亮的,i.**沟边**(PR_{phy})长满了野花,j.**里面**(PR_{phy})还有几只鸭子,k.**鸭子**(PR_{grpnho})旁边生了蛋,l.[**鸭蛋**](PR_{grpnho})又孵出小鸭子来。

例(4)

a.**We**(PR_{grp})believe that trade must be fair and reciprocal.b.**The United States**(PR_{soc})will not be taken advantage of any longer.c.For decades,**the United States**(PR_{soc})opened its economy—the largest,by far,on Earth—with few conditions.d.**We**(PR_{grp})allowed foreign goods from all over the world to flow freely across our borders.①

例(3)摘自《东方新报》2019 年 5 月 18 日华为总裁任正非接受日本媒体采访的文章。该语段共有 12 个小句,包含 7 个显性话题主位(3b,3d,3e,3h,3i,3j,3k),5 个省略的隐性话题主位(3a,3c,3f,3g,3l,已在方括号中补出),它们均由小句参与者角色充当。从参与者的多元性来看,中、日两国立场或视角下的参与者主位均有出现。其中包含人类参与者、人外生命体参与者、社会性和物理性要素参与者,没有大量选择"我""我们""华为"等代表说话者自身立场的参与者充当主位。从参与者的交互性来看,中、日两国立场中的参与者沿说话者的思路相继出现,交替充当各小句主位。不同类型的参与者主位

---

① 该语料来自 https://www.studentnewsdaily.com/daily-news-article/trump-speaks-at-the-un-general-assembly-part-2/。

交替出现且各占一定比例,没有过分强调一方而忽视他方(非人类参与者主位约占17%,人类参与者主位、物理性要素参与者主位各约占25%,社会性要素参与者主位约占33%)。整段话的主要内容为说话人作为中国企业家对日本的主观看法,但通过分析我们可以看出,此番言谈的出发点不局限于个人、本企业或本国的立场和利益。相反,说话者兼顾自身和他者的立场,以他国社会生态系统中某些因子作为话题关涉对象做出了描述和思辨。此外,说话者还关切他国自然生态系统中某些因子,选择物理性要素参与者"小河沟的水"和人外生命体参与者"鸭子"等充当话题主位,生动形象地向听众与读者展示了一幅生机盎然的日本村庄美景。相比于"我看到清清亮亮的小河沟水,还有沟边野花里的几只鸭子"这样以人类参与者充当话题主位的信息配列,例(3)使用的语言表现形式更能体现说话者对自然生态的关怀,不仅传递了亲近和关爱自然的感受,也亲切地传递了中日人民友好的情感。综上,该语篇在表达生态保护型经验意义的同时选择了生态性较强的话题主位参与者,传递了换位思考、视角多元的价值取向,符合"多元和谐,交互共生"生态哲学观,是值得鼓励与推广的生态有益性话语。

例(4)摘自2018年9月25日美国总统特朗普在第73届联合国大会上的发言。从参与者的多元性来看,该语段4个小句包含的两个话题主位"We""T/the United States"均指代特朗普立场下的美国,系单参与者。从参与者的交互性来看,4个话题主位的立场和所指均为美国,而未以全球贸易生态系统中的其他因子作主位。从语篇意义角度,这种主位选择将美国及美方利益作为重要信息前景化,即当作小句的出发点,传递了特朗普在国际贸易体系中不顾他国利益的单边主义和保护主义思想。结合该语段的经验意义、人际意义以及当时的发言背景,该语段实际上是为特朗普接下来要论述的"我们反对全球主义的观念"做铺垫。第一小句中的认知心理过程"believe"表现了说话人相信贸易应公平互惠,但随后的动作过程均显示说话人事实上坚信本国是在国际贸易中被占尽便宜的受害者,这与美国实行贸易保护主义的行迹不符,也与其作为世界头号强国与最大经济体的现实不符,表明说话人的"公平互惠"是建立在单边主义和利己主义之上的。通过表示较高情态意愿的"will not"、自言式的介入方式、"largest"和"few"两个反向级差取向等人际意义特征,受众可以判断说话人在对本国在全球贸易体系中的处境表达消极、不满的情感。综上,该语篇选择单一参与作话题主位,缺乏不同参与者主位间的互动,传递了生态破坏型信息,属于违背"多元和谐,交互共生"生态哲学观的生态破坏性语篇,我们应对这类语篇加以抵制。

五、生态语言学视角下参与者角色主位的标记性

根据小句成分配列是否符合小句语气类型各自一般语序的原则,主位可区分为标记性(marked Theme,MT)和无标记性(unmarked Theme,UT)两类。根据本文对主位的界定及划分方式,充当话题主位的成分落在一般语序位置上为无标记性,落在特殊语序位置上为有标记性,话题主位前出现的语篇主位和人际主位不影响其标记性。选择标记性主位意味着说话者出发点的前景化,比选择无标记性主位具有更强的目的性①。就英语小句来讲,除非是为了达到某些特殊目的,如强调、对比、凸显等,通常选择主语而非其他成分作主位②。鉴于此,在生态话语分析中识别标记性话题主位十分重要,有助于解读说话者如何及为何将某生态因子置于小句的前景位置,从而揭示隐含在说话者思维中的生态取向。

在汉英陈述及疑问小句中,主语是最常见于句首的参与者角色,充当无标记性话题主位;补语少见于句首,充当标记性话题主位。在汉英祈使小句中,谓体/主要动词是最常见的句首话题成分,充当无标记性主位;只有强调受话对象时,主语才出现在句首,充当标记性主位。限于篇幅,其他特殊结构小句(比如强调句等)的主位标记情况将另文探讨。

标记性主位的生态性与上文谈及的不同参与者角色作话题主位的生态性解读一致,只是选择标记性主位时,主位的生态特征在非常规语序下得到一种

---

① Halliday M. A. K., "Notes on Transitivity and Theme in English: Part 2", *Journal of Linguistics*, 1967, Vol.3, No.2, pp.199-244.

② Thompson G., *Introducing Functional Grammar*, 2nd ed. London: Arnold/Beijing: Foreign Language Teaching and Research Press, 2004/2008, p.144.

"有意为之"的更强烈的效果。在自然生态话语中,选择生态性强的非人类生命体或物理性要素参与者作标记性主位,更能凸显说话者对自然界中除人及社会以外其他生态因子的关注,因而话语的生态性更强。而选择生态性弱的人类或社会性要素参与者作标记性主位,越发强调对人或人类活动因素的关注,那么话语的生态性也就更弱。在社会生态话语中,选择不同的参与者角色交替作主位,体现说话者在言说时具有关注多方的意识,因而话语的生态性强;这种情况下,若选择生态性强的参与者角色作标记性主位,那么该话语的生态性更强。若连续选择单一参与者角色作主位,反映说话者对某特定人物或事件的片面关注,话语的生态性则弱;这种情况下,若选择生态性弱的参与者角色作标记性主位,那么该话语的生态性更弱。不同标记性参与者角色主位的生态性如图 5 所示。

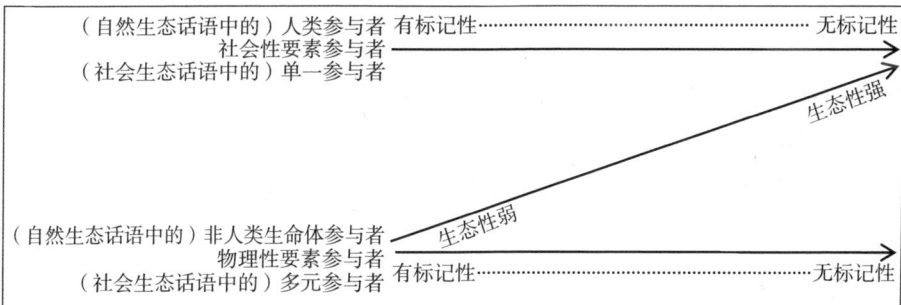

图 5　不同标记性参与者角色主位的生态性

下面以自然和社会生态话语为例来说明该主位标记性选择原则的适用性。

例(5) **Nature**(PR_{phy} , MT) I loved.

例(6) **和谐社会**(PR_{soc} , MT) ,你我共建。

例(5)选自英国诗人 Landor 的短诗"Life and Death",原句为"Nature I loved;and next to Nature,Art"。其中第一小句别出心裁地采用补语(Nature)^主语(I)^谓体(loved)的特殊语序,将作为补语的物理性要素参与者"Nature"置于句首充当话题主位,使得大自然这一语义信息以一种反常化、高亮化、前景化的言说方式成为小句的标记性主位。较之无标记性主位选择"I loved

Nature",例(5)的配列方式一方面增强了与后续小句的韵律感("loved"与"Art"),另一方面以先言及大自然的方式强调了诗人"热爱"的对象是大自然,更强烈地传达了诗人关爱自然的生态意识。

例(6)中社会性要素参与者"和谐社会"被置于句首,充当标记性话题主位。说话者选择常规语序中位于谓体之后的补语作为小句的话题主位,对这一信息进行了前景化凸显,这样述位部分可被看作关于该成分的叙述。较之于常规情况,这种非常规语序展现了更强的选择性和目的性,在信息配列上凸显了"和谐社会"这一语义成分的特殊和重要地位。又由于主位"和谐社会"符合"多元和谐,交互共生"生态哲学观,因此该话题主位的选择起到了增强这个生态有益性小句生态性的作用。

本文倡导各类生态话语创作适当选择有利于体现"多元和谐,交互共生"生态哲学观的参与者角色做标记性主位。一方面,将生态性强的参与者作为标记性主位置于句首,可以凸显小句的生态有益性信息。另一方面,一反常规的配列方式可以引起受话者更强烈的关注,从而有益性生态价值观的传达效果更加突出。

六、结语

本文在"多元和谐,交互共生"生态哲学观的指导下,对 Halliday 描述的主位系统进行了生态视角的精密度延展。本文将主位界定为小句赖以展开的先导性话题基础,指出主位是整个小句所关心并围绕的话题对象,包括从句首至第一个参与者角色或过程类型的一切成分。在话题主位、语篇主位和人际主位三种类型中,本文主要聚焦话题主位中的参与者角色主位,并区分了细化后的不同参与者角色作话题主位的不同生态性。对于自然生态话语,体现去人类中心主义的话题主位比关注人类的话题主位生态性更强,即非人类生命体参与者角色主位的生态性强于人类参与者角色主位,物理性要素参与者角色主位的生态性强于社会性要素参与者角色主位。对于社会生态话语,持多边主义的话题主位比持单边主义、利己主义的话题主位生态性强,即多元参与者角色主位的生态性强于单一参与者角色主位,不同类型的参与者角色交替作主位的程度越高,生态性越强。在各类生态话语中,越是选择生态性强的成分做标记性主位,越能凸显和强调话语的生态特征。本文还指出,生态语言学视角下的主位系统是判断话语生态性取向的标尺之一,另外两个重要依据是话语的经验意义和人际意义。

（本文原载《中国外语》2020 年第 4 期,作者为何伟、马宸。）

生态语言学视角下的衔接与连贯

一、引言

面对严峻的环境危机,当代文明正在发生前所未有的"生态"转向。顺应这一时代背景而兴起的生态语言学结合生态学原理,并在发展中借鉴其他学科领域的思想和方法对语言进行研究,具有以解决生态问题为导向的超学科属性①。生态语言学虽未形成统一的研究路径,但就目前来看,其中一种重要的研究范式是借鉴多学科知识开展生态话语分析②,即以生态保护为视角和目的,考察真实话语③的组织和使用。

自 20 世纪 50 年代起,学界逐渐认识到句法范围之内的探索不足以揭示人类语言的本质,应对更大的语言单位即"话语"展开全面、深入的考察。语言作为思维之镜,折射的是人之所思、所感、所为背后的自觉或不自觉的交际意图,而交际作为语言产生的第一动力,总是在一系列可被交际主体理解和加工的连续话语中展开的。多年来,学界对衔接(cohesion)与连贯(coherence)的探究就是话语研究不断发展的结果。目前,关于衔接与连贯的理论研究主要集中在表现形式和形成机制方面,应用研究集中在翻译、教学、语用学、认知

① 何伟:《关于生态语言学作为一门学科的几个重要问题》,《中国外语》2018 年第 4 期,第13 页。

② Alexander R., Stibbe A., "From the Analysis of Ecological Discourse to the Ecological Analysis of Discourse", *Language Sciences*, 2014, Vol.41, p.104.

③ 本文中"话语"与"语篇"内涵相同,指通常由一个以上小句组成,能表达连贯语义的口头或书面的自然语言单位。

语言学领域,但鲜有从生态学原理出发,建构生态化的衔接与连贯理论的做法。

鉴于此,本文结合生态学原理描述衔接与连贯系统,旨在从语篇元功能维度拓展生态话语分析的理论基础,以帮助人们更好地辨识话语的生态性,产出生态有益性话语,抵制生态破坏性话语,完善生态模糊性/中性话语①。

二、衔接与连贯理论

衔接与连贯是篇章语言学中的一对核心概念,也是语篇研究能否站得住脚的关键②。下文分别简述两种理论的发展。

(一) 衔接理论

Halliday & Hasan③ 最早建立英语衔接理论,认为句子通过衔接手段形成一个上下贯通的语义单位,即语篇。衔接作为组篇的机制,本质上是语篇中的一个成分依赖另一个成分得到语义解释时形成的一种预设关系(presupposition)④。

早期理论认为,衔接主要是语义和句法上的⑤,但越来越多的学者指出,衔接应体现为词汇、语法、音系、语篇宏观结构、多模态等诸多方面的形式机制;既包括各种语言成分和结构间的意义关系,也包括其他一切组织意义的形

---

① Stibbe A., *Ecolinguistics: Language, Ecology and the Stories We Live By*, London and New York: Routledge, 2015;何伟:《关于生态语言学作为一门学科的几个重要问题》,《中国外语》2018年第4期,第1、11—17页。何伟:《关于生态语言学作为一门学科的几个重要问题》,《中国外语》2018年第4期,第11页。

② 胡壮麟:《新编语篇的衔接与连贯》,上海外语教育出版社2018年版,第7页。

③ Halliday M.A.K., Hasan R., *Cohesion in English*, London: Longman, 1976.

④ 胡壮麟:《新编语篇的衔接与连贯》,上海外语教育出版社2018年版,第4页。

⑤ Kuo C.H., "Cohesion and Coherence in Academic Writing: From Lexical Choice to Organization", *RELC Journal*, 1995, Vol.26, No.1, p.48.

式资源,如时体、文体风格①、及物性、情态、语音语调模式②、语境中的隐性衔接③、多模态符号④等。何伟、郭笑甜⑤认为语篇功能是概念和人际意义的动态构建使能,具有很强的复杂性、动态性和层次性,并指出衔接的体现方式可概括为及物性、语气、时态和语态资源,以及指称、替代、省略、连接、重复、搭配、修辞格和语音语调手段。这些研究对衔接的意义、手段和原则都进行了扩充,讨论范围没有囿于语篇内部,对跨类、跨语篇及语境之间的关系也进行了比较充分的讨论。

衔接项目间的语义关系也是研究的重点之一。Van Dijk⑥划分了线性衔接和宏观结构两大类,指出衔接同时发生在小句层级和更高层级的语义结构间。对于句际成分,Halliday & Hasan⑦归纳了同指关系(co-referentiality)、同类关系(co-classification)、同延关系(co-extension),处于这些关系中的语言形式项构成衔接纽带(cohesive tie)。Martin⑧在 Hasan 研究的基础上补充了词汇衔接和语调衔接等范畴,涵盖词汇间的上下义、近反义等分类关系(taxonomic relation)、语法结构上的原子关系(nuclear relation)、时间上的动作序列关系(activity sequences)等,提高了语义衔接关系的系统化、精细化程度。在宏观尺度上,线性衔接关系可由问/答、提供/接受、命令/执行、条件/结果等结构关系组成语篇整体。此外,衔接纽带的距离、形式和重要性决定衔接力的大

---

① Brown G. , Yule G. , *Discourse Analysis* , Cambridge : Cambridge University Press , 1983.

② 胡壮麟:《新编语篇的衔接与连贯》,上海外语教育出版社 2018 年版,第 4 页。

③ De Beaugrande R.& Dressler W. , *Introducing to Text Linguistics* , London : Lonman , 1981;张德禄、刘汝山:《语篇连贯与衔接理论的发展及应用》,上海外语教育出版社 2003 年版。

④ Royce T. D., Intersemiotic Complementarity:A framework for Multimodal Discourse Analysis// Royce T.D., Bowcher W.L., *New Directions in the Analysis of Multimodal Discourse* , New York : Lawrence Erlbaum Associates , 2007 , pp.63-109.

⑤ 何伟、郭笑甜:《语言系统的复杂性与语篇功能的体现方式》,《当代修辞学》2020 年第 1 期,第 39 页。

⑥ Van Dijk T.A. , *Text and Context* , London : Longman , 1977.

⑦ Halliday M.A.K. , Hasan R. , *Language , Context and Text : Aspects of Language in a Social-semiotic Perspective* , Geelong : Deakin University Press , 1985 , pp.73-74.

⑧ Martin J. R. , *English Text : System and Structure* , Philadelphia and Amsterdam : John Benjamins , 1992 , p.385.

小,从而影响语义关系的传递效果①。衔接关系的理论细化对话语分析,尤其是对揭示经验意义与人际意义在篇章层面复杂的组合和互涉具有重要价值。

(二) 连贯理论

在 Halliday & Hasan 的著作《英语的衔接》②出版之前,连贯概念并未被学界当作重要话题来研究③。连贯是存在于语篇底层的语义概念,指语篇整体意义在逻辑上的连接贯通。它的达成经常有赖于语言形式机制的"黏合",但在更大程度上依赖语境和语用条件④以及话题、信息、交际和社会文化资源⑤。甚至在一些情况下,语言形式上衔接的缺位也不妨碍连贯效果的实现,如购物清单和杂志上的节目列表虽由互不衔接的项目组成,但仍"在其所发生的语境中发挥着整体功能"⑥。

朱永生⑦将衔接和主位推进等语言因素称为连贯的内部条件,语境和交际条件称为外部条件:内部条件帮助说话者有效地组织语言内容上的逻辑,外部条件则将语篇与语言发生环境衔接起来,使语言在情景之中行使功能,持续地产生意义。Halliday & Hasan⑧ 早期将衔接纽带看作语篇连贯的唯一资源,这一看法似有不妥。他们在 1985 年的专著中,阐述了语篇的社会符号学原理,发展了语域(register)理论。

语域理论与 Malinowski、Firth 以及 Hymes 的语境论一脉相承,强调使用场合的不同会引起语言变体的发生。语域是一个语义概念,是语篇与其典型情景

---

① 张德禄、刘汝山:《语篇连贯与衔接理论的发展及应用》,上海外语教育出版社 2003 年版,第 125—161 页。

② Halliday M.A.K., Hasan R., *Cohesion in English*, London: Longman, 1976.

③ 张德禄、刘汝山:《语篇连贯与衔接理论的发展及应用》,上海外语教育出版社 2003 年版,第 19 页。

④ Widdowson H.G., *Discourse Analysis*, Oxford: Oxford University Press, 2007.

⑤ Brown G., Yule G., *Discourse Analysis*, Cambridge: Cambridge University Press, 1983.

⑥ Hoey M., *Textual Interaction: An Introduction to Written Discourse Analysis*, London and New York: Routledge, 2000, p.72.

⑦ 朱永生:《试论语篇连贯的内部条件(上)》,《现代外语》1996 年第 4 期,第 18—20 页。

⑧ Halliday M.A.K., Hasan R., *Cohesion in English*, London: Longman, 1976, p.9.

相联系的意义构型①。人们在接受语篇时往往能联想和判断出一类具体的场景,并有选择、有目的地做出反馈,这反映出人们能根据语域的知识记忆进行逻辑推理。语域的三个变量是语场(filed)、语旨(tenor)和语式(mode),对应三大元功能。语场指正在发生的话语行为是什么,涉及语篇的主题和内容;语旨指交际者的身份及角色关系,包括性别、年龄、职业、社会距离、社会地位等;语式指话语形成和传播的手段,包括交际方式、渠道、媒介等。这些构型与语境达成语域一致性(register consistency),是取得连贯效果的前提。Gregory②、Fawcett③、Martin④ 等学者探索了新的变量和分析框架,均不同程度地发展了语域理论。

语域考察话语的社会功能,包括反映社会文化及其变化,预测将发生的语言活动⑤,判断某种意义的交换在特定语境中是否合适以及产生怎样的影响。基于功能思想,语域理论自从被提出就具有较强的系统性和实用性,在话语分析领域得到了广泛的应用。

三、生态化的衔接与连贯判断依据——"多元和谐,交互共生"生态哲学观

生态话语分析必须明确分析者的生态观,即指导和影响人们认知和言行的"生态哲学观"(ecosophy)。不同的人持有不同的价值判断标准⑥,但具有

---

① Halliday M.A.K.,Hasan R.,*Language, Context and Text : Aspects of Language in a Social-semiotic Perspective*,Geelong:Deakin University Press,1985,pp.38-39.

② Gregory M.,"Aspects of Varieties Differentiation",*Journal of Linguistics*,1967,Vol.3,No.2,pp.177-198.

③ Fawcett R.,*Cognitive Linguistics and Social Interaction : Towards an Integrated Model of a Systemic Functional Grammar and the Other Components of an Interacting Mind*,Heidelberg:Julius Gross,1980.

④ Martin J. R.,*English Text : System and Structure*,Philadelphia and Amsterdam:John Benjamins,1992.

⑤ 张德禄:《语域理论简介》,《现代外语》1987 年第 4 期,第 28 页。

⑥ Stibbe A.,*Ecolinguistics : Language, Ecology and the Stories We Live By*,London and New York:Routledge,2015,p.11.

普适性质的生态哲学观不应是一套凸显个性的、非常主观的价值论辩,而应是与客观现实相符,具有规范性、适用性的一般哲学思想。鉴于"生态危机"一词早已超越其原本的自然科学内涵,成为既关乎物种生存与环境退化,又关乎社会文化发展的"人类进化危机"①,一套恰当的生态哲学观的提出也应同时符合自然与社会两大生态系统良性运行的规律。本文认为,"多元和谐,交互共生"所概括的生态哲学观内蕴丰富的生态和哲学智慧,兼具系统性、社会性、文化性、可持续发展性、进化性特征②,应该可以指导关于自然和社会生态系统的各类话语分析。

对于自然生态系统,"多元和谐,交互共生"意味着跳出强人类中心主义和天人二分的思维模式,转向对生命活动所依赖的地球生态系统的整体关怀。如今"人与自然和谐共生"的呼声渐高,这涉及生态危机下世界观与方法论的转变,实际上就是要求人类以可持续的眼光处理人与自然的关系。对于社会生态系统,"多元和谐,交互共生"要求人们摒弃自我本位、利己主义,在追求与他人的和平共处中寻找恰到好处而非极致的人生幸福。对人与自然、人与社会、人与自我之间矛盾的剖析与审视已引发了传统工业文明向生态文明转变的思潮,实质上是强调人类是环境不可分割的一部分。它要求摒弃"个人的、小写的我"(ego/self)与"生态的、大写的我"(Self)之二分,以整体观把握自然、社会与人的内在统一,引导人们自觉维护所在环境的生态平衡,在对"大我"的认同过程中实现自我③。

基于"多元和谐,交互共生"生态哲学观,我们将衔接与连贯分为有益性、破坏性和模糊性/中性三类,同时认为这一分类方式是渐进、连续而非泾渭分

---

① Murdy M. H., "Anthropocentrism: A Modern Version", *Science*, 1975, Vol. 187, No. 4182, p.1171.

② 何伟、魏榕:《多元和谐,交互共生——国际生态话语分析之生态哲学观建构》,《外语学刊》2018 年第 6 期,第 28—35 页;何伟、刘佳欢:《多元和谐,交互共生——生态哲学观的建构与发展》,《山东外语教学》2020 年第 1 期,第 12—24 页;何伟、马子杰:《生态语言学视角下的评价系统》,《外国语(上海外国语大学学报)》2020 年第 1 期,第 48—58 页。

③ Naess A., Self-Realization: An Ecological Approach to Being in the World// Sessions G., *Deep Ecology for the Twenty-First Century*, Boston and London: Shambhala, 1995, p.233.

明的,分类方式也应与时代的发展相呼应①。

四、衔接与连贯系统生态化拓展

基于"多元和谐,交互共生"生态哲学观,本文对系统功能语言学框架内的衔接与连贯系统进行生态化延展和细化,描述适合生态话语分析的衔接与连贯分析模式,该系统涉及生态哲学观、外部衔接和内部衔接三个子系统。

外部衔接手段的生态性判断有赖于生态哲学观下对语域的解读,要求考察话语在特定交际场合下是如何发挥作用的。相同的话语在不同场合,在身份、地位、年龄不同的交际者之间,经不同方式或渠道传播,往往产生不一样的交际效果。话语一般要有语域一致性,否则就不连贯、难以理解,也就不能有效地传递生态意义。内部衔接手段的生态性判断指基于生态哲学观的衔接链分析(cohesive chain analysis),即考察衔接链如何在动态组篇过程中传递生态意义。一条衔接链至少涉及语义相关但形式或功能相异的两个项目——预设标记(presupposing)和预设对象(presupposed);通常情况下,话语越长,衔接链包含的项目越多,衔接链类型也越丰富,这样就形成了立体连贯的语义网络(见图1)。

分析者基于生态哲学观,结合语域三变量判断语境特点,考察语言内外部衔接机制的组合联动特点,最终判断语义动态发展所产生的连贯效果以及所呈现的生态取向:当语域与衔接链间的组合和互动达成遵循"多元和谐,交互共生"生态哲学观的语义效果时,为有益性衔接与连贯;当语域与衔接链间的组合和互动造成违背上述生态哲学观的语义效果时,为破坏性衔接与连贯;当语域与衔接链间的组合和互动造成既不遵循、也不违背上述生态哲学观的语义效果时,为模糊性/中性衔接与连贯。

下文将结合实例,阐述该拓展后的衔接与连贯系统,并说明其在生态话语分析中的适用性。

---

① 黄国文、陈旸:《生态话语分类的不确定性》,《北京第二外国语学院学报》2018 年第 1 期,第 3—14 页。

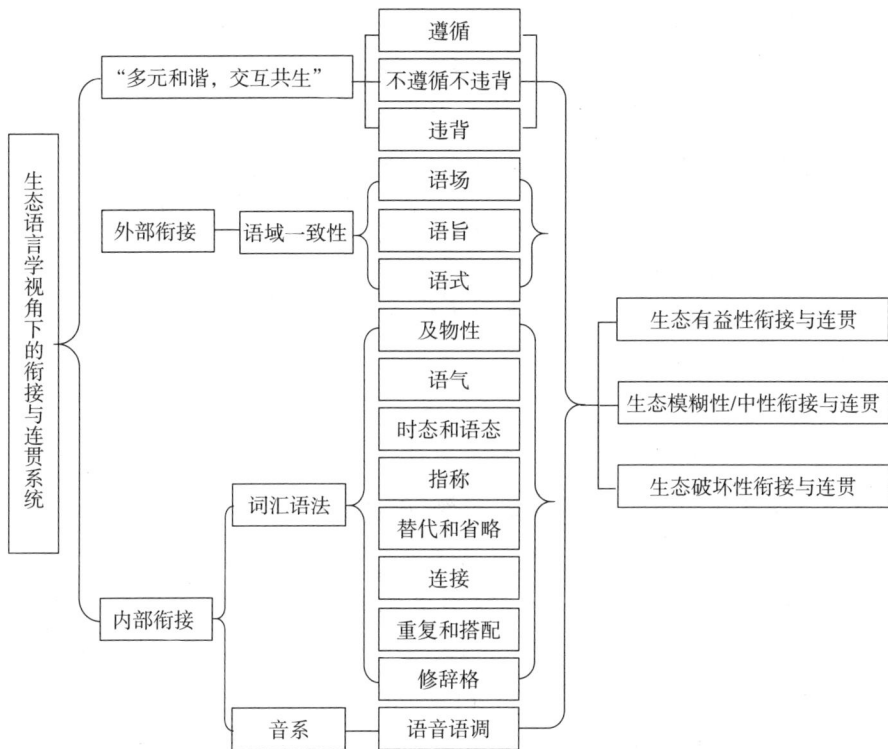

图1　生态语言学视角下的衔接与连贯系统

（一）及物性

及物性系统体现语言的经验功能,核心内容是过程和参与者角色。生态化拓展后,过程类型(包括动作、心理、关系、行为、交流、存在过程)分为有益性、模糊性/中性、破坏性过程。参与者角色分为无生命的"物理性参与者""社会性参与者"和有生命的"人类生命体参与者""非人类生命体参与者",生命体参与者又分为"个体""群体"①。需要指出的是,及物性系统下的生态话语分析侧重揭示小句过程和参与者的语义功能以及语义配置结构反映何种生态意识,而当及物性作为衔接机制时,分析则更多地关注过程和参与者类型

① 何伟、魏榕:《国际生态话语之及物性分析模式构建》,《现代外语》2017 年第 5 期,第 597—607 页。

(尤其是话题性强的高频项目)在话语中的分布情况和接续特征,以揭示及物性推进与话语生态取向的关系。事物不断发展变化的本质属性及其复杂性决定了小句过程类型不可能一成不变,充当参与者角色的成分也时常交互转换。生态程度高的话语一般拥有生态程度高的过程类型以及参与者角色,并兼以多种过程类型、多种参与者角色等来呈现生态因子间的彼此联系和相互制衡。例(1)—(3)选自知乎中对同一问题的三则回答①。

  语场:回答"野生动物也就是野味真的比养殖的牲畜味道更好,营养更加丰盛吗?"

  语旨:陌生网民。

  语式:网络问答社区;较随意。

  例(1):不少野生动物(Af)受到(Pro)工业"三废"和生活污水、高残留农药、灭鼠药的污染(Ag),人吃这样的动物(Ca)自然有害无益(Pro-At),希望(Pro)不要再捕杀食用买卖野生动物(Ph)。

  例(2):野生动物(Ca/Posr)不仅味道鲜美(Pro-At),而且有(Pro)滋补身体的功效(Posd),有益健康(Pro-At)。

  例(3):野生动物与人的共患性疾病(Ca)达(Pro)100多种,如炭疽、狂犬病、结核、鼠疫、甲肝、出血热、鹦鹉热等,人(Ag/Af)[吃(Pro)下去后](CR)很容易感染(Pro)上述疾病②。

  例(1)中小句依次表达动作、关系、心理过程。第一小句中受事为非人类生命群体"野生动物",施事为社会活动下的各类污染,描述了野生动物受害于人类制造的工业污染的事实;第二小句中载体是社会性活动"人吃这样的动物",属性"有害无益"是消极评价;第三小句以心理过程"希望"表达回答者的意愿。该例中各类过程及参与者角色的生态程度均较高,过程类型的改变、多元参与者角色间的转换也使该回答者于情于理地传达了"请勿食用野生动

---

  ① 本文所选语料均来自网络,例(1)—(3)来自知乎(https://www.zhihu.com/question/367629325)。

  ② 根据何伟、张瑞杰、淡晓红、张帆、魏榕:《汉语功能语义分析》,外语教学与研究出版社2017年版,Af为受事(Affected),Pro为过程(Process),Ag为施事(Agent),Ca为载体(Carrier),Pro-At为过程—属性(Process-Attribute),Ph为现象(Phenomenon),Posr为拥有者(Processor),CR为环境角色(Circumstantial Role)。

物"的经验意义,呈有益性连贯效果。例(2)中的小句均为关系过程,"野生动物……味道鲜美……滋补身体的功效……有益健康"这一链条一味美化野生动物的食用价值,可能误导一些网友食用或交易野生动物,呈破坏性连贯效果。例(3)中"野生动物与人的共患性疾病……人"组成参与者链条,充当不同小句的载体/施事/受事,关系过程"达"与动作过程"吃……感染"构成过程链(其中"吃"为嵌入过程),陈述事实。这些衔接链传递的经验意义与生态哲学观无明显关系,呈中性连贯效果。

(二) 语气

语气反映说话者的态度和交际双方的地位关系,行使陈述、疑问、命令、提供功能。语气系统下的情态次级系统体现说话者对命题有效性和意向性的主客观判断①。需要指出,生态语气系统下的话语分析的重点是结合语气类型、情态值高低、交际者关系以及小句经验意义来考察话语传递的人际意义是否符合生态哲学观②,而语气衔接就是人际意义的动态衔接,其生态性判断主要看各类语气、情态资源的使用频次和接续状况造成何种连贯效果。语气成分衔接依靠主语链、疑问词链、语气词链等实现,情态衔接链分析则考察情态资源情态值的高低及其分布特点。例(4)—(6)分别选自习近平2015年在联合国发展峰会上的演讲词、特朗普在第73届联合国大会一般性辩论上的演讲词、习近平2017年在联合国日内瓦总部的演讲词③。

语场:对世界性问题发表观点。

语旨:演讲者是中/美国家领导人,社会地位高、责任大;受众是联合国及各国政要。

语式:有准备的正式演讲。

例(4):我们要争取公平的发展,让发展机会更加均等。各国都应成

---

① Halliday M.A.K., An Introduction to Functional Grammar.2nd ed.London:Arnold,1994.

② 张瑞杰、何伟:《生态语言学视角下的人际意义系统》,《外语与外语教学》2018年第2期,第99—108页。

③ 例(4)来自新华网(http://www.xinhuanet.com/world/2015-09/27/c_1116687809.htm),例(5)来自联合国网站(https://gadebate.un.org/en/73/united-states-america),例(6)来自新华网(http://www.xinhuanet.com/world/2017-01/19/c_1120340081.htm)。

为全球发展的参与者、贡献者、受益者。不能一个国家发展、其他国家不发展，一部分国家发展、另一部分国家不发展。

例（5）：We will no longer tolerate such abuse. We will not allow our workers to be victimized, our companies to be cheated, and our wealth to be plundered and transferred. America will never apologize for protecting its citizens. The United States has just announced tariffs on another 250 billion.

例（6）：世界怎么了、我们怎么办？这是整个世界都在思考的问题，也是我一直在思考的问题。我认为，回答这个问题，首先要弄清楚一个最基本的问题，就是我们从哪里来、现在在哪里、将到哪里去？

例（4）以陈述语气展开，主语链"我们……各国……一个国家……其他国家……一部分国家……另一部分国家"紧扣中心过程"发展"，体现了对各国发展的同等关怀；义务性情态资源"要……应……不能"链呈较高情态值，凸显了说话人立场之坚定。该例中的衔接方式传递平等博爱的人际意义，在国家主席向世界发出的外交辞令中，呈有益性连贯效果。例（5）以陈述语气展开，主语链"We…America…the United States"使美国始终作为主语，充当各小句的话题对象；意愿性高值情态词"will"与情态性表达"no longer""not""never"连用，传递一种强硬的态度。这些衔接方式出现在联合国大会演讲中，凸显傲慢、自我的人际意义，传递"本国中心"论调，呈破坏性连贯效果。例（6）中疑问与陈述语气交替使用，形成问答呼应，疑问词链"怎么……怎么办……哪里……"和主语链"世界……我们……这……我"搭配互动，意在启发听众思考，传递的人际意义与生态哲学观关联性不强，呈中性连贯效果。

（三）时态和语态

所有语言都有时间系统，但在表征上各具特性。狭义上的时态属语法范畴，由语法形式体现；但从广义的功能角度出发，时态属语义范畴，可重新界定为"说话者对过程的时间定位以及基于该时间定位建构的时间关系"[①]，可由

---

① 何伟、张存玉：《系统功能视角下时态的意义系统》，《中国外语》2016 年第 1 期，第 25—30 页。

不同性质的语言形式体现。时态为话语建构先后顺序,具有衔接功能①,其本身与生态性关系不大,但能在时间向度上表达说话人的生态取向。以泰戈尔《飞鸟集》为例②。

    语场:讨论人与世界的关系。

    语旨:诗人与读者。

    语式:诗歌;抒情。

    例(7):The world has opened its heart of light in the morning.Come out, my heart,with thy love to meet it.

    例(8):Someday I shall sing to thee in the sunrise of some other world,I have seen thee before in the light of the earth,in the love of man.

例(7)以现在完成时动词形式"has opened"表达了天亮的持续性,又以表达将要发生的过程的祈使动词形式"come out",抒发了诗人迎接日出的喜悦。例(8)以一般将来时"shall sing"幻想未来,又以现在完成时"have seen"引出想象式的回忆,描写了对世界与生命的温馨遐想。从过去到未来,诗人始终赞美自然与人和睦相生。此二例时态衔接均呈有益性连贯效果。

相较时态,语态自身就能反映某些生态性特征。主动句与其相应的被动句可以行使相同的概念功能和人际功能,但二者的最大区别在于小句信息结构不同,导致语篇侧重点不同③。语态衔接因此可看作是通过对小句信息结构的操纵来达到特定语义效果的手段。以 Khan④ 从生态学杂志 *Wildlife Society Bulletin* 上节选的语料为例。

    语场:动物实验研究报告。

    语旨:科研者与读者;研究兴趣相近。

---

① 于善志、王文斌:《英语时制中的时间关系及其语篇功能》,《外语教学与研究》2014 年第 3 期,第 323—336 页。

② 例(7)(8)选自《飞鸟集》,The Macmillan Company 出版社 1916 年版(https://www.sacred-texts.com/hin/tagore/strybrds.htm)。

③ 胡壮麟、朱永生、张德禄、李战子:《系统功能语言学概论》,北京大学出版社 2005 年版,第 100 页。

④ Khan M.,"The Passive Voice of Science:Language Abuse in the Wildlife Profession",*The Trumpeter:Journal of Ecosophy*,1992,Vol.9,No.4,p.153.

语式:学术论文;规范。

例(9):Methods – Striped skunks, raccoons, and opossums were live-trapped in east central Texas and housed outdoors in individual cages. Test animals were provided 500 g commercial dry dog food once a day and a continuous water supply. The animals were acclimated for a minimum of 10 days prior to testing.

例(10):Acknowledgements – We thank T. Blankenship for aid in dosing animals and L. Robinson for processing coyotes. We are grateful for the partial financial support from the U. S. Fish and Wildlife Service which made this study possible.

例(9)中只出现了被动语态,将被试动物作为"live – trapped…provided…acclimated"等动作的关注点,即小句的主语,隐匿了人类这个真正的动作发出者。事实上,这篇文章的整个研究方法部分充斥着大量以动物为主语的被动句,与致谢部分例(10)以主动语态将人和机构表达为"dosing…processing…made this study possible"这些动作的主语的做法形成鲜明对照。Khan[①] 指出,在动物研究文献中使用被动语态是对人类作为伤害动物行为主体的道德回避,它使被试动物不是作为受害者,而是像某种无知无感的"生产工序"一样呈现在话语中。此种语态衔接无益于动物保护意识的宣传,呈破坏性连贯效果。值得指出的是,很长时间以来,科学研究比较推崇这种语态选择,主要是为了降低研究的主观性,消减研究者的痕迹。本文认为,这种特点或因人类文明的生态转向而逐渐发生变化。

(四) 指称

根据语言的经济性原则,人们倾向于以较短的指称形式替代复现或可推知的较长形式。指称类型包括人称指称、指示指称和比较指称,它们通过回指、下指、外指创造语篇衔接[②]。人称指称即"I""they""您"要根据交际环境

---

① Khan M., "The Passive Voice of Science: Language Abuse in the Wildlife Profession", *The Trumpeter: Journal of Ecosophy*, 1992, Vol.9, No.4, p.154.

② Halliday M.A.K., Hasan R., *Cohesion in English*, London: Longman, 1976, pp.37 – 83.

和交际者的关系来调整①。指示指称如"this""这里""那时"与时空距离、篇章距离、心理距离等因素有关②。比较指称如"same""more""别的"表征相同或相似性,有参照比较的意味。指称内容和指称形式是指称的两个维度,既要关注所指内容本身的生态性,又要考虑指称形式能否彰显某种生态特征,如:以"she/她"指山川湖海可以彰显自然的生命性,指称词的单复数可以反映生物或事物的数量特征,"这""那"可以提示主观上的亲疏近远。例(11)、例(12)和例(13)分别来自王毅和特朗普在第 73 届联合国大会一般性辩论上的演讲词③。

语场:对世界性问题发表观点。

语旨:演讲者分别是中国国务委员兼外长和美国总统,社会地位高、责任大;受众是联合国及各国政要。

语式:有准备的正式演讲。

例(11):今年 11 月,中国将在上海举行首届国际进口博览会,这是我们主动向世界开放市场的又一重大举措,欢迎各国踊跃参与。

例(12):The United States has recently strengthened our laws to better screen foreign investments in our country for national security threats, and we welcome cooperation with countries in this region and around the world that wish to do the same. You need to do it for your own protection.

例(13):Looking around this hall where so much history has transpired, we think of the many before us who have come here to address the challenges of their nations and of their times.

例(11)以指示代词"这"回指前句中的"中国将在上海举行首届国际进口博览会",衔接该信息至当前小句,使其继续充当讨论的对象;人称代词"我

---

① 崔希亮:《人称代词及其称谓功能》,《语言教学与研究》2000 年第 1 期,第 48 页。

② Qian Y.A.,"Comparison of Some Cohesive Devices in English and Chinese",*Journal of Foreign Languages*,1983,No.1,pp.19-26;许余龙:《英汉远近称指示词的对译问题》,《外国语(上海外国语学院学报)》1989 年第 4 期,第 33—40 页。

③ 例(11)—(13)来自联合国网站(https://gadebate.un.org/sites/default/fles/gastatements/73/ zh_zh.pdf;https://gadebate.un.org/sites/default/fles/gastatements/73/us_en.pdf)。

们"回指"中国",但生命度更高,更能展示中国人民的友好形象。这些指称从内容和形式上凸显了中国主动向外宣传、友好开放市场的经验和人际意义,呈有益性连贯效果。例(12)以比较资源"better"表达美国严格境外投资审查制度是"更好"的行为,又以"the same""it"回指这种行为,使这一信息被美化、被重申;以人称代词"you"称谓听众,要求他国奉行本国价值观,违背联合国的宗旨原则,从内容和形式上来看都是非生态的,呈破坏性连贯效果。例(13)以近指性的"this hall""here"指代演讲所在的会议厅,以群体性的"we""us"指代与会者,这些指称形式的选择由交际场景决定,不展现内容上的生态取向,呈中性连贯效果。

(五) 替代和省略

替代和省略是为避免重复赘余而以简短的语法形式项替代或以空位隐指预设对象的衔接手段。不同于语义层面的指称,替代与省略发生在词汇—语法层。替代包括名词性替代、动词性替代、小句性替代,由"one""的"(如:红的)"do""做""so""那样"等形式项实现。省略的判定标准是,小句必须填补唯一可能的语法成分,其意义才完整①。例如,作为"话题性"语言的汉语常常忽略小句主语②,被省略的主语通常只有唯一还原性。但仅当主语有唯一还原项时,才判断为主语省略。分析替代和省略衔接要借助词汇还原,即首先将替代项或形式空位还原成预设对象,再分析其语义连贯效果。有时说话者可能以笼统替代或省略方式模糊一些具有生态意义的内容,有意或无意地降低它们的信息量或存在度,这需要分析者予以特别关注。此处以三则植树宣传标语为例③。

---

① 吕叔湘:《汉语语法分析问题》,商务印书馆 1979 年版,第 68 页。

② Li C.N.,Thompson S.C.,Subject and Topic:A New Typology of Language// Li C.N.,*Subject and Topic*,New York:Academic Press,1976,p.467.

③ 例(14)来自"57 Great Tree Plantation Slogans And Sayings"(https://sloganshub.org/tree-plantation-slogans-and-sayings/#: ~ :text = Each% 20one% 2C% 20Plant% 20one.% 20Feel% 20free% 20to% 20plant,tree% 20and% 20add% 20new% 20friends% 20in% 20your% 20life.);例(15)来自《森林防火安全横幅标语》(https://www.zpzls.com/kouhao/anquan/295192.html);例(16)来自《玉树务林人:栽活一棵树,就像养活一个娃》(http://sjy.qinghai.gov.cn/detail/article/2/4974)。

语场:鼓励人们植树。

语旨:相关环保组织与民众。

语式:有准备的海报或横幅。

例(14):Each one, plant one. Feel free to plant a tree.

例(15):种树护树,株株长成摇钱树;管山爱山,座座变为金银山。

例(16):三分栽种,七分管护。

例(14)使用了两个名词替代词"one",虽然形式相同,但可以推知它们分别预设了情景语境中的人和下文中的"tree",此种替代方式符合宣传标语言简意丰的特点,鼓励人人植树,呈有益性连贯效果。例(15)以量词重叠"株株""座座"赋予事物多的属性,替代"许多树""许多山",传递了多植树是为被省略的施事即"人"多谋利的经验意义,在当今时代背景下,可以说呈破坏性连贯效果,不应作为标语推广。例(16)省略了"栽种""管护"等社会性行为的补语"树",削弱了"树""绿色"这类核心信息的存在度,虽不违背、但也未有效传递关爱自然的生态哲学观,系生态取向为中性的衔接手段,呈中性连贯效果。

(六) 连接

连接反映说话人对事件之间逻辑关系的看法,体现语篇的逻辑意义。本文聚焦由逻辑标记词达成逻辑语义连贯的语言内部手段,即显性连接手段。小句间逻辑语义关系分为阐述、延展、增强、投射四大类,表1是四大类逻辑关系的细化和逻辑标记词示例。

表1 各类逻辑语义关系①

逻辑语义关系		逻辑标记词示例
阐述类	重述	in other words、that is、namely、也就是、即
	解释	in fact、actually、事实上、其中、至少
	例证	for example、such as、(比)如、举例来说

---

① 何伟、刘佳欢:《英汉语小句间逻辑语义关系及表征方式对比研究》,《北京科技大学学报(社会科学版)》2019年第2期,第7—15页。

逻辑语义关系		逻辑标记词示例
延展类	增加	and、not only…but also…、既……又……
	承接	and then、after、while、然后、一……就……
	对照	instead、rather、but、同样、与其……不如……
	选择	or、both…and…、或许、是……还是……
增强类	因果	because、so、therefore、由于、以至于、从而
	转折	however、but、instead、否则、不然、却
	目的	in order to、so as、so that、为了、使、以(便)
	条件	if、unless、provided that、只要、如果、只有
	方式	as、as if/though、like、如、像、通过、经由
投射类	极性成分	that、whether、if、是否、可否、能否
	重合成分	when、where、who、why、如何、怎样、谁

判断连接方式的生态性须关注话语逻辑语义的展开，重点考察逻辑标记词的使用和特点。下文以中国日报网 2019 年 4 月 29 日发表的一则时评和 Ensia 网 2018 年 4 月 29 日刊发的一则社论为例①。

语场:介绍及评述中国的生态理念。

语旨:媒体(或作者)与读者。

语式:网络文章;较正式。

例(17):Speaking during his visit to Kazakhstan in September 2013, he noted that while people want mountains of gold and silver, they prefer blue waters and hills that are green. The need for not only golden and silver mountains but also green hills and clean water is now close to Chinese people's hearts, and it guides the country's economic and social development.

例(18):Dream on, you might say. Even in the more progressive Western European nations, it's hard to find a political leader who would make such

---

① 例(17)和(19)选自中国日报网(http://www.chinadaily.com.cn/global/2019－04/29/content_37463873.htm);例(18)选自 Ensia 网(https://ensia.com/voices/ecological－civilization)。

statements. And yet, the leader of the world's second largest economy, Xi Jinping of China, made these statements and more in his address to the National Congress of the Communist Party last October.

例(19)：With more than 110 countries and international organizations participating in the 2019 Beijing International Horticultural Exhibition that opens on Monday, it is an ideal platform for highlighting the importance of and promoting the concept of "Live Green, Live Better", which is this year's theme.

例(17)首先概述了习近平主席在哈萨克斯坦演讲时论及的生态文明理念,以表示转折的"while"传达了"宁要绿水青山,不要金山银山"的演讲内容,又以表示增加的"not only…but also…"说明人民需要的不只金山银山,还有绿水青山,再以表示承接的"and"引出末句的陈述。这些标记词使转述和评述中的逻辑语义关系客观、准确,有利于读者正确认识中国倡导的生态文明理念,呈有益性连贯效果。例(18)中表示强调的"even"和表示转折的"yet"体现了一种居高临下、带偏见的逻辑,使评述不能客观公允,呈破坏性连贯效果。例(19)中"with…and…which"组成的逻辑标记词链将世园会开幕的情况串成篇,但不体现看法上的逻辑关系,呈中性连贯效果。

（七）重复和搭配

说话人通过词汇选择实现语义关联的衔接方式称为词汇衔接,包括重复和搭配。重复指词汇项的指称相同或相关,包括近义词、上义词、概括词的重复;搭配关涉词汇共现,经常共现于同一词法环境(lexical environment)的词汇项可以组成衔接链①。对重复和搭配的生态性进行判断,也就是在"多元和谐,交互共生"生态哲学观指导下,揭示话语中高频实词的类型、语义、搭配等反映的生态取向。例(20)—(22)选自对同一知乎问题的三则回答②。

---

① Halliday M.A.K., Hasan R., *Cohesion in English*, London：Longman, 1976, pp.278-286.
② 例(20)—(22)来自知乎(https://www.zhihu.com/question/341779064)。

语场:回答"同事经常以领导的口吻命令我,该怎么撑回去?"

语旨:陌生网民。

语式:网络问答社区;较随意。

例(20):如果是指令,弄清楚授权方是哪位领导,指令要求内容是什么,交付标准是什么。如果是请求,弄清楚请求内容是什么。考虑对本职工作的影响,是否需要请求领导调整本人工作安排或者协调其他人配合,根据评估结果予以回复。

例(21):装聋作哑,无视他的任何要求。正所谓沉默是最高的轻蔑。不管对方提什么要求,微笑装作听不见就好。如果对方敢翻脸,那你直接翻脸就好。

例(22):心理学将人类的思维分为系统1和系统2,系统1是会本能的做出反应,当遇到危险时,你根本不需要考虑,系统1就会本能的帮你做出判断。而当系统1遇到无法解决的问题时,就会启动理性思考的系统2来解决问题。要启动系统2来帮助我们做出正确的反应。

例(20)中"指令……授权方……领导……要求……请求……内容……调整……工作安排……协调……配合……评估结果……予以回复"等词语表达常共现于职场话语,构成一条经验和人际意义适合语域语场及语旨特点且有条理的搭配衔接链,为这一带有抱怨情绪的设问提供了一条理智的参考答案,呈有益性连贯效果。例(21)中"装聋作哑……无视……沉默……听不见"链不断重复"装聋作哑"的语义,两处"翻脸"前后呼应,强化了敌对、不合作的经验意义,无助于化解人际矛盾,呈破坏性连贯效果。例(22)中"系统1……本能……系统2……理性"共现搭配,是对心理学原理的陈述介绍,不遵循也不违背生态哲学观,呈中性连贯效果。

(八) 修辞格

修辞学研究的是语篇生成过程中语言选择的方法和技巧,包括比拟、比喻、排比、夸张、象征、对偶、层进、渐降、押韵、半谐音等。考虑到一些修辞手段与词汇语法层的指称、重复、替代、省略重合,我们认为,对修辞格的考察应主要聚焦小句及以上语言单位间的排比、对偶、对照、映衬、倒装、反复等现象①。修辞衔接可以润色语言,增强或削弱语义表达效果,从而使经验和人际意义背后的生态意义被凸显或弱化。例(23)—(24)分别选自梭罗的《瓦尔登湖》②和儿童科普读物《动物小百科》③。

语场:描写农忙景象/介绍果子狸。

语旨:作家与读者/儿童读者;社会距离大。

语式:文学/儿童读物;较正式。

例(23):All the Indian huckleberry hills are stripped, all the cranberry meadows are raked into the city. Up comes the cotton, down goes the woven cloth; up comes the silk, down goes the woolen; up come the books, but down goes the wit that writes them.

例(24):果子狸全身都是宝,它们的肉可以吃……;它们的脂肪是化妆品生产中难得的高级原料……;它们的皮毛可以做手套;它们的尾毛和针毛也可以做成毛刷和笔刷。

例(23)以排比结构"all the…are…"侧面描写村民竭泽而渔发展果业的做法,以排比结构"up comes…down goes…"将出卖自然资源和牟取商业利益进行对照,形成反差,以批判人类向自然贪婪索取的行为。这些修辞增强了作品的生态性表达张力,呈有益性连贯效果。例(24)以"它们……"开头的四个小句分别介绍果子狸的食用和经济价值,意在增强儿童读物的易读性,但其内容显然违背"多元和谐,交互共生"生态哲学观,不利于人类与自然的和谐共生。对于还很难分辨是非的儿童来说,如果接受了这样的信息,不免受到误导——将来也可能会食用果子狸,并宣传野生动物的经济价值等。因而,这种语义连贯效果是破坏性的。

---

① 何伟、郭笑甜:《语言系统的复杂性与语篇功能的体现方式》,《当代修辞学》2020年第1期,第39—49页。

② 例(23)选自《瓦尔登湖》,Ticknor and Fields 出版社 1854 年版(https://etc.usf.edu/lit2go/90/walden-or-life-in-the-woods/1542/sounds/)。

③ 限于篇幅,例(24)部分内容省略,语料可见《新京报》2020年2月12日报道(https://baijiahao.baidu.com/s? id=1658302114426445517&wfr=spider&for=pc)。因存在对果子狸的不当表述,该书已于2020年2月11日起下架。

（九） 语音语调

与上述各类衔接手段不同,语音语调是音系层的衔接,存在于口头话语中。语音衔接包括轻重音、韵律、节奏、停顿等,常见于诗歌和散文,其作用是以轻重缓急突出话语焦点或取得音韵美。马克·吐温在描写密西西比河时多以连续的/m/为头韵,营造了江水滚滚、白浪滔滔、气势恢宏之感①,此种语音模式折射了作者对密西西比河的热爱和敬畏,同时增强了作品的文学和美学价值,呈有益性连贯效果。某地标语"要想富,先种树""若要地增产,山山撑绿伞"中,"富""树"、"产""伞"押韵且充当句重音,句式简短富有节奏感,但传递的是一种以树林换取财富的生态取向,在当今时代背景下其连贯效果不能被看作是有益性的。

英语中按音高变化情况可分出降调、升调、平调(或低升调)、降升、升降五种调型,对应不同的传情达意效果,如降调表示中性的陈述或肯定,升调用来寻求对方回应,平调含有不太肯定和非终结的语义②。以著名演讲"I have a dream"为例,马丁·路德·金在演讲时始终保持高升的音调,达到了鼓舞和号召听众的目的,如果其使用降调,听众的激动情绪则会随之下降③。结合其号召 25 万美国民众为黑人争取平等权利和地位的语境信息,此种语调达成了有益于生态和谐的连贯效果。

汉语语调的抑扬顿挫很大程度上受汉字声调制约,不能套用印欧语的语调模式来分析④。赵元任以"代数和""大波浪与小波浪"形容汉语语调与声调的关系,二者叠加形成的总体韵律特征具有语气和语义表达功能。音程(即音高的变化范围)和时长是影响汉语语调最重要的因素,可以反映说话人的态度:放大音程往往加重说话的气势,表示好客、不耐烦、过于自信等态度与情绪,缩小音程则与软弱、沉重、不自信等情绪有关;拖长字词时长可以形成表

---

① 胡壮麟:《语音系统在英语语篇中的衔接功能》,《外语教学与研究》1993 年第 2 期,第 7—8 页。

② Halliday M.A.K., Hasan R., *Cohesion in English*, London: Longman, 1976, pp.271-273;胡壮麟:《语音系统在英语语篇中的衔接功能》,《外语教学与研究》1993 年第 2 期,第 3 页。

③ 徐立新:《篇章中的语音衔接》,《解放军外国语学院学报》2000 年第 4 期,第 14 页。

④ 曹剑芬:《汉语声调与语调的关系》,《中国语文》2002 年第 3 期,第 195 页。

强调的重音音节,用来突出讲话的重点①。专业的新闻播报往往要求语调无大起大伏,重音少而精确,以呈现客观公正的报道,呈有益性连贯效果。人们在争吵过程中往往自觉或不自觉地扩大音程,即所谓的"高八度吵架",也可能在意见不合时故意长腔长调或"阴阳怪气",这些说话方式往往加重双方分歧,造成破坏性的连贯效果。

五、结语

系统功能语言学有关语言系统、语言功能、衔接与连贯、语言与语境的论述对话语分析理论手段的发展有着重要的借鉴意义。在自然与社会生态系统渐失平衡的时代背景下,系统功能语言学作为一门"适用语言学"(appliable linguistics)在积极调整视角和方向,以更好地适用于生态话语分析,从而促进相关生态问题的解决。本文在生态哲学观的指导下,拓展衔接与连贯系统,正是致力于系统功能语言学学科理论的适用探讨,推动话语分析朝关爱生态、关怀"大我"、重视个体与环境和谐平衡的方向发展。

本文在"多元和谐,交互共生"生态哲学观指导下,结合语域变量的一致性,提出了衔接手段的生态性判断依据:针对及物性衔接和语气衔接,应关注过程、参与者的语义配置结构和语气资源的推进特点;针对时态和语态衔接,应关注时序建构及主被动语态推进上的生态取向;针对指称衔接,应兼顾指称内容和指称形式的生态取向;针对替代和省略衔接,应注意负载生态意义的内容是否因替代和省略而改变信息量或存在度;针对连接,应考察小句间逻辑语义关系的展开及其方式;针对重复和搭配衔接,应考察高频实词的复现和搭配传递何种生态意义;针对修辞衔接和语音语调衔接,应结合经验和人际意义解读生态意义在表达效果上的增强或弱化。本文结合实例,说明了衔接手段如何作为连句成篇的重要机制,在经验、逻辑、人际、语篇意义的动态发展中组织并传递生态意义。衔接与连贯的生态取向判断尤其取决于经验与人际意义的

---

① 赵元任:《国语语法—中国话的文法》,学海出版社 1981 年版,第 432—433 页。

生态性;经验与人际意义好比经打磨而成的"砖头",经衔接手段的"黏合"被逐块垒筑成连贯的话语。换言之,经验和人际意义所表达的主客观世界经验是语篇意义存在的基础,因此分析者也需要对生态化拓展后的及物性系统、语气系统、评价系统等加以了解和掌握。

（本文原载《北京第二外国语学院学报》2020 年第 2 期,作者为何伟、马宸。）

生态语言学视角下的逻辑关系系统

一、引言

人文社科发生"生态转向"以来,生态语言学作为一门新兴学科发展迅猛,尤其是 Halliday① 发表"意义表达的新方式:对应用语言学的挑战"一文后,越来越多的学者采纳韩礼德模式进行生态语言学研究,以揭示语言如何反映并影响我们赖以生存的生态系统②。该"非隐喻模式"下的研究大多从经验功能③、人际功能④以及语篇功能⑤角度探讨语言的生态性,鲜有研究聚焦语言的逻辑功能。逻辑功能指语言对人们之于世界经验片段之间关系认识的识解功能⑥。

---

① Halliday M.A.K., "New Ways of Meaning: The Challenge to Applied Linguistics", *Journal of Applied Linguistics*, 1990, No.6, pp.7-36.

② Stibbe A., *Ecolinguistics: Language, Ecology and the Stories We Live By*, London and New York: Routledge, 2015.

③ 何伟、魏榕:《国际生态话语之及物性分析模式构建》,《现代外语》2017 年第 5 期,第597—607、729 页。

④ 何伟、张瑞杰:《生态话语分析模式构建》,《中国外语》2017 年第 5 期,第 56—64 页;何伟、马子杰:《生态语言学视角下的澳大利亚主流媒体之十九大报道》,《外国语文》2019 年第 4 期,第 1—9 页;何伟、马子杰:《生态语言学视角下的评价系统》,《外国语》2020 年第 1 期,第48—58 页。

⑤ 何伟、马宸:《生态语言学视角下的主位系统》,《中国外语》2020 年第 4 期,第 23—32页;何伟、马宸:《生态语言学视角下的衔接与连贯》,《北京第二外国语学院学报》2020 年第 2 期,第 26—45 页。

⑥ Halliday M.A.K., *An Introduction to Functional Grammar*, 2nd ed. London: Arnold/Beijing: Foreign Language Teaching and Research Press, 1994/2000.

人们对事物或事件之间关系的认识与其在语言中的表征并非总是一致的,有时会因民族认知、民族心理而不同①;从一定意义上,也可以说是因价值观、文化背景等而有所差异,这一点与 Humboldt② 的观点相呼应——语言之间的差异源于民族世界观的不同。由此,我们可通过分析表征语言逻辑功能的逻辑关系系统,来揭示话语发出者的价值观。

价值观指对经济、政治、道德、金钱等所持有的总的看法,在生态语言学视角下,即为生态价值观或生态哲学观。生态语言学基于生态学原理,把世界看作一个巨大的复杂生态系统,认为万事万物之间都有着直接或间接的相互影响关系,那么对生态因子之间关系的总的看法就是生态哲学观③。鉴于语言对现实具有建构作用,对人们的行为方式具有潜在的影响④,本文认为,在具有普适性的生态哲学观的参照下,揭示话语中各种逻辑关系所蕴涵的特定生态意识,判断其生态取向,能够帮助人们增强生态意识,改善生态行为方式,以促进相关生态问题的解决,从而有助于人与自然、人与社会以及人与自身之间和谐关系的建立与维护。这也正是本文从生态语言学视角,对系统功能语言学框架中的逻辑关系系统进行拓展,为生态话语分析建构具有可操作性的逻辑关系系统的目的所在。

二、系统功能语言学视角下的逻辑关系系统

系统功能语言学框架内部存在两种主要模式,即以 Halliday 为代表的悉

① 何伟、刘佳欢:《英汉语小句间逻辑语义关系及表征方式对比研究》,《北京科技大学学报(社会科学版)》2019 年第 2 期,第 1—17 页。

② Humboldt W., *On Language: The Diversity of Human Language-structure and its Influence on the Mental Development of Mankind*, Cambridge: Cambridge University Press, 1999, pp.81—87.

③ 何伟、魏榕:《多元和谐,交互共生——国际生态话语分析之生态哲学观建构》,《外语学刊》2018 年第 6 期,第 28—35 页;何伟、刘佳欢:《多元和谐,交互共生——生态哲学观的建构与发展》,《山东外语教学》2020 年第 2 期,第 12—24 页。

④ Halliday M.A.K., "New Ways of Meaning: The Challenge to Applied Linguistics", *Journal of Applied Linguistics*, 1990, No.6, pp.7-36; Stibbe A., *Ecolinguistics: Language, Ecology and the Stories We Live By*, London and New York: Routledge, 2015.

尼模式①和以 Fawcett 为代表的加的夫模式②。在这两种模式的基础上,何伟等③对英汉语小句间的逻辑关系进行了进一步描述:根据小句中的主要过程,将小句划分为简单小句和复合小句。简单小句包含一个级阶小句,表达一个主要过程,分为非嵌入式和嵌入式两类;复合小句指由并列关系小句填充的语言单位,表达两个或两个以上的主要过程。在嵌入式简单小句中,依赖过程嵌入在主要过程中,起补充作用,通常表达部分经验意义或者一定的逻辑语义关系。嵌入式简单小句中的级阶小句和嵌入小句之间,以及复合小句内级阶小句之间的逻辑语义关系分为扩展和投射,其中扩展包括阐述、延展和增强,投射包括言语、思想和事实。这两类逻辑语义关系均可以由逻辑配列顺序以及显性和隐性两种方式来表征,其中显性表征方式指两个或两个以上的小句通过逻辑标记词相连接,反之则为隐性表征方式。显性逻辑标记词分为两类:连接词和粘合词。连接词连接两个及以上的同级语法单位;粘合词将一个语法单位嵌入到上一级单位中,充当其中的一个成分。该逻辑关系系统如下:

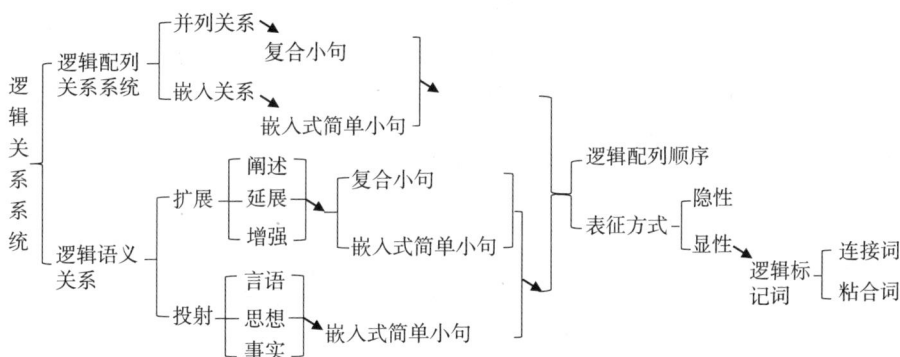

图 1 逻辑关系系统

---

① Halliday M.A.K., *An Introduction to Functional Grammar*, 2nd ed. London: Arnold/Beijing: Foreign Language Teaching and Research Press, 1994/2000.

② Fawcett R.P., *A Theory of Syntax for Systemic Functional Linguistics*, Amsterdam: Benjamins, 2000.

③ 何伟、高生文、贾培培、张娇、邱靖娜:《汉语功能句法分析》,外语教学与研究出版社2015年版。

三、生态哲学观

生态哲学观是有关语言及其环境关系的一种价值观，是生态语言学内在的一个重要议题，也是生态语言学区别于其他语言学学科的一个重要维度。对生态哲学观的考察应主要从自然生态系统和社会生态系统两个维度着手①。

以美国为典型代表的西方发达国家的自然生态哲学观与社会生态哲学观呈现出多方面的矛盾性与对立性。在应对人与自然生态系统的关系领域，一方面，西方绿色思潮关注人与自然之间的和谐共生，同时受"宗教使命观"的影响，他们赋予基督教教义以新的时代主题，将其与环保主义观点结合起来，关心地球成为他们的责任之一②。另一方面，美国受利益的驱使，更注重自身的发展，忽视人类活动对自然环境的严重影响。以全球变暖现象为例，美国一直以来都存在强大的气候变暖怀疑论阵营，气候（变暖）否认主义凸显，其参与国际气候合作的行为表现随着政府更迭而反复变化③。在处理包括国际关系的社会问题时，其核心价值观"美国例外论"和普世价值观形成对立复合体，以总统为主导的美国对外政策决策层的政治价值观呈现出现实主义与理想主义、自由主义与保守主义两个维度的对立，在外交思想和行为准则上也存在孤立主义与扩张主义、单边主义与多边主义两个维度的对立④。

中国的自然生态哲学观系基于中华传统文化，汲取儒家、道家与墨家的生态智慧，主张"天人合一""天地与我并生"的生态整体主义思想⑤，秉持"众生

---

① 何伟：《关于生态语言学作为一门学科的几个重要问题》，《中国外语》2018 年第 4 期，第 1、11—17 页；何伟、刘佳欢：《多元和谐，交互共生——生态哲学观的建构与发展》，《山东外语教学》2020 年第 1 期，第 12—24 页。

② Northcott M.S., *A Moral Climate*: *The Ethics of Global Warming*, London: Darton, Longman & Todd, 2007.

③ 李蓬莉：《信念、制度参与和国际合作》，外交学院 2018 年博士学位论文。

④ 张佳丽：《21 世纪以来美国价值观对其外交政策的影响》，中共中央党校 2017 年博士学位论文。

⑤ 王野林：《中国古代生态哲学思想中的自然观、价值观、伦理观》，《文化学刊》2015 年第 12 期，第 61—66 页。

平等"的观念,把天、地、人看作一个不可分割的整体。中国古代生态思想精髓就是"天道生生""生生之德","生"是中国哲学的核心观念,"万物一体"是中国生态哲学的最高成就①。21 世纪以来,中国增强了"绿水青山就是金山银山"的意识,提出了建设中国特色社会主义生态文明的理念及目标,大力推动了生态发展。在对外关系的社会生态领域,中国遵循"和平共处五项原则",主张"求同存异",坚持独立自主的外交政策,提出建立国际经济新秩序,体现出中国"义""和""天下"的价值观。现代中国外交思想基本可概括为"坚持和平发展道路""坚持互利共赢开放战略""推动构建人类命运共同体"三大理念②。

如今,人与自然间的生态矛盾愈发尖锐,人与社会(包括人与人、社会与社会、国家与国家等)之间的生态系统动荡不安。语言作为生态系统中的一个子系统③,在其他生态系统中起到一种调节作用。要揭示这一作用,需要生态哲学观的指导。基于此,何伟④,何伟、魏榕⑤,何伟、刘佳欢⑥提出和发展了"多元和谐,交互共生"生态哲学观。该哲学观汲取了中国哲学及传统文化精华,融合了中国特色大国外交理念,符合新时代社会发展的必然趋势,具有高度的概括性、包容性与适用性,在生态话语分析中作为参照,能够对话语所蕴涵的生态哲学观进行生态取向的判断。下文在该生态哲学观指导下,分别对逻辑关系系统中的三个子系统进行生态拓展。

---

① 蒙培元:《生的哲学——中国哲学的基本特征》,《北京大学学报(哲学社会科学版)》2010 年第 6 期,第 6—7 页。

② 邢丽菊:《习近平外交思想的中华传统文化内涵》,《东北亚论坛》2018 年第 6 期,第 3—18、125 页。

③ Halliday M.A.K., "New Ways of Meaning:The Challenge to Applied Linguistics", *Journal of Applied Linguistics*, 1990, No.6, pp.7-36.

④ 何伟:《关于生态语言学作为一门学科的几个重要问题》,《中国外语》2018 年第 4 期,第 1、11—17 页。

⑤ 何伟、魏榕:《多元和谐,交互共生——国际生态话语分析之生态哲学观建构》,《外语学刊》2018 年第 6 期,第 28—35 页。

⑥ 何伟、刘佳欢:《多元和谐,交互共生——生态哲学观的建构与发展》,《山东外语教学》2020 年第 1 期,第 12—24 页。

四、生态语言学视角下的逻辑关系系统

（一）逻辑配列关系系统

逻辑配列关系系统与逻辑语义关系系统是合取关系,任何一个小句联结都是两者同时选择的结果①。在探究逻辑配列关系系统时,话语发起者为何选择以并列或嵌入方式呈现小句间的逻辑语义关系,至少需要考虑主从关系与句序两个要素②:就主从关系而言,一般嵌入小句承载着更次要的功能信息;句序中,末尾小句通常反映更重要的功能信息。句序是汉语的主要语法手段之一,从功能角度,主从复句的变异句序通常具有修辞作用,如补充说明或强调突出③。

这里的"句序"即为本文中的"逻辑配列顺序"。逻辑配列顺序受话语发出者主观选择的影响,包括认知策略、语体、语篇的衔接与连贯以及交际功能等因素。何伟、刘佳欢④对英汉语小句间逻辑语义关系进行统计分析发现,英语中焦点通常前置,而汉语中焦点通常后置;在表征方式上,英语具有形合特点,显性方式较多,汉语具有意合特点,隐性方式较多。可以说,每个民族的语言都有其特定偏好的嵌入或并列关系,以及习惯的小句间顺序,即"非标记性"的逻辑配列关系与顺序,而"标记性"逻辑配列关系与顺序则能充分反映话语发出者的主观意愿。

在生态语言学视角下对逻辑配列关系系统进行拓展,需要结合扩展与投射两个逻辑语义关系维度。在扩展逻辑语义关系维度:语义一定的情况下,当小句间处于嵌入关系时,嵌入小句在阐述类关系中主要表达解释意义,在延展

———————

① Halliday M.A.K., *An Introduction to Functional Grammar*, 2nd ed. London: Arnold/Beijing: Foreign Language Teaching and Research Press, 1994/2000.

② Thompson G., *Introducing Functional Grammar*, 3rd ed. London: Arnold, 2014.

③ 黄伯荣、廖序东:《现代汉语》,高等教育出版社 2007 年版。

④ 何伟、刘佳欢:《英汉语小句间逻辑语义关系及表征方式对比研究》,《北京科技大学学报(社会科学版)》2019 年第 2 期,第 1—17 页。

类关系中承载补充信息,在增强类关系中表示限制的方式,语法上均不能独立存在,故级阶小句的语义重要性一般强于嵌入小句,而在投射类关系中嵌入小句为被投射小句,一般充当补语成分,故其同样具有语义重要性;当小句间处于并列关系时,起始小句与后续句在句法上属于平等地位,然而因不同语言中的焦点位置不同,其中的重要性需具体情况具体分析。当话语发出者使用标记性逻辑配列顺序时,往往传达特殊的意义,或表补充说明、或表强调突出,具有增强生态性的潜势。显性逻辑标记词可以清晰地表征语言使用者的逻辑关系思维,故有助于增强生态性;而隐性的表征方式,如语义关系等,则需要受话人推断出发话人的逻辑关系,如此就可能产生多种解读,从而导致生态性减弱。在投射逻辑语义关系维度:英汉语一般均倾向于隐性表征方式,其中汉语隐性表征方式更为凸显;两种语言中投射小句和被投射小句的配列顺序也基本一致,投射小句可以位于被投射小句之前,也可位于之后①。而标记性逻辑配列顺序,如自由间接引语、自由直接引语等,由于可以体现一定的语用、语体等特征,反映话语发出者的言语或心理目的,因此同样可以加强话语原有的生态性。生态语言学视角下的逻辑配列关系系统如图 2 所示。

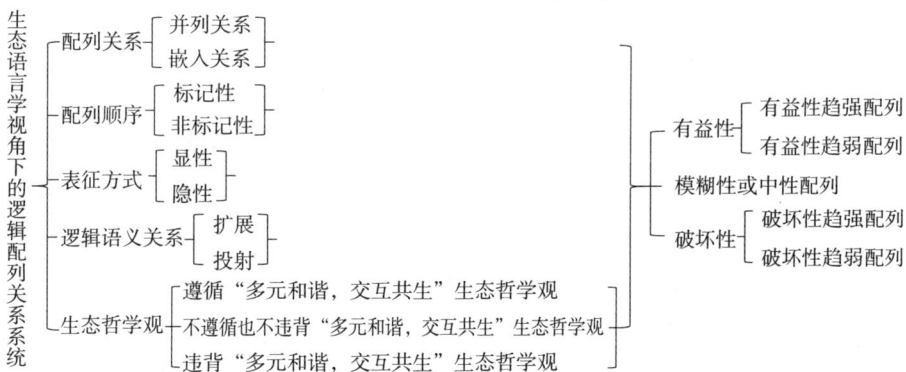

图 2　生态语言学视角下的逻辑配列关系系统

---

①　何伟、刘佳欢:《英汉语小句间逻辑语义关系及表征方式对比研究》,《北京科技大学学报(社会科学版)》2019 年第 2 期,第 1—17 页。

（二）扩展逻辑语义关系系统

本文从生态语言学视角对扩展逻辑语义关系系统进行重构,需要考量话语发出者的语言逻辑与价值观之间的紧密关系,也就是结合扩展内容分析小句间逻辑关系的生态性,具体体现为对扩展取向与扩展缘起两个方面的界定。扩展取向是话语发出者对待生态因子的价值观与立场,可以分为"积极"和"消极"两个取向;从理论上讲,表达积极意义的词汇一般蕴涵积极取向,表达消极意义的词汇蕴涵消极取向,但还应从生态语言学视角对扩展内容的生态价值进行判断。扩展缘起是话语发出者发展逻辑语义关系时的出发点与基准点,可以分为 X 本位与 Y 本位,即自然生态话语中的"人本位"与"自然本位"①,社会生态话语中的"利本位"与"义本位"②。在自然生态系统中,以人类为本位容易出现发展至上观等问题,忽视其他生命体,而以自然为本位则是将人类纳为自然的一部分,对自然保持敬畏之心。在社会生态系统中,以利益为本位会导致只顾一己私利,而以正义为本位要求对利益的追求符合公正原则。

概言之,根据话语的扩展逻辑语义关系判断生态类型时,需要对生态话语中的扩展缘起进行判断,再结合扩展取向以及"多元和谐,交互共生"生态哲学观,才能做出合理的解读。比如,当话语发出者对遵循"多元和谐,交互共生"生态哲学观、表征自然本位或义本位的扩展内容表达积极的扩展取向时,或当话语发出者对违背此生态哲学观、表征人本位或利本位的扩展内容表达消极的扩展取向时,其话语属有益性扩展。在此基础上,若逻辑关系使用显性表征方式或标记性逻辑配列顺序,扩展则具有更强的生态有益性;相反,若使用隐性表征方式或非标记性逻辑配列顺序,扩展则具有趋弱的生态有益性。生态语言学视角下的扩展逻辑语义关系系统如图 3 所示。

我们分别以自然生态话语与社会生态话语为例来说明该系统的适用性。

（1）‖‖要着力推动生态环境保护,‖［［像保护眼睛一样］］保护生态环境,‖［［像对待生命一样］］对待生态环境。‖‖

---

① 张瑞杰、何伟:《生态语言学视角下的人际意义系统》,《外语与外语教学》2018 年第 2 期,第 99—108、150 页。

② 何伟、马子杰:《生态语言学视角下的评价系统》,《外国语》2020 年第 1 期,第 48—58 页。

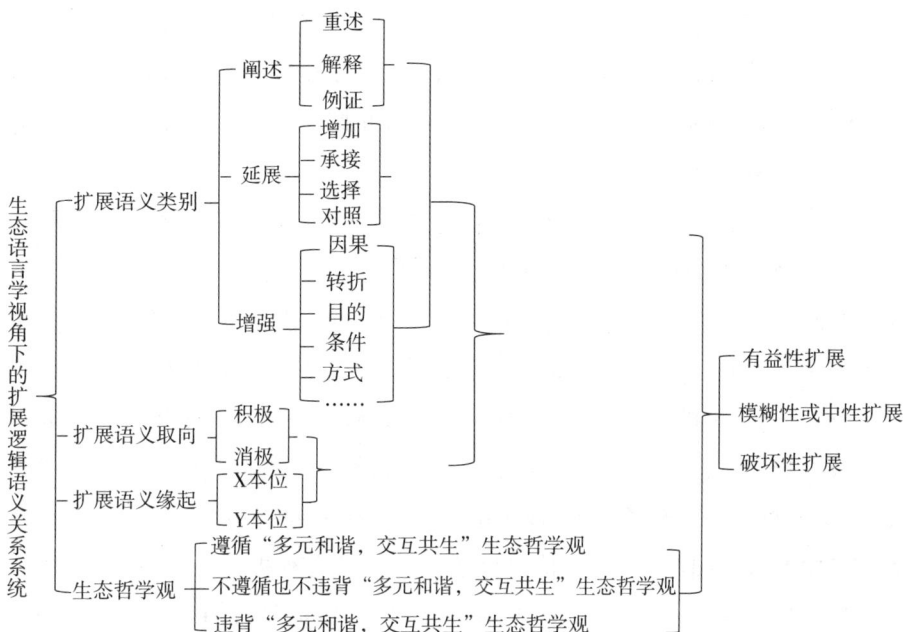

图3 生态语言学视角下的扩展逻辑语义关系系统

例(1)摘自习近平主席在2015年两会期间参加江西代表团审议时的讲话。该复合小句由三个并列关系小句构成,小句间使用了隐性方式表征延展增加类的逻辑语义关系。据此,这种分析只涉及单纯的逻辑关系,忽视了经验意义和语篇意义的影响,难以呈现话语中的生态特征。从生态语言学视角,从扩展内容看,起始小句为非嵌入式简单小句,表征了大力保护生态环境的决心与计划;后续两个小句为嵌入式简单小句,均包含由粘合词"像"引导的比喻增强类的嵌入小句,是对起始小句内容的补充,"推动""保护"等词汇体现了积极的扩展取向。同时,话语发出者从环境出发,由人及物,具有"天人合一"的兼容思想,说明该扩展逻辑关系缘起于自然本位的生态价值观,体现了中国尊重自然、顺应自然、保护自然的生态文明思想。这表明,该话语强调绿色发展,符合"多元和谐,交互共生"生态哲学观,属生态有益性扩展。在此基础上,从逻辑配列顺序角度,比喻增强类的非标记性配列顺序通常为表示本体的小句在前、表示喻体的嵌入小句在后,而该例中的两个后续小句与此顺序相反,故为标记性逻辑配列顺序,使得生态有益性趋强。因此,该话语呼吁以人与自然和谐共生的价值观念对待生态环境,传递了较强的生态有益性信息。

（2）‖‖ The United States has great strength and patience，‖ **but** [[*if* it is forced to defend itself or its allies，]] we will have no choice ‖ **but** to totally destroy North Korea.‖‖

例（2）摘自 2017 年 9 月 19 日美国总统特朗普在第 72 届联合国大会的演讲词。该例为复合小句,由两个平行小句构成,表达增强转折关系;其中起始句为非嵌入式简单小句,后续句为嵌入式简单小句,表达增强条件关系,其中支配句为两个平行小句,表达延展对照关系。从生态语言学视角,在扩展内容上,该例起始小句指明"美国国力强盛,且富有耐心";后续句中依赖小句表示事件成立的条件,对前一小句进行反转,即"倘若美国被迫需要保卫自己或其盟友,美国将不得不选择彻底摧毁朝鲜"。起始句中的"strength""patience"与后续句中的"forced to defend"使得该话语看似具有积极的扩展取向,但实际上前后小句的意义相反,"totally destroy"决定其整体具有消极取向。由于受到"美国例外论"与扩张主义的影响,话语发出者认为一旦自方利益受损,只要本国强盛,就有能力、有资格破坏其他弱小国家的利益。因此,该逻辑关系缘起于利本位的价值观,与"多元和谐,交互共生"生态哲学观相悖,属于生态破坏性扩展。由于英语中并列关系通常焦点后置,嵌入关系中重要信息置于级阶小句,故该例语义重点落在后续句中的级阶小句上,凸显"不得不完全摧毁朝鲜"。同时,连续使用两个"but"表达较强的逻辑语义关系,这一显性表征方式进一步加强了破坏性的生态特征,传递了消极的生态信息,不利于国际生态环境的良好发展。

（三）投射逻辑语义关系系统

投射类型的划分涉及三个子系统:一是投射层次,包括言语、思想和事实;二是投射方式,包括引述和报道;三是投射的言语功能,包括命题和提议。在投射关系中,投射信息来源会影响投射内容的可信度,包括语篇类型、引用背景、报道转述情况等;投射动词可以体现投射者对投射内容的态度①。投射动

---

① Thompson G.，*Introducing Functional Grammar*，3rd ed.London：Arnold，2014.

词能够使得话语发出者在话语中与受话者、内外语境等多个因素建立一种明示的对话关系，是实现语篇评价意义的重要手段之一。周惠、刘永兵[①]为考察投射动词的使用及其评价意义，选择了介入系统中能够实现投射的五种借言方式，建立了投射语言分析框架。

本文从生态语言学视角出发，基于"多元和谐，交互共生"生态哲学观，结合介入系统拓展原投射系统，为其增加投射者角色、投射标记词范畴与投射缘起三个维度。在考察投射小句的生态性时，投射者角色不同，投射的生态性程度也不同，因而投射者应做出生态视角细化，分为生命体与非生命体、人类与非人类、个体与群体、社会性与物理性要素。一般情况下，自然生态话语应鼓励使用非人类生命体和物理性要素参与者做投射者；社会生态话语应鼓励人类群体与社会性要素做投射者。根据投射标记范畴的不同，本文引入介入系统[②]对投射内容进行评价与补充，将其分为引发、承认、设距、断言、同意五种范畴，不同范畴的投射标记可以反映出话语发出者对投射内容的不同生态立场。在被投射小句中，投射缘起在自然生态话语中为"人本位"或"自然本位"，在社会生态话语中为"利本位"和"义本位"。

概言之，当话语发出者对遵循"多元和谐，交互共生"生态哲学观、表征"自然本位"或"义本位"的投射内容使用表达明确支持的投射标记，以及对违背"多元和谐，交互共生"生态哲学观、表征"人本位"或"利本位"的投射内容使用表达反对的投射标记时，此类投射句有益于生态系统的良性发展，属于有益性投射。在此基础上，若使用标记性逻辑配列顺序或生态性强的投射来源，即非人类生命体和物理性要素参与者以及人类群体和社会性要素做投射者，则生态有益性趋强；相反，若使用非标记性逻辑配列顺序或生态性弱的投射来源，则生态有益性趋弱。生态语言学视角下的投射逻辑语义关系系统如图4所示。

我们分别以自然生态话语与社会生态话语为例来说明该系统的适用性。

---

① 周惠、刘永兵：《中国英语学习者投射语言的语篇评价研究》，《现代外语》2014 年第 3 期，第 390—399、439 页。

② Martin J. , White P. , *The Language of Evaluation: Appraisal in English*, Basingstoke and New York; Palgrave Macmillan, 2005.

生态语言学视角下的投射逻辑语义关系系统

投射系统
- 投射方式：引述 / 报道
- 投射小句
  - 投射者
    - 有生命
      - 人类：个体 / 群体
      - 非人类：个体 / 群体
    - 无生命：社会性要素 / 物理性要素
  - 投射标记
    - 扩展：引发 / 承认 / 设距
    - 压缩：断言 / 同意
- 被投射小句
  - 内容
    - 类别：言语 / 思想 / 事实
    - 缘起：X本位 / Y本位
  - 言语功能
    - 命题：陈述 / 提问
    - 提议：提供 / 命令

生态哲学观
- 遵循"多元和谐，交互共生"生态哲学观
- 不遵循也不违背"多元和谐，交互共生"生态哲学观
- 违背"多元和谐，交互共生"生态哲学观

有益性投射 / 模糊性投射 / 破坏性投射

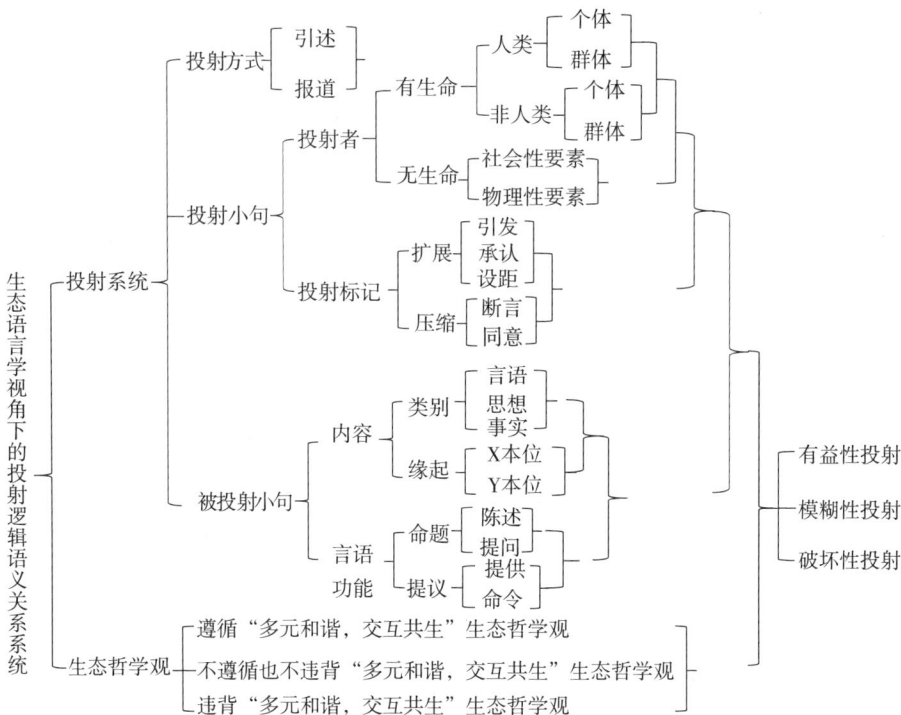

图 4　生态语言学视角下的投射逻辑语义关系系统

（3）‖ The latest research in the peer-reviewed literature suggests [[*that* mankind is responsible for about 0.5 degree Celsius of the global temperature increase of about 1.5 degree Celsius since 1850]].‖

例（3）摘自 2019 年 11 月 16 日美国佛罗里达州的日报 *The Ledger* 发表的一篇题为"Another Viewpoint：Trump is absolutely right to withdraw from climate agreement"的文章。根据何伟等①，该例为嵌入式简单小句，级阶小句是投射小句，嵌入句是被投射小句，被投射小句依附于投射小句，投射层次为言语，投射的言语功能为命题。依据原投射系统的上述分析是从功能语义和结构角度进行的，但这种本体意义上的分析不能显示话语的生态性。

---

① 何伟、高生文、贾培培、张娇、邱靖娜：《汉语功能句法分析》，外语教学与研究出版社 2015 年版。

从生态语言学视角，该例陈述了这样一则信息："自 1850 年以来，全球气温上升了 1.5 摄氏度，其中有 0.5 摄氏度属于人为原因。"从投射小句来看，投射来源"research"是无生命的社会性要素投射者角色，使得生态潜势增强。投射动词"suggest"属于压缩性的同意宣称介入，表明该作者认为投射内容为正确命题，同时关闭了异音的话语空间，进而排除了其他选择与立场。同时，投射内容表示人类活动对全球变暖影响有限。这种投射方式即间接引用一份近期研究成果使其文中的观点"没有任何证据表明全球变暖危机是人为导致的结果"有了客观依据。这一话语反映的人类中心主义价值观是人本位投射缘起的重要体现，不符合当下主流的生态认识，为退出《巴黎协定》找到了正当理由，不利于全球共同应对全球变暖现象。因此，该话语为美国以环境为代价发展人类社会经济的行为开脱，违背了"多元和谐，交互共生"生态哲学观，属于生态破坏性投射。

(4) ‖实实在在的数据<u>表明</u>，[[国际社会信任支持中国扩大开放，]] [[愿意继续与中国携手前进]]。‖ ‖美国《大西洋月刊》网站文章<u>感慨</u>，[[美国政府"不断地将世界其他地区推开，]] [[推向中国一边"]]。‖

例(4)摘自人民网 2019 年 9 月 4 日一篇题为"扩大开放，见中国胸怀（钟声）"的文章。从生态语言学视角，投射小句中，两句投射来源均是无生命的社会性要素参与者角色，该新闻记者先以客观数据作为投射者，陈述信息"中美贸易战中中国扩大开放的政策得到了国际社会的支持与认可"，投射动词"表明"属于压缩性的同意宣称介入，将焦点置于命题内容本身，拉近了作者自身与该命题的距离，并较好地排除了其他立场存在的可能性；再以"美国《大西洋月刊》网站文章"作为投射者，投射动词"感慨"属于扩展性的承认摘引介入，作者通过直接引用美国本地媒体的支持性话语来佐证其观点，即中国对外开放的智慧性。不同于美国的"美国优先"施政理念，中国打破"零和博弈"困境，反遏制"修昔底德陷阱"，符合全球化发展趋势，体现了中国积极倡导合作共赢的"人类命运共同体"理念，展现出负责任的大国形象。这一话语的投射缘起以义为本位，践行了道义为先、先义后利的道德原则，凸显了中国"义"和"天下"的价值观，与"多元和谐，交互共生"生态哲学观相一致，属于生态有益性投射。

五、结语

　　逻辑关系系统涉及小句间的逻辑配列关系与逻辑语义关系,是系统功能语言学理论体系的一个组成部分,然而其在话语分析中的重要作用尚未得到学界的足够重视。为揭示生态话语的逻辑意义,本文从生态语言学视角对该系统进行了拓展。首先,概述了逻辑关系系统与生态价值观之间的关系,指出逻辑关系蕴含话语发出者的自然生态观与社会生态观,不同民族因持不同的生态哲学观或具有使用不同逻辑资源的倾向。然后,在对比相关生态价值观的基础上,引出了具有普适性的生态哲学观"多元和谐,交互共生"。最后,在生态语言学视角下,把该生态哲学观引入逻辑关系系统,将其看作一个合取特征。并且,为逻辑关系系统中的逻辑配列关系系统增加逻辑配列顺序与表征方式两个特征,为扩展类逻辑语义关系系统增加扩展取向与缘起两个特征,为投射类逻辑语义关系系统增加投射者角色、投射标记范畴和投射缘起三个特征。这样建构起来的生态语言学视角下的逻辑关系系统,经例证阐释,本文认为应适用于关涉各种生态系统的话语分析。

　　(本文原载《解放军外国语学院学报》2021 年第 3 期,作者为何伟、程铭。)

生态语言学：语言的生态性、生态话语分析实践

从名词的数量范畴看汉英语言的生态性

一、引言

韩礼德(Halliday)在 1990 年召开的第九届国际应用语言学会议(AILA)上宣读了"意义表达的新方法:对应用语言学的挑战"一文。该文将语言看作是关于人类经验的系统,对语言与生态环境的关系做出了深刻的分析和论述。文中指出,人与自然的关系和语言之间是互相建构的,一种语言可以反映语言使用者对自然环境的态度,也可以反过来影响甚至塑造经验主体对环境的认知及其行为模式。该文列举了伴随人类经济活动而产生的种种不利于生态和谐的思想在语言活动中的反映。例如,该文批判了英语中将水、空气、石油和煤炭等当作不可数名词的做法,并指出这样的语法定义将给英语使用者造成这些自然资源取之不尽用之不竭的心理暗示,这与资源节约、适度开发的环保理念背道而驰。这篇论文开启了生态语言学研究范式中强调语言对认识和改造生态环境起重要作用的"韩礼德模式"①。韩礼德②本人进一步指出,当今应用语言学的重要任务之一就是在规范日常语言使用方面给予人们正确的引导,帮助构建有益于生态可持续发展的语言

---

① Fill A., Ecolinguistics:States of the Art//Fill A., Mühlhäusler P., *The Ecolinguistics Reader*: *Language*,*Ecology and Environment*,London and New York:Continuum,2001,pp.45−53;Steffensen S. V., Fill A., "Ecolinguistics:The State of the Art and Future Horizons",*Language Sciences*,2014,No.41, pp.6−25.

② Halliday M.A.K., "New Ways of Meaning:The Challenge to Applied Linguistics",*Journal of Applied Linguistics*,1990,No.6,p.33.

289

系统和话语模式,从而推动社会建立起生态友好观,改变人类继续破坏地球生态环境的行为。

目前,国内外已有不少学者基于韩礼德模式对不同类型的话语进行了分析,以揭示语言使用的生态性。本文也基于这一模式,探究汉英两种语言在体现事物的数量范畴方面的特点,从而管窥这两种语言系统的生态性,以期为构建生态友好型语言贡献一份力量。

二、"数范畴"及"数量范畴"界定

人类语言中的"数"概念被称为语法中的"数范畴",这一术语直接来自英语中的"category of number"。柯柏特[①]考察了现存 250 多种语言后,认为这些语言皆有"数"的基本语法范畴,但在语言表征形式上大相径庭。英语中名词数范畴由单复数的对立构成,其他语言中还存在双数、三数、五数和多数,而没有形式和意义上名词"数"之分的语言则被认为不具有数范畴[②]。

学界目前对汉语名词"数范畴"的界定和表征形式仍存争议。朱德熙[③]、沈家煊[④]认为"数"范畴与量词互补,汉语是使用量词的语言,因而没有区分"数"的表征形式。然而,目前越来越多的研究认为汉语名词存在数范畴,只是大家对其语言表征形式判定不一。叶南[⑤]指出汉语名词的"数"是计量、不计量、全量之别,表征形式有词汇手段和语法手段两种。吴长安[⑥]指出汉语数范畴横跨词法、句法两大领域,表现形式是泛数和定数的对立。有学者以更为广义的形态理论来考察汉语名词的数量表征形式[⑦]。还有学者以量范畴考察

① Corbett G.G., *Number*, Cambridge: Cambridge University Press, 2000.

② Corbett G.G., *Number*, Cambridge: Cambridge University Press, 2000.

③ 朱德熙:《语法讲义》,商务印书馆 1982 年版,第 41 页。

④ 沈家煊:《"有界"与"无界"》,《中国语文》1995 年第 5 期,第 369 页。

⑤ 叶南:《汉语名词的"数"与重叠量词》,《西南民族学院学报(哲学社会科学版)》1996 年第 5 期,第 49—51 页。

⑥ 吴长安:《现代汉语数范畴说略》,《东北师大学报》2006 年第 3 期,第 94—99 页。

⑦ 石毓智:《汉语的"数"范畴与"有定"范畴之关系》,《语言研究》2003 年第 2 期,第 40—50 页;彭晓辉:《现代汉语数范畴构建论》,《湖南社会科学》2013 年第 3 期,第 229—231 页。

汉语名词数量表征形式,从量词、数量词组、数量重叠等方面对名词的"量"这一语法范畴进行研究①。综合学界研究,我们认为汉语名词本身没有"数"之分,但在表达数量意义时遵循固定的语法和语用规则,有着系统的数量表征形式,不应仅以印欧语的词形变化作为唯一判断标准来简单否定其存广义上的数范畴,即"数量"范畴。

在以往对英语名词的系统性研究中,"数"是一个绕不过去的语法概念。叶斯柏森②主要从形态上探究名词的"数",认为英语只有单数和复数的数范畴,古英语中残存下来的双数表征形式如"both""either"则是少数特例,名词与动词的主谓一致原则也是数范畴表征形式之一。柯柏特③基于英语的语法描写模式,探究英语和其他语言在表达不同的数时词语本身的形态特征及其变化规律,旨在为存在于语言中的一切数范畴找到恰当的描写。夸克等④在划分英语名词数范畴时认为,可数名词有单复数的范畴。其中,单数是无标记形式(unmarked),复数是有标记形式(marked),不可数名词是"有标记与无标记的对立消失"(neutralization of the unmarked and marked)⑤,但仍属于单数范畴(见表1)。

表1　夸克等对英语名词数范畴的划分

可数名词(count nouns): 单数范畴(singular number)	不可数名词(mass nouns): 单数范畴(singular number)
可数名词: 复数范畴(plural number)	

叶斯柏森和柯柏特在探究英语名词的"数"时都没有考虑更广义的"量"。

① 李宇明:《汉语量范畴研究》,华中师范大学出版社2000年版。

② Jespersen O., *A Modern English Grammar on Historical Principles Part Two*, London: G. Allen & Unwin Ltd, 1961, pp.16,179.

③ Corbett G.G., *Number*, Cambridge: Cambridge University Press, 2000.

④ Quirk R., Greenbaum S., Leech G., Svartvik J., *A Grammar of Contemporary English*, London: Longman Group Ltd, 1972, p.130.

⑤ 译法参自沈家煊《不对称和标记论》。

而夸克等①认为不可数名词只能靠"a piece of""a bit of""a loaf of"之类的结构来表示数量,这就表明英语名词也有"量"的范畴。

基于汉语名词有明显的数量表征形式这一语言事实,本文认为,汉语名词实际上具有一种广义的数量范畴,而非狭义的数范畴,即汉语在表征名词数量时通常不仅指涉"数",也指涉"量"。因此我们认为采取"数量范畴"这一术语来替代此前汉语语法研究中的"数范畴"更为恰当。事实上,此前也有学者②使用"数量范畴"这一表达来研究汉语数量的表征问题。本文的基本观点是,汉语名词有明显的"数量范畴",英语名词有明显的"数范畴"。为方便对比,本文将统一使用"数量范畴"这一术语分别来探究汉英两种语言的数量表征形式。

三、汉英名词数量范畴表征形式对比

汉语和英语语法书中对名词词类的划分方式皆与"数量"密切相关。朱德熙③划分汉语名词词类的两条标准之一就是看其能否受数量词修饰,沈阳和郭锐④也认为汉语名词的主要语法特点是"多数名词能受数量词组的修饰,但一般不受数词、数词词组直接修饰"。叶斯柏森⑤认为,将英语中的名词区分于其他词类的第一条判断标准是"能否在词尾添加标记变成复数形式"。从对汉英名词的词类界定差异可以看出,汉语表征名词数量的主要特点是使用量词,英语则是使用复数标记,本文将从这两个方面对比汉英名词数量范畴

---

① Quirk R., Greenbaum S., Leech G., Svartvik J., *A Grammar of Contemporary English*, London: Longman Group Ltd, 1972, p.148.

② 杨素英、黄月圆、曹秀玲:《现代汉语数量表达问题研究》,《语言文字应用》2004 年第 2 期,第 82—88 页;温金海:《汉英数量范畴的认知对比分析》,《外语学刊》2012 年第 1 期,第 46—50 页;陆俭明:《关于"有界/无界"理论及其应用》,《语言学论丛》2014 年第 2 期,第 29—46 页。

③ 朱德熙:《语法讲义》,商务印书馆 1982 年版。

④ 沈阳、郭锐:《现代汉语》,高等教育出版社 2014 年版,第 211 页。

⑤ Jespersen O., *A Modern English Grammar on Historical Principles Part Two*, London: G. Allen & Unwin Ltd, 1961, p.211.

表征形式上的异同。

（一）量词/表量名词

普遍运用量词表征名词数量是汉语的一个重要特点。汉语量词与数词紧密结合形成数量词组后，方能为各种各样的事物或概念准确计量，如"一个人""两份工作""四个全面"。一般情况下，现代汉语中的数词不能直接修饰名词，需要和量词一起使用，比如我们通常说"三只骆驼"而不说"三骆驼"。汉语量词虽大多来源于名词，其实词特性却已被弱化，很多时候只是作为量标或指称性的单位词。如我们邀请朋友"回家喝杯茶，吃口饭"，并不是真的让朋友上自己家喝"一杯"茶，吃"一口"饭，而是随便喝点吃点，这里的"杯"和"口"并不具体指盛装茶和饭的容器与手段，而是名词表量时的惯用单位词。汉语量词早在殷代就有记录，现已发展至五六百个①。丰富的量词作为表征名词数量范畴最常用的手段，已深刻地进入了汉语的日常表达习惯中。

有人认为英语中"数 + 量 + of"这一表量结构相当于汉语中的数量词组，实则二者区别很大。首先，英语里"a pack of cards"中的"pack"这类词不被当作独立的量词词类，而是被置于名词范畴下，具有较强的名词性②。夸克等③认为称这类词为"部分名词"（partitives）④，韩礼德⑤则称之为"表量名词"（measure nominals）。本文使用"表量名词"这一术语，以区别于汉语中的量词。表量名词由可数名词充当，要根据前面的数词而发生单复数词形变化，这与作为名词的用法别无二致。以往对这一结构的句法分析多将表量名词当作名词成分，也有学者将"数 + 量 + of + 名"结构称为双名词表量结构⑥。

① 郭先珍：《现代汉语量词手册》，中国和平出版社1987年版，第9—10页。
② 张旭：《英语"类量词"研究——兼与汉语量词作功能类型学对比》，《外语教学与研究》2018年第2期，第173—185页。
③ Quirk R.，Greenbaum S.，Leech G.，Svartvik J.，*A Grammar of Contemporary English*，London：Longman Group Ltd，1972，p.144.
④ 译法参自温金海《汉英数量范畴的认知对比分析》。
⑤ Halliday M.A.K.，*An Introduction to Functional Grammar*，2nd ed. London：Arnold/Beijing：Foreign Language Teaching and Research Press，1994/2000，p.195.
⑥ 张旭：《英语"类量词"研究——兼与汉语量词作功能类型学对比》，《外语教学研究》2018年第2期，第173—185页。

韩礼德①认为,"a pack of cards"的经验结构与逻辑结构不一致,如表2所示。从逻辑结构上看,"pack"是中心词,而短语"of cards"是中心词的后修饰语,这是将名词"cards"表征的事物当作了被名词"pack"表征的事物所修饰的东西。而从经验结构上看,"a pack of"是名词"card"前表数量含义的嵌入成分。本文认为,韩礼德之所以对同一语言现象提出这两种结构上的差异,是因为表量名词不被当作汉语量词那样的量标,而被当作具有实义的名词,因而很难说清这一结构中的两个名词哪个为中心。

表 2 "a pack of cards"的经验结构与逻辑结构

	a	pack	of	cards
经验结构	数量(Numerative)			事物(Thing)
逻辑结构	前置修饰语(β)	中心语(α)	后置修饰语(β)	

夸克等②指出,不可数名词由于被认为是没有天然边界的、连续的事物或概念,只能通过某种"可分级的表征方式"(gradability expressions)才被赋予一定的数量意义。换句话说,有些事物由于边界模糊或没有边界,只能通过边界明显且可数的事物来描述,才能获得数量意义。因此,英语中的"数 + 量 + of"通常是以可数名词限定不可数名词的形式,使不可数名词表征的事物具有可量化的特点。例如,"two bottles of wine"中"bottles"作为盛装的容器,"a piece of news"中"piece"作为量化的单位,"three feet of snow"中"feet"作为度量衡单位,均使其修饰的不可数名词得到了某种形式的量化。

虽然表量名词也能修饰可数名词,如"a pack of cards""two piles of books",但这与"a card""two books"这样的数词直接修饰个体名词的情况不同,不是描述名词表征的事物的个数,而是描述名词表征的复数事物的量。表量名词在这里不描述事物固有的、天然的边界,而是作为某种人为的划分尺

---

① Halliday M.A.K., *An Introduction to Functional Grammar*, 2nd ed. London: Arnold/Beijing: Foreign Language Teaching and Research Press, 1994/2000, p.195.

② Quirk R., Greenbaum S., Leech G., Svartvik J., *A Grammar of Contemporary English*, London: Longman Group Ltd, 1972, p.130.

度,对群体性的事物进行主观性的测度和量取。很难说几张卡能称为"pack",几本书能称为"pile",但可以肯定这些事物不止一两个而应该数量较多,以至于难以被数清或者无需被一个个地数清,因此需要以集体表量名词"pack/pile"限定或修饰。这与汉语中的"一群鸟""两堆书"类似,即这些名词表征的事物虽然可数,但并未被真正数清。事实上,英语中的个体表量名词很少,只有"piece""item""article"等为数不多的表达,而英语的集体表量名词数量丰富且专用性强①。在表示人"群"时,英语中有"group""gang""army""team""mob""band""crowd""circle""company"等倾向性不同的表达,而在表示动物"群"时,英语中也有不同的表达来限定或修饰不同的飞禽、走兽、游鱼、昆虫等,比如"flock""flight""drove""crowd""herd""school""cluster"。可见,表量名词作为凸显"量"而非"数"的手段,弥补的是英语中数词不能直接限定或修饰名词的特殊情况,以使难以计数或者无须计数的事物获得数量意义。

通过以上对比,我们认为,鉴于汉语量词与英语表量名词既有共性,更有差别,应对汉英表量结构的分析有所区别。本文基于加的夫语法②,认为汉英名词词组潜势结构中都拥有数量限定词成分,但汉语的"数 + 量"本质上是量词词组,而英语的"数 + 量"本质上是名词词组。具体分析如图1和图2所示。

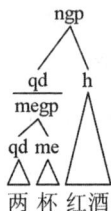

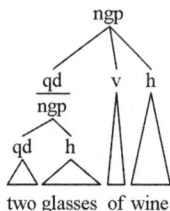

图 1:"两杯红酒"的句法结构　　图 2:"two glasses of wine"的句法结构

注:ngp = nominal group(名词词组),qd = quantifying determiner(数量限定词),megp = measure group(量词词组),me = measure(量标),h = head(中心词),v = selector(选择词)。

---

① 孟瑞玲、王文斌:《论汉英名量搭配差异背后的时空特质——以"piece"的汉译与"群"的英译为例》,《山东外语教学》2017 年第 1 期,第 22 页。

② Fawcett R.P.,*A Theory of Syntax for Systemic Functional Linguistics*,Amsterdam:Benjamin,2000;何伟、张敬源、张娇、贾培培:《英语功能句法分析》,外语教学与研究出版社 2015 年版;何伟、邓若晨:《现代汉语"来""去"的功能视角研究》,《外语研究》2019 年第 3 期,第 31—35 页。

（二）复数标记

汉语名词没有像印欧语那样的严格的单复数词形变化。除了少数如"人民""山峦"这样的复数意义明显的集体名词，只从名词本身一般无法判断其为单数还是复数。现代汉语中类似英语复数标记"-s/es"的后缀是接在人称代词或表人名词后表复数含义的"们"①。一方面，"们"与"-s/es"的共同点在于它们都没有独立的词汇意义，只能附着在一些名词的词尾而不能作为小句中的成分单独使用；另一方面，它们的差异也相当明显，总的来看就是汉语"们"的语法化程度较低，缺乏普适性，而英语中复数标记的语法化程度很高，通过有无复数标记往往就能判断可数名词的数是"一"还是"多"。

与汉语的"们"不同，英语中的"-s/es"只是可数名词变复数时最常见、语法化程度最高的一种词形变化方式。大部分英语名词变复数时词尾附加"-s/es"，少部分则采取其他形式标记，如内部元音发生变化（tooth→teeth，man→men），词尾加-en（ox→oxen，child→children），外来语的词尾发生屈折变化（corpus→corpora，criterion→criteria，analysis→analyses）等。

"们"的使用缺乏强制性。汉语中只有在"你""我""他/她/它"后加"们"，是这些代词表示复数意义的唯一固定用法，其他情况下的"们"往往不是表名词复数的必要手段。"同学们"固然表复数，但"同学都下课了"显然也指多个同学；又如表多名老师和学生的时候，"老师和学生""老师和学生们""老师们和学生们"都可以使用，这里的"们"字并非必须附着于单个名词，而是也能附着于名词词组，并且可用或可不用。而英语中除了"sheep""series"这样单复数形态相同的名词，绝大多数可数名词变复数时都必须使用复数标记，这一规则具有语法强制性。

"们"的使用范围十分有限。"们"通常仅跟在部分表人的名词或代词后表群体含义，如"人们""家属们""你们""我们"。除了"它们"外，"们"字一般不接在指称人以外的其他生物或物体后表复数，"木莲们""覆盆子们"（《从百草园到三味书屋》）等表达一般是见于文学作品中的拟人化用法。并

---

① 吕叔湘：《说"们"》//吕叔湘：《汉语语法论文集》，科学出版社 1995 年版，第 145—168 页。

且,"们"字一般不跟在单音节名词后表复数。汉语不说"官们",但能说"官员们",不说"爸们",但能说"爸爸们"(只有"人们"例外)①。而英语中的复数标记具有普遍性,适用于大多数可数名词。另外,附加了"们"的名词不能再被确切的数词修饰,如不能说"五位家属们""两个人们"。学界认为,这是由于汉语中存在"计量"与"不计量"的矛盾,即不能既表具体数量,又表不具体计数的群体含义②。李艳惠和石毓智③在系统考察了"们"字语法化的演变过程后指出,作为复数标记的"们"在历史上曾呈明显的语用范围扩展趋势,一度用来表示众多有生命和无生命名词的复数。而15世纪左右汉语中量词系统的确立抑制了这种语法化趋势,古汉语中"们"的种种用法在现代汉语中也已遭淘汰。这一研究从类型学角度论证了量词系统与复数标记系统一般不共存于同一种语言,从而为汉语为何没有发展出像英语那样高度语法化的复数标记形式提供了一种比较有说服力的解释。

四、汉英名词数量范畴表征形式的生态性对比

语言范畴化的差异体现了人类认知方式的差异。类型学研究将汉语和英语分别看作分类词语言和非分类词语言,前者用量词为名词计数,后者直接用数词为名词计数。并且,同一语言中量词系统与复数标记系统一般不会同时发达④。汉语名词不具"数"的语法概念而普遍靠量词计数,是善于对事物在分类基础上进行计量、度量的语言。英语则以语法手段规定了名词有可不可数以及有单复数形态标记的区别,是在使用时需要判断名词的"数"的语言,也就是只有当人们需要识别和表达难以挨个数清的事物时才采取量化语言手段的语言。我们认为,汉语和英语作为以量词系统和复数标记系统表征名词

①　张斌、胡裕树:《汉语语法研究》,商务印书馆1989年版,第133、135页。

②　张斌、胡裕树:《汉语语法研究》,商务印书馆1989年版,第133、135页。

③　李艳惠、石毓智:《汉语量词系统的建立与复数标记"们"的发展》,《当代语言学》2000年第1期,第27—36页。

④　石毓智:《汉语的"数"范畴与"有定"范畴之关系》,《语言研究》2003年第2期,第48页;温金海:《汉英数量范畴的认知对比分析》,《外语学刊》2012年第1期,第49页。

数量范畴的典型,反映了两种语言背后不同的生态认知取向。

汉语量词的广泛应用体现了汉语名词表征的事物皆可被度量的特点,这强化了汉语民族为事物和概念进行分类和计量的意识。首先,发达的量词系统反映了汉语对个体事物的固有属性有着更精确的分类和描述方式。比如提及溪流,汉语会说几"条"或几"道",显示了溪水细长且延伸的特点,而提及大海,汉语会说几"片",凸显大海之开阔,这表明量词反映了事物的客观属性。再比如"三棵树""五棵草""几棵白菜"中的量词既凸显了这些名词表征的事物作为个体的存在,同时又展现了这些个体名词表征的事物的所属类别——植物的整体特性。同样表示哺乳动物,"一条/只狗""三头/只牛""五匹/只骡子"中量词的使用虽可有不同的选择,但不能互相混用,数狗不能用指马、骡子、骆驼等驮畜的"匹",数骡子也不能用形容牛羊等肉畜的"头"。汉语说"一位客人""一个罪犯""一名患者""一条好汉",显示同样指个体的人,但在一定语境下人们对不同身份的人的内在特性会有不同的认知和情感倾向,因而体现为量词选择上的差异。可见,内涵丰富的量词在反映事物固有属性的同时,也指涉其在人类社会中不同的功能和作用,让语言使用者在对世界进行分类时始终能感受到事物间的共性与差异。沈家煊[1]在论述汉语中"有界"和"无界"的概念时,指出"有界名词的本质是它所指事物的个体性和可数性,无界名词的本质是它所指事物的非个体性和不可数性"。按照这一观点,汉语中量词的实质可以被看作一种有界性。量词既可以修饰有明显边界的事物,又可以修饰无明显边界的事物,这使得具象或抽象、有形或难以定形的事物都得以作为有界的个体被前景化。可以说,汉语量词在帮助使用者建立起一种兼顾事物个性与共性的辩证思维,并能以一种取之有量、用之有度的认知方式去看待客观事物。

而英语通过严密的语法体系,规定了一些名词可数而一些名词不可数,单数名词无标而复数名词有明显的形式标记。这一系列语法规则反映了英语民族注重语言形式,习惯从形式推导意义的分析型思维方式。一方面,使用英语时必须注意名词数形的变化和句法层面上的主谓搭配一致,这就使得单复数概念在语言使用者的思维中被对立起来;另一方面,英语名词可数与否是一种

---

① 沈家煊:《"有界"与"无界"》,《中国语文》1995 年第 5 期,第 370 页。

主观的划分,并不代表一些东西天然可数而另一些天然不可数。有些事物以边界分明的个体形式存在,很容易被理解为是可数的,而另一些事物的个体边界模糊甚至没有边界,其是否可数就需要靠语法规定下来。"dust""powder""wool"等物质难以名状,容易被理解为是不可数的。同为没有天然边界的抽象事物,"dream""idea""suggestion"是可数的,而"consent""fame""advice"是不可数的,类似这样的表达习惯就需要在学习语法时加以记忆。又如"sand""spawn""wheat"被认为是不可数的,这是因为尽管沙子、鱼卵和小麦都可以一粒粒地计数,但它们的个体之细小和数量之庞大使得它们难以计数,并且人们也认为没有必要去计数,如此一来就被定义为不可数名词。"air""oxygen""water""gasoline""coal""soil""earth"这些名词因其随处可见或储量之大而被看作是不可数的,显示了英语将它们理所应当地视为不会枯竭的资源,似乎只要人类需要,便可用容器向大自然索取。而"lumber""bread""dough""garlic"等往往作为有边界的个体而存在的事物在英语中也被认为不可数,如果英语学习者不做特殊记忆就可能犯语法错误,而为这些词加上复数标记"-s/es"。再如,"fish"作鱼类讲和"fowl"作家禽讲时可数,但在作供食用的肉类时则和"meat""beef""mutton""bacon"一样被认为是不可数的,似乎暗示着人类只想着源源不断地获取肉食,而忘了它们也是作为个体存在着的动物①。

　　人类在认知事物时总是更倾向于注意到事物凸显出来的部分,语言作为思维的载体,也处处体现着这一原则。汉语中的量词作为一种"有标记的形式",使其所修饰的名词更容易被看作是指代"有界限的事物"而被更明显地进行分类、计数和个体化②。英语名词的复数形式是有标记的,单数形式是无标记的,而不可数名词则被看作是无标记的③或者是标记的对立消失④。由此我们认为,英语中不可数名词在形态上缺乏复数标记,是不被凸显的,这使不可数名词本身的数量意义相较于有"-s/es"复数标记的名词来说更容易被

---

① 林语堂:《英文文法大全》,外语学习社 1980 年版。

② 古川裕:《外界事物的"显著性"与句中名词的"有标性"——"出现、存在、消失"与"有界、无界"》,《当代语言学》2001 年第 4 期,第 264—274 页。

③ Corbett G.G., *Number*, Cambridge:Cambridge University Press,2000,p.17.

④ Quirk R.,Greenbaum S.,Leech G.,Svartvik J.,*A Grammar of Contemporary English*,London:Longman Group Ltd,1972,p.148.

弱化甚至被忽视。许多与自然资源、动植物和食物相关的名词正是以一种计数不被凸显的方式存在于英语的日常表达中。然而,在人类大规模攫取自然资源以满足现代社会发展的今天,这种语言表征形式所影射的思维模式具有生态破坏性。

认知语言学界最近提出了话语构建中的"强区分"与"弱区分"模型①,其基本假设是,基于"强区分"模型建构的话语体系具有潜在的社会破坏性,而基于"弱区分"模型建构的话语体系具有潜在的社会有益性。我们认为在名词"数"的界定上,汉语是一种"弱区分"的语言,而英语是一种"强区分"的语言。汉语名词本身没有"数"的概念和数形变化,往往须借助量词等词汇手段获得"量"的凸显。而英语则无时无刻不在强调名词本身的"数"概念,将一种可数与不可数的对立和单复数的对立根植在日常语言的使用规范中,仿佛事物天然就应该有多有少,有的可以数尽而有的无穷无尽。本文在生态语言学视角下,认为汉语量词系统发达而复数标记不发达的表征特点体现了对"数"进行"弱区分"的思维模式,传达了一种事物本没有数量多少之分而有性状之别的观点,这有利于帮助人们树立对事物取之有道、用之有度的思维模式。英语中对名词可数与不可数和单复数的"强区分"则体现了英语民族对事物的"数"极为敏感,折射了一种将作为认知客体的事物二分为"数得清"和"数不清"以及"单"和"复"的二元思维模型。英语中许多难以数清的事物在语法形式上缺乏复数标记而得不到"数"的凸显,尤其是自然资源与能源常被视为没有边界、取之不尽的事物,人类需要识别和取用它们时只需用某种手段量化或盛装即可,这可能使得人们发展一种对外部世界资源可无节制地开发利用的思维模式,不利于生态的和谐。

五、结语

本文通过对比汉英两种语言数量范畴的表征形式,认为汉语的内在生态

---

① 王馥芳:《话语构建的社会认知语言学研究》,《现代外语》2019年第3期,第306—315页。

性高于英语。汉语中丰富的量词显示了作为个体的事物在为人类所认知和使用时是有边界和限度的,且个体事物所属群体的客观属性和内在特点也在量词本身的词义中得到显现,这样突出"量"的语言表征形式善于对事物进行精准分类和量化,有助于语言使用者构建出事物有限、取之有度的思维。而英语严密的语法体系体现了一种分析型思维,这使得英语民族的人们从小产生一种"单"与"多"对立的思维模式,认为有些东西天然数得清,而另一些东西天然数不清或无需被计数,与自然界的客观事实不符。另外,许多表示动植物、食物以及其他自然资源的名词被视为不可数名词,这种对"数"进行主观上强区分的思维模式可能会给语言使用者造成一种这些事物取之不尽用之不竭的破坏性生态认知。

由于语法具有历史性的强制力和规约性,人们对于语法主要是习惯性地学习、接受和使用,很少思考其内在的生态性,即使是语言规划者,也较少考虑语法的可变动性。然而,鉴于语言与思维之间的"同构性"①,语言与环境之间的相互作用②,本文主张,在语言规划和教学中,应凸显语法内在的生态性,从而增强人们对语法生态性强弱特点的认识,继而引导人们对语法非生态因素的优化改造,最终达到改善人们生态行为的目的。

(本文原载《外语研究》2020 年第 1 期,作者为何伟、马宸。)

---

① Lakoff G. , *Women* , *Fire* , *and Dangerous Things* , Chicago:University of Chicago Press , 1987 , p. 337;王馥芳:《话语构建的社会认知语言学研究》,《现代外语》2019 年第 3 期,第 306—315 页。

② Halliday M.A.K. , "New Ways of Meaning:The Challenge to Applied Linguistics" , *Journal of Applied Linguistics* , 1990 , No.6 , pp.7-36;Stibbe A. , *Ecolinguistics:Language* , *Ecology and the Stories We Live By* , London and New York:Routledge , 2015;何伟、魏榕、Arran Stibbe:《生态语言学的超学科发展——阿伦·斯提布教授访谈录》,《外语研究》2018 年第 2 期,第 112 页。

国际生态话语的内涵及研究路向

一、国际生态话语概念的出现

任何一种概念的出现都有其深刻的时代背景,体现一定的社会思潮,国际生态话语概念的诞生与社会发展进程以及学术发展方向高度契合。

首先,20 世纪初,以从重视语言的逻辑性和工具性到重视语言的"意义"转向为标志,西方哲学出现语言学转向①,这种语言学转向促进了国际关系理论的发展,成为当今国际关系理论研究中不可忽视的潮流②。由于这种语言学转向从根本上说是由语言学转向话语学③,话语因此成为国际关系研究的一个重点对象。各个社会的话语产生必须历经多个过程的筛选、组织和分类④,它以不同方式构成社会的主要存在,具有社会性建构特征⑤,对国际关系产生因果意义上的影响,如有些话语有助于建立和谐的国际关系,而有些话语会导致国际关系的破坏。话语和国际关系之间存在密切联系,分析不同的话语能够理解不同的国际社会现实,这主要源于话语分析的主要任务——探

---

① 秦亚青:《文化与国际社会:建构主义国际关系理论研究》,世界知识出版社 2006 年版,第 11—12 页。

② 赵洋:《约翰·塞尔与国际关系理论的语言学转向》,《国际论坛》2013 年第 1 期,第 43—48 页。

③ 张杰:《批评的转向:从语言学走向话语学》,《外国语》1998 年第 4 期,第 21—24 页。

④ Foucault M., The Order of Discourse//Young R., *Untying the Text: A Post-Structuralist Reader*, Boston, London and Henley: Routledge and Kegan Paul, 1981, p.52.

⑤ Fairclough N., *Discourse and Social Change*, Cambridge: Polity Press, 1992, p.36.

讨语言使用与社会现实之间的关系①。

其次,自从 Rachel Carson 发表了著名的《寂静的春天》(*Silent Spring*)②,不为人所熟悉的"生态"变成了热点词汇③,人类社会也逐渐从工业文明转向生态文明。全球化的生态思潮促使人文社科发生"生态转向"④,于是人文领域出现了生态美学、生态哲学、生态批评学、生态社会学、生态经济学、生态政治学、生态教育学、生态人类学等新兴学科。在语言文学学科中,出现了生态翻译学、生态文学、生态词汇学和生态语言学等新兴的研究方向⑤。就生态语言学而言,研究对象包括语言的社会环境以及社会的生态环境,主要的研究方法为生态话语分析(Ecological Discourse Analysis)⑥。

总之,在国际关系研究话语聚焦和话语研究生态转向的推动下,国际生态话语现象亟须学界的关注。有鉴于此,我们认为有必要对国际生态话语的基本内涵进行界定,并结合一定的生态哲学观对其分类,同时对其研究路向进行探讨,以促进国际社会生态系统的健康与持续发展。

二、国际生态话语的基本内涵

在生态语言学领域,环境话语(environmental discourse)是有关环境的话语,系人类与自然环境之间关系的语言表征⑦,同样,国际生态话语(international

---

① 刘永涛:《理解含义:理论、话语和国际关系》,《外交评论》2007 年第 2 期,第 19—25 页。

② Carson R., *Silent Spring*, Greenwich: Fawcett Publications, 1962.

③ 薛小惠:《〈寂静的春天〉会让春天不再寂静吗?——评〈寂静的春天〉的生态意义》,《西安外国语大学学报》2012 年第 3 期,第 89—91 页。

④ Stibbe A., Ecolinguistics and Gloabalization//Coupland N., *The Handbook of Language and Globalization*, West Sussex: Wiley Blackwell, 2010, p.407.

⑤ 黄国文:《外语教学与研究的生态化取向》,《中国外语》2016 年第 5 期,第 1、9—13 页。

⑥ Alexander R., Stibbe A., "From the Analysis of Ecological Discourse to the Ecological Analysis of Discourse", *Language Sciences*, 2014, Vol.41, pp.104-110.

⑦ Mühlhausler P., Peace A., "Environmental Discourses", *The Annual Review of Anthropology*, 2006, No.35, pp.457-479.

ecological discourse)是有关国际生态系统的话语,系国家之间关系的语言表征。国际生态话语研究可以理解为一种生态话语分析途径的国际关系研究,即通过生态话语分析研究话语所体现的国家与国家之间的关系,目的在于揭示话语发出者(某个国家)的话语影响力,分析其话语传递的生态意义:保护或破坏国际生态系统,抑或处于模棱两可的态度。由于涉及"生态话语分析"与"国际生态系统"(international ecosystem),国际生态话语研究又是具有跨学科性质的交叉研究。

(一) 生态话语分析

生态话语分析是生态语言学的主要研究方法。然而,目前生态话语研究主要关于自然生态系统。例如,Halliday[①] 分析了体现增长主义的话语;Schleppegrell[②] 认为"施事"的缺失不利于自然环境保护话语的传播;Carvalho[③] 研究了政治态度和意识文化对媒体关于气候变化报道的影响;Stibbe[④] 讨论了多种伤害动物与保护动物的话语;何伟和张瑞杰[⑤]尝试建立了有关人与场所之间的生态话语分析模式。只有少部分学者关注社会生态系统,如 Bookchin[⑥] 研究了社会中的不平等现象,认为人们相互之间把对方当作资源是人类把自然当作资源的主要原因;Pandey[⑦] 指出,男性控制了女

---

① Halliday M.A.K., "New Ways of Meaning: The Challenge to Applied Linguistics", *Journal of Applied Linguistics*, 1990, No.6, pp.7-36.

② Schleppegrell M., "Agency in Environmental Education", *Linguistics and Education*, 1997, Vol.9, No.1, pp.49-67.

③ Carvalho A., "Representing the Politics of the Greenhouse Effect: Discursive Strategies in the British Media", *Critical Discourse Studies*, 2005, No.21, pp.1-29; Carvalho A., "Ideological Cultures and Media Discourses on Scientific Knowledge: Re-reading News on Climate Change", *Public Understanding of Science*, 2007, Vol.16, No.2, pp.223-243.

④ Stibbe A., *Animals Erased: Discourse, Ecology and Reconnection with the Natural World*, Middletown CT: Wesleyan University Press, 2012.

⑤ 何伟、张瑞杰:《生态话语分析模式构建》,《中国外语》2017 年第 5 期,第 56—64 页。

⑥ Bookchin M., *The Ecology of Freedom: The Emergency and Dissolution of Hierarchy*, Palo Alto, California: Cheshire Books, 1981.

⑦ Pandey S., *Emergence of Eco-feminism and Reweaving the World*, Springfield: MD Publications, 2011.

性,就如人类控制了动物和环境;何伟和魏榕①尝试建构了国际生态话语的及物性分析模式。其实,社会生态如自然生态一样重要②,我们需要同样重视有关社会生态系统的话语研究。在社会生态研究领域中,"经济生态"和"文化生态"已经得到了关注③,但"国际生态"尚未得到学界足够的重视。在经济全球化的大背景下,国际生态尤其值得我们关注和研究,而从语言学角度最适合的切入点就是对关于国际生态系统的国际生态话语进行研究。

(二) 国际生态系统

"生态(ecology)"一词源于希腊文 oikos,是关于居住环境的概念④。1866 年,Haeckel 认为生态是指生物的生存状态及其对环境的影响⑤。1935年,Tansley 首次提出生态系统(ecosystem)概念⑥,他将生态系统界定为包括生物和环境的一个自然整体,这标志着生态学的发展进入了一个新的阶段⑦。

生态系统包括自然生态系统和社会生态系统,前者包括诸如森林生态系统等受人类影响较少的生态系统,后者包括诸如城市生态系统等以人类活动为中心的生态系统⑧,同样,国际生态系统也包括自然生态系统和社会生态系统,其中自然生态系统主要是指受国家影响较小的自然性系统,如国际森林生态;社会生态系统主要指以国家互动为主的社会性系统,如国际文化生态。然而目前国内外有关国际生态系统的研究多是关

---

① 何伟、魏榕:《国际生态话语之及物性分析模式构建》,《现代外语》2017 年第 5 期,第597—607 页。

② Bookchin M., *The Ecology of Freedom: The Emergency and Dissolution of Hierarchy*, Palo Alto, California: Cheshire Books, 1981, p.22.

③ 叶峻、李梁美:《社会生态学与生态文明论》,上海三联书店 2016 年版,第 64 页。

④ 任文伟、郑师章:《人类生态学》,中国环境科学出版社 2004 年版,第 1 页。

⑤ 王晓军、高新艳:《生态视阈下英语阅读课程建设的行动研究》,《外语电化教学》2015 年第 2 期,第 64—68 页。

⑥ Anker P., "The Context of Ecosystem Theory", *Ecosystem*, 2002, No.7, pp.611-613.

⑦ 祝廷成、董厚德:《生态系统浅说》,科学出版社 1983 年版。

⑧ 曲仲湘、王焕校、吴玉树:《生态平衡概述》,《生态学杂志》1982 年第 4 期,第 39—42 页。

于自然生态的研究①,鲜有关于国际社会生态的研究。国际社会生态系统是社会生态系统的重要组成部分,值得学界的关注和研究。本文重点关注国际社会生态系统,因此文中提及的国际生态系统和国际生态话语分别指国际社会生态系统和国际社会生态话语。

首先,生态系统以结构作为基础②,任何生态系统都有自己的结构要素,如自然生态系统包含自然生物与生态环境,社会生态系统包含社会要素和生态环境,那么国际生态系统也包含国际要素和生态环境。国际要素是指国际生态系统中的生态因子。国家是国际社会的组成部分③,世界上所有国家及其组成部分都是国际生态系统的生态因子。另外,国际生态系统的生态因子又可以分为"生命体因子"和"非生命体因子",因为生态系统是由有生命部分和无生命部分组成④。如"中国民众特别友好"和"中国特别友好"两个小句都是描述"中国",却评价了不同的生态因子,会给读者留下不同的印象。前者强调生命体因子"中国民众"的友好形象,其语境有如"中国民众对于美国的国家和民众两者都很友好"⑤,后者注重非生命体因子"中国政府"的友好形象,其语境有如"1972年中国政府放弃对日战争赔偿要求,友好因素不容忽视"⑥。

其次,生命包括人类生命和非人类生命⑦,因而国际生态系统中的"生命体因子"可以被细分为"人类生命体因子"和"非人类生命体因子"。其中"人

① Crutzen P.J., Fall R., Galbally I.E., Lindinger W.L., "Parameters for Global Ecosystem Models", *Nature*, 1999, No.6736, p.535; Suttle C.A., "Marine Viruses [mdash] Major Players in the Global Ecosystem", *Nature Reviews Microbiology*, 2007, No.10, p.801;傅伯杰、刘宇:《国际生态系统观测研究计划及启示》,《地球科学进展》2014年第7期,第893—902页。

② 蔡晓明编著:《生态系统生态学》,科学出版社2000年版,第22页。

③ 周丕启:《国际社会与国家:国际政治理论的一个新视角》,《太平洋学报》1998年第4期,第65—69页。

④ 王献溥:《关于生态系统的概念及其研究的方向》,《环境保护》1978年第6期,第5—8页。

⑤ 张洪忠、虞鑫:《媒介建构:中国人对美国的文化认知》,《新闻与传播研究》2013年第4期,第29页。

⑥ 高凡夫:《论中国政府放弃对日战争赔偿要求的友好因素》,《抗日战争研究》2008年第2期,第196页。

⑦ 佘正荣:《生命之网与生态正义》,《广东社会科学》2009年第3期,第49—55页。

类生命体因子"主要指国民,"非人类生命体因子"主要指动物和植物等人外生命体。"生命体因子"还包括"个体因子"和"群体因子"。如"中国民众特别友好"和"中国国家主席特别友好"都是关于"生命体因子"的描述,但前者评价的是群体因子"中国民众",后者评价的是个体因子"中国国家主席",其语境有如"中国国家主席习近平友好地接见了日本3000人访华团"[①]。

再者,作为非生命体,国际社会具备场所性特征,因为其重要组成部分国家是个地域性概念,按照地区划分它的国民[②]。地域性场所可以分成两类:物理性场所和社会性场所[③],据此我们认为国际社会具备物理性特征和社会性特征,进而把"非生命体因子"分成"物理性因子"和"社会性因子"。其中,"物理性因子"意指生态因子的物理性因素,如地理位置、地理概况、气候条件、山川、河流等;"社会性因子"意指生态因子的社会性因素,如政治、经济、教育、军事、文化、外交等。综上所述,我们可以建构出国际生态因子系统(见图1)。

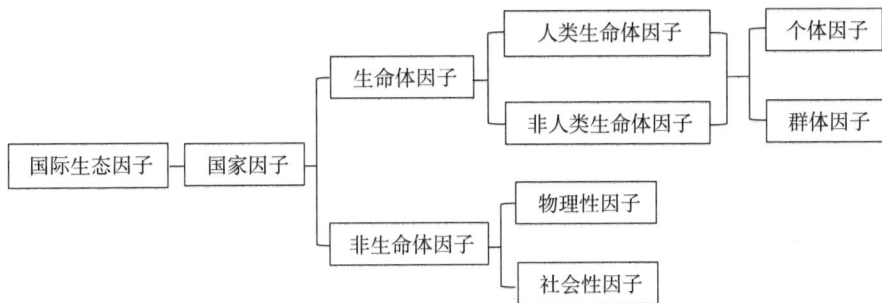

图1 国际生态因子系统

社会生态系统的生态环境是指社会要素的生存环境[④],国际生态系统的生态环境是指国际生态因子存在的环境。针对不同的生态因子主体,生态环

---

① 孙晓惠:《日媒对习近平接见3000人访华团感到意外 安倍"非常兴奋"》[EB/OL].[2015-05-25],chinadaily.com.cn/interface/toutiao/1120783/2015-5-25/cd_20809261.html? tt_group_id=4407952110&。

② 恩格斯:《家庭、私有制和国家的起源》,人民出版社1884/1976年版,第158页。

③ Scannell L.,Gifford R.,"Defining Place Attachment:A Tripartite Organizing Framework",*Journal of Environmental Psychology*,2010,No.301,pp.1-10.

④ 叶峻、李梁美:《社会生态学与生态文明论》,上海三联书店2016年版,第92页。

境有着不同的解读。如,以自然生物为生态因子主体,生态环境是"对生物生长、发育、生殖、行为和分布有影响的环境因子的总和";以人类为生态因子主体,生态环境是"对人类生存和发展有影响的自然因子的总和"①。我们认为,在国际生态系统中,以国家为生态因子主体,生态环境可以界定为"让国家能够相互依存、相互协调的环境因子的总和"。社会生态环境涉及自然环境和社会环境,国际生态环境也涉及自然环境和社会环境,其中自然环境主要指包括森林、矿产、气候气象和水等国际自然条件,社会环境主要指国际社会的政治、军事、文化、经济、教育等人为条件②。因此,国际生态环境组成如图2所示。

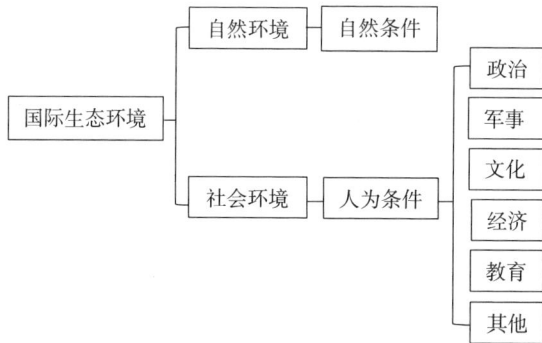

图 2　国际生态环境组成

国际生态是社会生态的重要部分,其生态系统的定义和结构与社会生态系统的定义和结构类似。因此,基于国际生态系统由国际生态因子系统和国际生态环境组成,根据生态系统中的生物与环境通过物质循环与能量流动相互作用、相互依存构成整体的生态学原理③,借鉴叶峻④的社会生态系统阐释、

---

① 王孟本:《"生态环境"概念的起源与内涵》,《生态学报》2003 年第 9 期,第 1912—1913 页。
② 王彦民:《大国的命运》,四川人民出版社 2000 年版。
③ 林静编著:《生物的环境生态学》,中国社会出版社 2012 年版,第 94 页。
④ 叶峻:《人天观:人体科学和社会生态学的哲学》,《烟台大学学报(哲学社会科学版)》1997 年第 4 期,第 9—14 页;叶峻:《从自然生态学到社会生态》,《西安交通大学学报(社会科学版)》2006 年第 3 期,第 49—54 页。

Cumming 等①的局部社会生态系统构造、Ostrom② 的社会生态系统分析总体框架,我们对国际生态系统做出如下诠释:生态因子之间相互依存构成了复杂的国际生态环境,所有生态因子在这种复杂的环境中长期相互作用,进而形成了一个相互影响、依存、制约、协调的完整国际生态系统,与此同时,生态系统中所有的生态因子与环境因素相互作用,即通过相互往来实现系统内的政治沟通、军事交流、文化往来、经济合作、教育互补、自然资源共享等功能,最终达到整个国际生态系统的动态平衡。以生态因子 A 和生态因子 B 为例,二者形成的国际生态系统如图 3 所示。

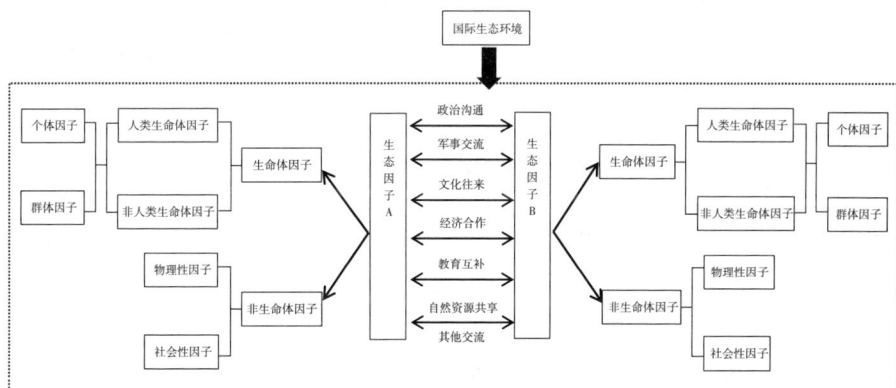

图 3　生态因子 A 与生态因子 B 形成的国际生态系统

三、国际生态话语的分类

国际生态话语的分类与国际生态哲学观息息相关。生态哲学观是一套个人化的哲学系统,是我们需要从传统文化中提取出经典观点并加以重建的哲

---

① Cumming G.S.,Barnes G.,Perz S.,Schmink M.,Sieving K.E.,Southworth J.,Binford M.,Holt R.D.,Stickler C.,Van Holt T.,"An Exploratory Framework for the Empirical Measurement of Resilience",*Ecosystems*,2005,Vol.8,No.8,pp.975-987.

② Ostrom E.,"A General Framework for Analyzing Sustainability of Social - ecological Systems",*Science*,2009,No.325,pp.419-422.

学观点①,它可以为我们提供一套分析生态话语的原则,依据相应的原则我们可以为实现生态系统的平衡做出相应的努力。针对不同的生态系统,分析者提出不同的生态哲学观,如张壬午等就农业生态提出"天人合一"生态观②;王学渊和李忠健就市场经济生态提出"均衡观"③;Schroll④ 针对人际生态提出"心理生态观";Stibbe⑤ 针对自然生态系统提出"生活观";Salazar 和 Jalabert 针对城市生态提出"景观生态观"⑥。就国际交往,亦即本文所讲的国际生态系统而言,分析者也具有多样化的生态哲学思想。如"和平观"⑦"交流观"⑧"多样化"⑨"和谐观"⑩"健康观"⑪"合作共赢观"⑫。其中,"和平观""和谐观"和"健康观"重在描述国际生态系统中生态因子的存在状态;"多样化"重在描述国际生态系统中生态因子各具特性;"交流观"和"合作共赢观"关注国

---

① Naess A.,*Ecology*,*Community and Lifestyle*:*Outline of an Ecology*,Cambridge:Cambridge U-niversity Press,1989,pp.5-33.

② 张壬午、张彤、计文瑛:《中国传统农业中的生态观及其在技术上的应用》,《生态学报》1996 年第 1 期,第 100—106 页。

③ 王学渊、李忠健:《市场经济生态观之浅见》,《特区经济》2007 年第 1 期,第 125—126 页。

④ Schroll M.A.,"From Ecopsychology to Transpersonal Ecosophy:Shamanism,Psychedelics and Transpersonal Psychology:An Autobiographical Reflection",*European Journal of Ecopsychology*,2013,No.4,pp.116-144.

⑤ Stibbe A.,*Ecolinguistics*:*Language*,*Ecology and the Stories We Live By*,London and New York:Routledge,2015,p.14.

⑥ Salazar G.,Jalabert D.," Towards a Landscape Ecosophy ",Interpreting How the Villarrica-Puco'n Urban System Inhabitants in the Araucani'a Region of Chile Perceive and Relate with the Dynamics of Landscape,*Brazilian Journal of Urban Management*,2016,No.1,pp.28-41.

⑦ Mowat R.B.,*Diplomacy and Peace*,London:Williams and Norgate,1935.

⑧ Jonsson C.,Hall M.,"Communication:An Essential Aspect of Diplomacy",*International Studies Perspectives*,2003,Vol.4,No.2,pp.195-210.

⑨ Masamichi S.,"Globalization and National Identity in Japan",*International Journal of Japanese Sociology*,2004,Vol.13,No.1,pp.69-87.

⑩ Li Z.X.,"Harmony and Chinese Diplomacy",*Procedia-Social and Behavioral Sciences*,2010,No.5,pp.6777-6779.

⑪ Katz R.,Kornblet S.,Arnold G.,Lief E.,Fischer J.E.,"Defining Health Diplomacy:Changing Demands in the Era of Globalization",*Milbank Quarterly*,2011,Vol.89,No.3,pp.503-523.

⑫ Alves A.C.,"China's 'Win-Win' Cooperation:Unpacking the Impact of Infrastructure-for-resources Deals in Africa",*South African Journal of International Affairs*,2013,Vol.20,No.2,pp.207-226.

际生态系统中生态因子的互动关系。然而,以上生态哲学观都不全面,国际生态系统需要一套系统化且颇有建设性的生态哲学观,这种哲学观不仅需要关注国际生态系统中生态因子的存在状态以及特性,而且需要展现出生态因子之间的关系。

中国传统文化和外交理念为我们提供了系统化且颇有建设性的国际生态哲学观①。首先,"和谐"是儒家文化的核心,也是中国文化建设的基本精神和价值取向。在古汉语中,"和"与"谐"同义,"以和邦国,以谐万民"(《周礼》)意指唯有和谐才能稳定国家与国民,才能确保国际社会的稳定。如今,"和谐"逐渐变成世界各民族共同追求的价值,且可以在各国文明中找到共鸣。根植于中华传统中的"和谐"文化对中国的外交政策产生了现实性的影响,因而在全球化背景下,中国努力实践建立"和谐世界"的外交理念②。其次,"不同"是"和"具备真正内涵与意义的前提,"夫和实生物,同则不继"(《国语·郑语》)意指不同的东西彼此和谐才能生成新的事物,但是万物一致则会导致世界发展的停滞。确实,每个国家都有自己的长处与短处,所谓"尺有所短,寸有所长"(《楚辞·卜居》),只有以"不同"为前提,国际社会才会呈现出多元化的和谐发展态势。在经济全球化的时代,随着文化传播与交流加强,文化外交变成了重要的外交手段,中国文化交流理念"和而不同"思想被纳入党的十八大报告"全方位外交"中。再者,"互爱互利"是墨家学说的精华,也是国家相互往来的重要原则。"兼相爱,交相利"(《墨子·兼爱中》)指的是以互爱互利的原则作为国家之间相处的基石,才能实现"诸侯相爱,则不野战"(《墨子·兼爱中》)之融洽与"近者悦,远者来"(《论语·子路》)之和谐。墨家这种"互爱互利"的思想有着深刻的现代意义,也是新中国成立以来对外关系的主线。基于此,我们从中国悠久的传统文化和外交理念中建构出国际生态话语的生态哲学观,即"和而不同,互爱互利",以促进国际生态系统

---

① 何伟、魏榕:《国际生态话语之及物性分析模式构建》,《现代外语》2017 年第 5 期,第597—607 页。

② Zhu Z.Q., "'Harmonious World' and China's New Foreign Policy, and Challenges to Chinese Foreign Policy:Diplomacy, Globalization, and the Next World Power(Review)", *China Review International*, 2010, No.1, pp.121–125.

的健康发展。

生态话语分类与生态哲学观密不可分①。例如,从自然生态系统视角出发,基于"生活"的生态哲学观,话语可以被分成三类:破坏性话语(destructive discourse)、有益性话语(beneficial discourse)和模糊性话语(ambivalent discourse)②。其中,破坏性话语指阻碍人们保护其赖以生存之生态系统的话语;有益性话语指促进人们保护其赖以生存之生态系统的话语;模糊性话语指部分促进但部分阻碍人们保护其赖以生存之生态系统的话语。相似地,从国际生态视角出发,基于"和而不同,互爱互利"的生态哲学观,我们把国际生态话语分成三类:破坏性国际生态话语、中性国际生态话语和有益性国际生态话语(见图4)。其中,破坏性国际生态话语意指违背国际生态哲学观的话语,会阻碍人们保护国际生态系统;有益性国际生态话语意指支持国际生态哲学观的话语,能促进人们保护国际生态系统;中性国际生态话语意指不支持也不违背国际生态哲学观的话语,既不阻碍也不促进人们保护国际生态系统。以"中国'一带一路'倡议促进了更加广泛的国际合作"与"中国'一带一路'倡议限制了更加广泛的国际合作"两个小句为例,虽然二者均是评价"一带一路"倡议,但两者蕴含着不同的生态意义,前者带有积极色彩,表达了说话者看好中国"一带一路"与国际合作的关系,后者带有消极色彩,表达了说话者不看好中国"一带一路"与国际合作的关系。事实上,"一带一路"强调"共同体"理念和经济、人文等合作主线,其提供的路径能促使"人类命运共同体"成为现实,有利于国际社会解决文明冲突,进而帮助全世界的人民由对抗走向共生,由冲突走向和谐③,由此可知,中国"一带一路"倡议有助于促进国际合作。因此,以上两句是蕴含着不同生态意义的国际生态话语,前者为关于"一带一路"的真实描述,符合本文生态哲学观,属于有益性国际生态话语,后者为关于"一带一路"的诋毁言语,违背本文生态哲学观,为破坏性国际生态

① 何伟、魏榕:《国际生态话语之及物性分析模式构建》,《现代外语》2017年第5期,第597—607页。

② Stibbe A., *Ecolinguistics: Language, Ecology and the Stories We Live By*, London and New York: Routledge, 2015.

③ 明浩:《"一带一路"与"人类命运共同体"》,《中央民族大学学报(哲学社会科学版)》2015年第6期,第23—30页。

话语。另外,如"中国推出'一带一路'倡议",这个小句在客观地陈述中国推出其倡议的事实,与国际生态哲学观并不相关,因此属于中性国际生态话语。

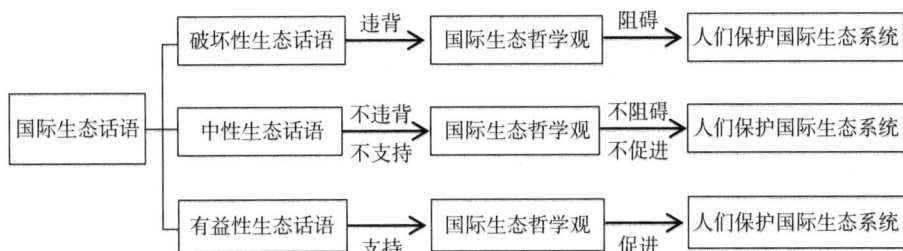

图4　国际生态话语分类

针对不同种类的生态话语,我们应该采取不同的应对策略。例如,我们需要抵制破坏性话语,推广有益性话语,并改进模糊性话语①。因此,面对国际生态的破坏性话语、中性话语和有益性话语,我们采取的分别是拒绝、改善和宣传的措施,以减少破坏性话语、改进中性话语、增加有益性话语,最终建立一个良好的国际生态话语体系(见图5),进而实现国际生态系统的动态平衡与良性发展。

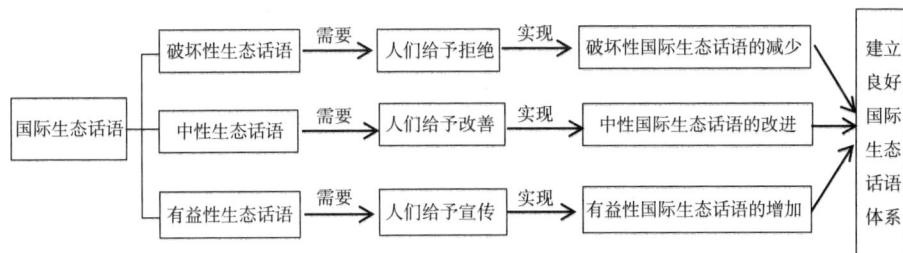

图5　国际生态话语体系的建立

---

① Stibbe A., *Ecolinguistics*: *Language*, *Ecology and the Stories We Live By*, London and New York: Routledge, 2015, pp.24—30.

四、国际生态话语的研究路向

（一） 系统功能语言学与话语分析

国际生态话语研究是基于话语分析途径的国际关系研究,因此话语分析在国际生态话语研究中发挥重要作用。话语分析需要语言学理论依据,而系统功能语言学是比较适合话语分析的语言学理论。首先,系统功能语言学一开始便是为话语分析而创建的语言学理论①,多年的语篇分析实践告诉我们,系统功能语言学是一种比其他理论更适合于语篇分析的理论,它不仅有严密的理论框架,而且可操作性强,实用性强②,它适用于包括文学、日常话语等多种类型的话语分析③,也适用于各式各样的话语分析研究,如批评话语分析、多模态话语分析和积极话语分析等。作为一个适用于话语分析的多视角、多层面语言学理论模型,系统功能语言学不仅整合了话语分析的三个主要视角,即话语本身、认知和社会文化④,而且还整合了话语的不同层面,即语境、语义和词汇语法三个层面,为分析者提供了"自下而上"和"自上而下"的两种分析方式,使得分析过程与结果既有灵活性又不失客观性和系统性⑤。不仅如此,系统功能语言学不断增强的适用性,也是其作为话语分析理论不二选择的重要原因。建立在话语分析基础上的意义研究是功能语言学发展的重要途径,实现对意义的普遍描写是系统功能语言学作为普通语言学的最终目标。系统功能语言学的意义囊括三个维度:概念意义、人际意义和语篇意义,其中概念

---

① 黄国文、葛达西:《Functional Discourse Analysis》,上海外语教育出版社 2006 年版,第13 页。

② 黄国文:《语篇分析面面观》,《国外外语教学》2002 年第 4 期,第 25 页。

③ He W., Wei R., "Review of *The Bloomsbury Companion to M. A. K. Halliday*", *Functions of Language*, 2017, Vol.24, No.2.

④ Dijk V., *Discourse Studies: A Multidisciplinary Introduction*, London: Sage, 1997.

⑤ 杨雪燕:《系统功能语言学视角下的话语分析》,《外语教学》2012 年第 2 期,第 31—36 页。

意义理论的发展①和人际意义理论的发展②都是增强系统功能语言学适用性的主要动力。

（二）系统功能语言学与生态话语分析

系统功能语言学不仅是适合其他话语分析的语言学理论，而且也是适合生态话语分析的理论。一者，话语分析者应该有自己的生态哲学观，但这种生态观与我们所在的环境（如地理环境、历史环境和生活环境等）紧密相连，这点与系统功能语言学创始人 M. A. K. Halliday 的语言学思想相一致③。Halliday④ 指出，语言既反映客观世界，又建构客观世界，用语言符号反映和建构客观世界的过程是对客观世界的识解过程。用语言描写生态问题是系统功能语言学作为适用语言学所面临的新任务，也是系统功能语言学多年以来的发展方向。以下理论性研究都可以作为系统功能语言学适用于生态话语分析理论的最佳见证。

1990 年，Halliday 在国际应用语言学会议上作了题为"意义的新方法：挑战应用语言学"的发言，分析了自然生态话语中的增长主义和等级主义等现象，使得越来越多的语言学者开始关注语言在各种生态问题中所起的作用。2013 年，辛志英和黄国文在《外语教学》上发表《系统功能语言学与生态话语分析》一文，他们从以下几个方面分析了在系统功能语言学视角下建构生态话语分析的可能性：第一，系统功能语言学对语言的描写聚焦于生态系统中高

---

① Halliday M. A. K., Matthiessen C. M. I. M., *Construing Experience through Meaning：A Language-based Approach to Cognition*，Beijing：World Book Publishing Company，2008；何伟、魏榕：《系统功能语言学及物性理论发展综述》，《北京科技大学学报（社会科学版）》2016 年第 1 期，第 1—20 页；何伟、张瑞杰、张帆、淡晓红、魏榕：《汉语功能语义分析》，外语教学与研究出版社 2017 年版；He W., Zhang R.J., Dan X.H., Zhang F., Wei R., *Functional Semantic Analiysis of English*，Beijing：Foreign Language Teaching and Research Press，2017.

② Martin J.R., White P., *The Language of Evaluation：Appraisal in English*，Beijing：Foreign Language Teaching and Research Press，2008.

③ 黄国文：《外语教学与研究的生态化取向》，《中国外语》2016 年第 5 期，扉页、第 9—13 页。

④ Halliday M.A.K., Language and the Reshaping of Human Experience//Webster J., *The Language of Science：Vol.5 of the Collected Works of M.A.K.Halliday*，London：Continuum，1995/2006，p.13.

级社会意义系统,这种描写本身就是对语言的生态学研究;第二,系统功能语言学的意义理论为生态话语分析提供了强大的分析工具;第三,系统功能语言学对自然生态问题、语言生态问题、语言学生态问题的解读以及 Halliday 对生态系统类型学的阐释,增强了在系统功能语言学指导下进行生态话语分析的可能性。2015 年,Stibbe 在《生态语言学:语言、生态与我们赖以生存的故事》(*Ecolinguistics: Language, Ecology and the Stories We Live By*)一书中,尝试用系统功能语言学对经济话语中的过程、参与者角色和情态等进行了功能性分析,并分析和探讨了生态话语的评价模式。2016 年,赵蕊华在《中国外语》上发表《系统功能视角下生态话语分析的多层面模式——以生态报告中银无须鳕身份构建为例》,着手于以银无须鳕(silver hake)评估报告为例的生态话语研究,从系统功能语言学的词汇、语义和语域三个层面揭示了对非人类动物身份的构建,以此展现系统功能视角下研究生态话语的模式。2017 年,何伟和张瑞杰在《生态话语分析模式构建》一文中,结合系统功能语言学理论建构了一个具有可操作性的生态话语分析模式,该模式对系统功能语言学框架中的及物性、语气、情态、评价、主位和信息等系统进行了生态视角的细化和扩展;在《生态语言学视角下的人际意义系统》中,她们对系统功能语言学框架中的人际意义进行了扩展。在《国际生态话语之及物性分析模式建构》一文中,何伟和魏榕结合系统功能语言学及物性理论,建构了一个体现国际生态话语特点的及物性分析模式,具体涉及对参与者角色的生态化延伸和细化,以及对生态有益性过程、中性过程和破坏性过程的界定和阐释。

五、结语

　　国际生态话语研究是跨学科的产物,是杂合性研究在话语分析中应用的结果,体现了语言学的"超学科研究"发展趋势①。然而,话语是语境中的

---

① 胡壮麟:《系统功能语言学家的超学科研究》,《外语与外语教学》2013 年第 3 期,第 1—5 页。

意义单位①,仅仅依靠语言学方法进行分析是不够的。本文认为,面对国际生态话语研究任务,我们首先需要结合语言学理论和生态哲学理念,即遵循以"语义为中心"的语言描述原则与"和而不同,互爱互利"的生态哲学思想,基于系统功能语言学理论建构一个能够充分体现国际生态话语特点的分析模式;在此基础上,再展开具体的实际应用分析,从而得出每种国际生态话语的模式性特征;最终指导人们减少使用国际生态系统破坏性话语,改进模棱两可或中性话语的使用,产出更多的国际生态系统保护性话语。

（本文原载《外语研究》2017 年第 5 期,作者为何伟、魏榕。）

---

① Halliday M.A.K.,Hasan R.,*Cohesion in English*,London:Longman,1976,p.293.

生态语言学视角下的澳大利亚
主流媒体之十九大报道

一、引言

2017 年 10 月 18—24 日,中国共产党召开第十九次全国代表大会(以下简称"十九大")。大会开幕当天,习近平总书记代表第十八届中央委员会向大会作了题为《决胜全面建成小康社会 夺取新时代中国特色社会主义伟大胜利》的报告(以下简称"十九大报告")。大会召开期间,134 个国家的 1800 多名记者来到现场向世界各地报道这一重大事件。迄今为止,尽管外媒对十九大的相关报道众多,然而国内学界就该类报道的研究尚不多见——韩强[①]和黄刚、段馨[②]主要从国际话语体系建设角度,概述了各国主流媒体关于十九大的报道所占版面情况和代表性人物的观点。学界就外媒之于十九大看法的研究尤其鲜见。2017 年是中澳两国关系发展极不寻常、高开低走的一年。年初李克强总理访澳,中澳关系发展势头良好,而下半年澳媒出现大量反华言论[③]。鉴于此,本文基于生态语言学视角下的评价系统,对澳媒有关十九大以及十九大报告的报道进行分析,旨在揭示澳媒对十九大的看法,从而获得中国对澳宣传方面的启示。

---

① 韩强:《十九大与党的对外话语体系建设》,《北京联合大学学报(人文社会科学版)》2018 年第 2 期,第 98—103 页。

② 黄刚、段馨:《十九大报告的对外传播与中国的国际话语权建设》,《北京教育(德育)》2018 年第 3 期,第 54—59 页。

③ 张国玺、谢韬:《澳大利亚近期反华风波及影响探析》,《现代国际关系》2018 年第 3 期,第 26—34 页。

二、生态语言学视角下的评价系统

生态语言学视角下的评价系统应聚焦两个维度:一是客体及属性,二是词汇语法资源。前者构成宏观评价系统,后者构成微观评价系统。

(一) 生态语言学视角下的宏观评价系统

宏观评价系统表征语篇层面的评价功能,主要涉及话语发出者的议程设置,即对客体及其属性的设置。"客体议程设置"概念由传媒学界的Cohen[①]提出,指媒体报道内容由媒体设置,媒体通过客体设置,告诉大众应思考的内容。媒体同时设置客体的属性,即媒体通过属性议程设置,不仅告诉大众应思考的内容,还要告诉大众应从哪些方面去认识和理解客体。有关媒介与大众认知的关系,Mccombs 和 Shaw[②]、Mcnelly 和 Izcaray[③]、Salwen 和 Matera[④]、Besova 和 Gooley[⑤] 等均指出媒体议程决定大众议程,即大众对于某一事件的认识由媒体议程决定,特别是人们对没有亲身经历过的事情的认识更加依赖媒介。比如,Mccombs[⑥] 指出,"在与外国事务相关的公共问题方面,大多数人的个人经历相当有限,人们只有通过媒体才能接触到这些消息"。

---

① Cohen B.C., *The Press and Foreign Policy*, Princeton, NJ: Princeton University Press, 1963, p.60.

② Mccombs M.E., Shaw L., "The Aganda-setting Function of Mass Media", *Public Opinion Quarterly*, 1972, No.2, pp.176-187.

③ Mcnelly J.T., Izcaray F., "International News Exposure and Images of Nations", *Journalism Quarterly*, 1986, No.3, pp.546-553.

④ Salwen M.B., Matera F.R., "Public Salience of Foreign Nations", *Journalism Quarterly*, 1992, No.3, pp.623-632.

⑤ Besova A., Gooley S., "Foreign News and Public Opinion: Attribute Agenda-setting Theory Revisited", *African Journalism Studies*, 2009, No.2, pp.219-242.

⑥ Mccombs M.E., *Setting the Agenda: The Mass Media and Public Opinion*, England: Polity Press, 2004, p.100.

媒体议程由新闻实践的规范、新闻组织间的互动和政府等诸多消息源三个方面设置①。这种议程设置体现了新闻把关人具有凸显或削弱、继续或中止消息传递的作用②。由此可见,纯粹客观的新闻不存在,新闻作者及其他新闻把关人,通过客体及属性议程的设置达到其隐含的评价目的。哪些客体以及属性被更多地采用了? 哪些新闻来源的观点被更多地采用了? 对这些问题的回答需从话语的词汇语法层面之外,宏观地挖掘看似客观的报道所实际传递的媒体方及被引消息源方的非客观态度。因此,受传媒学界的启发,本文在语篇层次将其"议程设置"概念纳入生态语言学视角下的评价体系,建构宏观评价系统,从宏观层面揭示话语的生态评价意义。

尽管纯粹客观的新闻不存在,然而客观性始终是新闻的追求。就媒体议程来讲,本文认为客体及属性种类的多元与占比的适当应是新闻在宏观层面实现客观的具体表现,这是因为媒体对客体及属性的适当性的设置即是遵循"多元和谐,交互共生"生态哲学观③的体现。奥姆德④指出,生态系统是一个整体,涉及组成成分的多样性以及成分之间的相互依存。基于此,我们把媒体与大众看成一个生态系统,媒体的信息输出与大众信息获取的愿望形成相互依存关系,信息输出的客观性是大众获取信息意愿程度的主要影响因素,一方面应体现在报道内容的全面性,即应尽量涵盖话题的所有或主要客体与属性;另一方面应体现在对报道内容的事实性评价,即评价应以义而非利为本位——以义为本位的评价并非不重视利益,而是反对"见利忘义""保利弃义"的态度和做法,主张追求合乎道义的利益⑤,如果涉及国际社会生态系统,以义为本位的评价应具有全球主义精神,将国际关系非意识形态化,既有民族大

---

① Mccombs M. E., *Setting the Agenda*: *The Mass Media and Public Opinion*, England: Polity Press, 2004, p.100.

② 徐琳瑶:《"一带一路"英语新闻媒体态度的评价策略研究》,北京航空航天大学出版社2018年版。

③ 何伟、魏榕:《多元和谐,交互共生——国际生态话语分析之生态哲学观建构》,《外语学刊》2018年第6期,第28—35页;何伟:《关于生态语言学作为一门学科的几个重要问题》,《中国外语》2018年第4期,第1、11—17页。

④ [美]E.P.奥姆德:《生态学基础》,孙儒泳等译,人民教育出版社1981年版。

⑤ 王易:《中国和平发展战略的传统文化根源探析——从儒家国家关系伦理思想的视角》,《贵州师范大学学报(社会科学版)》2006年第2期,第12—17页。

义之"义",也有国际主义之"义"①。

如上所述,生态语言学视角下,对媒体报道的宏观评价应遵循以下标准:在围绕某一主题的系列语篇或某一语篇中,各客体及属性涵盖全面且相关篇幅占比适当,即遵循"多元和谐,交互共生"生态哲学观,是有益性议程;如占比不适当,即不完全遵循"多元和谐,交互共生"生态哲学观,是模糊性或中性议程;如语篇中涉及的各客体及属性涵盖不全面,即违背"多元和谐,交互共生"生态哲学观,是破坏性议程。

(二)生态语言学视角下的微观评价系统

微观评价系统表征词汇语法层面的评价功能,涉及态度、介入和级差三个子系统。本文旨在揭示澳媒对十九大报告的态度,因而此处主要阐明生态语言学视角下的态度评价系统。

态度评价系统是Martin[②]、Martin 和 White[③] 在功能语言学框架内提出的有关人际功能的一个子系统,关涉话语发出者对所表述事物或事件的态度,主要由词汇语法资源体现,系对 Halliday[④] 提出的人际功能表征资源的一种扩充。自提出后,学界不少学者[⑤]指出仅考虑评价词汇的本体意义依旧不足以阐释态度意义。鉴于此,何伟、马子杰在前期研究[⑥]的基础上,以"多元和谐,交互共生"生态哲学观为指导,发展了生态语言学视角下的态度系统,为词

---

① 王生才:《儒家义利观的现代解读及其对中国外交决策的影响》,《西北第二民族学院学报(哲学社会科学版)》2006 年第 2 期,第 24—27 页。

② Martin J. R., Beyond Exchange:Appraisal Systems in English//Hunston S., Thompson G., *Evaluation in Text:Authorial Stance and the Construction of Discourse*, Oxford:Oxford University Press, 2000.

③ Martin J. R., White P. R., *Language of Evaluation:Appraisal in English*, London:Palgrave Macmillan,2005.

④ Halliday M. A. K., *An Introduction to Functional Grammar*, 2nd ed. London:Arnold/Beijing:Foreign Language Teaching and Research Press,1994/2000.

⑤ 李战子:《评价理论:在话语分析中的应用和问题》,《外语与外语教学》2004 年第 5 期,第 1—6 页;刘世铸、韩金龙:《新闻话语的评价系统》,《外语电化教学》2004 年第 4 期,第 17—21 页;胡壮麟:《语篇的评价研究》,《外语教学》2009 年第 1 期,第 1—6 页。

⑥ 何伟、张瑞杰:《生态话语分析模式构建》,《中国外语》2017 年第 5 期,第 54—64 页;张瑞杰、何伟:《生态语言学视角下的人际意义系统》,《外语与外语教学》2018 年第 2 期,第 99—108 页。

汇语法层面的态度扩充了情感缘起、判断标准和鉴赏对象三个特征。同时，针对国际社会生态系统，何伟、马子杰将这三个特征进一步区分为两个，即"义"本位和"利"本位。总体上，此评价系统弥补了原系统于词汇语法本体意义以及积极与消极二分阐释上的局限性，可较有效地揭示话语的态度意义。

就国际新闻而言，其客观性在微观层面由报道内容的事实性——即以"义"为本位——的评价体现。这种评价尊重世界文明的多样性，崇尚交流互鉴以及和谐共生的情感、判断与鉴赏，摈弃绝对化、单向性和片面性，强调国际社会的整体存在与共同发展。具体来讲，生态语言学视角下，对国际媒体报道的微观评价遵循如下标准：媒体以"义"为本位，对遵循"多元和谐，交互共生"生态哲学观的事物或事件表达的积极态度，或对违背的表达的消极态度，有益于国际关系的良性发展，系有益性态度；媒体以"利"为本位，对遵循该生态哲学观的事物或事件表达的消极态度，或对违背的表达的积极态度，不利于国际关系的良性发展，系破坏性态度；媒体不是以明显的"利"为本位，即以隐性的"义"为本位，对遵循或违背该生态哲学观的事物或事件表达的模棱两可的态度，对于国际关系的良性发展没有明显的影响，系模糊性或中性态度。

三、澳媒十九大报道评价分析

本文以澳大利亚两大主流媒体《澳大利亚人》(*The Australian*)和《悉尼先驱晨报》(*The Sydney Morning Herald*)就十九大的报道为语料。《澳大利亚人》是澳大利亚最具影响力的全国性报纸，《悉尼先驱晨报》是澳大利亚最早创办的报纸之一①。前者为支持保守党派的新闻集团所有，后者为支持自由党派的费尔法克斯集团所有②。这两家媒体对十九大的报道应较充分地反映了澳

---

① 王泰玄：《澳大利亚的新闻事业》，《国际新闻界》1985 年第 2 期，第 36—40 页。

② Gans J., Leigh A., "How Partisan Is the Press? Multiple Measures of Media Slant", *Economic Record*, 2011, No.280, pp.127-147.

媒及其支持者对十九大的看法和认识。

本文以十九大正式召开时间为准,向前及后各延长一周(2017 年 10 月 11—31 日)为搜索区间,在 Lexis Nexis 数据库以 China 和 Congress 为关键词进行搜索,共获得 30 篇含 19th National Congress 的报道。其中,19 篇以十九大为主题,其他 11 篇只是简单提及,由此,下文主要聚焦以十九大为主题的新闻。

(一) 宏观评价分析

十九大涉及两大主要客体:十九大报告,以及中央委员会、中央纪律检查委员会的选举。十九大报告全文由 13 部分组成,其中第二部分(历史使命)和第四部分(决胜小康社会,开启新征程)可归为目标属性。这样,客体十九大报告由 12 个属性构成:历史变革、目标、新时代中国特色社会主义思想(简称"新时代思想")、经济、政治、文化、社会、生态、军队、主权、外交和党建。

就客体议程而言,19 篇报道中,九篇聚焦中央委员会和中央纪律检查委员会选举;五篇聚焦十九大报告;其他五篇主要涉及会议用餐、住宿等。涵盖十九大两大客体的 14 篇报道对两大客体进行报道的篇数比例为 9∶5,即关于委员会选举的报道篇数几乎是关于十九大报告报道篇数的两倍。根据宏观评价系统,客体类别涵盖全面,但类别占比不适当,不完全具备"多元和谐,交互共生"生态特征,故澳媒关于十九大报道的客体议程设置属于模糊性或中性议程。

就属性议程而言,客体"中央委员会和中央纪律检查委员会选举"主要涉及人员情况、选举过程和选举结果这样一个流程安排,而澳媒有关报道过度关注选举结果,并对选举结果的解读过于突出两国之间意识形态的不同,由此,本文认为对这样的报道进行研究,借鉴价值不是很大。那么,此处就澳媒对十九大客体属性宏观层次的评价研究,以及下文就澳媒对十九大微观层次的评价研究,主要聚焦以十九大报告为主题的报道。下面,我们对澳媒就十九大报告五篇报道①的属性类别和词数占比进行统计分析,结果见表 1。

① 来自《澳大利亚人》的四篇:(1)"The thoughts of President Xi out there for all to see",(2)"No ranting, no raving: the Xi speech that claimed world power",(3)"Xi recruits the entire power elite",(4)"CHINESE 'REFORM' A MYTH"和来自《悉尼先驱晨报》的一篇:(5)"China to get more open, more powerful, says president."

表1 澳媒以十九大报告为主题的五篇报道的属性种类和占比统计

报道占比议题	历史变革	目标	新时代思想	经济	政治	文化	社会	生态	军队	主权	外交	党建	总体
①	—	13.6%	46.6%	4.4%	—	1.8%	21.3%	—	/	4.8%	—	/	7.7%
②	6.8%	1.0%	13.5%	9.2%	7.9%	4.1%	1.2%	—	3.1%	—	2.3%	11.4%	39.4%
③	1.9%	—	15.1%	5.9%	7.4%	21.1%	1.1%	2.8%	8.5%	7.2%	3.0%	21.0%	5.0%
④	2.7%	—	/	88.5%	—	5.0%	1.3%	—	/	—	/	2.5%	/
⑤	15.0%	14.8%	3.2%	42.2%	—	1.7%	—	5.9%	3.9%	5.4%	1.3%	3.1%	3.5%
总计	5.7%	4.0%	11.0%	34.0%	3.8%	7.5%	2.5%	1.7%	3.5%	3.0%	1.5%	8.9%	55.6%

此处需要说明:除 12 个属性外,五篇报道中的四篇或多或少含有对十九大报告的总体评价。因此处聚焦十九大报告本身的 12 个属性议程,故下面对属性议程设置的宏观评价分析不包含总体议题部分。

表 1 显示,五篇报道均未全面覆盖 12 个属性,根据宏观评价系统,它们均不具备多元性特征,故属于破坏性属性议程。如果将五篇报道看作一个系列,它们则涵盖了 12 个属性,属性类别议程的设置具有多元特点,但是类别占比参差不齐:对新时代思想、经济和党建属性的关注度比较高,而对其他属性着墨不多,尤其是对生态和外交属性的报道甚少。所以,整体上,澳媒关于十九大报告报道的属性议程设置属于模糊性或中性议程。

以上分析表明,澳媒对十九大的两大客体都有关注,但过多地关注了委员会的选举,而对十九大报告的报道不够充分。然而,十九大报告是纲领性的文件,如果报道不全面,而过多关注委员会的选举,并对结果进行臆断和揣测,势必会造成澳大众对十九大产生片面的认识。另外,仅有的以十九大报告为主题的五篇报道中,属性类别的不全面以及占比的明显不平衡,也会导致澳大众在有限的了解十九大的机会中,对十九大产生一定的误解。澳媒对十九大报道所表现出的客体及属性议程占比不平衡或不全面,表明澳媒对十九大的认识不全面,这一方面或源于澳方的忽视,另一方面或是澳方故意突出或避开某些客体和属性。概言之,这些总体上呈现模糊性或中性的,具体而言呈现破坏性的客体和属性议程设置对实现国际社会信息的顺畅、准确流通,以及对发展良性的中澳关系无益。

(二)微观评价分析

生态语言学视角下的微观评价系统通过考察词汇语法评价资源,揭示话语发出者及所代表的群体对话语描述的客体及属性持有什么具体评价和认识。

我们在具体分析前,需说明十九大报告的特点。十九大报告无论关涉国内事务,还是国际交往,其内容均充分体现了"多元和谐,交互共生"生态哲学观。就国内事务,十九大报告指出:坚持以人民为中心的发展思想,提出了创新、协调、绿色、开放、共享五大发展理念,以此引领中国开展经济、政治、文化、社会、生态五个方面的总体建设,协调推进以全面建成物质文明、政治文明、精神文明和生态文明共同发展的小康社会。就国际交往,十九大报告指出:"中国将高举和平、发展、合作、共赢的旗帜,恪守维护世界和平、促进共同发展的外交政策宗旨,坚定不移在和平共处五项原则基础上发展同各国的友好合作,推动建设相互尊重、公平正义、合作共赢的新型国际关系。"作为建立国际正常关系及交流互鉴时应遵循的和平共处五项原则,即"互相尊重主权和领土完整,互不侵犯,互不干涉内政,平等互利,和平共处",自1953年12月由中国提出后,早已被世界上绝大多数国家和地区接受,已成为规范国际关系的重要准则。

基于生态语言学视角下的态度评价系统,本文按照以下标准对五篇报道的词汇语法资源进行生态性标注和统计分析:新闻作者及其他消息源以"义"为本位对十九大报告属性产生的积极态度,有利于中澳关系的良性发展,系有益性态度;以"利"为本位对十九大报告属性产生的消极态度,不利于中澳关系的良性发展,系破坏性态度;不以损及他方利益的"利"为本位,亦看作以隐性的"义"为本位对十九大报告属性产生的模棱两可的态度,于中澳关系的良性发展没有显性影响,系模糊性或中性态度。表2系报道中表达有益性、破坏性与模糊性或中性情感、判断与鉴赏态度意义的词汇资源使用次数统计。

表2　5篇报道中三类态度资源使用次数统计①

信息源 生态性 次数 评价资源		a			b		
		有益性	模糊性或 中性	破坏性	有益性	模糊性或 中性	破坏性
态度	情感	0	0	6	2	1	4
	判断	1	5	27	5	1	8
	鉴赏	2	3	20	8	3	3
	总计	3	8	53	15	5	15
		64			35		

① 鉴于澳媒报道中的态度评价资源一部分来自新闻作者对十九大报告内容的引用以及其本人的直接评价,另一部分来自新闻作者对其他信息源的引用,故本文在分析时将这两类态度评价资源进行了区分,前者标为a类评价资源,后者标为b类评价资源。

表 2 显示,来自作者及其他消息源的有益性态度资源分别累计三次和 15 次,共 18 次,各占其全部态度资源的 4.9% 和 42.9%,总占比 18.2%;模糊性或中性态度资源分别累计八次和五次,共 13 次,各占比 12.5% 和 14.2%,总占比 13.1%;破坏性态度资源分别累计 53 次和 15 次,共 68 次,各占比 82.8% 和 42.9%,总占比 68.7%。

从总占比看,破坏性态度资源的使用最为显著,主要涉及新时代思想、经济、政治、主权等属性,以及总体议题。有关新时代思想属性,新闻作者及其他消息源持破坏性鉴赏及判断态度,认为中国全国范围内对新时代思想的反应过于热情。有关经济属性,新闻作者及其他消息源持破坏性判断及鉴赏态度,认为中国在信贷方面偏好国有企业,投资私有企业的回报没有保证,中国一味以经济增长为荣不合适。有关政治属性,新闻作者持破坏性情感及判断态度,认为中国的民主令人失望,不可信。有关主权属性,其他消息源持破坏性判断态度,认为中国在南海开展建设活动是非法的,不正当的。有关总体议题,新闻作者及其他消息源持破坏性鉴赏态度,认为十九大报告内容冗长、不明确、不具可行性。

有益性态度资源总占比 18.2%,主要涉及历史变革、新时代思想、经济、政治、党建、主权等属性,以及总体议题。值得注意的是,有关历史变革、新时代思想、政治、主权以及总体议题,有益性情感、判断和鉴赏态度资源的使用主要出自其他消息源中的中国一方,包括官员、群众和期刊,累计 12 次,占全部有益性态度资源的 66.7%。有关经济以及党建属性,有益性情感、判断和鉴赏态度主要出自新闻作者及其他消息源中的澳大利亚外长及国外学者,具体涉及中国小型企业的发展潜力与中国对企业的资助力度,以及党内反腐所取得的成果。另外,需要指出,就新闻作者本身使用的态度资源看,鲜有的几处有益性态度资源被大量破坏性态度资源包围,综合来看,有益性的生态效果被削弱。更值得注意的是,有关党建的有益性态度后面紧接着出现了反驳的介入方式,表达了作者一方面认可反腐成果,但另一方面对中国将继续大力反腐的决心表示意外,并认为无须继续反腐。并且,同为有益性态度,但国内外信息源所针对的属性内容是有差异的,中方聚焦历史、思想、政治、主权、总体议题等属性,澳方着眼中国在经济领域已取得的成就与在党建反腐方面已取得的成果,以及中国私有企业的后续发展潜力。

模糊性或中性态度资源总占比 13.1%,系三种态度资源中占比最少的一种,主要涉及总体议题,即对十九大参会代表的性别人数所做的客观鉴赏,以及对经济、文化、党建、总体议题等所做的客观判断。

在对比两类消息源时,本文发现,新闻作者表达自己的态度时更多地使用判断和鉴赏两类态度资源,很少使用情感类资源,这体现了新闻报道对客观性的追求。但需指出,作者仍然使用了一些情感类资源(共六处,占比 9.4%),从生态类别上看均为破坏性情感,这说明作者对十九大报告主要持破坏性态度。另一方面,作者在借其他消息源隐含自己的评价时,使用了较多的情感资源,占比由 9.4% 提高到 20%,并且破坏性的占比超过一半,为 57%,这说明新闻作者一则通过引用其他消息源力求使新闻传递的评价意义更加客观,而非一己之见;二则仍然借他人之见;传递负面的看法。

为使分析更加明确,本文通过个例来说明上述观点。

例:Chen instructed the **cowed**[a] delegation, stripped just before the congress of five comrades charged **with**[a] corruption, that "the **historic**[b] achievements of the past five years are the result of the **correct**[b] leadership of the party under Xi Jinping as the Core".①(译文:就在大会召开前,代表团中的五名同志因被指控腐败而遭剔除。陈向惊恐的代表团作出指示,"过去五年历史性的成就是以习近平同志为核心的党中央的正确领导的结果"。)

该例有关党建和历史变革,出自报道②。词汇 cowed 和 charged with 是新闻作者出于"利"本位而使用的不安全情感和消极判断资源,将参会代表团形容为"受到恐吓的",并补充道"就在会前,该代表团中的五名成员被控腐败而遭除名",意在给澳大众传递中国国内因反腐,官员感到不安的情绪。这是澳媒不了解中国国情,完全从自身出发而表达的态度。这种态度违背了"多元和谐,交互共生"生态哲学观,不利于中澳关系的良性发展,系破坏性态度。

词汇 historic 和 correct 均是中国官员对过去五年国内所取得的成就而做出的积极鉴赏,肯定了中国过去五年的工作成果,并对成果做了明确的归因总

---

① 例中标粗黑部分为态度资源,标注中的 a 和 b 分别表示来自新闻作者本身和其他消息源的态度资源。

结,表达对以习近平同志为核心的党中央的认同和赞赏。该消息源,即陈姓中国官员着眼鉴赏对象——过去五年成果、以习近平同志为核心的党中央的领导——在"义"方面的表现,遵循事实,属于有益性鉴赏。

尽管该例使用的破坏性及有益性态度资源数量一致,各两处,然而其表达的评价效果并非相互抵消。破坏性资源来自新闻作者本身,属于澳媒,有益性资源来自其他消息源,属于十九大报告一方的中国。新闻作者的态度资源的着眼点正好限制了中国一方评价资源的使用,体现于语言形式,即是新闻作者的态度资源属于投射小句,是控制小句,而中国一方的态度资源属于被投射小句,是依赖小句。因此总体上,该例传递的是破坏性态度意义,不利于中澳关系的发展。

四、讨论

澳媒对十九大及十九大报告的报道与两国关系的发展以及意识形态有关。自1972年中澳建交以来,双边合作关系逐年推进。2013年中澳建立战略伙伴关系,2014年两国关系提升为全面战略伙伴关系,2015年双方签署《中澳自由贸易协定》。经贸合作是中澳战略伙伴关系的"推进器"①,自2015年12月20日协定正式实施以来,中国蝉联澳大利亚最大海外投资来源国,双边能源矿产品、农产品等商品贸易额,以及旅游、教育、金融、航空等服务贸易额稳居榜首②。正如澳大利亚第29任总理特恩布尔所言:与中国的友谊和伙伴关系丰富了澳大利亚的经济和社会③。中国带给澳大利亚的可观利好符合澳大利亚历届政府"繁荣和安全"政策中对"繁荣"的追求。本文对澳媒之十九大报告报道的分析也证实了这一点,澳媒赞赏中国已取得的经济成就,并希望澳方与中国小型企业进行合作。

---

① 习近平强调:共同维护好发展好中澳战略伙伴关系[N/OL].2013-9-27[2018-8-15]. http://www.gov.cn/ldhd/2013-09/27/content_2496561.htm.
② 陈曦:《2016—2017年自由贸易协定下的中澳贸易关系》//孙有中、韩锋:《澳大利亚蓝皮书:澳大利亚发展报告(2016—2017)》,社会科学文献出版社2017年版.
③ 澳大利亚总理特恩布尔:Launch of Government's Foreign Policy White Paper[N/OL]. [2018-8-15].https://www.pm.gov.au/media/launch-government%E2%80%99s-foreign-policy-white-paper.

然而,澳媒向大众传递更多的是其对中国未来经济发展、政治建设、国际影响力的提升等方面的安全防范心理,而本质上,这种心理源于澳看待中国崛起的视角,也就是西方发达国家信奉的"利"本位思想。在这种思想指导下,他们不愿意以发展的眼光看待和深入了解发展中国家,不愿意接受作为发展中国家中国的崛起,换言之,他们拒绝"义"本位思想。

新中国自成立以来,始终坚持和平共处外交理念,党的十八大提出了"人类命运共同体"概念,十九大更加明确了这一概念。具体到中澳关系,习近平总书记于 2014 年 11 月 17 日在澳大利亚联邦会议的演讲中,用近三分之一的篇幅专门回答了"中国发展起来了将会是一个什么样的国家"的问题,明确了:第一,中国坚持和平发展,决心不会动摇;第二,中国坚持共同发展,理念不会动摇;第三,中国坚持促进亚太合作发展,政策不会动摇①。然而,澳媒一再报道涉及中国的恶意言论。2017 年下半年,澳媒充满中国学生"威胁澳高校言论自由"、中国商人"窃取澳国家机密"、中国"干涉澳国内政治进程"等反华言论。就此,中国外交部提出严正交涉②,澳大利亚总理特恩布尔于 2018 年 6 月 19 日在澳大利亚中国工商业委员会上也多次指出媒体和政治评论故意突出分歧,甚至蓄意加剧两国摩擦,呼吁大众不要被媒体和政治评论带偏③。可见,媒体的议程设置、内容采编由多方把关人把关,澳政府虽是澳媒有力把关人之一,但未能完全决定媒体言论。媒体对大众的影响巨大,从澳媒对中国的反华言论及其对十九大的报道可见一斑,故中澳双方均应密切关注媒体报道。另外,中国自信的新型外交理念是推动中澳关系的主要力量,而澳大利亚逐步在探索确立自身在"亚太世纪"中的适当位置是中澳关系发展的不确定因素④,故中国应在中澳互动中扮演更加积极主动的角色。

---

① 习近平:携手追寻中澳发展梦想 并肩实现地区繁荣稳定[N/OL].[2018-8-15].http://www.mod.gov.cn/affair/2014-11/18/content_4552132.htm.

② 澳方领导人迎合媒体偏见报道 外交部:已提出严正交涉[N/OL].[2018-8-15].http://news.ifeng.com/a/20171208/53989742_0.shtml.

③ 澳总理"甩锅":中澳关系恶化怪媒体_20180621 每日焦点_腾讯视频[N/OL].[2018-8-15].https://v.qq.com/x/page/x0697qipuj9.html.

④ 孙君健:《阿博特政府时期澳大利亚的对华政策》,《史学月刊》2016 年第 9 期,第 81—88 页。

五、结语

本文首先将媒体议程设置概念纳入评价系统,结合"多元和谐,交互共生"生态哲学观,发展了生态语言学视角下的宏观评价系统,并诠释了生态语言学视角下的微观评价系统之一,即态度评价系统。然后基于此宏观和微观评价系统,对澳大利亚主流媒体有关十九大两大客体及客体之一十九大报告属性的报道做了宏观层面的分析,并对有关十九大报告的报道做了微观层面的分析,揭示了澳媒对十九大的评价特点。宏观层面,澳媒报道具有客体或属性类别不全面或占比失衡的特点,属于模糊性或中性客体议程,这种报道会造成澳大众对十九大的片面认识。微观层面,报道使用的破坏性态度资源显著多于有益性和模糊或中性资源,这表明:澳媒认为十九大报告充满战斗性,并将该认识渗透到十九大报告的绝大多数属性中,从而向澳大众传递了其对中国历史变革、发展目标、新时代思想而产生的不安全情感、不可靠判断以及无价值鉴赏;传递了其对中国在经济制度的改革、民主制度的健全、文化的发扬、军队的强大、党的反腐建设等方面所开展的工作而产生的破坏性认识——认为这些工作是加强权力控制的方式;传递了其对中国主权维护不认可的观点,对中国逐渐赢得国际影响力的忌惮态度以及担忧情绪。同时,澳媒甚少提及十九大报告中的生态和外交内容,这表明其对中国自身深刻阐述的有益于全球环境治理的生态思想,以及赢得绝大多数国家认同和遵循的外交理念不予置喙的态度。最后,本文讨论了澳媒如此报道的原因。

基于分析与探讨,本文建议中国在对澳宣传时应进一步加强对纲领性文件的阐释和宣传力度,在切实做好各项建设工作的同时,在国际上加强有关和平外交政策、共同发展理念以及党之所以加强全面领导的目的与初衷的有效推介。

（本文原载《外国语文》2019 年第 4 期,作者为何伟、马子杰。）

英汉环境保护公益广告话语之
生态性对比分析

一、引言

    生态语言学是一门新兴交叉学科,主要研究语言的使用对人类、环境和其他生物的影响①。目前,该学科主要有两个研究范式:豪根范式②及韩礼德范式③。本文主要采用韩礼德范式,它将人类生存的生态环境与语言学研究相结合,通过语言学描写来分析语言的生态属性,承担语言学家的"社会责任"④。作为韩礼德范式的领军人物,Stibbe⑤将语言学与哲学、社会学等领域结合起来对话语进行生态属性的解读,即进行生态话语分析,以倡导有益性话语,完善模糊性话语,抵制破坏性话语⑥。生态语言学与生态话语分析关注话语的生态属性,研究语言的使用如何影响人们对生态环境及生态问题的看法,

    ① Alexander R., Stibbe A., "From the Analysis of Ecological Discourse to the Ecological Analysis of Discourse", *Language Sciences*, 2014, Vol.41, pp.104-110.

    ② Haugen E., The Ecology of Language//Dil A.S., *The Ecology of Language: Essays by Eminar Haugen*, Stanford: Stanford University Press, 1972, pp.325-399.

    ③ Halliday M.A.K., "New Ways of Meaning: The Challenge to Applied Linguistics", *Journal of Applied Linguistics*, 1990, No.6, pp.7-36.

    ④ 黄国文:《生态语言学的兴起和发展》,《中国外语》2016年第1期,第1、9—12页。

    ⑤ Stibbe A., *Ecolinguistics: Language, Ecology and the Stories we Live By*, London and New York: Routledge, 2015.

    ⑥ 张瑞杰、何伟:《〈生态语言学:语言、生态与我们赖以生存的故事〉评介》,《现代外语》2016年第6期,第863—866页。

曝光破坏性话语,构建有益性话语①。

目前,国内生态语言学视角下的话语分析主要涉及小说中生态意识的构建,如尹静媛②;翻译中的生态意识,如刘润泽、魏向清③、陈月红④等。而针对新闻广告中的生态话语分析不多见,且基本局限于对语言凸显生态价值部分的整体解读,借助系统框架分析的较少,基于及物性系统理论的分析及涉及英汉对比的尤其鲜见。有鉴于此,本文以英汉环境保护类公益广告话语为研究对象,以及物性系统理论为语言学指导,对其生态属性进行解读,目的是对比英汉环境保护公益广告话语生态意义的体现方式,最终为环境保护公益广告话语的创作提供相关建议。

二、理论基础

(一) 生态哲学思想

生态话语分析需要生态哲学思想的指导⑤。在探索生态话语分析模式时,何伟、张瑞杰⑥指出,现有的生态哲学思想,包括资源丰饶主义⑦、可持续发展观⑧等,均关注人类活动对生态系统产生的影响,其潜在假设是人类和生

---

① Stibbe A.,Positive Discourse Analysis:Rethinking Human Ecological Relationships//Fill A., Penz H., *The Routledge Handbook of Ecolinguistics*, New York and London:Routledge, 2018, pp. 165-178.

② 尹静媛:《从生态语言学的视角解读〈动物之神〉》,《外国语文》2016 年第 6 期,第 69—74 页。

③ 刘润泽、魏向清:《生态译学话语构建的术语批评路径及其反思——知识生产与话语传播》,《外语学刊》2017 年第 3 期,第 74—79 页。

④ 陈月红:《生态翻译学"实指"何在?》,《外国语文》2016 年第 6 期,第 62—68 页。

⑤ 黄国文、陈旸:《生态哲学与话语的生态分析》,《外国语文》2016 年第 6 期,第 55—61 页;何伟、魏榕:《国际生态话语之及物性分析模式构建》,《现代外语》2017 年第 5 期,第 597—607 页。

⑥ 何伟、张瑞杰:《生态话语分析模式构建》,《中国外语》2017 年第 5 期,第 56—64 页。

⑦ Ridley M.,*The Rational Optimist:How Prosperity Evolves*,New York:Harper,2010.

⑧ Baker S.,*Sustainable Development*,London:Routledge,2006.

态系统呈二元对立,把人类看作置于生态系统之外的元素。何伟、张瑞杰不赞同这一假设,认为人类应该是生态系统中的一份子,并提出了和谐生态场所观:人类应对赖以生存场所的物理性元素、社会性元素及场所内人外生命体持有积极情感联结、同化认知体验和趋向意动行为。该场所观蕴涵两层意思:一是人类与自然处于一个整体生态系统,二者之间是合一关系;二是这种合一性应体现在人类对自然的积极情感、同化认知和趋向意动三个方面。

该场所观对人与自然的合一性认识植根于中国传统哲学思想。大部分西方哲学思想强调人与自然的对立与冲突。与此不同,中国哲学思想中人与自然的关系通常被视作一种和谐的"部分与整体"①。这种"天人合一"思想认为,人与自然不是利用与被利用、征服与被征服的二元关系,而是"你中有我""我中有你"的包容关系。正如八卦中的"阴阳鱼""此消彼长""互为一体"。在这种哲学思想指导下的中国视野强调人与自然的和谐关系,反应在认识层面,即为和谐生态场所观。认同该场所观的人们把自然看作人类赖以生存的重要部分,自然即为家。反之,如果认为人与自然呈对立关系,那么人们则会把自然看作可消费、可获取的资源;纵然谈及保护,也是以人类消费为视角,这种保护其目的是如何避免资源耗尽而影响人类生产。

现今,党的十八大和十九大均把生态文明纳入"五位一体"总体布局,强调把生态文明建设放在突出地位,融入经济建设、政治建设、文化建设、社会建设的各方面和全过程,以建设美丽中国。本文认为,语言学界应响应国家号召,担负起生态之行的语言研究责任。鉴于此,本文以和谐生态场所观为指导思想,对英汉环境保护公益广告话语进行对比分析,突出语言表征可取之处,同时指出不足,从而对中国语境下的环境保护宣传提供创作方面的建议。

(二) 及物性系统

人类对自然的积极情感、同化认知和趋向意动三个方面反映在语言层面,由及物性系统、语气系统、情态系统、评价资源、主位系统等来体现。本文聚焦

---

① 程爱民:《论梭罗自然观中的"天人合一"思想》,《外国文学研究》2009 年第 2 期,第62—70 页。

及物性系统。及物性系统最初由 Halliday① 提出,后经 Martin et al.②、Fawcett③ 以及何伟等④的不断发展,已比较完善。本文主要基于何伟等⑤描写的英语和汉语及物性系统,对所选语料进行分析,主要关注过程类型和参与者角色两个部分。

一般而言,人与自然的合一性均可由多种过程类型及参与者表征。不过,人类对自然的情感联结和认识主要由心理过程和不体现二元对立的参与者类型表征,这是因为心理过程体现人类的内心活动——包括情感、意愿、感知和认知;不体现人类与非人类二元对立的参与者表征方式,比如拟人化。拟人化将"物"拟作人类生命体,在语言表达效果上能够拉近人类与非人类生命体的情感关系,给受众更为震撼、更为直接的影响。

三、英汉环保公益广告语的对比分析

本文的中文语料来自 2016 年"美丽中国"环境保护公益广告作品征集中被评为一、二、三类及优秀类的作品,共 30 份,其中广告语合计 289 个小句;英文语料来自评审委员会推荐的国外环境保护类公益广告参考作品,共 30 份,其中广告语合计 197 个小句。本文对上述语料进行了及物性分析,对过程类型和参与者角色属性进行了标注和统计。有关过程类型的统计结果,见表1。

---

① Halliday M.A.K., *An Introduction to Functional Grammar*, 2nd ed. London: Arnold/Beijing: Foreign Language Teaching and Research Press, 1994/2000.

② Martin J.R., Matthiessen C.M.I.M., Painter C., *Deploying Functional Grammar*, Beijing: The Commercial Press, 2010.

③ Fawcett R.P., *The Many Types of "Theme" in English: Their Syntax, Semantics and Discourse Functions*, London: Equinox, forthcoming.

④ 何伟、张瑞杰、淡晓红、张帆、魏榕:《英语功能语义分析》,外语教学与研究出版社 2017 年版。

⑤ 何伟、张瑞杰、淡晓红、张帆、魏榕:《英语功能语义分析》,外语教学与研究出版社 2017 年版。

表1　英汉公益广告语各过程类型占比

	过程类型					
	动作	关系	心理	交流	行为	存在
英文广告	28.9%	38.6%	24.4%	3.0%	3.0%	2.0%
中文广告	50.2%	33.2%	13.8%	2.1%	0.3%	0.3%

由表1可见,英汉公益广告语各过程类型的占比有较大不同:英文语料中主要为关系过程(38.6%)、动作过程(28.9%)以及心理过程(24.4%);而中文语料中,虽然也是上述三种过程占比最大,但与英文语料相比,心理过程的比例相对于其他两种主要过程,显著降低(13.8%)。英汉公益广告语中过程类型占比上的不同应说明其体现和谐生态场所观方式上的差异。

（一）和谐场所观的过程表征类型

1. 积极情感、同化认知与心理过程

人类与自然的合一性体现在三个方面:积极情感、同化认知、趋向意动。人类需要对自然有积极的情感联结和同化认知。否则,人类行为举动会在很大程度上对生态产生破坏性。因此,生态话语若要体现人与自然的合一性,则需要着重体现积极情感和同化认知,心理过程在过程系统中最为典型的表征方式。

比如英文广告中的如下表达:

1) We love the ocean.

2) I'm so amazed by the beauty of ocean.

3) I still remember the first time when we encounter a whale. I made a promise to that whale, a promise that I will protect them.

4) If you give up, they give up.

上述例子均是心理过程,其使用主要是唤起人类对自然的喜爱和呵护之情。例1)与例2)直接表达了人类对海洋这一大自然元素的喜爱与赞美之情,凸显了人与自然积极的情感。例3)与例4)则表明人类对自然的认知:例3)表达了话语主体第一次见到鲸鱼的亲近之感与爱护之情;例4)说明如果人类放弃保护自然,动物也会放弃生命。例3)与例4)表达的认知情况均具有积极的生态意义,前者表达人类对自然的亲近感,后者说明人与动物系生死同舟的命运共同体。这些例子表明,人类与自然之间是合一整体,相互之间应为和谐共生的关系。

中文广告语中类似的心理过程较少,只占14.2%。通过计算每则广告中的心理过程占比,并使用SPSS统计软件进行独立样本t检验发现,中文与英文广告语中心理过程比例有显著性差异($p=0.06$,$t=-2.159$),这说明中文广告语中的心理过程明显少于英文,而且其中描述人类与自然情感联结的则更少。比如:

5)最头疼碰上旋梯,总感觉脚底下没根,心里发虚,不踏实。

6)大家都知道$PM_{2.5}$的危害。

7)人与自然要互相尊重。

8)人对鸟要多一些尊重。

中文广告涉及心理过程的小句中,有很多类似例5)的心理描写,表达人类在进行环保行为的心情、感受等。这类句子凸显的是人类对自身的情感,因此并不能特别体现人类与自然的和谐关系。例6)表达人类对污染物的认知,与和谐关系的关联不大。例7)和例8)体现人与自然的积极情感,号召人类对自然及自然界生物要多一些尊重。尽管这类句子在一定意义上表征人与自然的合一性,但更像口号似的表达。

除了数量之外,英汉广告中涉及心理过程的另一区别是类型。根据何伟等①的划分,心理过程细分为情感、意愿、感知和认知心理过程。在生态话语中,这四种心理过程主要用来表征人与自然关系的密切程度。情感心理过程表达人类对自然生态的态度,意愿类心理过程反映人类对自然生态的希冀,感知心理过程体现人类感知中的自然界,认知心理过程体现人对自然的理解和看法。情感和意愿类心理过程为体现人类对自然情感联结的典型方式,感知和认知类心理过程为体现人类对自然的直接和深度认知的典型方式。

---

① 何伟、张瑞杰、淡晓红、张帆、魏榕:《英语功能语义分析》,外语教学与研究出版社2017年版。

本文选取了英汉广告中的心理过程,根据上述四项分类计算,得到如下结果。

表 2 英汉环保公益广告语中的心理过程类型及占比

	情感	意愿	感知	认知
英文广告	18.8%	33.3%	6.25%	41.7%
中文广告	40.0%	27.5%	10.0%	22.5%

由表 2 可以看出,英文广告语中占比较多的是认知心理过程及意愿心理过程。比如例 9)表达拟人物对人类的不解和困惑,以及自身和人类之间的误解;例 10)表达人类对自然的认识。这些认知心理过程表明,人类已认识到人与自然合一性的重要性:正是因为有不解、困惑和误解,才更加需要人类与自然的相互理解;也正是有了理解,相互之间才能够产生情感和意愿。

9)I think I was always misunderstood.(认知心理过程)

10)They know this part of the river forest more than anyone.(认知心理过程)

英文中另一主要心理过程为意愿类。比如例 11)表达人类希望回归自然的意愿,体现人类与自然之间的高度情感联结。

11)But we still want to come back and see where we came from.(意愿心理过程)

此外,英文广告语中的情感心理过程表达了人类感叹自然之美的热烈情感,体现了人对自然与生俱来的热爱。如前述例 2)直观地表明人类对自然的欣赏,体现了二者之间的积极情感。

然而中文广告中,心理过程中出现最多的虽然是情感心理过程,其中不少例句(37.5%)是表达人类自身的情感,而非对自然的情感,比如上文提到的例 5)。这类心理过程主要体现的是人类在工作中的辛勤,而非对自然的情感联结,因此对话语生态意义的表达贡献不大。

2. 趋向意动与动作过程

体现人类与自然合一性的另一个方面是趋向意动,即人类对自然保护的

意图及行为,在语言层面典型的表征方式为动作过程。比如:

12)Defend the Amazon reef.

13)We will protect our forest.

14)马三小每天都要靠着双手一寸一寸地爬行近三公里,刨石头,挖树坑,栽树苗。

15)我是从 2000 年开始种树的。

例 12)与例 13)是英文广告中动作过程的代表小句,号召人类的环保行为。例 14)与例 15)是中文广告中动作过程的代表小句,主要是描写人类对自然的环境保护类行为。这种小句突出体现的是人对于自然的趋向意动,是人与自然和谐关系的一个物化体现。在趋向意动方面,中文广告话语的表征较为凸显;英文则占比较少。

通过对比发现,英汉广告语的一大不同点是体现合一性的角度不同:英文主要凸显人类对自然的积极情感与同化认知,由心理过程表征;而中文主要突出人类对于自然的趋向意动,由动作过程表征。积极情感和同化认知是人类与自然和谐共生关系的思想层面的认识,话语中使用心理过程的目的在于触动受众从心理和思想意识层面正确认识人类与自然的关系,并激发其主动构建人与自然处于和谐共生关系的认知,从而使受众自发保护环境。趋向意动是人类与自然和谐关系的物化体现,话语中使用动作过程的目的在于号召大众将环保意识付诸行动,切身切实为环境保护尽力。

(二)参与者角色表征特点和方式

参与者角色是小句过程之重要组成部分。在广告话语中,参与者往往是受众能够代入的角色,是广告话语所直击的角色。因此,参与者角色在生态话语中的表征方式对话语生态价值的体现具有重要的作用。何伟、张瑞杰[①]提到,从生态语言学视角,参与者角色可区分为人类生命体和非人类生命体两个类别,这种区分充分说明参与者的生命属性,从而体现人与自然是否合一的观点。

---

① 何伟、张瑞杰:《生态话语分析模式构建》,《中国外语》2017 年第 5 期,第 56—64 页。

1.参与者角色的整体特点

本文统计了英汉广告中充当主语的参与者角色的生命属性情况,结果如下:

表3　英汉环保公益广告话语中的主语参与者角色类型

	非人类生命体数量	人类生命体数量	非人类生命体与人类生命体比例
英文广告	24	84	2∶7
中文广告	10	165	2∶33

由表3可以看出,英汉广告在人类生命体和非人类生命体的使用比例上有区别。整体上,英文广告语使用非人类生命体作为小句主语的情况多于中文广告。

16)The forests provide us with food,regulate our climate and ensure our survival.

17)It［the whale］was so close to our boat that we could hear her breath and watch into her eyes.

18)草原是我们共同的绿色家园。

19)世间万物都是充满生命的群体。

上述例子都是由非人类生命体作为出发点的小句。小句主语的重要性在于其体现了小句信息的关注点。以非人类生命体作为出发点体现的是非人类中心主义的观点,这对于生态的良性发展具有重要意义。人类中心主义不利于构建人与自然的和谐共生关系,因此将非人类生命体置于小句的出发点则是将其视为与人类具有同等的地位,这种表征是具有生态价值的话语①。从这个角度,英文广告语更具生态价值。

2.参与者生态属性的凸显表征方式

从非人类生命体主语的运用看,中英广告都涉及拟人手法。拟人手法把不具有人类生命属性的事物看作与人类同样具有喜怒哀乐的生命存在,增强

---

① 何伟、张瑞杰:《生态话语分析模式构建》,《中国外语》2017年第5期,第56—64页。

了人类与自然的情感联结,这样容易拉近受众和广告涉及事物之间的距离,因此用在公益广告这类话语中会增强感染力和宣传力度,并为受众凸显人类与自然的和谐共生关系。下文选取运用拟人手法的英汉广告语进行具体分析和讨论。

英文语篇(第 2 篇作品):

We［Em］① lost［Pro］our hope［PrEx］6 months ago.　　（心理过程）

There is［Pro］no shelter［Ext］.　　（存在过程）

There is［Pro］no food［Ext］.　　（存在过程）

My husband［Behr］died［Pro］recently.　　（动作过程）

And I［Posr］have［Pro］a baby［Poed］.　　（关系过程）

I［Cog］don't know［Pro］［［how I［Behr］can survive　　（心理、动作过程）
［Pro］］］.

This［Tk］is［Pro］not her story［Vl］.　　（关系过程）

It［Tk］is［Pro］hers［Vl］.　　（关系过程）

上述广告整体内容如下:视频上一个女孩哭泣着诉说自己的经历,之后切换到旁白,说道"This is not her story"(这不是她的故事),而后再切换到一个小动物身上,旁白插入"It is hers"(这是她的故事)。

从参与者来看,广告将小动物比作人类,赋予其喜怒哀乐各种情感。全篇话语的各个过程都具有诉情的作用:心理过程表达了故事主角的内心绝望,关系过程述说了主角的情况,存在过程表现了现实的残酷,动作过程表达了主角亲人死亡的遭遇和自身生存的无奈与艰难。最后广告话锋一转,受众发现动物也能深切体会各种经历的痛苦和遭遇的悲惨,这样一来,受众内心对动物的

---

　　① 方括号内英文标注为该小句的参与者角色成分及过程成分,具体如下(按文中出现顺序):Em(Emoter),情感表现者;Pro(Process),过程;PrEx(Process Extension),过程延长成分;Ext(Existent),存在方;Behr(Behaver),行为者;Posr(Possessor),拥有者;Poed(Possessed),拥有物;Cog(Cognizant),认知者;Tk(Token),标记;Vl(Value),价值;Af-Cog(Affected-Cognizant),受事-认知者;Ph(Phenomenon),现象;Ag(Agent),施事;Af-Em(Affected-Emoter),受事-情感表现者;Af(Affected),受事;Ca(Carrier),载体;At(Attribute),属性;Comr(Communicator),交流方;Comee(Communicatee),交流对象;Comd(Communicated),交流内容;So(Source),方位:来源;Des(Destination),方位:目的地;Desr(Desiderator),意愿表现者。

共情感受在很大程度上得以唤起,进而认识到人类与动物应是不分彼此而共生的同一生态系统中的一员。

上述话语是将非人类生命体比作人类生命体,凸显了生态话语的价值。那么非生命体是否也存在类似的情况? 我们可从下面广告话语中找到解答。

英文语篇(第4件作品)

I [Cog] think [Pro] [[I [Af-Cog] was always misunderstood [Pro]]].　　　　（心理过程）

They [Em] seem not to like [Pro] me [Ph].　　　　（心理过程）

They [Cog] think [Pro] [[I [Ag] annoy [Pro] them [Af-Em]]].　　　　（心理过程）

I [Cog] don't know [Pro] why [Ph].　　　　（心理过程）

There is [Pro] just no way [Ext] to answer.　　　　（存在过程）

Maybe I [Ag] was throwing [Pro] tents [Af].　　　　（动作过程）

Maybe they [Af] came [Pro] to [PrEx] storm [Ag].　　　　（动作过程）

I [Cog] don't know [Pro].　　　　（心理过程）

I [Cog] really can't see [Pro].　　　　（心理过程）

It [Ag] was lonely [Pro], really lonely.　　　　（心理过程）

But you [Ag] don't use [Pro] it [Af].　　　　（动作过程）

And then, one day, everything [Ag] changed [Pro].　　　　（动作过程）

Somebody [Cog] finally accept [Pro] me [Ph] for what I am.　　　　（心理过程）

Since I [Ca] have had [Pro] this job [At], life [Ca] is [Pro] completely different [At].　　　　（关系过程）

I [Cog] finally feel [Cog] useful, good at something [Ph].　　　　（心理过程）

此例将风比作了人类,首先使用大量的心理过程描述了一个仿佛不被理解和认可的个体,最终找到了属于自己擅长的领域,得以发挥自己的能力。这样以人类视角进行描写拉近了描写对象与受众的距离,引起了受众的情感共鸣。最后视频以画面的形式揭开谜底,通篇的主角不是人类,而是大自然中的元素——风。这样的拟人化表征方式可以让受众深刻认识到,未能充分利用起来的风能平日只能给人类带来困扰,而合理利用后,风则能发挥巨大的积极作用。此广告话语为无生命的物理性参与者赋予了心理感受和认识,让能源可循环使用的概念易于理解,同时也帮助受众认识到人类与自然界事物的共通点,从而促进其对人类与自然合一性的深度理解。

然而,并非所有的非人类生命体拟人化都能起到上述作用。比如:

中文语篇(第 7 件作品):

大家好。我[Tk]就是[Pro]自然界中无处不在的小 p[Vl]。	(关系过程)
作为空气动力学直径小于或等于 2.5 微米的颗粒物的我,人类[Comr]一般称呼[Pro]我[Comee]为[PrEx]PM2.5[Comd]。	(交流过程)
人类头发的直径[Ca]是[Pro]50—70 微米[At]。	(关系过程)
我[Ca]还不到[Pro]人类头发的 20 分之一[At]。	(关系过程)
所以我的中文名[Tk]叫[Pro]细颗粒物[Vl]。	(关系过程)
我们 PM2.5 的主要成分[Posr]有[Pro]有机物、硝酸盐、硫酸盐、地壳元素和铵盐等,还有各种金属元素[Posd]。	(关系过程)
近年来我们小 p 家族的发展壮大[Tk]多亏了[Pro]人类过度的污染排放[Vl]。	(关系过程)
可我们和人类[Ca]却永远不能成为[Pro]好朋友[At]。	(关系过程)
当我们[Ag]从呼吸系统[So]进入[Pro]人类身体[Des]后,便会对呼吸系统和心血管系统[Af]造成[Pro]伤害[PrEx]。	(物质过程)
什么?人类[Desr]要消灭[Pro]我们[Ph]?	(动作过程)
哼,那就看[Pro][[你们[Ag]能不能消灭[Pro]自己污染排放的生产和生活方式[Af]了]]。	(心理、物质过程)
让我们[Desr]拭目以待[Pro]。	(心理过程)

上述中文广告是一个把 PM2.5 污染物比拟为人的作品,通过其视角表明了它的危害性。然而可以看出,12 个小句中,绝大多数为关系过程,描述的是 PM2.5 的属性和作用等。这类拟人化表征无益于人类与自然和谐关系的构建,仅强调了污染物的危害,令人对其感到恐惧,而因恐惧而带来的环境保护意识一般情况下会加强人类与自然的二元对立。换言之,这种描述未能触动人类对环保的积极情感联结,也未能突出环境危害物与人类自然并非共存的关系。因此,此类拟人表征没有达到凸显话语生态价值的目的,而仅仅是科普知识。

通过上述对比发现,拟人手法之所以能够带来触动内心的效果,是因为将非人类生物拟作人类能够凸显其心理和生活状态,令受众产生共情感受。然而,如果仅科普知识,并不能带来心理上的冲击,其广告效果将受到较大的影响。

四、讨论与结语

就人类与自然合一性的体现过程类型看,英汉广告存在差异。英文广告使用较大的笔墨描述人与自然的情感联结,这是一种能够促进构建和谐生态价值观的做法:直击情感——让受众直接感受到人类与自然同系一个命运共同体;触动心灵——令受众深刻认识到环境问题是人类自身的问题,人类应担负改善环境的责任;激起行动——使受众尽快从自身做起,将环保认识付诸实践行动。

与此不同,中文广告以大量的动作过程描述了人类的环保行为,缺乏情感与认知,不利于触动受众内心对于自然的正确认识,进而不利于人与自然和谐共生关系的凸显。号召环保行为固然有益于自然环境的改善,可以让受众直接开展环保行动。不过,在人类没有充分意识到自然环境重要性的情况下,构建人与自然的积极情感显得尤为重要。如果人类充分认识到人与自然系一个合一共生的整体,二者不可分割与对立,那么人类对于自身所处场所会产生积极情感和深度认知,并自发付诸行动。缺乏合一性的认识,人类对自然的破坏也就会成为人类对"非自我"物体的处置。作为公益广告,不凸显情感和认知,不利于引起受众的共鸣,这样,行动号召也就会流于口号,实际宣传效果不佳。

从小句信息组织角度来看,英汉广告都以人类生命体作为出发点的主要表征形式与广告的生态属性相关。而小句主语表明信息的关注点,如果小句以非人类生命体作为信息的出发点,就赋予了该生命体与人类同等的地位。并且,小句可以以自然界中其他非生命体(比如物理性事物)作为出发点,这样更能够拉近人类与自然的关系。本文认为,增加非人类生命体视角发展语篇,是一种凸显生态意义的有效手段。让受众把自然看作自身,设身处地看待自然环境中的"他者",这样可以促使受众不再以自身为中心,而是把自身与"他者"看作和谐统一、互相依赖、交互共生的一体。拟人化手法是达到这种目的的一种有效手段。

综上所述,英汉广告语的生态属性呈现出一定的区别:与中文广告相比,英文广告更为突出合一性中的积极情感和同化认知,主要表征为心理过程,对参与者的拟人化更加强调了生态属性;而中文广告则关注趋向意动,主要表征为动作过程,对参与者的拟人化并没有凸显生态属性。这说明,英文广告的环保提倡主要依赖于情感维度的构建,较少直接呼吁行为;而中文广告更多地号召受众切身实地保护环境,较少凸显人对自然的情感联结。有鉴于此,本文提出中国语境下的环境保护公益广告应多采用心理过程表征方式,多采取非人类生命体为小句信息的出发点,并在拟人化手法的使用上多关注其生态价值的凸显,而不仅仅是话语的生动性。

(本文原载《外语电化教学》2018 年第 4 期,作者为何伟、耿芳。)

后　记

　　《生态语言学探索》呈现了文选第一作者我本人及指导的团队近年来在生态语言学领域的多维度探讨,尤其是对学科属性、学科特点、学科体系的探讨。针对这些问题,我们提出了自己的看法,推动了该学科学科地位的建立以及学科体系的发展。韩礼德模式是我们研究的一大特色,我们在韩礼德提出的语言研究应致力于生态问题解决这样一个理念下,对语言的使用即话语对自然和社会的影响进行了探讨,主要是提出了影响人们言语生态行为的生态哲学观,界定了具有独立范式地位的生态话语分析模式,建构了语言学理论基础,并进行了自然生态话语和社会生态话语分析实践,证明了生态话语分析模式的普遍适用性。

　　生态语言学是一门新兴学科,许多问题还有待学界的共同探讨,比如与其他语言学科之间的关系,学科体系的进一步发展,人才体系的培养,科学研究在应对生态问题上的适用性,等等。尽管尚存诸多未知,本人相信,在当今时代大背景下,该学科的超学科属性能够为人文社科的发展提供一个新的思路,为语言学的发展提供一个新的路径,为人类社会生态文明的行进提供一种劲力。本人期待,越来越多的学者关注和加入该学科的研究和发展。

　　在为本书划上一个句号时,本人需要表达对团队成员的感谢,包括北京外国语大学国家语言能力发展研究中心/中国外语与教育研究中心的高然、刘佳欢、耿芳、马宸、程铭五位博士生(前三位同学已毕业参加工作),马子杰硕士生(已毕业参加工作),北京科技大学外国语学院的张瑞杰、魏榕两位博士生(已毕业参加工作)。这些同学在本人的带领和指导下,与本人一起开展生态语言学研究,为生态语言学学科的发展做出了积极的贡献。

统　　筹:张振明　孙兴民
责任编辑:冯　瑶
封面设计:徐　晖
版式设计:王　婷

图书在版编目(CIP)数据

生态语言学探索/何伟等 著. —北京:人民出版社,2022.8
(新时代北外文库/王定华,杨丹主编)
ISBN 978-7-01-024961-2

Ⅰ.①生…　Ⅱ.①何…　Ⅲ.①语言学-生态学-研究　Ⅳ.①H0-05

中国版本图书馆 CIP 数据核字(2022)第 137472 号

生态语言学探索
SHENGTAI YUYANXUE TANSUO

何　伟　等　著

人民出版社 出版发行
(100706　北京市东城区隆福寺街 99 号)

北京新华印刷有限公司印刷　新华书店经销

2022 年 8 月第 1 版　2022 年 8 月北京第 1 次印刷
开本:710 毫米×1000 毫米 1/16　印张:22.75　插页:1
字数:350 千字

ISBN 978-7-01-024961-2　定价:98.00 元

邮购地址 100706　北京市东城区隆福寺街 99 号
人民东方图书销售中心　电话 (010)65250042　65289539